LES PARISIENNES

DU MÊME AUTEUR

Wallis la scandaleuse, Tallandier, 2017.

ANNE SEBBA

LES PARISIENNES

LEUR VIE, LEURS AMOURS, LEURS COMBATS
1939-1949

Traduit de l'anglais par
Grégory Martin

Les citations extraites des ouvrages d'Helmuth James von Moltke (p. 88), de Rosemarie Killius (p. 148 et 152), d'Ina Seidel et de Hanns Grosser (p. 153), et de *Das Reich* (p. 216) ont été traduites de l'allemand par Frédéric Joly.

Titre original :
Les Parisiennes – How the Women of Paris Lived, Loved and Died in the 1940s
Éditeur original :
Weidenfeld & Nicolson, Londres, 2016.

© Anne Sebba 2016

ISBN 978-2-311-10183-6
Et pour la traduction française :
© Vuibert, mai 2018
La Librairie Vuibert
5, allée de la 2ᵉ D.-B., 75015 Paris
www.la-librairie-vuibert.com

Pour Thomas, Isabella, Sophia et Charlotte

« On peut tout enlever à un homme excepté une chose, la dernière des libertés humaines : celle de décider de sa conduite, quelles que soient les circonstances dans lesquelles il se trouve. Nous avions constamment à choisir. Il nous fallait prendre des décisions sans arrêt, des décisions qui déterminaient si nous allions nous soumettre ou non à des autorités qui menaçaient de supprimer notre individualité et notre liberté spirituelle. »

Viktor Frankl, Découvrir un sens à sa vie

PERSONNAGES

Abetz, Suzanne († 1958) : épouse française d'Otto Abetz, ambassadeur allemand auprès du gouvernement de Vichy.
Albert-Lake, Virginia d'(1910-1997) : résistante américaine du réseau Comète, déportée à Ravensbrück.
Arletty, Léonie Bathiat, dite (1898-1992) : actrice et chanteuse, brièvement emprisonnée en 1945 pour avoir entretenu une liaison avec un officier de la Luftwaffe, Hans-Jürgen Soehring.
Arpels, Hélène ; née Ostrowska (1907-2006) : mannequin née à Monte-Carlo de parents russes ; elle a épousé Louis Arpels en 1933 et s'est installée à New York.
Atkins, Vera (1908-2000) : née en Roumanie, membre de la section française du SOE à Londres ; elle ne s'est jamais mariée.
Aubrac, Lucie (1912-2007) : enseignante et résistante ; elle a épousé Raymond Samuel et l'a aidé à s'échapper de la prison de Montluc, à Lyon.
Belperron, Suzanne (1900-1983) : créatrice renommée de bijoux d'avant-garde, qui, au moment de l'aryanisation des biens juifs, a repris l'affaire dont Bernard Herz était propriétaire.
Berr, Hélène (1921-1945) : étudiante, elle a refusé de quitter Paris en dépit des persécutions antisémites et a tenu un journal rendant compte des épreuves qu'elle a traversées en aidant ses parents et les enfants juifs laissés à eux-mêmes. Morte à Bergen-Belsen.
Bretty, Béatrice (1893-1982) : sociétaire de la Comédie-Française ; elle a quitté la troupe pour rester aux côtés de son amant, Georges Mandel, et de sa fille, Claude.

Brinon, Lisette de ; née Jeanne Louise Rachel Franck (1896-1982) : d'abord mariée au banquier d'origine juive Claude Ullmann, elle a épousé le marquis Fernand de Brinon, aristocrate catholique et fervent soutien du régime de Vichy qui a fait d'elle une « Aryenne d'honneur ».
Bucher, Jeanne (1872-1946) : galeriste d'avant-garde ; elle a soutenu de nombreux artistes proscrits.
Camondo, Béatrice de ; épouse Reinach (1894-1944) : née dans une importante famille de banquiers juifs convertis au catholicisme, proche des Allemands, mais finalement arrêtée avec ses deux enfants et assassinée à Auschwitz.
Carven, Marie-Louise ; née Carmen de Tommaso (1909-2015) : couturière, créatrice en 1945 de la maison qui porte son nom et dont les créations étaient à l'origine destinées aux femmes de petite taille.
Casadesus, Gisèle (1915-2017) : sociétaire de la Comédie-Française qu'elle a rejointe en 1934. Après son départ du Français en 1962, elle est apparue dans plusieurs films et sa carrière a connu un nouvel élan dans les années 1990.
Casanova, Danielle (1909-1943) : dirigeante des Jeunesses communistes et résistante. Morte à Auschwitz.
Chanel, Gabrielle, dite « Coco » (1883-1971) : couturière renommée ; elle a fermé sa boutique au début de la guerre et s'est installée au Ritz avec son amant allemand.
Chevrillon, Claire (1907-2011) : enseignante et résistante ; elle a passé quatre mois en prison à Paris.
Chevrillon, Vivou : cousine musicienne de Claire Chevrillon ; elle a fabriqué de faux papiers.
Colette, Sidonie-Gabrielle (1873-1954) : écrivaine ; elle est restée à Paris pendant l'Occupation, y compris après que son époux juif, Maurice Goudeket, a été arrêté par la Gestapo puis relâché.
Beauvoir, Simone de (1908-1986) : auteure féministe et compagne de Jean-Paul Sartre.
Desnos, Youki ; née Lucie Badoul (1903-1966) : muse et épouse du poète surréaliste et résistant Robert Desnos, mort à Theresienstadt.
Dior, Catherine (1917-2008) : résistante et sœur du couturier

Christian Dior, arrêtée en juillet 1944 et déportée à Ravensbrück.

Dufournier, Denise ; épouse McAdam Clark (1915-1994) : romancière, avocate et résistante, qui fut l'une des premières à rédiger un témoignage sur Ravensbrück.

Fabius, Odette ; née Schmoll (1910-1990) : résistante d'origine juive, l'une des rares femmes à avoir tenté de s'échapper de Ravensbrück ; elle est tombée amoureuse du syndicaliste marseillais et résistant Pierre Ferri-Pisani.

Ferriday, Caroline (1902-1990) : philanthrope américaine, francophile ; elle a consacré sa vie à aider les femmes polonaises victimes d'expériences menées par les nazis à Ravensbrück.

Flanner, Janet (1892-1978) : journaliste américaine, correspondante à Paris du *New Yorker* à partir de 1925.

Gaulle-Anthonioz, Geneviève de (1920-2002) : résistante du réseau Défense de la France, emprisonnée à Ravensbrück, nièce du général de Gaulle.

Gilot, Françoise (née en 1921) : amante et muse de Pablo Picasso de 1944 à 1953, et mère de deux de ses enfants, Claude et Paloma.

Gould, Florence ; née Lacaze (1895-1983) : Américaine mariée au philanthrope Frank Jay Gould ; elle a reçu de nombreux Allemands chez elle pendant la guerre.

Haag, Inga ; née Abshagen (1918-2009) : journaliste et espionne ; elle a travaillé à Paris pour l'amiral Wilhelm Canaris, un opposant aux nazis.

Hardy, Françoise (née en 1944) : chanteuse et actrice française que sa mère a élevée seule au sortir de la guerre.

Humbert, Agnès (1894-1963) : résistante du réseau du musée de l'Homme, auteur d'un journal intitulé *Résistance*.

Inayat Khan, Noor (1914-1944) : princesse indienne née en Russie, en partie américaine, musicienne formée à Paris et écrivaine ; elle est devenue une agente du SOE et a été assassinée à Dachau.

Jackson, Charlotte « Toquette » (1889-1968) : infirmière française, épouse de Sumner Jackson, résistante et survivante de Ravensbrück.

Jamet, Fabienne : sous-maîtresse de la célèbre maison close le One Two Two.
Kaminker, Simone ; dite Simone Signoret (1921-1995) : actrice de cinéma qui a travaillé à ses débuts pour le journal collaborationniste de Jean Luchaire.
Kelly, Margaret ; épouse Leibovici (1910-2004) : danseuse née en Irlande qui a fondé les Bluebell Girls à Paris et a caché son époux juif, le pianiste Marcel Leibovici.
Lanvin, Jeanne (1867-1946) : ancienne modiste et fondatrice de la maison de haute couture qui porte son nom.
Laval, Josée ; épouse de Chambrun (1911-1992) : fille unique de Pierre Laval, mariée au comte René de Chambrun, un avocat ; elle n'a jamais cessé de se battre pour prouver l'innocence de son père.
Lawrence, Marjorie (1907-1979) : soprano australienne et célèbre wagnérienne, rivale de Germaine Lubin.
Leduc, Violette (1907-1972) : romancière proche de Simone de Beauvoir.
Leigh, Vera (1903-1944) : modiste et agente du SOE, née à Leeds mais ayant grandi à Paris, capturée en 1944 et exécutée au camp de Natzwiller-Struthof.
Leyton, Drue ; épouse Tartière (1903-1997) : actrice américaine et résistante.
Liwarrak, Rosa ; épouse Lipworth (née en 1933) : enfant cachée de la guerre.
London, Lise ; née Ricol (1916-2012) : résistante communiste, épouse d'Artur London, communiste tchèque, ancien de la guerre d'Espagne.
Lubin, Germaine (1890-1979) : soprano française, spécialiste de Wagner ayant reçu les louanges d'Hitler et d'autres nazis ; elle a été punie pour de présumées sympathies nazies.
Luchaire, Corinne (1921-1950) : actrice, fille de Jean Luchaire, figure du milieu collaborationniste parisien.
Luchaire, Ghita (née en 1904) : sœur de Jean Luchaire, mariée à Théodore Fraenkel.
Maar, Dora ; née Henriette Theodora Marković (1907-1997) : photographe, poète, artiste, amante et muse de Picasso pendant près de dix ans, à partir de 1936.
Marié, Jacqueline ; épouse Fleury (née en 1923) : résistante

dès l'adolescence, déportée à Ravensbrück avec sa mère ; elle a survécu aux marches de la mort.

Maurel, Micheline (1916-2009) : résistante communiste déportée à Ravensbrück ; elle a écrit l'un des premiers livres sur le camp.

Mesnil-Amar, Jacqueline (1909-1987) : déportée, auteure de *Ceux qui ne dormaient pas*.

Meynard, Élisabeth ; épouse Maxwell (1921-2013) : a travaillé comme interprète pour le Welcome Committee à Paris, où elle a rencontré son mari, Robert Maxwell.

Miller, Lee ; épouse Penrose (1907-1977) : mannequin américaine et photographe ; elle a vécu à Paris avec Man Ray avant de devenir photographe de guerre pour *Vogue*.

Morris, Violette (1893-1944) : athlète française et collaboratrice de la Gestapo, abattue par la Résistance en 1944.

Némirovsky, Irène (1903-1942) : écrivaine française née en Ukraine, morte à Auschwitz, auteure du roman inachevé *Suite française*.

Oddon, Yvonne (1902-1982) : résistante du réseau du musée de l'Homme.

Pastré, Lily (1891-1974) : héritière de fabricants d'alcool ; elle a abrité de nombreux artistes et musiciens juifs dans son château près de Marseille ; cofondatrice du festival d'art lyrique d'Aix-en-Provence après la guerre.

Péry d'Alincourt, Jacqueline (1919-2009) : résistante, compagne de déportation de Geneviève de Gaulle à Ravensbrück.

Piaf, Édith (1915-1963) : chanteuse et actrice française qui a suscité la controverse en se rendant en Allemagne pour se produire devant des prisonniers de guerre.

Portes, Hélène de (1902-1940) : sympathisante fasciste et maîtresse du président du Conseil Paul Reynaud.

Puissant, Renée ; née Rachel Van Cleef (1896-1942) : héritière du joaillier Van Cleef & Arpels ; elle s'est suicidée à Vichy.

Renty, Germaine de (1899-1994) : résistante du réseau Alliance, emprisonnée à Ravensbrück, hôtesse de Jacqueline Bouvier à Paris.

Riffaud, Madeleine (née en 1924) : journaliste, poète et résistante dès son adolescence.

Rigal, Sadie ; dite Florence, épouse Waren (1917-2012) : danseuse née en Afrique du Sud, qui s'est produite au Bal Tabarin.

Riols, Noreen (née en 1925) : née à Malte de parents britanniques, membre de la section F du SOE à Londres.

Rol-Tanguy, Cécile (née en 1919) : agente de liaison d'Henri Rol-Tanguy, son mari, et résistante communiste.

Rothschild, Élisabeth de ; née Pelletier de Chambure (1902-1945) : épouse de Philippe de Rothschild, mère de Philippine, assassinée à Ravensbrück.

Rousseau, Jeannie ; épouse de Clarens (1919-2017) : résistante, déportée à Ravensbrück ; elle a organisé une protestation dans l'usine de munitions de Torgau.

Rozenberg, Marceline ; épouse Loridan, puis Ivens (née en 1928) : auteure et cinéaste, dont les Mémoires, *Et tu n'es pas revenu*, racontent en détail sa détention à Auschwitz-Birkenau.

Salomon, Andrée (1908-1985) : elle a travaillé pour l'Œuvre de secours aux enfants.

Sandzer, Miriam ; épouse Stanton (1914-2005) : fille d'une famille de Juifs polonais installés à Paris ; elle a organisé la fuite à l'étranger de sa famille.

Say, Rosemary (1919-1996) : nourrice anglaise bloquée à Paris après mai 1940 ; elle a ensuite travaillé pour le SOE à Londres.

Scali, Arlette (1911-2011) : figure du Tout-Paris qui a passé la guerre dans le sud de la France, amie proche du colonel Marty et de Renée Puissant.

Schiaparelli, Elsa (1890-1973) : créatrice de mode italienne, influente à Paris dans l'entre-deux-guerres.

Schoenebeck, Maximiliane « Catsy » von (1899-1978) : un temps épouse de Hans Günther von Dincklage (l'amant de Coco Chanel), emprisonnée durant la guerre et à la Libération.

Sinclair, Anne (née en 1948) : journaliste française et petite-fille de Paul Rosenberg, marchand d'art de Picasso.

Smith, Emma (née en 1923) : écrivaine britannique qui a séjourné à Paris en 1948.

Spanier, Ginette (1904-1988) : directrice de la maison de couture de Pierre Balmain après la guerre.

Szabo, Violette (1921-1945) : agente du SOE en France, assassinée à Ravensbrück.

Teissier du Cros, Janet ; née Grierson (1905-1990) : Écossaise mariée à un Français, passe l'Occupation dans le sud de la France.

Testyler, Arlette (née en 1933) : survivante de la rafle du Vél' d'Hiv.

Tillion, Germaine (1907-2008) : ethnologue et résistante du réseau du musée de l'Homme.

Toussaint, Jeanne (1887-1976) : directrice de la création de Cartier de 1933 à 1970, maîtresse de Louis Cartier et inspiratrice des bijoux panthère tant appréciés de la duchesse de Windsor.

Valland, Rose Antonia (1898-1980) : résistante ; elle a permis la restitution de nombreuses œuvres d'art pillées par les nazis.

Wolfe, Elsie de ; épouse Mendl (1859-1950) : décoratrice américaine et organisatrice renommée de soirées parisiennes.

PROLOGUE

QUI SONT LES PARISIENNES ?

« N'écrivez pas qu'on nous a "donné" le droit de vote après la guerre, me dit-elle en insistant bien sur les mots. Nous nous sommes battues pour l'obtenir[1]. »

Cécile Rol-Tanguy est non seulement une ancienne résistante parmi les plus célèbres, mais avant tout la gardienne de la flamme de celles qui ne sont plus là pour raconter leur histoire. C'est elle qui m'a le mieux expliqué quel était l'état d'esprit des Parisiennes pendant l'Occupation.

Un ami cher m'avait mise en contact avec elle. C'était une rencontre particulièrement intimidante. Il avait fallu que je me plonge dans l'histoire de la Résistance depuis ses débuts. Je me préparais du mieux que je pouvais pour questionner une femme qui, lorsqu'elle est entrée dans la pièce, malgré ses 94 ans et son allure frêle, dégageait une force à faire trembler les murs. La conversation s'est engagée rapidement, et l'ancienne résistante, si chaleureuse et encore alerte, s'est attachée à bien me faire comprendre ce qui les avait poussées, elle et ses camarades, au combat.

Si de nombreuses femmes accomplirent de hauts faits pendant la Seconde Guerre mondiale, ce ne fut pas toujours les armes à la main, ce dont elles eurent à pâtir lors de la distribution des honneurs. Entre 1940 et 1946, seules six femmes furent faites « compagnons » de la Libération : Berty Albrecht, Laure Diebold, Marie Hackin, Simone Michel-Lévy, Émilienne Moreau-Evrard et Marcelle Henry. Un chiffre à comparer aux 1 032 hommes à avoir reçu cette décoration. La médaille de la Résistance, quant à elle, ne fut attribuée qu'à 1 090 femmes, sur 48 000 récipiendaires entre 1943 et 1947.

Et pourtant, Cécile Rol-Tanguy n'a pas voulu s'engager dans cette controverse, rappelant tout de même que ce n'est pas de Gaulle qui « accorda » le droit de vote aux femmes, mais les femmes elles-mêmes, dont beaucoup furent des rouages anonymes de la Résistance, qui se battirent pour l'obtenir. En 1944, son mari, « Col Rol », conduisit la bataille pour la libération de Paris, mais c'est Cécile qui tapa les appels à l'insurrection placardés dans toute la ville.

Ce livre évoque plusieurs de ces inconnues, certaines d'entre elles ont accepté de me parler et de m'apporter leur éclairage sur cette période tout en demandant à rester anonymes, non qu'elles aient honte de ce qu'elles firent, mais parce qu'elles estiment qu'elles n'en firent pas assez. Toutes jouèrent un rôle politique bien plus important que celui auquel la société de l'époque les assignait.

En commençant mes recherches, mon intention était de donner la parole à un éventail aussi large que possible de femmes qui avaient survécu dans le Paris des années 1940. Je voulais brosser un tableau de la vie dans une ville occupée pendant plus de quatre ans. Comment continuer à élever ses enfants ? Où trouver de quoi les nourrir ? Comment se comporter dans la rue face à un Allemand ? Était-il approprié de prendre soin de son apparence compte tenu des pénuries ? Voici les questions qui me préoccupaient lors de ces premiers pas.

Quelques-unes de mes compatriotes m'ont confié qu'elles ne se seraient jamais comportées comme l'ont fait certaines Françaises. Mais qu'aurions-nous fait exactement à leur place ? Nous autres, Anglaises, n'allons-nous pas un peu vite en besogne lorsque nous jugeons nos sœurs françaises ? Comment pouvons-nous imaginer ce que c'est de vivre sous la menace quotidienne d'un ennemi aussi brutal ? En l'absence de son mari, comment se débrouiller pour travailler, assumer les tâches du foyer et se charger des enfants ? Comment aurais-je pu, adolescente, avoir le courage de désobéir à mes parents s'ils m'avaient intimé de rester tranquillement à la maison et de m'occuper de ce qui me regardait ? Là encore, impossible de savoir avec certitude ce que j'aurais fait. J'ai malgré tout essayé de comprendre.

Plusieurs personnes avec lesquelles j'ai voulu m'entretenir de leurs souvenirs et de la manière dont leur famille avait traversé l'Occupation ont refusé de répondre à mes courriers électroniques ou à mes appels téléphoniques. Presque tous ceux qui ont finalement accepté de me rencontrer et qui ont vécu ces années noires ont commencé par me dire : « Ah, c'est très compliqué... » Je me suis obstinée, car par maints aspects il est plus simple de voir les choses avec une certaine distance. J'ai travaillé sur cette période de l'histoire de France pendant mes études, mais j'ai souhaité l'aborder ici sous un jour nouveau, écouter celles et ceux qui l'ont vécue, tant que c'est encore possible. Très souvent, une fois la conversation entamée, il est apparu que les choix qu'ils avaient faits durant cette décennie avaient eu beaucoup à voir avec ce qui était arrivé à leurs parents ou à leurs grands-parents durant la Grande Guerre. Les souvenirs de la guerre de 14 étaient souvent « entretenus » par les Français, les objets conservés de cette époque étaient devenus des reliques tandis que les photographies des champs de bataille et des villes dévastées étaient traitées comme des images pieuses. La méfiance envers le voisin allemand demeurait profondément enracinée. Dans les années 1920 et 1930, on menaçait ainsi les enfants turbulents : « Si tu n'es pas gentil, le Boche viendra s'occuper de toi ! »

Mais une fois que la guerre débuta et que la capitale se retrouva étrangement vide, avec seulement quelques hommes et presque plus aucune voiture, d'autres facteurs entrèrent en jeu. À Paris, peu de femmes firent grise mine devant les Allemands, qui pouvaient se montrer polis et urbains, d'autant qu'ils représentaient parfois la seule source d'approvisionnement en nourriture. Certaines, y compris des résistantes et des intellectuelles, jouèrent même de leur féminité pour obtenir ce qu'elles souhaitaient ou ce dont elles avaient besoin, recourant parfois à leurs charmes quand elles n'étaient pas utilisées précisément pour ceux-ci, mais restant préoccupées en toutes circonstances par leur apparence et le souci d'être à la mode. Faire fondre l'argenterie familiale pour confectionner une breloque et décorer un sac ou façonner une broche, de même qu'acheter de la teinture spéciale afin de se dessiner des bas sur les jambes, prenait occasionnellement le pas sur la recherche de nourriture.

En France, avant 1939, les femmes étaient souvent politiquement invisibles, elles ne pouvaient pas voter et devaient obtenir la permission soit de leur mari, soit de leur père, pour travailler ou posséder quoi que ce fût. Pourtant, après 1940, elles maniaient efficacement les armes dans la Résistance, abritaient ceux qui devaient se cacher, livraient de faux papiers d'identité, tout en se chargeant des tâches qui étaient séculairement les leurs, comme la cuisine, l'approvisionnement et la tenue du foyer. Elles étaient aux responsabilités, s'occupant des plus âgés comme des enfants – des devoirs qui souvent empêchaient leur propre fuite –, et parfois elles avaient aussi un travail. Les pénuries et l'absence de moyens de réfrigération les contraignaient à faire la queue, en moyenne quatre heures par jour, pour nourrir leur famille. Certaines s'engagèrent dans la collaboration, d'autres furent des victimes, mais beaucoup restèrent de simples spectatrices, prises entre deux feux ; et ce n'est pas pour autant qu'elles ne jouèrent pas un rôle important.

Bien sûr, les Françaises avaient déjà mené des campagnes pour obtenir le droit de vote. En 1871, la Commune avait reconnu leurs droits politiques, mais l'échec de l'insurrection parisienne n'avait pas permis d'aller plus loin. En 1936, la chambre du Front populaire s'était prononcée en faveur du droit de vote des femmes, mais la mesure s'était heurtée au conservatisme du Sénat, et le gouvernement de Léon Blum était tombé avant de pouvoir mener à bien cette réforme. Les obstacles étaient anciens et profondément enracinés.

Dans certains milieux, les épouses étaient censées se conformer à l'idéal de la « femme au foyer ». Les jeunes filles apprenaient à se tenir en public (ne jamais dévoiler ses jambes nues, ne pas fumer, éviter le maquillage) et à fermer les yeux sur les aventures de leur mari. Pourtant, la guerre poussa nombre d'entre elles à ignorer ces contraintes et ces restrictions, et à se construire une nouvelle identité, comme on le verra dans les pages qui suivent. S'opposer aux occupants nazis fut à la fois terrifiant et libérateur, l'occasion pour certaines d'aller à l'encontre des aspirations du régime de Vichy.

L'ambition de Pétain et de ses soutiens était de mener une

« révolution nationale », dont le but était de forger une société tournant le dos aux valeurs républicaines et de refuser l'égalité des droits pour les femmes. Vichy considérait que leur rôle était d'être des mères, et tenta de remplacer la liberté, l'égalité et la fraternité héritées des Lumières par le travail, la famille et la patrie. Pétain fit des idéaux progressistes de la IIIe République les responsables de la défaite, pour légitimer le conservatisme moral et culturel de son régime autoritaire, glorifiant la famille comme une institution à la tête de laquelle se trouvait l'homme, tandis que la femme devait sa place à son statut de mère. Le faible taux de natalité était alors une préoccupation depuis plusieurs années et, paradoxalement, l'une des nombreuses raisons de l'accueil de milliers d'étrangers au cours des décennies précédentes avait été la nécessité de revitaliser la démographie française. La loi du 18 mars 1942 rendit obligatoire « l'enseignement ménager familial » pour les filles, pendant au moins une heure par semaine dans tous les collèges et lycées, jusqu'à l'âge de 18 ans. Il comprenait « l'apprentissage de l'entretien de la maison, de la confection des vêtements simples et du linge. Le blanchissage et le repassage. La cuisine avec quelques notions de régime. L'initiation à la psychologie et à la morale familiales. Une initiation au droit usuel féminin. Des éléments de comptabilité ménagère. L'enseignement théorique et pratique de la puériculture. L'enseignement théorique et pratique de l'hygiène corporelle et de l'hygiène domestique[2] ».

Mon but, en écrivant ce livre, a été de comprendre ce que la guerre, la Libération et les années de reconstruction représentèrent pour les Parisiennes, qu'il s'agît de danseuses, de modistes, d'actrices, d'institutrices, de femmes au foyer, de prostituées et de concierges ; qu'elles fussent anonymes ou célèbres – Colette, Chanel et Piaf, pour n'en citer que trois – ; qu'elles aient quitté Paris ou aient été emprisonnées. Je voulais savoir ce qu'elles pensaient des idéaux féminins de l'époque. Les ignorèrent-elles ou considéraient-elles au contraire qu'ils revêtaient toujours quelque importance, alors que la plupart des femmes s'efforçaient, avant toute chose, de simplement survivre ?

Comment l'expérience de l'Occupation affecta-t-elle d'ailleurs la vie des femmes après 1945 ? Pourquoi, dans les chroniques de l'immédiat après-guerre, fit-on davantage de cas des collaboratrices que des résistantes ? Pourquoi les femmes affichèrent-elles une telle réticence à aborder les souffrances de ces quatre années pendant si longtemps ? Au début de la IVe République, les changements législatifs nourrirent l'espoir de voir les femmes devenir enfin des citoyens comme les autres, aussi bien au travail qu'à la maison. Mais il a fallu longtemps pour que cet espoir se réalise et c'est seulement au XXIe siècle que des résistantes firent leur entrée au Panthéon. En 2015, deux des combattantes de l'ombre les plus connues, Germaine Tillion et Geneviève de Gaulle-Anthonioz, reçurent finalement ce suprême honneur. Leur histoire est racontée dans ce livre. À l'été 2017, le président Macron annonça que Simone Veil, survivante d'Auschwitz, rejoindrait elle aussi la montagne Sainte-Geneviève, portant ainsi le nombre de femmes inhumées au Panthéon à cinq.

Lors des obsèques de l'ancienne ministre de la Santé, son fils évoqua avec émotion les valeurs de sa mère ; Jean Veil raconta comment elle avait expliqué à ses enfants les horreurs de la Shoah à une époque où l'école n'en parlait pas, et combien la justesse de leur comportement était plus importante que leurs résultats scolaires. Simone Veil était née à Nice, pourtant elle devint une vraie Parisienne, toujours élégante, dotée d'une grande dignité naturelle et passionnément engagée contre l'injustice.

Cette cérémonie rappela de manière frappante que les échos du passé continuent de se faire entendre dans la France d'aujourd'hui. Les blessures infligées dans les années 1940 sont si profondes que beaucoup d'entre elles ont à peine cicatrisé – au point que certains craignent qu'elles ne se rouvrent. Alors que la Seconde Guerre mondiale est terminée depuis près de soixante-quinze ans, on m'a fréquemment mise en garde tandis que j'avançais dans mes recherches et que je préparais les entretiens qui allaient nourrir ce livre. Je devais garder à l'esprit que je prenais pour de l'histoire ce qui, aux yeux de quelques-uns, était toujours un présent hautement sensible.

Cet écueil n'est nulle part plus évident qu'à Vichy. L'hôtel du Parc, qui accueillit le maréchal Pétain et une partie de son gouvernement pendant quatre ans, abrite désormais à son rez-de-chaussée l'office de tourisme, et pourtant les jeunes gens qui s'y affairaient quand je m'y suis rendue ne m'ont pas semblé très au fait de l'histoire de la ville. Ils n'ont pas su m'indiquer comment trouver la plaque qui, sur la façade de l'Opéra, rappelle qu'en ces lieux, le 10 juillet 1940, le Parlement vota les pleins pouvoirs au maréchal Philippe Pétain, mettant ainsi fin à la IIIe République. Bizarrement, la plaque mentionne que quatre-vingts parlementaires votèrent pour « affirmer leur attachement à la république, leur amour de la liberté et leur foi dans la victoire », mais pas que cinq cent soixante-neuf députés et sénateurs affirmèrent leur détachement de la République.

Créé en 1941 par Churchill en marge des services secrets britanniques, le Special Operation Executive (SOE) avait pour mission de soutenir la Résistance en Europe, la section F étant spécifiquement chargée de la France. Le SOE devait aider à recruter et à former des combattants, les ravitailler, notamment en armes, et semer la confusion chez l'ennemi par tous les moyens nécessaires. Il a fallu attendre 2008 pour que l'ouvrage de référence de Michael R. D. Foot, lui-même ancien combattant de la Seconde Guerre mondiale, fût traduit en français (sous le titre *Des Anglais dans la Résistance*), permettant enfin aux Français de connaître ce pan de leur histoire et l'héroïsme extraordinaire dont firent preuve les agentes et les agents du SOE. Après guerre, de Gaulle, qui souhaitait que la Résistance passât pour exclusivement française, n'entendait pas que l'on mentionnât leur rôle.

Ils étaient organisés en cellules de trois agents – un organisateur, un opérateur radio et un agent de liaison – auxquels des noms de code étaient attribués de manière aléatoire. Bien que certaines des équipes déjà présentes en France fussent constituées d'hommes, trente-neuf femmes furent parachutées ou déposées dans des champs isolés à l'aide de petits avions au cours des mois précédant le Débarquement. On considérait qu'un homme en âge de se battre pouvait difficilement passer inaperçu dans les rues de Paris et, par conséquent, les femmes furent délibérément envoyées en mission avec l'espoir qu'elles pourraient plus facilement se fondre dans le paysage, en particulier si elles portaient une valise contenant du matériel radio. Toutes ces femmes entendaient se battre pour leurs idéaux, elles connaissaient bien la France et en parlaient couramment la langue. Elles espéraient qu'une maigre formation suffirait à leur permettre d'utiliser un transmetteur radio. L'histoire de quelques-unes d'entre elles est racontée ici, notamment celle de deux vraies Parisiennes, la modiste Vera Leigh et l'écrivaine pour enfants Noor Inayat Khan. Toutes deux choisirent d'abandonner leur vie confortable à Paris, ainsi que leur fiancé, pour aller s'entraîner en Angleterre et s'engager ensuite dans la lutte contre les nazis. Toutes deux payèrent cet engagement du prix ultime.

Michael R. D. Foot était parfaitement conscient du nombre de femmes, souvent de jeunes adolescentes, qui, dès les premiers jours, jouèrent un rôle important dans les filières d'évasion. « Ceux qui étaient en fuite constataient qu'ils n'avaient d'autre choix que de faire totalement confiance à des femmes, écrit-il. Sans le courage et le dévouement des agentes de liaison et de celles qui ont caché des fugitifs, aucun réseau d'évasion n'aurait pu continuer de fonctionner[3]. » Pourquoi choisirent-elles de risquer leur jeune vie et de mettre en danger leur famille ?

Je vais utiliser le mot « choix » – les choix qu'elles firent – même si je sais que toutes n'avaient pas réellement le choix, comme le préciserait quiconque ayant vécu les années de guerre. Pour les femmes, ce choix portait quelquefois sur autre chose que la façon de mener leur propre vie, comme protéger leurs enfants et parfois, aussi, leurs parents âgés. Jean-Claude Grumberg a failli mettre brutalement fin à notre rencontre quand je lui ai demandé s'il comprenait le choix, à mes yeux incroyablement courageux, de sa mère. Elle avait décidé de payer une passeuse, qui devait emmener ses deux fils jusqu'à un endroit sûr dans le sud de la France. En guise de protection supplémentaire, elle fut tenue dans l'ignorance de ce lieu pour ne pas être contrainte de le révéler en cas d'arrestation. Après ma question, Grumberg est resté silencieux un instant puis il m'a fixée d'un air incrédule.

« Le choix, c'est contestable », a-t-il fini par répondre.

Quiconque utilise le mot « choix » dans le contexte auquel

sa mère dut faire face ne peut saisir la complexité de la situation d'une Juive née en Roumanie dans le Paris occupé de 1942, une femme dont le mari avait été arrêté, qui ne parlait pas français couramment, à laquelle il était interdit d'aller et venir comme elle l'entendait ou même, sous une chaleur de plomb, d'acheter de quoi boire à ses enfants à certains endroits, à certains moments, et qui soignait sa belle-mère malade.

« Le choix ? Comment pouvez-vous parler de choix[4] ? » a-t-il répété. Je lui ai présenté mes excuses pour l'avoir involontairement blessé, mais des choix, aussi douloureux fussent-ils, furent bel et bien faits par des femmes, surtout par des femmes.

« On n'avait pas le choix », insiste Jeannie de Clarens qui s'opposa aux Allemands dès la déclaration de guerre, quand elle s'appelait encore Jeannie Rousseau. « Je ne comprends même pas la question », répond-elle avec une rare clarté quand on lui demande pourquoi elle a risqué sa vie. « C'était une obligation morale, nous devions faire ce que nous pouvions. Les femmes ne pouvaient pas s'engager dans l'armée mais elles pouvaient utiliser leur cerveau. Il fallait faire quelque chose. Aucune hésitation n'était possible[5]. » D'autres femmes ont été d'une sincérité désarmante en reconnaissant que leurs motivations étaient multiples : « Le goût du risque ? Il y avait de cela ; mais était-ce l'essentiel ? Le malin plaisir de berner l'ennemi ? Aussi, bien sûr ; mais si peu ! C'était surtout la joie, l'enthousiasme de se sentir utile, la camaraderie du combat et l'exaltation de cette guerre inattendue, dont toutes les armes étaient d'amour[6]. »

Et bien sûr, il y avait constamment des décisions de moindre importance qui devaient être prises. Était-ce mal d'acheter de la nourriture au marché noir si vos enfants avaient faim, étaient malades et manquaient de vitamines ? Était-il opportun de les envoyer dans la ferme d'un cousin ? Était-ce raisonnable de sortir d'un café ou d'un restaurant quand des soldats allemands y entraient ? Ou bien cela revenait-il à se mettre délibérément en danger, car ce comportement pouvait être jugé irrespectueux et avoir des conséquences fatales ?

J'ai souhaité que les pages qui suivent évitent le noir et le blanc, le bien et le mal, mais plutôt qu'elles révèlent l'ambiguïté morale permanente, comme un kaléidoscope qui peut être tourné encore et encore et donner à chaque fois une image différente. Une image si changeante qu'elle est loin d'être grise. Toutes celles et tous ceux qui restèrent à Paris, qui continuèrent à faire tourner les rouages, qui approvisionnèrent les magasins et jouèrent dans les théâtres ou s'amusèrent dans les cabarets furent-ils d'une manière ou d'une autre complices de la volonté allemande de garder la ville vivante et rayonnante ? La situation irréelle de l'Occupation est en elle-même facteur de perversion. Sans doute apparaît-elle plus difficile à affronter moralement que l'épreuve de la guerre. Bien sûr, elle fit moins de victimes, mais la peur, la honte, la colère, le terrible sentiment d'impuissance, mêlé à l'obligation d'agir, ainsi que ce mélange complexe et parfois grisant de haine et d'intérêt personnel – sans parler des histoires d'amour individuelles – rendent impossible toute réponse tranchée.

Qu'aurais-je fait ? Je n'en sais rien. Mais il y a un absolu : je pense que j'aurais été réellement prête à tout pour sauver mes enfants. Une poignée de femmes le furent d'ailleurs pour sauver les enfants des autres. Les situations racontées ici ne relèvent pas toutes de ce type de choix absolu. La vie dans laquelle la plupart d'entre nous sont engagés n'est que désordre, c'était bien sûr également le cas à l'époque et c'est ce qui est si fascinant pour n'importe quel écrivain ou historien s'intéressant à la France entre 1939 et 1949, particulièrement à travers les yeux des femmes. Tournez le kaléidoscope dans un sens et vous verrez des femmes détruites par la guerre, tournez-le dans l'autre sens et vous verrez des femmes dont les vies gagnèrent en sens et en épanouissement.

Quand j'ai commencé à travailler sur ce livre, un historien m'a conseillé de lire les journaux d'hommes, comme ceux d'Hervé Le Boterf ou de Jean Galtier-Boissière. Mais, aussi importants que soient ces témoignages, je me suis efforcée d'écouter d'autres voix, souvent plus discrètes et la plupart du temps moins connues. Je me suis nourrie de rencontres avec des femmes qui vécurent ces événements quand elles étaient enfants, de journaux intimes, de lettres, de cartes de rationnement et des Mémoires de celles qui ne sont plus en vie, qu'ils aient été publiés ou non. J'ai vu des films poignants, lu des centaines de lettres de dénonciation, vu et touché des pièces d'orfèvrerie faites avec presque rien et des chaussures à semelles de liège ou de bois, dont le *clac clac clac* constitua le fond sonore de l'Occupation. Des voix vont et viennent à travers cette histoire, il peut arriver qu'elles parlent de plusieurs endroits, d'autres disparaissent entièrement du récit soit par la mort, soit parce qu'elles quittèrent la France. Je savais qu'il ne serait pas facile de trouver des femmes qui admettraient avoir œuvré en faveur d'une victoire de l'Allemagne (pourtant il y en eut) et, de fait, j'ai parfois dû utiliser les propos d'un homme au sujet d'une situation se rapportant à des femmes ou me contenter de recourir à des archives sur celles qui trahirent. Ce fut à la fois excitant et gratifiant de découvrir que l'influence et les activités des femmes avaient été bien plus considérables que le rôle public qui était le leur dans la société des années 1940.

Une dernière chose. Le terme « Parisienne » peut évoquer pour beaucoup une femme mince et élégante portant des vêtements en vogue, et qui plaît aux hommes. Indéniablement, les femmes de la capitale utilisaient la mode pour défier l'occupant à leur manière, adoptant la culotte pour faire de la bicyclette quand l'essence commença à manquer ou agrémentant leurs tenues de boutons en céramique tricolores. Si de nombreuses Anglaises et Américaines eurent l'occasion de revêtir un uniforme, s'octroyant de ce fait la supériorité morale d'avoir combattu le fascisme, les Françaises ne purent pas le faire. La décision de soigner leur apparence, de rester chics et élégantes autant que faire se peut, de ne pas permettre aux nazis de balayer tout respect de soi fut leur manière de porter un uniforme.

Mais je n'ai pas écrit un livre sur la mode, même si elle comptait beaucoup, à la fois pour les Parisiennes et pour les Allemands. Bien que cette description glamour corresponde à certaines des femmes évoquées dans ces pages – celles qui, dans des tenues dessinées par les grands couturiers, risquaient leur vie pour livrer des informations vitales, ou encore celles qui pensaient que porter un chapeau outrageusement grand était une forme de résistance –, je lui donne une signification plus large. Beaucoup de Parisiennes se retrouvèrent, par nécessité, à vivre ou à tenter de vivre en dehors de Paris, tandis que d'autres, tout en demeurant dans la Ville lumière, n'étaient pas des Parisiennes au sens où on l'entend généralement. Si j'avais eu le moindre doute quant à l'emploi du terme pour décrire une femme emprisonnée dans un camp, portant des haillons, les cheveux sales et la peau couverte de plaies laissées par les coups de fouet, j'ai compris que je ne me trompais pas en apprenant qu'au lieu de manger les quelques dizaines de grammes de graisse qu'on lui donnait quotidiennement, elle s'en était servie pour masser ses mains après avoir conclu qu'elles avaient davantage besoin d'être préservées que son estomac. Cela m'est apparu comme la façon d'être d'une vraie Parisienne.

I
LA GUERRE

1

1939 – DANSER AU BORD DE L'ABÎME

Quand l'avenir devient incertain, il est des femmes qui se marient, d'autres qui divorcent, certaines achètent des bijoux et quelques-unes ne pensent qu'à se cacher. Seule une poignée, elles sont rares, imaginent des bals si somptueux que le monde semble, pendant un instant, vaciller sur son axe.

Le 1er juillet 1939, l'Américaine Elsie de Wolfe, une actrice ratée devenue décoratrice d'intérieur, donna l'une des fêtes privées les plus grandioses et les plus étranges qui aient jamais eu lieu. Alors âgée de 81 ans, Elsie s'était mariée treize ans plus tôt, non sans susciter quelque étonnement, avec sir Charles Mendl, un diplomate britannique à la retraite. Elle avait fait preuve de courage pendant la Grande Guerre, restant à Paris pour se porter volontaire dans un hôpital. Son dévouement auprès des soldats gazés lui avait valu la Croix de guerre et la Légion d'honneur. Elle s'était trouvé une nouvelle passion dans l'organisation de réceptions. Propriétaire de la villa Trianon, une magnifique demeure Louis XV attenante au parc du château de Versailles à laquelle elle avait redonné vie, lady Mendl était l'une des maîtresses de maison les plus appréciées sur le Vieux Continent. Elle avait consacré les trente-cinq années précédentes – en tant que lady Mendl, et auparavant avec sa compagne de longue date, l'imprésario Elisabeth Marbury – à la restauration et à la décoration de la villa (qui était demeurée inhabitée pendant plusieurs années). Y donner des réceptions aussi originales que démesurées était devenu sa raison d'être.

Elle avait fait aménager un pavillon de danse, dont le sol, d'importation, était monté sur ressorts, et des baies vitrées avaient été posées de sorte que la vue sur les jardins fût dégagée ; un système de sonorisation avait également été installé, sous la supervision de son ami Douglas Fairbanks.

Tout au long des années 1930, Elsie avait organisé une succession de dîners dansants, de bals masqués et de fêtes à thème. Elle passait pour l'initiatrice des *murder parties* et, parfois, réunissait une quarantaine d'amis proches pour des soirées intimes. Elle avait beau être une jeune octogénaire, son énergie semblait intacte. Elle continuait à suivre un régime strict et à faire de l'exercice quotidiennement – lady Mendl était connue pour pouvoir se tenir en équilibre sur les mains, à tel point que Cole Porter l'immortalisa dans sa chanson « Anything Goes ». Wallis Simpson, son amie et admiratrice, disait d'elle : « Elle mélange les gens comme dans un cocktail qui aurait un goût de pur génie[1]. »

Cela faisait un an qu'Elsie préparait le bal le plus spectaculaire de tous les temps. Depuis l'été précédent, et une fête extravagante sur le thème du cirque où des acrobates avaient fait sensation, elle avait décidé que la fois suivante elle se surpasserait en reprenant le même thème mais en agrémentant la soirée d'éléphants, de clowns, de funambules et de jongleurs. Avait-elle voulu se remémorer un voyage en Inde, ou alors se souvenait-elle d'avoir vu, trente ans plus tôt, des éléphants déambuler dans les rues de Boston ? Quelle que fût sa source d'inspiration, elle savait que les éléphants feraient d'elle le centre de toutes les conversations. Et ce n'était pas la situation internationale, lourde de menaces, qui allait contrarier ses projets pour faire de son bal, le *circus ball*, ainsi qu'il entrerait dans les annales, un moment inoubliable.

Le temps était doux au soir de ce 1er juillet 1939 quand, peu après 21 heures, les chauffeurs des Mercedes et des Rolls-Royce, ainsi que de nombreux taxis, commencèrent à déverser les quelque sept cents invités devant la villa sur le boulevard Saint-Antoine à Versailles. Alors que ces messieurs en smoking à queue-de-pie souffriraient de la chaleur, les dames, dans des tenues sorties des ateliers de Coco Chanel, d'Elsa Schiaparelli, de Jeanne Lanvin ou de Lucien Lelong, allaient devoir passer une pèlerine ou une veste avant la fin du bal, à l'aube.

Elsie de Wolfe avec ses invités le 1er juillet 1939.

Elsie elle-même avait jeté une longue cape flottante d'un rose éclatant sur ses épaules. Elle portait en dessous une magnifique robe en soie ivoire parsemée de paillettes argentées et rebrodée de bijoux papillons. C'était une création de son couturier préféré, Mainbocher, lequel jouissait d'une renommée internationale grâce à la robe bleu pâle portée par Wallis Simpson pour son mariage avec le duc de Windsor, qui avait renoncé à la Couronne d'Angleterre afin de l'épouser. C'est d'ailleurs Elsie qui avait présenté le couturier à son amie. En dépit de son corps fluet, la maîtresse de maison avait une allure folle dans son rôle de meneuse de cirque, un diadème d'aigues-marines et de diamants de chez Cartier posé dans les cheveux. Brandissant un fouet « comme pour défier le destin[2] », elle passa avec hardiesse entre les pattes d'un éléphant avant de faire parader des poneys blancs et des chiens autour d'une piste de cirque installée sur la pelouse. Elle avait aussi engagé un joueur d'accordéon aveugle qui allait de groupe en groupe, un guitariste hawaïen installé sur un bateau au milieu de la piscine et trois orchestres qui se relayaient dans le pavillon de danse. Au fond du jardin, un bar à champagne avait été aménagé sous une tonnelle rayée entourant un arbre imposant ; à quelques pas de là, un buffet chaud servit des côtelettes, des œufs brouillés, des gâteaux et encore plus de champagne jusqu'à 5 heures du matin (une attention inhabituelle de la part d'Elsie, qui jusqu'alors n'accordait pas une grande importance à l'appétit de ses hôtes).

D'un point de vue mondain, cette soirée spectaculaire fut considérée comme un triomphe. Tout le monde ne parlait que de la magnificence des jardins dont les arbres avaient été taillés pour former des motifs surprenants, de même qu'il était fait grand cas de l'originalité des divertissements – bien que quelques participants se fussent plaints de l'odeur inévitable émanant des animaux ainsi que de leur besoin régulier de se soulager, un détail passé sous silence par *Vogue* et d'autres journaux dans leurs récits de ce moment exceptionnel. Les magazines étaient davantage intéressés par la liste des invités – diplomates, ducs, princesses, écrivains, couturiers, artistes… dont beaucoup apparaîtront dans les pages qui suivent –, décrivant leurs tenues et leurs bijoux.

Aimée de Sotomayor était sans conteste la plus belle ce soir-là. Des photographies souriantes de cette Brésilienne, considérée comme l'une des femmes les plus glamour du XXe siècle, paraîtraient dans *Vogue* un mois plus tard. Des gardénias éparpillés dans ses cheveux blonds, elle portait l'une des premières robes dessinées par un Christian Dior encore débutant et méconnu. Le jeune homme était, d'après Aimée, « un peu triste[3] » de n'avoir pas été invité. Toutefois, l'allure de la Brésilienne fit une forte impression sur l'un des autres convives, le magnat du textile Marcel Boussac qui, après la guerre, aiderait Dior à créer sa propre maison de couture.

Parmi le Tout-Paris, rares étaient ceux qui montraient la moindre inquiétude pour ce qui se passait ailleurs en Europe, persuadés que la France ne serait pas vraiment affectée, ou tout au moins pas pour très longtemps. Au printemps et au début de l'été, la saison mondaine s'était déroulée comme si de rien n'était ; en fait, il y avait une part d'insouciance dans cette résolution de s'amuser que personne, dans la haute société réunie cette nuit-là, ne considérait comme excessive ou inappropriée.

En avril, Hélène Ostrowska, ancienne mannequin, née à Monte-Carlo de parents russes et maintenant mariée à Louis Arpels, le plus jeune des frères de la firme de joaillerie Van Cleef & Arpels, avait été photographiée aux courses de Longchamp avec des amies dans de magnifiques robes signées des plus grands noms de la mode. Un mois plus tard, Hélène était prise sur le vif à l'hippodrome de Chantilly, le temple du chic, dans une robe de Maggy Rouff, une couturière qui s'enorgueillissait de sa clientèle royale, et coiffée d'un chapeau blanc de chez Reboux. Depuis la mort en 1938 d'Alfred Van Cleef, l'affaire familiale était dirigée par sa fille, Renée Puissant, une jeune veuve. Renée avait été brièvement mariée à Émile Puissant, un coureur automobile, qu'elle avait rencontré grâce à sa mère, Esther, infirmière d'Émile pendant la Grande Guerre. Quand il avait péri dans un accident de voiture en 1926, la direction artistique de la firme était revenue à Renée.

Tout comme la haute couture parisienne, les arts étaient florissants. En ce mois de juillet 1939, les authentiques mélomanes avaient fait le déplacement à Bayreuth, la ville consacrée aux opéras de Wagner, pour applaudir la toute première Française à y interpréter Isolde. Avoir obtenu ce rôle était une consécration pour Germaine Lubin, qui semblait à l'apogée de sa carrière. Depuis toujours, les héroïnes de Wagner avaient été jouées par des Allemandes, et la réussite de Germaine Lubin faisait la fierté des Français. Elle avait fréquenté le collège Sévigné, un établissement pour jeunes filles renommé dont la fondation remontait à 1880. Au lieu de suivre des études de médecine comme son père, elle s'était mis en tête d'étudier l'art lyrique au Conservatoire de Paris, où Gabriel Fauré, fort impressionné, l'encouragea. Sa voix parfaite ainsi que sa beauté sculpturale lui assurèrent des succès précoces dans des opéras de Strauss aussi bien que de compositeurs français moins connus. Mais, à partir de 1930, elle trouva sa voie en s'attaquant à la plupart des grands rôles wagnériens, parmi lesquels Elsa dans *Lohengrin*, Sieglinde et Brünnhilde dans le *Ring* et Kundry dans *Parsifal*, qui lui apportèrent la notoriété.

En 1913, elle épousa le poète Paul Géraldy, avec lequel elle eut un fils trois ans plus tard, mais le mariage n'était pas heureux et prit fin en 1926. Germaine Lublin était constamment entourée d'une petite troupe d'admirateurs, parmi lesquels Philippe Pétain qu'elle rencontra pour la première fois en 1918 alors que le héros de Verdun était au faîte de sa gloire. Officier connu pour ses conquêtes féminines, il tomba immédiatement amoureux d'elle et lui proposa même de l'épouser bien qu'elle fût encore mariée[1]. À la place, tous deux entretinrent une correspondance affectueuse et restèrent amis jusqu'à la mort de Pétain en 1951.

Germaine Lubin n'avait jamais été très appréciée par les autres chanteuses d'opéra, comme la soprano australienne Marjorie Lawrence, une wagnérienne elle aussi, qui trouvait la Parisienne arrogante et sa réputation surfaite. « La guerre était déclarée avec Lubin », écrit Lawrence dans ses Mémoires, racontant une anecdote survenue sur scène, à la fin d'une représentation de *Lohengrin* en 1933, où elle chantait le rôle d'Ortrud. Au moment de saluer le public, « Lubin a refusé de prendre ma main lorsque je la lui ai tendue et, plus versée que moi dans les entourloupes de l'opéra, elle s'est débrouillée pour avancer seule sur le devant de la scène, se comportant comme si tous les applaudissements lui étaient destinés[4] ». Leur rivalité cessa en 1941, quand Lawrence fut frappée par la poliomyélite et dut quitter Paris.

À Bayreuth, Lubin sympathisa avec plusieurs membres de la famille Wagner et fut même complimentée par Hitler en personne (une photo d'elle en compagnie du Führer finirait par sceller son sort) – elle était la meilleure Isolde qu'il eût jamais entendue, lui confia-t-il. Lubin espérait que son triomphe lui ouvrirait les portes du Metropolitan Opera de New York, où elle avait été recommandée par la soprano norvégienne Kirsten Flagstad. Il lui fut toutefois impossible de voyager pendant la guerre, et elle ne chanterait jamais aux États-Unis.

Les plus privilégiés n'étaient pas les seuls à ne pas pouvoir regarder la réalité en face. Si Colette tenait alors le haut du

---

1. Pétain avait plus de 60 ans quand il finit par épouser Eugénie Hardon, l'une de ses maîtresses, divorcée et déjà mère d'un enfant. On mesurera l'ironie pour le régime de Vichy d'avoir fait de l'accroissement de la natalité et de la défense des familles des priorités, alors que son chef demeura, pour autant que l'on sache, sans enfant.

pavé littéraire, elle n'en est pas moins connue pour avoir été totalement indifférente à la politique tout au long de sa vie. En 1935, âgée de 62 ans, bien qu'elle fût mariée à un journaliste juif, Maurice Goudeket, elle n'avait toujours pas pris sa plume pour mettre en garde contre les dangers que représentaient la politique d'Hitler en Allemagne ou l'échec du Front populaire et la montée de l'extrême droite en France. Elle écrivait en permanence – à cette époque, elle se consacrait à des nouvelles – et, dans les premières semaines de la guerre, elle participa à des émissions de radio diffusées en direct par Paris-Mondial à l'intention des auditeurs d'Amérique du Nord. Pour se rendre dans les studios, elle devait traverser Paris au milieu de la nuit, souvent en tenue légère. Lors de l'une de ces causeries, elle confia : « Il me semble que parler aujourd'hui à l'Amérique, c'est non seulement un honneur, mais un devoir. Neutre, et amie, l'Amérique, penchée sur la source des sons qui lui viennent d'Europe, peut-elle ne pas s'intéresser à la voix d'une Française qui vient dire, aux femmes américaines, comment nous sommes[5] ? »

En 1939, elle réalisa deux reportages sur des meurtriers fous qui la passionnèrent : le premier était consacré à la sous-maîtresse d'une maison close au Maroc qui torturait et tuait ses prostituées, encore des enfants, persuadée que les filles n'avaient pas de valeur ; l'autre traitait d'un homme jonglant avec les identités qui avait assassiné dans des circonstances atroces pas moins de six personnes, apparemment prises au hasard, pour de petites sommes d'argent. Eugène Weidmann, de son vrai nom, allait devenir célèbre en tant que dernier condamné à mort guillotiné en public – la guillotine resterait en usage pendant la guerre, mais derrière les murs des prisons. Colette, envoyée spéciale de *Paris-Soir* au procès, consacra tout son temps et son talent à rédiger un article fascinant sur le rapport de Weidmann à la vérité.

Pourquoi ne trouva-t-elle pas tout aussi intéressant d'étudier le caporal bavarois dont les vociférations allaient bientôt entraîner des meurtres de masse ? Était-ce parce que, dans sa façon de voir le monde, la guerre et la politique n'étaient que folies des hommes ? L'identité féminine, se débattant avec la douleur de l'amour et ses servitudes, demeura son unique sujet jusqu'à ce que la guerre l'affectât personnellement. C'est seulement alors qu'elle s'engagea. Comme l'écrivit la correspondante parisienne du *New Yorker* à l'époque, il est peut-être encore plus remarquable qu'en 1939 « on ne considéra pas la nationalité allemande de Weidmann comme une circonstance aggravante[6] », alors même que la France était sur le point de basculer dans la guerre avec son voisin.

Aujourd'hui, en observant ces événements rétrospectivement, on ne peut que s'étonner du comportement aveugle et irréel dont firent preuve ceux qui, cet été-là, s'efforçaient de mener une vie insouciante dans laquelle le seul motif d'inquiétude était d'arborer un chapeau à la dernière mode. Sur les Champs-Élysées, où les hôtels de luxe et les terrasses des cafés étaient remplis de touristes, il était impossible de ne pas remarquer ces objets extraordinaires qu'étaient devenus les couvre-chefs, minuscules ou gigantesques, décorés de plumes, de fleurs ou de bijoux, tout simplement parce que les femmes les arboraient avec plus qu'une touche d'insouciance. À en croire Elsa Schiaparelli, « la femme parisienne, comme si elle pressentait que c'était sa dernière chance, se montrait particulièrement chic[7] ». Janet Flanner avait une vision légèrement différente : « Il a fallu la menace de la guerre pour obliger les Français à se détendre et à se payer vraiment du bon temps, comme des gens civilisés[8] », écrivit-elle.

Il y eut des exceptions toutefois. Comme le rapportait le *New York Times*, la réception d'Elsie Mendl avait permis au ministre français des Affaires étrangères, Georges Bonnet, de s'entretenir pour la seconde fois dans la même journée avec l'ambassadeur d'Allemagne à Paris, le comte Johannes von Welczeck. Le ministre avait déjà formulé des mises en garde, signifiant que son pays ne resterait pas sans rien faire si l'Allemagne envahissait la Pologne, à l'inverse de ce qui s'était passé pour la Tchécoslovaquie quelques mois plus tôt. Le 14 juillet 1939, deux semaines exactement après cette folle nuit, Paris célébrait le cent cinquantième anniversaire de la prise de la Bastille. Parmi ceux qui s'étaient préparés de longue date aux reconstitutions historiques, aux défilés militaires et aux bals populaires, nul sans doute ne mesura vraiment à quel point il importait de célébrer 1789, la naissance de la démocratie et la fin de la tyrannie. Car l'adhésion de l'ensemble de la population à l'héritage de la Révolution était sur le point d'être sévèrement mise à l'épreuve...

Les milliers de réfugiés espagnols qui avaient fui en traversant la frontière après l'offensive de Catalogne étaient par trop conscients que la tyrannie fasciste, en la personne du général Franco, n'avait pas été défaite dans leur propre pays. Près de dix-sept mille d'entre eux étaient désormais installés dans un camp construit hâtivement à Gurs, près de Pau, où les conditions de vie étaient épouvantables. C'était l'un des premiers de la cinquantaine de camps où des réfugiés étrangers seraient « concentrés » sur le sol français. Les internés avaient formé un orchestre et aménagé un terrain de sport ; le 14 juillet 1939, ils se mirent en rangs sur le stade improvisé pour donner une interprétation tapageuse de *La Marseillaise* ; il y eut également des démonstrations de sport et plusieurs concerts de chant choral et d'instruments. Dès son ouverture, le camp de Gurs fut submergé par le nombre d'internés qui y étaient envoyés. En 1939, au moment du déclenchement de la guerre, il accueillit des prisonniers de guerre allemands et des citoyens français aux vues politiques suspectes puis, après la victoire du IIIe Reich, des Juifs. Les internés de Gurs ne furent ni maltraités ni torturés, mais la nourriture, souvent immangeable, était insuffisante et les conditions de vie, à la limite du supportable. Il n'y avait pas de sanitaires, pas d'eau courante si ce n'était une pluie incessante, pas de plomberie ni de système d'écoulement des eaux car les bâtiments étaient inachevés, personne n'imaginait que cette situation pût durer longtemps. Les femmes étaient parquées dans un camp séparé (Charlotte Salomon, Hannah Arendt et Dora Benjamin, la sœur de Walter Benjamin, y furent internées) et, dans les premiers temps, le commandant du camp autorisa des détenues à louer une charrette avec un cheval pour aller acheter des provisions.

Crane Brinton, le grand spécialiste américain de la Révolution française, écrivit non sans prescience, dans un article publié le 15 juillet 1939, que des tempêtes couvaient. Tout en dissertant sur le cent cinquantième anniversaire de la prise de la Bastille, il prédit des « changements qui, en pure logique, seront plutôt contraires à ce pour quoi les hommes de 1789 se sont battus [...]. La démocratie doit s'attendre à des temps plus difficiles que ceux auxquels elle a survécu au XIXe siècle[9] ».

Un mois et demi plus tard, le 1er septembre, l'Allemagne envahissait la Pologne et les démocraties étaient, en effet, mises à l'épreuve. En France, la mobilisation générale de tous les hommes âgés de 18 à 35 ans fut annoncée sur-le-champ. Le 3 septembre, Paris et Londres déclaraient la guerre à Berlin.

Plusieurs des amis d'Elsie Mendl fuirent la capitale dès qu'ils le purent. Quelques-uns, privés de domestiques, s'installèrent au Ritz, « où se trouv[ait] l'abri antiaérien le mieux équipé de Paris[10] ». L'abri du Ritz, fréquenté par certaines des femmes les plus élégantes de la capitale, fut vite réputé pour ses plaids et ses sacs de couchage de chez Hermès. Gabrielle « Coco » Chanel ferma sa boutique de la rue Cambon dès la déclaration de guerre au motif que « le temps n'[était] pas à la mode[11] », privant ainsi des centaines de femmes de leur travail – une décision guère patriotique. Elle s'installa ensuite dans une suite du Ritz pour la durée du conflit. La maison qui vendait du parfum et des bijoux sous son nom continua, elle, son activité, mais Chanel n'en était pas la propriétaire, une situation qu'elle contesterait bientôt.

Coco Chanel à la fin des années 1930.

Dès le début de l'Occupation, à presque 60 ans, elle fréquenta ouvertement le baron Hans Günther von Dincklage, un officier de l'Abwehr, les renseignements militaires allemands. « Spatz », comme on le surnommait, était aussi grand que blond et particulièrement beau garçon. Il avait auparavant été marié pendant quinze ans à Maximiliane von Schoenebeck (dite « Catsy »), qui était d'origine juive. En 1935, dès que les lois antisémites de Nuremberg entrèrent en vigueur, Spatz divorça discrètement de Catsy mais tous deux restèrent amis, de telle sorte que peu de gens réalisèrent qu'ils s'étaient séparés. Ce n'est que des mois plus tard, après avoir entretenu une relation avec une autre femme, qu'il se lia avec Chanel. La malheureuse Catsy avait été brièvement internée en 1938 pour « espionnage[12] » après avoir été placée sous surveillance pendant deux ans en partie parce qu'elle était une ressortissante allemande. Désignée par le renseignement militaire français en 1939 sous le nom de « baronne Dincklage », elle fut de nouveau détenue en novembre, sa présence en France représentant apparemment un danger, sans doute à cause des liens notoires entretenus par son mari avec les nazis. Au début des années 1930, quand le couple vivait à Sanary-sur-Mer, une station balnéaire prisée des réfugiés allemands, les rumeurs allaient bon train quant aux activités d'espionnage de Dincklage, mais il n'y a aucune preuve que Catsy, qui fut pourtant punie pour cela, y eût pris part.

Elsie Mendl insista pour passer le reste de 1939 à Paris, même si son mari, sir Charles, qui avait beau ne se réclamer d'aucune religion, était tout à fait conscient qu'aux yeux des nazis, il était juif et par là même en danger. Un soir, Elsie invita à dîner le duc et la duchesse de Windsor, qui cultivaient un état d'esprit des plus défaitistes. Le duc disserta sur la bataille à venir : « La vaillance des Allemands est considérable, ils sont extrêmement tenaces et capables d'une endurance vraiment surprenante en toutes circonstances, c'est un point capital[13]. » À Paris, rares étaient ceux qui partageaient son point de vue sur la supériorité allemande.

Alors que l'essentiel de la Wehrmacht était engagé en Pologne et que le territoire national demeurait inviolé, beaucoup de Parisiens refusaient de voir les périls imminents, convaincus de pouvoir repousser rapidement l'ennemi. La guerre leur semblait un événement lointain concernant d'autres peuples. Jean Marais, dont la carrière de comédien venait de débuter, faisait partie des jeunes mobilisés. Envoyé dans la Somme pendant la drôle de guerre, il manquait à son amant Jean Cocteau qui se languissait de le revoir. Aussi, lorsqu'une de ses amies proposa à Cocteau de le conduire au front, il accepta avec empressement, ignorant tous les risques, enchanté à la perspective d'un tête-à-tête amoureux.

Cette amie s'appelait Violette Morris. Elle tenait un magasin de pièces détachées pour automobiles et pouvait ainsi se déplacer sans difficulté. Ancienne athlète, elle vivait avec sa maîtresse, une actrice, sur une péniche amarrée à Paris, et faisait figure de mouton noir pour beaucoup en raison de ses opinions dangereuses. Mieux valait ne pas trop frayer avec elle. La Fédération française sportive féminine (FFSF) avait refusé de laisser cette boxeuse et lanceuse participer aux jeux Olympiques de 1928 en grande partie à cause de plaintes motivées par son attitude en public et son peu de discrétion quant à son homosexualité. Les cheveux coupés court, Violette Morris s'habillait comme un homme depuis 1919 et fumait cigarette sur cigarette, un comportement inacceptable pour une femme à l'époque. Elle se pourvut en appel contre l'interdiction qui lui avait été faite de participer aux jeux Olympiques et, quand son recours fut rejeté, elle se fit enlever les deux seins, en expliquant que ce serait plus confortable pour prendre le volant d'une voiture de sport. Bien que cette ancienne élève d'un couvent fût une sportive aux multiples talents, excellant dans de nombreuses disciplines, et qu'elle ait servi comme infirmière pendant la Grande Guerre, elle se sentait mise au ban de la société française. Une société qu'elle ne se privait pas de fustiger : « Nous vivons dans un pays pourri par le fric et les scandales [...], gouverné par des phraseurs, des magouilleurs et des trouillards. Ce pays de petites gens n'est pas digne de ses aînés, pas digne de survivre. Un jour, sa décadence l'amènera au rang d'esclave, mais moi, si je suis toujours là, je ne ferai pas partie des esclaves. [...] Ce n'est pas dans mon tempérament[14]. »

À la fin de 1935, sur une demande personnelle d'Hitler, Morris fut invitée à assister aux jeux Olympiques de 1936, à Berlin, où on lui déroula le tapis rouge. Elle resta en relation avec les nazis par dépit, révoltée du traitement qu'elle avait subi dans son pays. En 1937, elle tua un homme mais réussit à s'en sortir en faisant valoir la légitime défense.

Manifestement, la société française des années 1930 ne voyait pas Violette Morris d'un bon œil. Ne pouvant participer aux compétitions sportives internationales, elle trouva bientôt sa place parmi les voyous de bas étage et les nervis d'extrême droite. Pour Cocteau, un artiste qui se prétendait apolitique, être vu dans la même voiture qu'une telle personne constituait un risque, tout comme, pour Morris, de le conduire sur le front, puisque ni l'un ni l'autre ne disposaient de laissez-passer. Ce que Morris fit exactement par la suite pour aider les Allemands est encore sujet à débat, tout comme le fait de savoir si sa collaboration relevait de la trahison. Mais, alors que la drôle de guerre touchait à sa fin, Violette Morris avait su se faufiler depuis les marges jusqu'au plus près de la Gestapo.

À Paris, il y avait aussi tous ceux qui n'étaient invités ni au *circus ball* ni aux autres folies estivales, qui ne couraient ni les concerts ni les opéras, qui ne profitaient ni des célébrations du 14-Juillet ni des week-ends à Deauville – des hommes et des femmes ordinaires pour qui les inquiétudes de 1939 avaient tourné au cauchemar bien avant le 3 septembre. Les Parisiennes dont les vies avaient déjà été bouleversées au cours des années précédentes étaient conscientes des dangers du moment.

Miriam Sandzer, qui était arrivée de Pologne à Paris avec sa famille en 1930 à l'âge de 16 ans, se rendait à la préfecture de police presque chaque jour depuis 1936. Elle faisait de son mieux pour aider les réfugiés affluant d'Allemagne et des pays menacés par Hitler à régulariser leur situation. Son père possédait un atelier de confection dans le 19e arrondissement, au-dessus duquel il avait fondé une petite synagogue. Miriam, en plus de travailler toute la journée à l'atelier, s'efforçait d'obtenir des papiers pour les réfugiés. Certains arrivaient à Paris avec seulement quelques vêtements de rechange, d'autres avaient des bijoux à revendre, mais tous désespéraient de trouver un endroit où dormir. Ils ne pouvaient ni descendre à l'hôtel, où on leur aurait demandé leurs papiers, ni dormir dehors, car ils risquaient d'être contrôlés par la police. S'il n'y avait pas de visa d'entrée valide sur leur passeport, ou si quoi que ce soit semblait suspect, ils pouvaient être arrêtés puis expulsés.

Les Sandzer avaient beau tout faire pour aider les Juifs étrangers à s'installer et à trouver un hébergement, ils ne nourrissaient aucune illusion quant aux ténèbres qui commençaient à poindre à l'horizon. Parfois, ils accueillaient chez eux une famille qui dormait sur un matelas, ou persuadaient des amis de faire de même, dans l'attente des autorisations provisoires indispensables pour prendre une chambre d'hôtel. Quand il fallait davantage de lits, M. Sandzer payait le propriétaire de la maison close voisine pour qu'il vide les lieux et accueille des réfugiés dans ses vingt-trois chambres. Au bout de quelques mois, Miriam connaissait bien le chef de la police et elle avait vite appris « à quel point ces gens sont corrompus, à quel point l'argent est un langage universel [...] avec un pot-de-vin on peut prolonger leur autorisation de séjour jusqu'à ce qu'ils obtiennent un visa pour partir à l'étranger ».

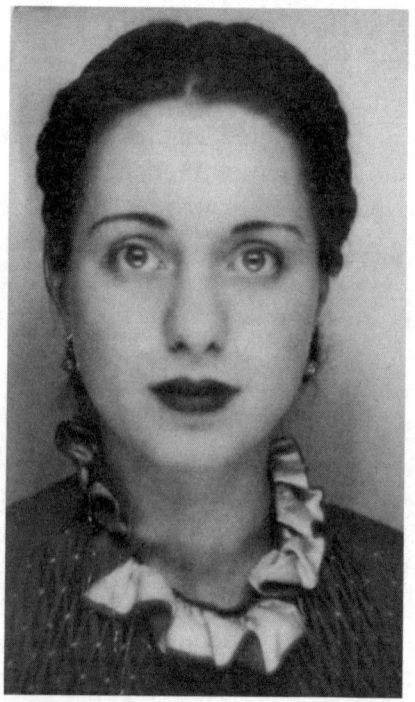

Miriam Sandzer à 22 ans, en 1936,
une expression à la fois résolue et peu ordinaire.

Mais cette quête incessante de papiers dont dépendaient tant de vies devenait chaque jour plus difficile. Alors que le flot de réfugiés ne cessait d'enfler, Miriam avait de plus en plus à faire, à l'atelier comme à la préfecture. Son frère aîné, Jack, avait quitté Paris pour vivre avec sa femme et leur bébé à Honfleur ; sa mère devait s'occuper de leur très jeune frère ainsi que de sa propre mère âgée, tout en préparant des repas pour leurs innombrables hôtes de passage. Miriam se chargeait non seulement des achats pour l'atelier, mais aussi de dessiner, couper et coudre les vêtements qui en sortaient. Depuis quatre ans, elle était fiancée avec Ben, le fils d'amis proches de la famille, originaires eux aussi de Pologne, qui habitait en Angleterre. En 1939, il était venu à Paris pour la supplier de l'épouser et de le suivre à Londres. « Mais comment pourrais-je quitter mes parents alors qu'une guerre est sur le point d'éclater ? Comment pourrais-je seulement partir[15] ? » écrivit-elle plus tard. D'autant que, après avoir passé tellement de temps à obtenir des autorisations de voyage pour d'autres, elle avait réalisé qu'elle-même en était dépourvue. Son passeport polonais avait expiré et, pour qu'il fût renouvelé, il devait comporter un cachet rouge attestant qu'elle s'était rendue en Pologne au cours des cinq dernières années, ce qui n'était pas le cas. Quand elle voulut le prolonger, il fut confisqué. Le mariage était son seul espoir de s'échapper, mais Ben, qui, outre-Manche, était bien placé pour savoir que la guerre à venir serait longue et dévastatrice, s'était porté volontaire en 1938. Il ne pouvait plus obtenir la permission de deux semaines nécessaire pour remplir les conditions de résidence exigées afin d'obtenir un permis de mariage en France. Comme de nombreuses autres jeunes femmes à Paris, Miriam Sandzer se retrouvait doublement prise au piège, à la fois par son dévouement à sa famille et par les méandres de l'administration.

Quiconque avait lu les journaux l'année précédente savait quelle était vraiment la situation : à Munich, en septembre 1938, le Premier ministre britannique Neville Chamberlain et le président du Conseil français Édouard Daladier avaient refusé d'entrer en guerre pour la Tchécoslovaquie. D'après eux, en accédant aux demandes des nazis, ils avaient permis le « maintien de la paix en Europe ». Bien qu'un demi-million de personnes aient accueilli Daladier dans l'euphorie générale à l'aéroport du Bourget lors de son retour de Munich, pensant qu'un conflit armé avait été évité, d'autres avaient conscience que ce n'était qu'un répit. Pour preuve, la Nuit de cristal, déclenchée quelques semaines plus tard sous un prétexte parisien : l'assassinat d'un diplomate allemand, Ernst von Rath, à l'ambassade de Paris, par un jeune adolescent juif, Herschel Grynszpan. Lorsque, dans la nuit du 9 au 10 novembre 1938, des casseurs s'en prirent violemment aux synagogues ainsi qu'aux commerces et aux entreprises détenus par des Juifs partout en Allemagne, furent brisées non seulement des fenêtres et des vitrines mais également l'illusion que les Sudètes pourraient satisfaire Hitler à eux seuls. Il était devenu de plus en plus difficile pour les Juifs ou les opposants politiques de s'échapper du Reich. Le 15 mars 1939, les forces d'Hitler envahirent et occupèrent la Tchécoslovaquie sans que la France et la Grande-Bretagne réagissent. Mais l'attaque contre la Pologne, six mois plus tard, ne pouvait pas être tolérée. Les souvenirs de la Grande Guerre étaient trop présents pour que quiconque pût se réjouir du début des hostilités.

La mobilisation démarra sur-le-champ. Des affiches annonçant la « mobilisation générale » furent placardées partout en France. Le chaos était inévitable. Une chape d'inquiétude tomba sur le pays, à mesure que de nouveaux plans étaient mis en œuvre ou que les anciens étaient modifiés sans avertissement. Jacqueline de La Rochebrochard, 19 ans, qui était issue d'une vieille famille de la noblesse bretonne, avait prévu d'épouser le lieutenant Joseph d'Alincourt plus tard dans l'année. Celui-ci ne disposant que de quelques heures une fois reçue la notification de son affectation dans l'est de la France, les événements se précipitèrent : « Sans hésiter, nous décidons de nous marier immédiatement. Il est tard déjà. Nous allons réveiller le maire. Il va officier dans la petite mairie qui sert en même temps d'école du village. Le lendemain, de bonne heure, notre curé célèbre la messe de mariage et Joseph repart aussitôt[16]. »

C'est dans les gares que l'émotion était la plus palpable, quand les hommes en partance pour le front embrassaient une dernière fois leurs parents, leur femme et leurs enfants. Les buffets des gares étaient désormais des self-services, une nouveauté qui s'expliquait par la mobilisation de la plupart des serveurs ; des volontaires de la Croix-Rouge distribuaient du lait et du pain sec aux enfants, tandis que des boy-scouts aidaient les réfugiés avec leurs bagages. Les combats, ou ce qui en tenait lieu, avaient beau être éloignés de Paris, la guerre n'avait en fait rien de « drôle » quand on connaissait les intentions d'Hitler et de ses généraux : les Allemands entraînaient leurs réservistes et expédiaient des équipements vers l'ouest, le pacte germano-soviétique d'août 1939 – un choc dont les gouvernements européens ne s'étaient toujours pas remis, tout comme de nombreux communistes – neutralisait la possibilité pour le Reich d'être attaqué par l'est.

Depuis 1933 et l'arrivée d'Hitler au pouvoir, suivie par l'adoption de lois empêchant les Juifs, et d'autres, de mener une vie normale, une partie de la population tentait de fuir l'Allemagne, l'Autriche et l'Europe de l'Est dans l'espoir de trouver un toit et de quoi vivre à l'étranger. Beaucoup pensaient que la France, le premier pays d'Europe à avoir émancipé sa population juive, serait un refuge. Toutefois, à côté des vieux idéaux révolutionnaires qui sous-tendaient la pensée philosophique française, le pays connaissait une longue tradition antisémite qui ne s'était jamais totalement éteinte et dont les feux se réveillaient brutalement de temps à autre. L'affaire Dreyfus avait laissé de profondes cicatrices et, même si l'antisémitisme avait décru dans les années 1920 – en partie parce qu'il était difficile d'accuser les Juifs de ne pas être patriotes alors que tant d'entre eux avaient donné leur vie pour la France lors de la Grande Guerre –, il connaissait dix ans plus tard un renouveau. Il était dorénavant alimenté par l'afflux de ceux qui essayaient d'échapper aux nazis, se greffant sur la vague d'immigration plus ancienne de Juifs démunis ayant fui les pogroms à l'est au début du siècle. En 1936, Léon Blum fut le premier Juif à être président du Conseil. Avec son gouvernement de Front populaire, il introduisit de nombreuses réformes sociales d'importance, parmi lesquelles les congés payés, et défendit également (dans une certaine mesure) les droits des femmes. Alors que trois sous-secrétariats d'État étaient confiés à des femmes, les Françaises n'avaient toujours pas le droit de vote, ni ne pouvaient ouvrir un compte en banque à leur nom. Avec son mot d'ordre « plutôt Hitler que Blum », l'extrême droite antisémite était désormais en mesure de prendre le pouvoir, dénonçant une prétendue influence juive qui, estimait-elle, non seulement poussait à une guerre contre l'Allemagne, et ce à l'encontre des intérêts nationaux, mais faisait aussi de la France la « poubelle de l'Europe ».

Au début de la guerre, le nombre de Juifs en France était à peu près de 330 000, contre 150 000 dans l'entre-deux-guerres. Rien qu'à Paris, il était passé de 75 000 individus avant 1914 à 150 000 dans les années 1930. Cet accroissement stimula le développement d'une presse fasciste. Aux côtés de la royaliste et catholique *Action française* de Charles Maurras, les trois principaux organes de cette mouvance étaient les hebdomadaires *Gringoire*, fondé par Horace de Carbuccia, *Candide* et *Je suis partout*, ce dernier étant le plus antisémite de tous. La diffusion de *Gringoire* avait spectaculairement augmenté de 640 000 exemplaires, au début de l'année 1936, à 965 000 exemplaires, à la fin de l'année. En février 1939, *Je suis partout*, dont Robert Brasillach fut le rédacteur en chef de 1937 à 1943, consacra un numéro entier à des calomnies visant les médecins et étudiants en médecine juifs.

Mais cela n'allait pas sans quelques incohérences. *Gringoire*, *Candide* et *Je suis partout* se prévalaient de la place qu'ils accordaient aux critiques littéraires ainsi qu'aux commentaires politiques. Par exemple, en regard d'une diatribe contre Léon Blum, *Gringoire* pouvait publier un texte d'Irène Némirovsky. La romancière était devenue la coqueluche de la presse de droite grâce à son roman *David Golder*, l'histoire d'un banquier juif cupide pourvu d'une femme infidèle et d'une fille ingrate, qui connut un énorme succès en 1929 avant d'être rapidement adapté au cinéma. Brasillach, ainsi que les critiques littéraires de *Gringoire*, admirait beaucoup Irène Némirovsky. Cela n'empêcha pas ce même Brasillach, en 1938, d'appeler à « considérer les Juifs ressortissants de nations étrangères comme des étrangers, et opposer à leur naturalisation le barrage le plus sévère[17] ». En juin 1939, Irène se demanda dans une interview : « Comment ai-je pu écrire une chose pareille ? Si j'écrivais *David Golder* maintenant, je le ferais très différent [...]. Le climat a bien changé[18]. » Elle avait parfaitement compris que, finalement, le milieu littéraire ne l'avait pas adoubée et qu'elle était à peine tolérée.

Pourtant, en 1939, cela faisait vingt ans qu'elle vivait en France, depuis que sa famille avait fui la Russie après la révolution de 1917. Le français était la langue qu'elle avait choisie, la langue qu'elle parlait depuis l'enfance, qu'elle avait étudiée à la Sorbonne et dans laquelle elle écrivait désormais. La France était son pays d'élection. Elle se voyait comme une romancière française (pas comme une romancière russe, ni comme une romancière juive), écrivant sur la bourgeoisie française. En 1926, elle épousa un banquier, Michel Epstein, lui aussi un Juif russe, qu'elle avait rencontré en France. Le couple eut deux filles, Denise, née en 1929, et Élisabeth, née en 1937, toutes deux citoyennes françaises du fait de leur naissance à Paris. Ses tenues élégantes et son appartement du sixième étage de l'avenue Constant-Coquelin, dans le quartier des Invalides, ainsi que la nourrice française pour les enfants, une bonne et un cuisinier, lui donnaient l'apparence d'une vraie Parisienne dont le train de vie était largement financé par ce que lui rapportait sa plume. Toutefois, elle et son époux étaient des étrangers qui ne demandèrent leur naturalisation qu'en 1938, alors qu'Irène pouvait y prétendre depuis 1921, trois ans après son arrivée. Le dossier déposé par Michel au service des naturalisations de la préfecture de police comportait des lettres de son employeur, la Banque des Pays du Nord, et de certains des admirateurs littéraires d'Irène parmi les plus honorables. Pourtant, les Epstein n'obtinrent pas de réponse. En avril 1939, on leur demanda de produire des documents qu'ils avaient déjà soumis, et en septembre on leur expliqua que le retard dans le traitement de leur dossier était dû aux « circonstances » – c'est-à-dire la guerre. Leur demande avait en réalité été ignorée, un rejet dont Irène souffrit terriblement. Ils étaient désormais apatrides.

Plus tôt dans l'année, la famille s'était convertie au

catholicisme lors d'un baptême célébré le 2 février en la vieille chapelle de l'abbaye Sainte-Marie de Paris. Leur conversion n'était peut-être pas inspirée par des motifs hautement spirituels, mais Irène Némirovsky ne s'était jamais considérée comme juive (elle s'était mariée à la synagogue, répétait-elle, uniquement pour complaire au père de Michel) et ressentait une réelle affinité avec le christianisme. Sans doute voyait-elle aussi cette conversion comme une mesure de protection pour les siens alors que partout l'antisémitisme allait croissant.

En août 1939, à la suite du pacte germano-soviétique, Michel commença à s'inquiéter en découvrant que lui et son épouse pouvaient être considérés non comme des apatrides mais, bien pire, comme des Russes, donc comme des ressortissants d'un pays ennemi de la France. De surcroît, s'il devait perdre son emploi, ils ne pourraient compter que sur les revenus d'Irène pour faire vivre toute la famille. Il écrivit par conséquent à l'éditeur de son épouse pour demander son soutien et reçut en guise de réponse une lettre chaleureuse mais inutile. La famille Epstein partit ensuite pour l'été à Hendaye, mais dès la déclaration de guerre, en septembre, Irène envoya ses filles loin de Paris dans la famille de la nourrice qu'elle employait depuis dix ans, Cécile Michaud, à Issy-l'Évêque, un petit village au sud du Morvan. Pendant l'hiver, Irène alla souvent rendre visite à Denise et Élisabeth, sans toutefois se décider à s'installer elle aussi à la campagne. Il n'était pas encore nécessaire de quitter Paris, pensait-elle.

Au moment de l'entrée en guerre, beaucoup de familles étaient en vacances ou avaient envoyé leurs enfants en colonie. La saison était particulièrement chaude et Claire Chevrillon, professeure d'anglais au collège Sévigné, se trouvait alors dans le Vercors, à Valcroissant, où elle donnait un coup de main à la directrice d'un camp scout pendant tout le mois d'août. Il y avait là une centaine de jeunes garçons habitués à vivre en ville et il s'agissait de leur apprendre à apprécier la beauté et les dangers de la nature en les faisant séjourner dans les vallées sauvages pendant un mois. Claire, dont le père, André Chevrillon, était membre de l'Académie française et dont la mère était issue d'une famille juive aisée parfaitement assimilée, comprit immédiatement ce que signifiait la mobilisation générale. Les Chevrillon mesuraient depuis des mois le danger des doctrines nazies qui s'étendaient à travers l'Europe. Alors que les parents envoyaient télégramme sur télégramme pour demander que leurs enfants rentrent immédiatement à Paris, la directrice de la colonie de vacances dut rejoindre son affectation comme infirmière militaire. Restée seule, Claire n'eut qu'une journée pour fermer le camp au pas de course avant de remettre les enfants à leurs parents soulagés sur les quais de la gare de Lyon. « Je pensai : c'est la fin de la vie heureuse[19] », se souvient-elle.

À travers tout le pays, les femmes ne mirent pas longtemps à comprendre ce que la guerre signifierait pour elles. Beaucoup estimaient qu'elles auraient un rôle essentiel à jouer dans le drame qui s'annonçait, et ce même sans avoir le droit de vote ni, pour celles qui étaient mariées, celui de posséder ou de contrôler ce qui leur appartenait. L'un des arguments mis en avant pour les exclure de toute participation aux élections était leur prétendu état de dépendance économique, empêchant tout libre arbitre. Au début du XXe siècle, alors que les républicains et l'Église catholique étaient engagés dans des batailles incessantes, le rôle de mère et d'épouse passait pour incompatible avec l'exercice du droit de vote. À partir de 1938, les Françaises avaient été autorisées à travailler hors de leur domicile sans avoir à obtenir l'accord de leur mari ou de leur père. Certains maugréaient que cela risquait de leur donner des idées déraisonnables. Un sénateur avait même écrit : « Si, par suite des circonstances nées de la guerre, [la femme de France] peut être appelée à suppléer l'homme dans l'exercice de certaines professions, ce ne peut être qu'à titre exceptionnel. Non seulement elle devra abandonner ce rôle à la fin de la guerre pour se consacrer exclusivement aux besoins du foyer, mais surtout, pendant les hostilités mêmes, elle ne pourra se conduire en véritable Française que si elle se rappelle qu'avant tout elle est mère et épouse[20]. » Le vœu de ce vieux sénateur était bien sûr aussi vain que désespéré. Néanmoins, les lois, qui avaient dans un premier temps interdit aux femmes mariées de travailler, avant de les y encourager, étaient très révélatrices des contradictions que les Françaises devaient affronter. L'idéal de la femme mère ou épouse était en tension permanente avec le besoin, et le désir, des femmes de travailler.

S'il y avait un secteur où les femmes pouvaient travailler sans heurter la bienséance, c'était le monde du spectacle, qui était à peine affecté par le déclenchement des hostilités. Le 24 septembre, la Comédie-Française – le premier théâtre parisien à rouvrir après la déclaration de guerre – proposa une matinée de poésie. Le bâtiment de la salle Richelieu, dont la façade était protégée par un mur de sac de sable haut de 3 mètres, avait été vidé de ses bustes de marbre et de ses reliques ainsi que de la moitié de son personnel masculin. Quelques-unes des sociétaires s'étaient également réfugiées en province, mais il restait assez de comédiens pour assurer la saison qui devait débuter à l'automne.

Des films étaient encore tournés en 1939 et les Parisiens allaient en masse au cinéma pour admirer celle qu'on surnommait la nouvelle Garbo, la jeune actrice Corinne Luchaire. Enfant, elle avait été ballottée après la séparation de ses parents, s'installant avec sa mère en Allemagne où elle sympathisa avec plusieurs nazis de haut rang. Mais elle fréquentait également des Juifs, son grand-père, le dramaturge Julien Luchaire, ayant épousé une Juive en troisièmes noces, et la sœur de son père, Ghita, étant mariée au surréaliste Théodore Fraenkel. Corinne, comme sa sœur, avait toujours voulu être actrice. Elle fit ses débuts à l'âge de 16 ans dans une pièce de son grand-père intitulée *Altitude 3 200*. À 17 ans, elle était la vedette de *Prison sans barreaux*. L'année suivante, elle était l'interprète principale du *Dernier Tournant*, la première adaptation du roman de James M. Cain, *Le facteur sonne toujours deux fois*. Corinne Luchaire faisait partie de cette génération de femmes qui voulaient travailler et devenir des stars de cinéma, non seulement afin de s'émanciper mais aussi pour gagner confortablement leur vie sans la moindre qualification professionnelle. C'était une carrière gratifiante pour toutes celles qui aimaient être admirées par les hommes, ce qui allait bientôt signifier être admirées par les nazis.

1939 – DANSER AU BORD DE L'ABÎME

Corinne Luchaire au début des années 1940.

De la même manière, il n'y avait guère de pénurie de jeunes danseuses pour se produire sur les scènes des cabarets qui prospéraient comme jamais. Au début de 1939, une jeune fille arrivée d'Afrique du Sud moins d'un an plus tôt passa une audition pour devenir danseuse dans un établissement de Montmartre. Sadie Rigal, 21 ans, avait laissé derrière elle son père et cinq frères et sœurs dans une pension de famille de Johannesburg, bien décidée à se débrouiller en Europe où elle rêvait de rejoindre les Ballets russes. Le père de Sadie, David, avait élevé seul ses enfants. Deux ans après la naissance de Sadie en 1917, son épouse avait été internée dans une institution psychiatrique à la suite de la mort de son plus jeune fils lors de l'épidémie de grippe espagnole. La vie était dure pour la famille Rigal, mais Sadie avait manifestement du talent et, en échange d'un vague « coup de main », un cousin qui tenait une petite école de danse accepta de lui donner des leçons gratuitement. Elle commença à gagner des compétitions, prit un professeur plus chevronné et, après avoir dansé une dernière fois en solo au Cap, partit pour Paris en 1938. Là, elle étudia avec des enseignants russes – il y en avait beaucoup à Paris à l'époque – pour se préparer à l'audition qui lui permettrait de réaliser l'ambition de sa vie.

Entre-temps, afin de gagner de quoi manger, elle se présenta au célèbre Bal Tabarin, un cabaret très fréquenté, qui avait ouvert en 1904 et était situé juste derrière la place Pigalle. Quand Pierre Sandrini reprit le cabaret avec un associé en 1928, il se chargea de la direction artistique et créa un ballet, en costumes d'Erté, qui transformait les scènes en d'impressionnants tableaux vivants. Le spectacle du Bal Tabarin était l'un des plus célèbres de Paris : des filles à moitié nues s'ébattaient dans des positions inattendues, accomplissant des acrobaties pleines de grâce en tournoyant autour d'une armature métallique, certaines ne s'y accrochaient que par les dents tandis que d'autres y étaient suspendues par la taille, cambrées vers l'arrière. En 1936, Man Ray a réalisé au Bal Tabarin une série de clichés devenus célèbres sur lesquels les danseuses forment un fantastique arbre humain. Il y avait un nouveau spectacle chaque année, chacun avec son propre thème, comme *Les Planètes* ou *Une symphonie* ; parfois l'inspiration venait de figures historiques comme Cléopâtre ou Mme de Pompadour.

À l'été 1939, Sandrini, qui sauverait Sadie des dangers à venir, l'encouragea, ainsi qu'une amie, à se rendre à Londres afin de passer une audition des Ballets russes. Toutes deux réussirent l'examen mais on leur demanda de retourner à Paris et d'attendre la compagnie qui devait s'y produire en décembre. Malheureusement, les Ballets russes ne vinrent jamais dans la capitale française en raison de la guerre, abandonnant les deux jeunes filles à leur sort. David Rigal rassembla assez d'argent pour payer un billet de retour en Afrique du Sud à Sadie, mais elle refusa, embrassant l'incertitude, bien décidée à tenter sa chance dans l'Hexagone.

Le Bal Tabarin ne fut toutefois jamais aussi célèbre que les Folies-Bergère qui, après 1918, furent consacrées comme un quasi-monument national. Certains allaient même jusqu'à affirmer que les opulentes poitrines des danseuses incarnaient en quelque sorte tout ce pour quoi la France s'était battue pendant la Grande Guerre. C'est là que des milliers d'hommes, attirés par la légendaire débauche parisienne, venaient dépenser leur argent pour admirer des monceaux de chair nue dévoilés sur scène au milieu de décors et de costumes toujours plus somptueux. Les Folies-Bergère ne lancèrent pas seulement la carrière de danseuses en tenue légère, de nombreuses vedettes comme Maurice Chevalier, Mistinguett ou Joséphine Baker y débutèrent aussi. C'est également là qu'une autre jeune fille de talent, née à Dublin sans rien, pas même des parents, apprit à danser et à amuser le public.

Margaret Kelly, surnommée Bluebell en raison de ses yeux bleus pénétrants, passa quelques années aux Folies Bergère avant de créer sa propre troupe, qu'elle nomma les Bluebell Girls. Elle n'avait que 22 ans. La troupe était tantôt engagée aux Folies Bergère, tantôt au cinéma Paramount sur le chic boulevard des Capucines, l'un des plus grands cinémas de Paris, à la décoration aussi chargée que surannée, où des films étaient encore projetés en matinée ; il y régnait une atmosphère très différente des spectacles de Montmartre. Kelly devint rapidement une chorégraphe à succès en plus d'être l'imprésario et l'administratrice de sa troupe. Elle emmenait ses danseuses dans des tournées en Europe et jouissait d'une notoriété considérable acquise par son seul mérite.

Depuis des années, c'était une amie proche de Marcel Leibovici, un pianiste roumain des Folies Bergère qui était également compositeur, et bien que les amours fussent officiellement interdites en coulisses, en 1938 Marcel lui demanda de l'épouser. Il avait 34 ans et elle 26. Mais le mariage n'allait pas sans complication car Bluebell aurait perdu sa citoyenneté britannique en épousant un Roumain. Ils résolurent finalement le problème en se rendant à l'ambassade de Roumanie pour produire des documents attestant que Marcel n'était plus un citoyen de ce pays – en d'autres termes qu'il était apatride, un engagement courageux de sa part. Demeurait cependant le problème de la religion puisque Bluebell voulait se marier à l'église et Marcel, bien que non observant, était juif. Elle était si déterminée à obtenir la bénédiction de leur union qu'elle implora l'archevêque de Paris, qui soumit son cas au Vatican. Marcel dut finalement promettre, lors d'un entretien formel avec l'archevêque, qu'il élèverait les éventuels enfants du couple dans la religion catholique. Finalement, le 1er mars 1939, ils se marièrent lors d'une cérémonie civile et reçurent plus tard la bénédiction dans l'église de la Sainte-Trinité. Ils donnèrent une fête au Pavillon Henri IV, un hôtel de Saint-Germain-en-Laye, faisant venir autant de danseurs que le bus spécialement affrété pouvait en transporter. Il n'y eut pas de lune de miel et le lendemain fut un jour de travail comme les autres. En juillet 1939 naissait leur premier enfant, Patrick.

Les couples étaient si nombreux à se marier en 1939 que plusieurs joailliers prospérèrent grâce au commerce florissant des bagues de fiançailles. Au moins, si le mari était tué à la guerre, sa veuve pourrait-elle obtenir une compensation financière. Mais dans cette frénésie chaotique où les rôles de chacun étaient bouleversés, entre déménagements et inquiétudes pour les proches menacés, il y avait presque autant de couples qui se séparaient. À l'approche de ses 50 ans, la comtesse Lily Pastré fut contrainte de commencer une nouvelle vie quand, à la fin de 1939, elle accepta finalement de divorcer du comte Jean Pastré qui l'avait pratiquement détruite par ses infidélités.

Lily était née Marie-Louise Double Saint-Lambert en 1891, dans une famille huppée, avec des ascendants russes du côté de sa mère, tandis que ses arrière-grands-parents paternels étaient des entrepreneurs zélés qui avaient cofondé les établissements Noilly Prat. Héritière de la fortune familiale, Lily était riche avant son mariage. Néanmoins, son enfance ne s'était pas déroulée dans le luxe, et elle avait été élevée dans un foyer catholique austère et autoritaire. Grande, blonde et mince dans sa jeunesse, elle était alors une joueuse de tennis talentueuse. Elle avait connu la première grande tristesse de sa vie quand son frère aîné, Maurice, avait été tué en 1916 lors de la bataille de la Somme. Deux ans plus tard, en partie pour renforcer l'alliance des grandes familles marseillaises, elle avait accepté un mariage arrangé avec le comte Pastré, dont la fortune était immense. Le couple eut deux filles et un garçon – Nadia, Nicole et Pierre –, mais ainsi qu'il était d'usage dans son milieu, Lily consacrait peu de temps à ses enfants, qui furent élevés par une nurse et une gouvernante anglaises. N'ayant guère d'autre choix, elle passa sa vie dans les salles de concert et les opéras, au point de devenir une excellente connaisseuse de la musique, du théâtre et de l'art d'avant-garde. En 1939, à l'âge de 48 ans, ses trois enfants devenus adultes, elle quitta Paris, la convention de divorce lui laissant le château de famille à Montredon, près de Marseille. Elle fut choquée de se voir ostracisée par la société de province en raison de son divorce, alors même que c'était son époux qui était adultère. Elle n'avait guère d'idée sur ce qu'elle voulait faire de sa vie et, tandis que les rumeurs parisiennes sur les dernières conquêtes de son ancien mari l'atteignaient, elle perdit confiance en elle, prit du poids et commença à boire. Par certains aspects, la guerre serait son salut.

En 1939, Noor Inayat Khan, une princesse indienne qui vivait avec sa famille à Suresnes, se remettait également de la rupture avec l'homme qu'elle fréquentait de longue date, tout en redoutant que la guerre ne mît un terme à sa carrière encore balbutiante d'auteure de livres pour la jeunesse. Noor était née à Moscou en 1914 d'un père indien, brillant professeur soufi, descendant direct d'un sultan prestigieux, et d'une mère américaine, Ora Baker. Sa famille avait vécu à Londres avant de s'installer à Suresnes, dans une grande maison que l'on appelait Fazal Manzil, où Noor étudia la harpe et le piano pendant plusieurs années, allant jusqu'à suivre l'enseignement de Nadia Boulanger au Conservatoire de Paris. Elle s'inscrivit ensuite à un cours de psychologie infantile en Sorbonne. Noor était parfois décrite par ses amis et ses enseignants comme calme et rêveuse ; elle était également talentueuse et intelligente. Vers ses 25 ans, il était clair qu'elle souffrait de troubles émotionnels profonds – elle fondait parfois en larmes sans raison apparente et semblait proche de la dépression. Son état s'expliquait sans doute par la liaison passionnée qu'elle avait entretenue au cours des six années précédentes avec un pianiste turc d'origine juive connu sous le nom de Goldberg (on n'utilisait jamais son prénom), qui vivait à Paris avec sa mère.

Ils s'étaient rencontrés et épris l'un de l'autre pendant leurs études à l'École normale. Un temps, Goldberg fut accueilli dans le foyer des Khan à Fazal Manzil, où on le surnomma même Huzoor Nawaz. Mais la famille de Noor n'acceptait pas leur relation, considérant que la différence de classe était insurmontable. Goldberg était sans le sou et venait d'un milieu ouvrier – sa mère travaillait dans une blanchisserie –, il pouvait à peine financer ses études, tandis que Noor était une princesse de haut rang. Aux yeux des Khan, l'attirance qu'elle ressentait pour lui découlait en partie de sa compassion pour les plus pauvres et de sa crainte qu'il n'attentât à ses jours si elle le quittait.

À l'été 1938, elle avait obtenu le diplôme qui lui permettait d'enseigner la psychologie infantile, mais chez les Khan, il n'était pas concevable que les femmes occupassent un emploi rémunéré. Noor aspirait plutôt à devenir auteure et poétesse, publiant régulièrement des histoires pour les enfants inspirées d'anciennes légendes grecques ou indiennes dans l'édition dominicale du *Figaro*. Certains de ses contes furent même diffusés au cours de l'heure des enfants de Radio-Paris et lui valurent d'excellentes critiques à une époque où les aventures de Babar l'éléphant et de son épouse, la reine Céleste, créés par Jean de Brunhoff, étaient incontournables dans les chambres d'enfants. Elle travaillait souvent à ses histoires la nuit, seule dans sa chambre.

Au printemps 1939, alors qu'elle semblait plus épanouie, elle envisagea de rompre avec Goldberg. Elle caressait l'idée de se rendre à Calcutta pour accepter la demande en mariage que lui avait faite un riche Néerlandais appartenant à l'aristocratie soufie, nommé Peter Yohannes, dont elle avait auparavant rejeté les avances. Néanmoins, ne disposant pas de l'argent nécessaire au voyage, elle mit ce projet de côté, poursuivit sa collaboration avec les journaux et travailla à son premier livre, *Vingt contes des vies passées du Bouddha*, qui serait publié pendant l'été en Angleterre. Encouragée par ces succès liminaires, elle projeta de lancer un journal pour enfants et entreprit pour cela de rassembler des textes et des illustrations. L'annonce de la guerre mit un terme à ses activités pour la radio et la presse quasi immédiatement, puisque la pénurie de papier menaçait et que les histoires de créatures extraordinaires échappées des forêts ne semblaient plus appropriées au vu des circonstances. La journaliste avec laquelle elle avait travaillé sur son projet de journal pour enfants se déroba, au motif qu'il leur serait impossible de mener à bien leur idée à un moment où les informations étaient la seule chose que les gens avaient envie de lire.

Pendant tout le mois de septembre, il régna une atmosphère

de panique à Paris : des réfugiés privés de tout affluaient, les soldats partaient pour rejoindre leur affectation, des familles à la recherche d'un endroit relativement sûr allaient et venaient, incapables de décider de rester dans la capitale ou de partir se mettre à l'abri en province. La plupart des véhicules privés avaient été réquisitionnés et il était désormais difficile, voire impossible, de voyager autrement qu'en train ou à vélo. Claire Chevrillon, la professeure d'anglais, et une amie offrirent d'accompagner des femmes et des enfants à la campagne, loin de Paris, afin de les protéger d'éventuels bombardements. Pour avoir l'air plus professionnelle et inspirer confiance, Claire portait son uniforme de scoute et prenait avec elle le masque à gaz, devenu obligatoire, chaque fois qu'elle quittait la gare Montparnasse à bord d'un train rempli de femmes terrifiées, d'enfants turbulents, de souffreteux et de vieillards.

Au cours des premiers mois qui suivirent le 3 septembre, pas un Parisien, homme ou femme, ne mettait un pied dehors sans prendre le masque à gaz de rigueur, tant était grande la crainte d'une attaque au gaz. Cependant, ainsi que le notaient plusieurs journaux : « Malgré la guerre, les Parisiennes n'oublient pas d'être à la mode[21]. » Des couturiers profitèrent du contexte pour créer d'élégants coffrets, tous plus ingénieux les uns que les autres, destinés à transporter ces masques. Il n'était pas rare de voir des masques dans des boîtiers recouverts de cuir ou de satin et même dans des sacs confectionnés à partir de plusieurs étoffes, les dames cherchant à les assortir à leur tenue. Jeanne Lanvin, l'une des couturières les plus en vogue, imagina un boîtier de forme cylindrique doté d'une longue bandoulière. À 180 francs, il était particulièrement convoité par une poignée de riches Parisiennes.

Janet Teissier du Cros, une jeune Écossaise mariée à un Français, observait la manière dont quelques femmes à la pointe de la mode parvenaient à garder leur chic dans la capitale livrée aux ténèbres, à la saleté et au chaos. Elle vivait avec son mari, François, à Édimbourg mais, deux jours avant la déclaration de guerre, ils en étaient arrivés à la conclusion qu'ils devraient rentrer aussi vite que possible avec leur jeune fils, André, afin que François pût rejoindre son régiment. Janet, qui avait choisi de rester en France pour soutenir son époux, se rappela plus tard avoir eu le sentiment irrépressible qu'en dépit des bouleversements, de l'incertitude et du branle-bas général, notamment dans les gares, cela aurait été un complet déshonneur de ne pas se battre. Sa sœur, sur le point de rentrer à New York, en témoigna : « Si la France et la Grande-Bretagne n'entrent pas en guerre, comment vais-je pouvoir affronter le regard des Américains ? »

Janet avait étudié la musique avant son mariage et, pour les femmes éduquées comme elle, la question n'était pas tant de savoir ce qu'il fallait faire pour éviter la guerre, mais ce qu'il fallait faire pour la gagner maintenant qu'elle était déclarée. Après avoir dit au revoir à son mari, elle partit avec André pour le Sud aussi vite qu'elle le put, pour rejoindre sa belle-famille, ayant bon espoir que le conflit prendrait fin rapidement. Tandis qu'elle passait de train en train pour finalement se retrouver dans un wagon à bestiaux sans toit, elle remarqua : « Nous avions tous des mines de déterrés, et André était tellement sale que nous n'aurions pas eu le courage de le toucher s'il avait été l'enfant de quelqu'un d'autre. » Alors qu'elle s'installait à même le sol du wagon, elle vit une autre femme, probablement en route pour rendre visite à son mari mobilisé, une vraie Parisienne dans un joli ensemble noir sur mesure, avec un corsage blanc « qui était vraiment blanc, et un petit chapeau noir qui ne pouvait provenir que de Paris. [...] Elle apportait comme un souffle de Paris. Bien qu'elle fût assise par terre comme nous, elle ne perdait rien de son air de suprême élégance, et en la voyant je me sentis coupable, car elle me rappelait que j'avais profité des circonstances pour oublier de m'habiller correctement, erreur impardonnable en France[22] ».

En avril, les maisons de couture avaient dévoilé leurs créations pour l'automne-hiver 1939 aux acheteurs du monde entier. Désormais, dans toute la ville, des milliers de couturières et de petites mains étaient occupées à répondre aux commandes au fond de leur atelier. Comme l'expliquait Lucien Lelong, le président de la chambre syndicale de la haute couture : « Notre rôle est de donner à la France le visage de la sérénité, les difficultés ne doivent pas gêner les créateurs. Ils ont le devoir de s'en dégager. Plus les Françaises seront élégantes

[...], plus notre pays montrera à l'étranger qu'il n'a pas peur de l'avenir[23]. »

Pour ceux qui ne détournaient pas le regard, 1939 s'annonçait comme une année dangereuse depuis ses premiers jours. Parmi les magazines féminins, *Le Jardin des modes* n'était pas le seul à entretenir un semblant de normalité en recommandant à ses lectrices, dans son numéro de janvier 1939, de coiffer leurs cheveux en faisant un petit chignon sur la nuque « à la duchesse de Windsor », ou, dans son numéro de mars, avec une publicité vantant « une découverte qui passionne les femmes [...] : comment embellir, raffermir, rajeunir vos seins ». *Vogue*, plus haut de gamme, publia une réclame pour les produits de maquillage d'Helena Rubinstein, qui expliquait : « Aujourd'hui des devoirs nouveaux incombent à tous. Celui de la femme est de communiquer, à ceux qui lui sont chers, le bel optimisme qui résulte d'une entière confiance en soi. Pour être vraiment sûre d'elle-même en toutes circonstances, la femme doit veiller à se maintenir jeune et belle. » Cette publicité est intéressante en ce qu'elle suggérait que porter du maquillage de chez Helena Rubinstein pouvait aider à gagner la guerre imminente. Un état d'esprit qui se retrouvait dans les éditoriaux de tous les magazines cet automne-là.

Certaines maisons de couture s'étaient adaptées à l'état de guerre en introduisant des éléments militaires dans leurs créations, comme des soutaches, des galons et des glands sur les manteaux chauds, désormais indispensables aux longs voyages dans des trains glaciaux. Quelques chapeaux furent créés sur le modèle des bonnets à poil britanniques ou des tricornes français. Mais, pour l'essentiel, les magazines réagirent en exhortant leurs lectrices à ne rien changer à leur tenue par égard pour les hommes. « Ceux qui sont au front, conseillait *Le Jardin des modes* en ouverture de son numéro daté de novembre, n'aimeraient pas à vous savoir vilaines. Ils pensent à vous telles qu'ils vous ont vues avant de partir, jolies et soignées. Pour eux, vous devez rester comme ils désirent vous voir. N'abîmez pas votre charme et votre beauté, dont l'image les soutient. » Dans un « avis à nos abonnées », le journal expliquait comment tous les magazines étaient contraints de réduire de moitié la quantité de papier qu'ils utilisaient, affirmant cependant : « Nous avons considéré [...] que notre devoir était de contribuer à montrer au monde entier [...] que la mode française continuait, dans des circonstances aussi graves, à guider l'élégance féminine. »

Tant qu'elle put être imprimée, la presse féminine encourageait les Parisiennes à demeurer « fières de maintenir chez elles un privilège que tout le monde leur a toujours envié, [elles] vont aider la mode à passer glorieusement la guerre au milieu d'elles. La mode, traditionnellement enfantée par Paris, reste parisienne jusque dans ses fibres les plus intimes », ainsi que le proclamait un éditorial à l'automne. « Accomplissez ce devoir, et vous permettrez à la mode, au moment de la victoire, lorsque votre ville déshabillera ses statues et illuminera ses avenues, de participer à l'éblouissante renaissance du Génie français[24]. » Un appel vibrant aux femmes pour qu'elles accomplissent la mission essentielle qui était la leur : ne pas laisser s'éteindre l'industrie du luxe, une ressource vitale pour Paris.

En décembre, le ton des magazines était légèrement plus sobre, en accord avec les temps, dressant la liste de ce qu'il fallait mettre dans les colis à l'intention des soldats, expliquant comment cuisiner des rillettes plus économiques ou comment tricoter des cagoules et des pull-overs, voire, maintenant que l'heure n'était plus à la dépense, de quelle manière remettre une vieille robe au goût du jour et la faire passer pour une nouveauté. Quelques-uns demandèrent à leurs lectrices si elles préféraient voir leur journal réduit de moitié mais garder son rythme de parution, ou bien conserver la même pagination mais être publié deux fois moins souvent. Finalement, les pénuries forcèrent la plupart des titres à cesser de paraître au début de 1940. *Vogue* et *Harper's Bazaar*, en dépit des difficultés, perdurèrent.

Comme Lucien Lelong l'expliqua dans une conférence en 1939, maintenir l'industrie de la mode en activité n'était pas seulement une question futile. « À l'heure où le pays a un important besoin de devises, nous devons porter tous nos efforts pour augmenter notre chiffre d'exportation. La clientèle étrangère a repris ses habitudes [...]. Nous avons un autre devoir. La couture parisienne fait vivre vingt mille ouvrières et cinq cents employés. Elle a une influence directe sur la vie d'autres industries : textile, soierie, fourrure, dentelle, etc.[25] »

Tout devait être fait pour maintenir ces emplois à Paris, déclara-t-il. Lucien Lelong répéterait cet argument à grands cris encore et encore dans les mois qui viendraient. Pour tout le monde ou presque, Paris c'était la mode, la bonne cuisine, les cabarets et la Comédie-Française. Nul ne pouvait dire comment cet art de vivre traverserait la guerre, mais chacun de ses composants se protégeait comme il pouvait.

Il allait de soi que se contenter d'avoir l'air élégante et soignée ne suffirait jamais. Ainsi que le remarqua l'ancienne actrice américaine Drue Leyton, de nombreux soldats français étaient lamentablement mal équipés pour la rude épreuve qui les attendait[26]. Drue était l'une des quelque trente mille Américains qui vivaient à Paris ou dans ses environs avant le déclenchement de la guerre. Elle travaillait à la station de radio Paris-Mondial où elle produisait des émissions destinées à promouvoir la France en Amérique. Colette était l'une de ses invitées régulières, ainsi que les actrices Mistinguett et Cécile Sorel, tout comme Dorothy Thompson, une journaliste américaine influente. Bien que l'ambassadeur des États-Unis William Bullitt ait conseillé à tous ses compatriotes de quitter la France, à peu près cinq mille d'entre eux décidèrent de rester à Paris, soit parce que c'était là qu'ils voulaient vivre et qu'ils aimaient leur pays d'adoption, soit parce qu'ils y avaient des liens familiaux, ou les deux.

Comme l'époux français de Drue, Jacques Tartière, avec qui elle était mariée depuis un an, avait été envoyé au front, elle engagea une jeune bonne alsacienne prénommée Nadine, qui avait hâte de s'installer dans la grande ville. Juste avant de l'embaucher, Drue lui demanda quels étaient ses sentiments vis-à-vis des Allemands. « Mon père, Madame, m'a toujours dit que le seul moyen de guérir l'Allemagne serait de tuer les femmes et les enfants », répondit-elle d'un ton impassible. Cette réponse, bien que réconfortante, sembla un peu excessive à Drue, qui l'engagea tout de même. Mais bien peu de Parisiennes nourrissaient les mêmes sentiments que Nadine à l'égard de l'Allemagne.

2

1940 – PARIS, VILLE OUVERTE

De la mi-décembre 1939 au mois de mars 1940, la France, comme toute l'Europe, subit un hiver exceptionnellement sévère. C'est aux Pays-Bas et dans le nord de l'Allemagne qu'il fit le plus froid, mais les conditions climatiques extrêmes furent ressenties également du sud de la Norvège à la Roumanie. On enregistra des températures de – 18 degrés jusque dans le nord de l'Espagne. Certains en France commencèrent à se demander s'ils ne vivaient pas en Sibérie, d'où venait cet air arctique. La météo épouvantable conforta ceux pour qui la drôle de guerre ne pouvait pas durer et qui, de toute façon, se préparaient à la catastrophe. Dans les récipients, l'eau se transformait en glace, au désarroi des Parisiens ordinaires, dont beaucoup de femmes au foyer, qui constituaient des réserves de sucre, de farine, de conserves et d'autres produits de première nécessité. Mais quelques Parisiennes, un peu moins ordinaires que les autres, comprirent l'urgence d'offrir toute l'aide dont elles étaient capables à ceux qui en avaient besoin.

Au début de 1940, Odette Fabius fut l'une des nombreuses femmes de la haute bourgeoisie à répondre aux appels des œuvres sociales et médicales en se portant volontaire. Elle avait gardé le souvenir de la Grande Guerre, quand tout un étage du spacieux hôtel particulier de sa famille avait été temporairement transformé en hôpital et que sa mère, dans son strict uniforme blanc d'infirmière, soignait les malades. Odette, 4 ans, s'était vu confier la mission d'aller et venir le long des rangées de lits en proposant des cigarettes. Née Schmoll, elle était issue de l'une des plus anciennes et plus illustres familles juives du pays, une lignée de vieille souche alsacienne d'un côté, bordelaise descendante d'Abraham Furtado, qui participa à l'organisation du culte israélite décidée par Napoléon, de l'autre. Elle et son frère grandirent sans manquer ni d'affection ni de moyens. Leur enfance dorée – leur père était avocat à la cour d'appel de Paris – leur permit de prendre la vie comme un « don merveilleux[1] ». Cette existence privilégiée était réglée par une gouvernante anglaise dénommée Alice Darling, qui travaillait encore pour la famille en 1940, après trente-deux ans de loyaux services. Qu'ils fussent juifs était simplement un fait et n'affectait pas leur vie quotidienne.

En 1929, Odette fut présentée à Robert Fabius, un bel homme de dix ans son aîné, issu d'une famille d'antiquaires ou, pour reprendre la formule méprisante de M. Schmoll, de boutiquiers. Mais c'est cette profession qui lui sauverait la vie en fin de compte. Le couple fut marié l'année suivante par le grand rabbin de Paris lors d'une magnifique cérémonie à la grande synagogue de la rue de la Victoire, là même où, quarante ans plus tôt, Alfred Dreyfus avait épousé Lucie Hadamard. Odette, qui avait tout juste 20 ans, portait une splendide robe avec une traîne en dentelle de 9 mètres de long dessinée par Jeanne Lanvin, sa couturière favorite. De nombreux cousins et amis, parmi lesquels Renée Puissant, assistaient à la cérémonie. Une somptueuse réception fut ensuite donnée à l'hôtel George V.

Une fille, Marie-Claude, naquit quelques mois plus tard et la famille déménagea rue Meyerbeer, au cœur d'un quartier particulièrement prisé, dans un appartement assez grand pour accueillir trois domestiques, dont une nurse anglaise. Mais Odette était loin d'être comblée par les dîners dans les restaurants chics ou les soirées dans les cabarets, et par un mari qui, ainsi qu'elle allait bientôt le découvrir, buvait, jouait et entretenait des maîtresses. Ce dernier point ne serait pas une surprise pour elle, puisque son propre père avait fait de même. Mais au moins avait-il su rester discret, comme il seyait au sein de la haute bourgeoisie. Dans les années 1930, peu de choix s'offraient à une jeune mère comme Odette. En 1937, elle perdit sa mère tant aimée et, n'ayant plus personne avec qui tenir conseil sur la meilleure façon de vivre sa vie maussade, elle commença à voir un psychanalyste, le célèbre docteur Démétrian. Elle poursuivit les séances jusqu'à ce que celui-ci fût mobilisé, l'amenant à prendre sa vie en main.

Le mariage d'Odette et Robert Fabius en 1929.

Odette rejoignit les Sections sanitaires automobiles, les SSA, comme conductrice d'ambulance volontaire. Confronté à une pénurie à la fois d'ambulances et de chauffeurs, le ministère de la Guerre avait accepté la proposition de la Croix-Rouge française d'aider à évacuer les soldats blessés des champs de bataille. Une brève cérémonie inaugurale eut lieu le 24 avril 1940 dans la cour de l'hôtel des Invalides, à la suite de laquelle des unités furent immédiatement envoyées sur le terrain. En fait, le rôle des femmes des SSA, dont beaucoup étaient des comtesses ou des princesses issues des meilleures familles du pays, allait au-delà du simple transport des soldats français et britanniques blessés, il comprenait aussi l'aide aux réfugiés quittant Paris pour le Sud et l'expédition de provisions aux prisonniers de guerre qui en avaient tant besoin. C'étaient des tâches dangereuses et fatigantes, qui ne laissaient pas un instant de répit pendant des jours d'affilée. Les unités missionnées près du front, dans le Nord, eurent immédiatement à s'occuper des victimes des combats qui faisaient rage, et des femmes durent tenir le volant pendant des jours et des nuits, chargeant et déchargeant les blessés, parfois sous des bombardements soutenus.

On ordonna par la suite aux conductrices d'ambulances de se replier, de village en village, devant les violentes attaques des Allemands. L'une des dernières missions d'Odette Fabius fut de transporter dans son ambulance l'argent de la Croix-Rouge jusqu'à Bordeaux, une ville qu'elle connaissait bien et où le gouvernement projetait de se retirer pour échapper à l'avancée allemande. Elle s'arrêta pour la nuit à Orléans, dans un hôtel qui fut bombardé par la Luftwaffe aux premières heures du matin ; vingt personnes périrent. Ayant eu la chance d'en réchapper, Odette repartit aussi vite qu'elle pouvait. « Je n'[avais] pas envie d'être accusée d'avoir disparu avec le million de la Croix-Rouge[2]. » Mais bien que les SSA aient été formellement dissoutes début septembre 1940, plusieurs de celles qui s'y étaient engagées, maintenant qu'elles avaient goûté à la peur et au danger, participèrent à l'émergence d'une résistance encore inorganisée en menant des actions contre les Allemands.

La duchesse de Windsor servit également un temps dans les SSA et livra du plasma, des pansements ainsi que des cigarettes à des hôpitaux situés à l'arrière de la ligne Maginot. Wallis le reconnut : « Je n'ai jamais été plus occupée et je ne me suis jamais sentie plus utile qu'à cette époque de ma vie[3]. » Mais quand, le 10 mai, l'Allemagne envahit les Pays-Bas et commença à menacer les défenses françaises, le duc de Windsor, tout comme d'autres figures du petit monde cosmopolite de Paris – parmi lesquelles la grande mondaine Daisy Fellowes, sir Charles et lady Mendl, l'écrivaine et collectionneuse Gertrude Stein et son amante, Alice B. Toklas –, réalisa qu'il était temps de quitter la capitale. Il déposa Wallis à Biarritz et retourna brièvement à Paris pour mettre de l'ordre dans ses affaires. Vers la fin du mois de mai, elle lui manquait tellement qu'il partit la rejoindre, laissant leur demeure du 85, boulevard Suchet aux soins d'un gardien allemand. De Biarritz, tous deux se rendirent à la Croë, leur maison du Cap d'Antibes, où ils apprirent la nouvelle de la progression des troupes allemandes et de l'effondrement de l'armée française. Il était convenu avec l'ambassade britannique que le duc et la duchesse devraient se rendre en Espagne pour ne pas se retrouver pris dans la fuite du gouvernement français.

Durant ces semaines agitées qui précédèrent la guerre éclair, le duc réussit toutefois à trouver le temps de se rendre chez Cartier pour récupérer sa dernière acquisition, un cadeau en vue de l'anniversaire de son épouse, le 19 juin, dont il avait passé commande quelques mois plus tôt. Le 4 mars, il avait rendu visite à Jeanne Toussaint, directrice de la haute joaillerie chez Cartier, les poches remplies de pierres tirées d'un collier et de quatre bracelets, et lui avait demandé d'en faire une splendide broche en forme de flamant. La queue de l'oiseau serait constituée de plumes éblouissantes faites de rubis, de saphirs et d'émeraudes, et sa patte devait être mobile de sorte que Wallis ne fût pas gênée lorsqu'elle se pencherait en avant.

Jeanne Toussaint était de ces quelques femmes qui se chargeaient de définir le bon goût et le style dans le Paris de la fin des années 1930 ; des femmes ne devant rien à personne, déterminées à se faire entendre et qui avaient soif de liberté. Avant la Grande Guerre, la joaillerie relevait de conventions et de traditions rigides mais au cours des années 1920, alors que la gent féminine se battait pour peser davantage dans la société, le secteur s'était mis, tout comme la mode, à refléter ce désir d'une plus grande liberté ; ainsi les clientes de Cartier étaient-elles du genre à refuser d'être confinées dans un cadre étroit. Petite, svelte et dynamique, Jeanne – dont la mère était une dentellière belge – avait quitté le foyer familial de Charleroi à tout juste 16 ans, pour s'installer à Paris. Jeune maîtresse d'un aristocrate, elle fut l'une des premières femmes à gagner sa vie comme mannequin. Quand son amant l'abandonna, elle eut des aventures avec d'autres hommes, évoluant dans le milieu des femmes entretenues, des courtisanes et des coquettes qui florissaient à la Belle Époque, les mêmes cercles que fréquentait Coco Chanel, laquelle demeura une amie proche jusqu'à la fin de sa vie.

En 1918, Jeanne rencontra Louis Cartier, l'un des trois frères qui avaient fondé la maison alors prospère de la rue de la Paix, et ils tombèrent amoureux. La maison Cartier, qui avait des succursales à Londres et à New York, était au faîte de son succès, connue pour ses montures en platine précieux dont le dessin mettait en valeur les pierres les plus raffinées, souvent importées d'Inde ou de Russie. Louis, 43 ans et divorcé, voulait se remarier avec Jeanne, mais les membres de sa famille étaient épouvantés à l'idée de le voir épouser une femme qu'ils considéraient comme une demi-mondaine, craignant que la maison n'en souffrît. Elle demeura donc sa maîtresse et, bien qu'elle ne sût ni dessiner ni même tracer des esquisses, il la nomma directrice artistique, une position clé dans l'entreprise et dans la haute société parisienne.

Les joailliers, après tout, tiraient profit des relations extraconjugales et Jeanne, tout comme Coco Chanel, avait pu en faire l'expérience du temps où elle était entretenue. Chez Cartier (comme dans d'autres grandes maisons parisiennes), il n'était pas rare qu'un client disposât de deux comptes : l'un pour son épouse, l'autre pour sa maîtresse. Des listes détaillées recensaient tout ce qui était acheté et vendu sur l'un et l'autre compte, mais la discrétion s'avérait primordiale. Il était impératif que les vendeurs se fussent entraînés à ne jamais confondre l'un avec l'autre, une prudence qui est toujours de mise de nos jours.

Suzanne Belperron, l'une des créatrices de bijoux les plus talentueuses de sa génération, avait dix ans de moins que Jeanne Toussaint, mais elle aussi était arrivée à Paris très jeune et elle aussi comprenait intuitivement les dames qu'elle apprêtait. Dès ses 18 ans, Suzanne Belperron, née Vuillerme en 1900 dans une famille du Jura, avait remporté plusieurs prix à l'Institut supérieur des beaux-arts de Besançon. Sans tarder, elle était partie travailler avec Jeanne Boivin, sœur du couturier Paul Poiret et veuve de René Boivin, le plus célèbre joaillier parisien de son temps. Mais au sein de la maison René Boivin, Suzanne ne pouvait se voir reconnaître le crédit de ses créations ; son travail devait demeurer anonyme, une situation inacceptable pour une femme dont le talent immense allait de pair avec une forte personnalité. En 1932, quand Bernard Herz, le célèbre négociant en gemmes et perles, l'invita à travailler pour lui comme directrice artistique et technique avec bien plus de liberté, elle ne put refuser. Dès lors, *Vogue* consacra régulièrement de pleines pages à des « robes de Chanel et Mainbocher, bijoux de Belperron », unissant de la sorte les noms de la couturière et de la joaillière, ce qui était nouveau. Dans les mois qui suivirent, les relations entre ces deux branches de l'industrie du luxe demeurèrent d'une importance capitale. Tout à coup, le nom de Belperron disputait la lumière à des maisons plus anciennes comme Cartier ou Van Cleef. Pourtant, on ne savait presque rien de celle qui se cachait derrière ce nom, un mystère qui ajoutait à l'attraction qu'elle suscitait.

Suzanne avait épousé Jean Belperron, un ingénieur, en 1924 et le jeune couple vivait à Montmartre, où tous deux avaient sympathisé avec de nombreux artistes d'avant-garde. La belle Nusch Éluard, femme et muse de Paul Éluard, qui en plus d'être comédienne jouait parfois au mannequin pour des joailliers, a été photographiée par Man Ray avec des créations de Belperron, dont elle était une amie. Suzanne recevait toutefois ses clients dans son salon privé au 59 de la rue de Châteaudun dans le quelconque 9ᵉ arrondissement. Elle n'eut jamais de boutique, mais ses créations – des volutes de feuilles et de coquillages naturalistes, comme des antidotes aux Arts déco alors à la mode, où les pierres précieuses étaient mêlées à des matériaux nouveaux comme l'ébène ou la calcédoine – étaient très recherchées par les femmes de goût, à l'image de la duchesse de Windsor, de Daisy Fellowes et d'Elsa Schiaparelli. Les Parisiennes qui suivaient le bouche à oreille savaient où la trouver et reconnaissaient les créations audacieuses qu'elle ne signait pas. À cette époque, Suzanne devint célèbre, se distinguant aussi par son allure, avec ses cheveux très courts souvent coiffés d'un turban, et, bien que d'une grande discrétion, elle fut également photographiée par Horst et Man Ray, portant parfois des broches magnifiques, de larges bracelets ou des bagues à ses longs doigts.

Bernard Herz.

Herz était plus âgé qu'elle de vingt-trois ans, il possédait une grande maison de campagne à Chantilly et un appartement avenue du Président-Wilson. Ses enfants – une fille mariée, Mme Aline Solinsky, et un fils, Jean, qui serait fait prisonnier de guerre – volant de leurs propres ailes, il s'imposa comme une sorte de figure paternelle auprès de Suzanne, devenant sans doute également son amant. Parmi les biens les plus précieux de Suzanne, il y avait un face-à-main en platine et or blanc d'où pendaient deux breloques en forme de cœurs ; à l'intérieur se trouvaient une photographie de sa mère et une de Herz.

Même si, en 1940, les États-Unis n'étaient pas encore entrés en guerre, l'hôpital américain était l'une des rares institutions parisiennes à s'être préparées à la situation. Reconstruit après la Grande Guerre, toujours à Neuilly-sur-Seine, il comptait cent vingt lits de médecine, de chirurgie et d'obstétrique ainsi que trois salles d'opération. Sa réputation des années 1920, quand il passait pour une clinique luxueuse où venaient se faire soigner les Américains riches ou célèbres, comme Ernest Hemingway et les Scott Fitzgerald, avait laissé place à celle d'un hôpital d'excellence destiné à tous les Américains de Paris. En 1940, grâce au soutien de l'ambassadeur Bullitt, il s'apprêtait à être transformé en une installation militaire capable de traiter des blessures causées par des éclats d'obus, des attaques au gaz ou les dégâts causés par des bombardements ; un service était même consacré au don de sang.

Sumner Waldron Jackson, un urologue du Maine, était l'un des médecins les plus expérimentés de l'hôpital. Avec son épouse, Toquette, ils avaient déjà vécu une guerre contre l'Allemagne et, comme beaucoup de leurs amis, ils avaient suivi les nouvelles à la radio au cours des deux années précédentes, prêtant l'oreille avec une horreur croissante aux menaces d'Hitler. Charlotte Sylvie Barrelet de Ricout, que tout le monde appelait Toquette, était issue d'une famille aisée de protestants suisses. Son père, un avocat, s'était installé avec sa famille à Enghien-les-Bains, où Toquette avait grandi entre parties de tennis et sorties en bateau sur le lac. Elle était infirmière depuis 1914 et avait rencontré Sumner à l'hôpital n° 2 de la Croix-Rouge américaine à Paris, où tous les deux soignaient des soldats grièvement blessés qui avaient été ramenés des tranchées, souvent à peine vivants. Leur histoire d'amour commença apparemment par un baiser volé dans un placard à linge de l'hôpital, et le couple se maria en novembre 1917. Il avait 32 ans, elle 27.

En 1919, ils retournèrent vivre quelque temps à Philadelphie. Mais Toquette n'était pas heureuse en Amérique, elle était trop française pour s'y sentir chez elle, et au bout de deux ans elle persuada son mari de rentrer à Paris. Qu'il se pliât si volontiers aux souhaits de sa jeune épouse laisse entrevoir la force de persuasion de Toquette, puisque leur expatriation impliquait non seulement qu'il prît des cours de français mais aussi qu'il passât de nouveaux examens de médecine. En janvier 1929, quand naquit Philip, leur unique fils, Sumner était chirurgien urologue à l'hôpital américain. Alors que l'établissement était sur le qui-vive, ses médecins étaient déjà au travail au sein d'un hôpital de campagne improvisé dans un ancien casino à Fontainebleau ; il était destiné à servir de poste de secours pour les soldats français et les réfugiés blessés dont l'état aurait réclamé des soins d'urgence.

L'hôpital avait beau être fin prêt, tout le monde ou presque fut frappé par la vitesse et la facilité de l'invasion allemande. La guerre éclair commença le 13 mai et ruina rapidement la confiance des Français dans la ligne Maginot. La Wehrmacht, grâce à la supériorité de ses divisions de panzers, lesquelles bénéficiaient du soutien des bombardements en piqué de la Luftwaffe, contourna les fortifications. En un mois, les forces néerlandaises, belges et norvégiennes avaient toutes capitulé, déclenchant un afflux de réfugiés aux frontières françaises.

Le 10 juin, le gouvernement quitta Paris pour Bordeaux, via Tours. Rien n'indiquait que les combats fussent terminés, et ce départ donna l'impression que demeurer dans la capitale n'était plus très sûr. « Les rues étaient vides. On fermait les volets de fer des magasins. On n'entendait dans le silence que leur bruit métallique, le son qui frappe si vivement l'oreille les matins d'émeutes ou de guerre dans les villes[4] », c'est ainsi qu'Irène Némirovsky décrit l'atmosphère qui régnait à Paris dans son roman si réaliste, *Suite française*. Quatre jours plus tard, le 14 juin, la capitale fut déclarée ville ouverte, un statut destiné à la protéger pour autant qu'aucune résistance ne fût opposée par l'armée ou la population ; sinon la ville serait considérée comme située en zone de guerre et susceptible d'être détruite. Hitler voulait que Paris fût protégée et préservée, de manière que l'Allemagne pût se l'approprier et profiter de ses attraits. Sans jamais admettre la supériorité de la capitale française, et tout en critiquant la débauche et les mœurs relâchées des Françaises, il entendait néanmoins que chaque soldat allemand connût, une fois, les plaisirs de Paris : les soldats de la Wehrmacht avaient fait leur le précepte *Jeder einmal in Paris* (« Chacun une fois à Paris »).

Ce jour-là, quand les Allemands entrèrent dans la ville et hissèrent le drapeau à croix gammée en haut de l'Arc de Triomphe et au sommet de la tour Eiffel, on enregistra quatorze suicides à Paris, dont le plus retentissant fut celui du docteur Thierry Martel, chirurgien en chef de l'hôpital américain. Martel, qui avait 65 ans, était un homme complexe, à la fois antiallemand et antisémite, ancien combattant décoré de la Grande Guerre et membre de l'Action française de Charles Maurras. Fils d'aristocrates qui clamaient haut et fort leur conviction que Dreyfus était coupable tout autant que leur dégoût devant l'émergence d'une bourgeoisie juive, il était également l'oncle de Jacques Tartière, le mari de Drue Leyton. Mais Thierry Martel avait perdu un fils lors de la Grande Guerre et s'était juré de ne jamais plus adresser la parole à un Allemand. À la suite de son suicide, le docteur Sumner Jackson prit sa succession comme chirurgien en chef et se retrouva seul aux commandes. Déjà, en mai, l'hôpital avait abrité des pilotes dont les avions avaient été abattus. Aucune décision n'avait encore été prise quant à la conduite à tenir vis-à-vis des Allemands, mais Toquette et sa sœur Tat, tout en refusant de partir pour l'étranger, pensaient l'une comme l'autre qu'il serait plus sûr pour Philip qu'elles quittent Paris avec lui et laissent Sumner seul dans l'appartement familial du 11, avenue Foch.

La réaction à l'effondrement militaire fut chaotique. Aucun plan officiel n'avait été dressé pour organiser une évacuation de masse, et pourtant trois des cinq millions d'habitants de Paris, y compris des fonctionnaires et des diplomates, demandaient à grands cris de pouvoir quitter la ville. *Paris-Soir* conseilla aux femmes de porter des chaussures plates confortables ainsi que des bas résistants et épais plutôt que les modèles élégants en soie. Cela n'aida guère à dissiper la panique collective, qui était largement fondée sur la peur d'être fait prisonnier. Le 9 juin, Simone de Beauvoir écrivit : « Je sentais l'avance allemande comme une menace personnelle ; je n'avais qu'une idée : ne pas être coupée de Sartre, ne pas être prise comme un rat dans Paris occupé[5]. »

Si certains des Parisiens les plus riches étaient partis quand ils avaient compris que les choses tournaient mal, les plus pauvres, qui ne disposaient pas de moyen de transport, s'entassaient désormais dans des trains bondés, occupant chaque espace, y compris les toilettes. Cela causait des problèmes difficilement supportables pour les passagers qui avaient besoin de se soulager pendant les longs trajets. Beaucoup de femmes confrontées à des besoins pressants perdirent toute inhibition.

Il y eut des scènes surprenantes : on vit par exemple des hommes vigoureux soulever des femmes pour les faire passer par les fenêtres des wagons d'un train à l'arrêt. Une fois dehors, elles levaient leurs jupes et, embarrassées, s'accroupissaient au sol, à proximité du train dont elles craignaient qu'il ne repartît sans elles, pour uriner en rang le long de la voie.

Des milliers de Parisiens essayèrent de quitter la ville en utilisant n'importe quel moyen de locomotion qui leur tombait sous la main. Les routes, déjà congestionnées par les réfugiés belges, étaient dorénavant encombrées de familles désespérées à bord de voitures individuelles, si elles avaient assez de carburant, souvent avec un matelas sur le toit, dans l'idée fausse qu'il pourrait atténuer l'impact d'une bombe larguée depuis un avion. D'autres prirent leur vélo, beaucoup marchèrent, poussant des landaus ou même des brouettes improvisées dans lesquels les aînés trop frêles pour tenir sur leurs jambes avaient pris la place des nourrissons. Des historiens ont estimé que près de dix millions de Français quittèrent leur domicile devant l'avancée allemande, ne sachant pas toujours où ils allaient (le Sud ou l'Ouest étaient les directions principales, il n'était de toute façon plus possible de se rendre dans le Nord). C'était une foule pathétique ; ceux qui marchaient allaient souvent aussi vite que ceux qui étaient au volant des voitures, et ceux-ci, le visage rouge de colère, klaxonnaient inutilement à tout-va.

La plupart de ceux qui quittèrent Paris étaient des femmes, des enfants et des personnes âgées – les hommes étaient requis soit par leur travail dans les usines, soit par l'armée. Les animaux de compagnie avaient été tués ou bien laissés livrés à eux-mêmes. Beaucoup a été dit sur ce que les femmes choisirent de porter pour un voyage aussi cauchemardesque. Étant donné l'extrême chaleur qui régnait, certaines, pensant qu'elles ne seraient pas longtemps sur la route, avaient revêtu une tenue d'été. D'autres, plus prudentes, avaient décidé qu'en dépit des températures suffocantes il valait mieux porter sur soi une grande partie de sa garde-robe plutôt que de s'encombrer de bagages. « Il n'est pas rare de rencontrer certaines femmes engoncées sous plusieurs épaisseurs de vêtements, portant chemise sur chemise, jupe sur jupe et jaquette recouverte d'un manteau. Sans oublier écharpe, gants et chapeau, car le code vestimentaire veut encore qu'une dame convenable ne sorte pas sans chapeau, fût-elle réduite à l'état de nomade[6]. »

Si, une fois sortis des villes, d'aucuns profitaient du grand soleil pour pique-niquer le long des routes bordées de peupliers, beaucoup de familles se retrouvèrent rapidement à court de nourriture. L'idée d'être mitraillé, voire bombardé, par les avions allemands qui volaient en rase-mottes au-dessus des routes noires de civils terrifiait tout le monde. Les fossés n'offraient qu'une protection minime. Cette cruauté semblait en décalage avec le temps magnifique, les températures estivales et le ciel clair qui évoquaient une atmosphère de vacances. Les attaques aériennes étaient si dangereuses, et il était si fatigant de porter des bambins engourdis que plusieurs mères se résignèrent à confier leurs enfants à des étrangers à bord de voitures. Plus tard, incapables de retrouver la trace de leur progéniture, elles placardèrent des avis de recherche lourds d'angoisse sur les murs des villages. Cela montrait bien que personne, dans l'incertitude totale de l'échelle ou de l'issue du drame en cours, ne se comportait plus normalement. Les messages déchirants dans lesquels des mères suppliaient qu'on leur donnât des nouvelles de leurs enfants égarés se multiplièrent pendant des semaines.

Georges Sadoul, un journaliste, était de ceux qui étaient émus par la coquetterie des jeunes femmes qu'il voyait, et par leur détermination, quel qu'en fût le coût, à préserver leur élégance. Il évoqua un certain « chic réfugiée[7] » qui impliquait de porter une chemise sur un pantalon étroit et autant de maquillage que pour sortir en ville. Un autre écrivain, André Fraigneau, rapporta avoir vu une femme se précipiter hors de la voiture dans laquelle elle se trouvait, afin de recueillir un peu d'essence, un bien précieux, et de l'utiliser comme dissolvant ; apparemment, son chapeau n'était pas assorti à ses ongles. Mais le « chic réfugiée » ne dura pas longtemps car cette foule ne pouvait pas se laver, n'avait presque rien à manger et parvenait à peine à avancer. Il y avait des femmes âgées affalées sur le bas-côté, épuisées, incapables d'aller plus avant, et des plus jeunes, nombreuses, que l'absence de leur mari avait placées à la tête de leur foyer, et qui semblaient complètement dépassées. Anne Jacques dressa leur portrait dans son journal : « Les femmes sont très bien, je peux le dire, j'en ai vu beaucoup et dans des heures où l'on se fait juger. Elles ne sont plus ni bavardes, ni nerveuses, ni faibles, elles sont raisonnables, calmes, charitables entre elles et souvent héroïques[8]. »

Cette fuite empreinte de désespoir et de peur à travers la France, que les historiens nomment l'Exode, a été évoquée dans de nombreux Mémoires. Violette Leduc, que Simone de Beauvoir avait prise sous son aile, décrit dans son roman semi-autobiographique *La Bâtarde* l'effroi que suscita l'ennemi chez elle et sa mère, presque paralysées à l'idée de partir, et qui attendirent la dernière minute. Des rumeurs fusaient au sujet des violences commises par les Allemands, certains disaient qu'ils « ramassaient » les garçons d'à peine 15 ans. Elles quittèrent donc Paris, un matin à l'aube, quand il n'y avait que « le silence dans les rues, dans les immeubles. Un silence de cette épaisseur c'est un charnier. Briques, pierres, bitume, trottoirs, églises, bancs, squares, stations d'autobus, rideaux, volets abandonnés à eux-mêmes faisaient pitié. Paris était une ruine trop humaine. Les chiens, les chats, les mouches, où étaient-ils ? ».

Ensuite, ainsi que le raconte Leduc, une fois la capitale derrière soi, le chaos s'intensifiait : « Nous suivions le défilé de chaque côté de la route. Des mères donnaient le sein dans le fossé, des coquettes titubaient sur leurs escarpins à talons Louis XV, des fantassins transportés en camion chantaient, ils lançaient des cigarettes à un vieillard qui se mettait à courir sur la route, pour les ramasser [...]. Montagnes, échafaudages sur les toits des voitures. Un solitaire s'en allait à pied avec son matelas sur le dos[9]. » Jacqueline Mesnil-Amar, qui était issue d'une famille juive assimilée et dont le mari avait été mobilisé, compara la scène de son départ de Paris en compagnie de sa fille Sylvie, encore bébé, et de sa nurse Marie à une « sorte de Pompéi brûlante sous la lave allemande[10] ».

Beaucoup de récits contemporains de l'Exode se moquent des femmes, dépeignant leur faiblesse et leur narcissisme, ne pensant qu'à ce qu'elles devaient mettre dans leurs bagages. Il y a manifestement une part de vérité dans cette accusation. Quand les membres de la famille Sandzer décidèrent finalement qu'il était temps de partir et de laisser derrière eux l'atelier de confection, il était trop tard pour que la mère de Miriam récupérât ses bijoux à la banque, puisqu'elle était fermée. À la place, elle emporta des couverts en argent et des chandeliers qui pourraient être échangés contre de la nourriture, mais décida de ne prendre aucun bagage personnel. Le coffre de la voiture devait être rempli de nourriture et de boissons ainsi que de plusieurs bouteilles de cognac Napoléon pour servir de pot-de-vin.

Mais, alors qu'ils étaient sur le point de lever le camp, des amis âgés de la famille, les Samsonowicze, arrivèrent et insistèrent pour partir avec eux, faute de quoi ils menaçaient de se jeter de la tour Eiffel. Il était impossible de résister à un tel chantage affectif. Avant de monter en voiture, le couple désigna un gros carton, qu'il refusa d'ouvrir, en affirmant qu'il fallait le prendre aussi. Après la guerre, on découvrit que le carton contenait un manteau de fourrure. Tandis que les Sandzer s'attardaient, deux autres femmes, des anciennes clientes, les supplièrent de les aider car leurs maris avaient été faits prisonniers. Au moins avaient-elles une voiture, même si elle n'avait pas servi depuis des mois, mais ni l'une ni l'autre ne savait conduire. Puis, un ouvrier vint à son tour plaider sa cause avec un bébé dans les bras. Le groupe de la famille Sandzer avait grossi jusqu'à comprendre dix adultes, un bébé et un grand carton, pour deux voitures et un seul chauffeur. C'est ainsi que, pour sortir de Paris, ils rejoignirent la longue et triste file des gens désespérés, n'ayant pas la moindre idée de leur destination. Le bébé ne survécut pas au voyage.

Patrick Buisson a écrit au sujet de l'Exode : « La plupart [des femmes] sont parties dans l'affolement, bouclant en toute hâte sacs et valises, d'autres ont préparé méthodiquement le grand départ comme s'il s'agissait d'une partie de campagne ou d'une fête en pointillé[11]. » Il cite le cas de Geneviève de Séréville, la quatrième épouse de Sacha Guitry, qui prit des dizaines de flacons de vernis à ongles, de la crème pour le visage et du parfum, car elle avait à sa disposition une Cadillac avec un vaste coffre. De la même manière, dans *Suite française*, Irène Némirovsky met en scène Florence, la maîtresse d'un écrivain se débattant avec le manuscrit de son amant et sa propre trousse à maquillage au moment de fermer sa valise – les deux ne pouvant pas tenir. « Elle déplaça le coffret à bijoux, essaya encore. Non, décidément il fallait supprimer quelque chose.

Mais quoi ? Tout était indispensable. Elle appuya un genou sur la mallette, poussa, tira la serrure inutilement. Elle s'énervait [...]. Un instant, Florence hésita entre la boîte de fards et le manuscrit, puis elle choisit les fards et ferma la valise[12]. »

Sir Edward Spears, l'envoyé personnel de Churchill auprès du gouvernement français, eut également quelques remarques cinglantes au sujet du comportement de celles et ceux qu'il vit fuir. « Dans la plupart des convois, je voyais aussi des voitures contenant des dames dont les puissantes silhouettes et l'air dominateur ne pouvaient appartenir qu'à des femmes d'officiers supérieurs. » Chaque ville, chaque village qu'il traversa se révéla « être plein de soldats désœuvrés, qui nous regardaient passer d'un air ahuri. Ils n'étaient pas en formations, c'étaient seulement des individus en uniforme, traînant çà et là[13] », se demandant quoi faire et où aller, tandis que les avions de la Luftwaffe, qui volaient en essaim au-dessus de leurs têtes, fondaient sur les civils. Spears, observant ce qu'il qualifia de paralysie du peuple français, était extrêmement critique envers Paul Reynaud, le président du Conseil qui prit la succession d'Édouard Daladier.

Préoccupé uniquement par le fait de plaire à sa maîtresse, Reynaud ne réagit pas devant le comportement défaitiste de certains membres du gouvernement. Alors que tout le monde essayait de rejoindre Bordeaux, Spears se rendit compte que les rouages de l'armée du pays étaient complètement grippés – un point de vue partagé par de nombreuses Françaises, pour qui l'impuissance des hommes était une sorte de trahison. Une jeune femme[I] formula ainsi ce que pensaient beaucoup d'entre elles : « J'ai ressenti l'invasion comme un viol. Aujourd'hui encore, quand je lis le compte rendu d'un procès pour viol, je pense tout de suite à l'Occupation. Il y avait vraiment violation – violation de mon pays. Il était impossible de rester passif[14]. » Une fois à Bordeaux, comme Spears et son esprit sarcastique le remarquèrent, il y avait beaucoup de femmes entretenues parmi le flot de responsables politiques : « Les

---

I. Cette femme commença la guerre sous le nom de Marie-Antoinette Morat mais, quand elle devint résistante, elle donna son identité à une jeune Juive en fuite et, utilisant de faux papiers, elle prit un autre nom : Lucienne Guézennec.

maîtresses des ministres qui se targuaient de liaisons avouées (et cela paraissait être la majorité d'entre eux) étaient maintenant là *au grand complet*[15]. » Et à la tête de ce flot se trouvait Georges Mandel, le brillant ministre de l'Intérieur avec lequel Churchill avait espéré pouvoir travailler si le gouvernement français avait continué le combat en exil – lui aussi arrivait avec une femme qui n'était pas son épouse.

La « bonne amie » qui accompagnait Mandel, Béatrice Bretty, était d'une autre catégorie que les maîtresses méprisées par Spears. Bretty, qui en 1940 allait sur ses 47 ans[I], était l'une des actrices les plus chevronnées et les plus appréciées du public de la Comédie-Française. Née Béatrice Anne-Marie Bolchesi dans une famille de la classe moyenne, elle avait décidé à l'âge de 15 ans de devenir actrice après avoir vu Sarah Bernhardt. Elle s'était choisi son pseudonyme – « Bretty » – à partir du surnom – « Soubrette » – qu'on lui avait donné pour décrire son registre de voix de soprano léger quand elle avait rejoint la troupe du Français aux alentours de ses 20 ans. Elle était alors déjà mariée à Clément Dangel. Leur union fut brève car Clément mourut à Verdun en 1916 ; Béatrice ne se remaria pas. Après presque vingt ans de veuvage, en 1935, elle rencontra Mandel alors qu'il était ministre des PTT et le couple devint presque immédiatement inséparable. Tous deux étaient de fins gourmets, et on se les arrachait dans les dîners en ville et ils s'affichaient ensemble dans les meilleurs restaurants. Avant que Béatrice n'entrât dans sa vie, Mandel, veuf lui aussi, passait pour un bel esprit qui fuyait la compagnie, à tel point qu'on le surnommait « le moine de la politique ». Mais cette présence féminine, si chaleureuse, sembla vite le changer. Béatrice commença à l'accompagner régulièrement dans les dîners officiels ainsi que les cérémonies publiques et partait avec lui en vacances en Europe. Par ailleurs, elle se chargea d'élever sa fille de 6 ans, Claude, dont presque personne ne s'était soucié jusqu'alors.

I. D'après certains documents conservés par la Comédie-Française, elle était née en octobre 1893, mais d'autres dates figurent dans les dossiers.

Béatrice Bretty dans le costume de Dorine.

Spears, qui avait compris à quel point ils étaient attachés l'un à l'autre, assura à Mandel que s'il s'envolait pour l'Angleterre avec lui le lendemain, ou embarquait à bord du destroyer qui attendait au large, il y aurait aussi une place pour sa compagne. « Il faut une voix autorisée, qui n'ait jamais accepté la capitulation, pour soulever l'Empire », le pressa-t-il. Mandel était partagé, il était tout à fait conscient du sort qui attendait les Juifs dans la France occupée par les Allemands, et pourtant il demeurait convaincu qu'il lui fallait rester, précisément parce qu'il était juif. Il pensait que s'il quittait le pays, il serait accusé d'être lâche, d'avoir fui, de ne pas être un « vrai » Français. Mais il n'avait que peu de temps pour prendre une décision.

Dans ce moment de crise où il tentait de convaincre Mandel, Spears fut le témoin d'une scène touchante, en apercevant Béatrice Bretty, dont il devina « les traits agréables et potelés », qui regardait furtivement par la porte. C'était une présence apaisante.

> Elle nous regarde tous les deux et j'entends sa voix, pour la première et la dernière fois. C'est une voix charmante, gaie, amicale, que je n'ai pas oubliée. Son ton a une légère inflexion d'insistance

gentille, comme celle d'un enfant qui tend les bras pour qu'on le prenne. *Les malles sont faites, Georges*, disait-elle. Avait-elle entendu un écho de notre conversation, dans la grande pièce silencieuse, et espérait-elle que Mandel accepterait mon offre ? Je ne sais pas. La porte se referme. [...] Je [n'ai] jamais revu [Mandel].

L'envoyé de Churchill laissa cet « homme supérieur[16] » à Bordeaux et repartit à la place avec un sous-secrétaire d'État à la Guerre alors peu connu, un nouveau venu au gouvernement, le général de brigade Charles de Gaulle, lequel laissa son épouse, Yvonne, derrière lui.

Dans son discours à la nation du 17 juin, le maréchal Pétain affirma d'un ton hautain qu'il faisait « à la France le don de [s]a personne pour atténuer son malheur ». Le vétéran de Verdun, âgé de 84 ans, était désormais le chef du nouveau gouvernement, le dernier de la IIIe République, qui s'était replié à Vichy. Avec ses nombreux hôtels et son central téléphonique, son opéra, son kiosque à musique, son parc, Vichy était l'antithèse provinciale d'un Paris que Pétain assimilait au vice, à la corruption et à la débauche. Il y régnait une atmosphère quasi irréelle. Le lendemain, dans un message diffusé par la BBC, de Gaulle invita les soldats, les ingénieurs et les ouvriers spécialisés des industries d'armement à le rejoindre à Londres pour continuer le combat. Il annonça, sur un ton grave qui deviendrait de plus en plus familier aux auditeurs de la BBC : « Quoi qu'il arrive, la flamme de la résistance française ne doit pas s'éteindre et ne s'éteindra pas. » Bien peu, en France, pas même sa jeune nièce Geneviève, entendirent son appel. Mais pour ceux qui le purent, ce fut comme un exorcisme.

« Je me souviens que ma sœur aînée, Monique, est entrée en courant dans ma chambre », se rappelle Vivou Chevrillon (ainsi qu'on l'appelait à l'époque), avec toujours une touche d'excitation dans la voix. « "Ce n'est pas terminé, a-t-elle crié. On va pouvoir résister." Elle m'a dit qu'il y avait eu un appel à la radio et nous en avons parlé tout autour de nous. C'est comme ça que la nouvelle s'est répandue[17]. » Elle avait 17 ans et étudiait le violon au Conservatoire. Les deux filles étaient des cousines germaines de Claire Chevrillon – André Chevrillon était le frère de leur père – et c'est alors que commença leur vie dans la Résistance.

Le 21 juin, Georges Mandel, Béatrice Bretty et la petite Claude, 10 ans, ainsi que leur valet de chambre, Baba Diallo, embarquèrent à bord du *Massilia* à destination de l'Afrique du Nord avec vingt-sept autres passagers, des députés pour la plupart, qui espéraient pouvoir continuer le combat depuis l'empire colonial. Une fois à bord, ils apprirent que Pétain avait donné son accord aux termes d'un armistice qui devait être signé le lendemain, à Rethondes, un lieu choisi délibérément par Hitler, car c'était là que l'armistice de 1918 entre une Allemagne humiliée et une France victorieuse avait été paraphé. Le nord et l'ouest du pays constituaient désormais une zone occupée tandis que le reste du territoire était considéré comme une prétendue zone libre qui devait être gouvernée par les Français. Il y avait également une zone italienne et une zone côtière interdite le long du littoral atlantique, de même qu'une zone annexée par le IIIe Reich à l'est. Un *Ausweis* (laissez-passer) était nécessaire pour circuler de la zone occupée à la zone libre.

Quand le *Massilia* accosta à Casablanca après trois jours de navigation, ses passagers furent traités par les autorités sur place non comme des patriotes qui entendaient continuer à se battre mais comme des déserteurs. Ils se retrouvèrent pris au piège. Privé de son immunité parlementaire, que Pétain lui avait retirée à son départ, Mandel entama une longue période d'incertitude, qui le verrait passer de prison en prison. Béatrice Bretty resta constamment à ses côtés tout en s'occupant de Claude, « avec un courage, un dévouement et un amour qui ne se démentirent pas[18] ». Les Allemands ayant pillé et saisi l'appartement parisien de Mandel, toutes deux n'avaient nulle part où aller.

En dépit de sa passion pour la scène, Béatrice Bretty refuserait de travailler à la Comédie-Française, dont l'indépendance serait tôt ou tard compromise. Aussi, elle n'hésita pas à suivre son amant, quitte à se mettre en danger et à risquer de perdre son précieux traitement de sociétaire de la Comédie-Française. À partir du mois d'août 1940, elle demanderait à plusieurs reprises à être mise en congé plutôt que de quitter la troupe, insistant sur le fait qu'elle ne voulait pas d'argent parce qu'elle n'en avait pas besoin pour le moment. Mais elle savait bien qu'elle n'aurait d'autre choix que d'abandonner le théâtre public car il lui serait bientôt impossible de demeurer à Paris en ayant un compagnon juif.

Pendant ce temps, Reynaud, le président du Conseil, qui avait refusé de suivre Spears en Angleterre, essayait désespérément de rejoindre Montpellier, avant de partir pour Washington. La liaison entre Reynaud et sa maîtresse, la comtesse de Portes, avec laquelle il vivait plus ou moins ouvertement depuis des années, non seulement constituait un scandale d'ordre privé mais avait des conséquences politiques sérieuses. D'après le diplomate américain Robert Murphy : « Quand M. et Mme Paul Reynaud étaient invités à dîner à l'ambassade américaine, on se demandait toujours laquelle des deux dames se présenterait. Un soir, elles vinrent toutes deux, provoquant un beau problème protocolaire. Femme d'une volonté exceptionnelle, Mme de Portes était affligée de frénésie politique. Pourtant ses doutes quant à l'issue des hostilités défrayaient la chronique parisienne. Même après la déclaration de guerre, elle ne cessa de pousser Reynaud et ses ministres à négocier avec l'Allemagne hitlérienne[19]. »

Hélène de Portes pressait Reynaud de se rendre depuis longtemps, elle alla même jusqu'à intriguer avec un diplomate américain influent. Écœuré, un autre diplomate américain, Harrison Freeman Matthews, se souvint plus tard : « Je crois qu'il ne faut pas sous-estimer le rôle qu'elle a joué en encourageant les éléments défaitistes pendant les derniers jours de Reynaud à la présidence du Conseil. Elle a passé une heure à pleurer dans mon bureau pour arriver à obtenir que nous poussions Reynaud à demander l'armistice[20]. »

Maintenant que Pétain avait pris le pouvoir, la comtesse de Portes espérait recommencer une nouvelle vie à Washington avec son amant. Mais, sur la route du sud, leur voiture, dangereusement chargée, fit une embardée violente et heurta un arbre. Elle contenait tant de malles, de valises et d'autres bagages qu'un carton à chapeau était tombé sur le pare-brise, barrant la vue de Reynaud qui tenait le volant. Hélène de

Portes mourut sur le coup. Après sa sortie de l'hôpital, l'ancien président du Conseil fut arrêté sur ordre de Pétain et emprisonné au fort du Portalet, où les Allemands le retinrent jusqu'à la fin de la guerre.

Lors des débats du 10 juillet à l'opéra de Vichy, les partisans de Pétain exploitèrent l'absence d'une partie des parlementaires et le maréchal reçut les pleins pouvoirs en tant que chef du nouvel État français. La dénomination « État français » fut choisie en opposition délibérée à la République française, que les nouvelles institutions remplaçaient. Pétain avait longuement insisté sur la faillite morale des politiciens de la IIIe République, que la mort de la comtesse de Portes illustrait selon lui parfaitement. À en croire Robert Murphy, exactement un an plus tôt, Pétain, qui était alors ambassadeur à Madrid, aurait lancé quand il avait été appelé à Paris pour prendre des responsabilités politiques : « Que ferai-je à Paris, je n'y ai pas de maîtresses[21]... » – une remarque quelque peu hypocrite puisque, célibataire jusqu'à la soixantaine, Pétain était célèbre pour ses nombreuses conquêtes féminines. Le 12 juillet, il procéda à deux nominations d'importance, choisissant des hommes bien éloignés de l'idéal de la famille parfaite qu'il promouvait. Pierre Laval, un ancien avocat issu d'un milieu modeste, devint vice-président du Conseil et son « dauphin » ; il n'avait qu'un seul enfant, une fille, Josée. Quant à l'épouse de Fernand de Brinon, nommé représentant auprès du haut commandement allemand à Paris, elle était juive. Née Jeanne Louise Rachel Franck et divorcée, cette figure des salons parisiens causerait quelque embarras à son mari.

À l'opposé des femmes qui se préparaient à donner leur vie pour leur pays, il y avait les jeunes actrices, incarnations des Parisiennes aussi mythiques que glamour, comme Corinne Luchaire. En avril 1940, deux mois avant que l'Italie ne déclarât la guerre à la France, la comédienne fut présentée au comte Ciano, le ministre des Affaires étrangères italien et gendre de Mussolini. Dans le récit faussement naïf qu'elle fit de leur rencontre, elle soutint plus tard que, certes flattée par les attentions galantes du comte et consciente qu'il était marié, elle n'avait pas réalisé quelles idées dangereuses il nourrissait contre la France. Elle pensait qu'en lui faisant la cour, il jouait à une sorte de jeu. Pendant un temps, ils se virent chaque jour, mais elle affirma plus tard qu'elle s'était retrouvée impliquée dans des affaires « auxquelles [elle] ne comprenai[t] pas grand-chose[22] ».

Corinne Luchaire se fit la porte-parole de nombreux Français quand elle expliqua que, bien sûr, dans un premier temps elle avait été soucieuse et n'avait su que penser de l'armistice. Mais au bout de quelques jours, les soldats allemands qu'elle rencontra calmèrent ses inquiétudes par leur respect ostensible – ils se levaient pour la saluer. Une femme de chambre d'un hôtel lui confia qu'« ils ne faisaient aucun mal à personne, [qu']ils payaient leurs consommations et dînaient par petites tables sans s'occuper des autres clients de l'établissement[23] ». Corinne, en raison de son enfance passée avec sa mère outre-Rhin, était bien placée pour assurer aux Françaises que les Allemands n'étaient pas du tout les « grands méchants loups » qu'on leur avait décrits avant la guerre, mais qu'ils étaient en fait des êtres civilisés apportant un peu d'ordre.

Youki, l'épouse de Robert Desnos, muse et modèle autour de qui évoluait le cercle d'artistes bohèmes de Montparnasse, se souvient dans ses Mémoires que, lorsqu'elle vit pour la première fois des Allemands et des croix gammées, elle sentit ses jambes flageoler, si bien qu'elle dut s'asseoir à la terrasse de Maxim's. Immédiatement, un officier de la marine allemande prit une chaise à côté d'elle, commanda du champagne et lui proposa de l'accompagner en voiture jusqu'à Rouen. À l'en croire, il était facile d'entamer la conversation. « Voilà que j'avais pris le champagne avec l'ennemi. Ah ! zut alors ! Il est vrai qu'il était bien débonnaire, cet amiral-là. » Youki aimait tellement Paris qu'elle ne voulait pas s'échapper avec Robert. « Après avoir eu si peur, le peuple de Paris, rassuré, commença à blaguer l'envahisseur, mais sans méchanceté, les appelant les "Haricots verts", les "Frisés". [...] Après l'angoisse de la défaite, une certaine euphorie régnait[24]. »

Partout dans la capitale, cet été-là, il y eut des rencontres tout aussi banales et enjouées aux terrasses des cafés entre des Allemands courtois, pas toujours en uniforme, et des Parisiennes élégantes ne demandant qu'à entendre parler de la vie à l'étranger, furieuses d'avoir été abandonnées et s'amusant à flirter sans en avoir l'air. C'est une rencontre fortuite comme celle-ci qui vit Johann et Lisette[I] tomber amoureux, même si plus tard Lisette soutint qu'elle n'aurait sans doute pas engagé la conversation avec un soldat en uniforme. Johann, 31 ans, servait dans les unités auxiliaires de la Wehrmacht comme interprète (il parlait un excellent français). Il était donc souvent en tenue civile, ce qui permettait au couple de flâner sans crainte d'un monument à l'autre, montant en haut de la tour Eiffel (la Résistance en avait saboté l'éclairage) et se retrouvant dans des restaurants romantiques. Bien qu'il fût déjà marié et père de deux enfants, ce qu'il ne révéla probablement pas immédiatement à Lisette (elle avait 27 ans), ils entamèrent bientôt une liaison. Quand Lisette ramena Johann chez elle pour lui présenter ses parents, sa mère, Françoise, concierge dans un immeuble du boulevard de Sébastopol, tomba sous le charme du jeune homme et le traita immédiatement comme son gendre.

Les Français étaient si abattus que, pour certains d'entre eux, l'arrivée de l'armée allemande en juin 1940 fut presque un soulagement. Ce qu'ils avaient craint était désormais une réalité, et elle n'était pas si horrible. Les soldats allemands étaient bien habillés, savaient être aimables et parlaient parfois français, ils avaient reçu l'ordre de se comporter avec retenue et bonnes manières – beaucoup de Parisiennes ne pouvaient d'ailleurs s'empêcher de le remarquer. « Dans la rue ou le métro, les soldats allemands s'effaçaient poliment devant nous, dans nos uniformes d'infirmières – attitude plus rare chez les Français », se souvenait Gitta Sereny. Née à Vienne, elle était alors une très jeune femme sans véritable foyer, déjà embarquée dans le cours d'une vie qui la verrait renier sa judéité[25]. Elle survécut à la guerre, et put avoir ces mots plus tard : « Les officiers avec lesquels je devais négocier pour obtenir de la nourriture, des

---

I. Les noms des deux amants ont été changés à la demande de leur descendance. Leur correspondance est conservée au musée de l'Holocauste à Washington. Voir Caroline Moorehead, « Sleeping with the Enemy », *Intelligent Life*, septembre-octobre 2013, p. 80-87.

vêtements ou des papiers [...] se montraient toujours courtois et souvent d'une extrême serviabilité[26]. »

Les changements les plus immédiats et les plus visibles pour tous les habitants de la capitale étaient les défilés quotidiens des soldats de la Wehrmacht au pas de l'oie sur les Champs-Élysées, le changement d'heure (puisque les horloges furent avancées d'une heure de sorte que Paris fût sur le même fuseau horaire que Berlin), le couvre-feu de 22 heures à 5 heures, et le taux de change, qui fut fixé à 20 francs pour 1 reichsmark. Ainsi, les soldats allemands pouvaient acheter ce qu'ils voulaient à des prix bon marché, un avantage d'autant plus appréciable que la plupart des produits étaient introuvables chez eux. Quelques magasins tentèrent d'en tirer profit en gonflant spectaculairement leurs prix. Lancel, par exemple, fit passer un sac en daim de 950 francs à 1 700 francs en dix jours, mais fut plus tard sanctionné lorsque la préfecture de police, chargée de mener les inspections, découvrit l'augmentation. Les Parisiens étaient désemparés depuis qu'ils avaient été évincés par les nouveaux consommateurs allemands.

Helmuth von Moltke, un juriste issu d'une vieille famille aristocratique qui, bien qu'opposé aux nazis, servait dans le service de renseignements de l'état-major allemand, l'Abwehr, a évoqué dans une lettre à sa femme restée à Berlin ce que lui inspirait le déferlement d'Allemands, civils comme militaires, à Paris : « Les civils allemands et les officiels du Parti font piètre impression. On voit des hauts fonctionnaires remonter les boulevards en bonne compagnie dans des voitures de luxe. » Il était consterné, expliqua-t-il à Freya, par ces généraux dont on disait qu'ils venaient à Paris pour acheter plusieurs manteaux de fourrure. « Mais les plus répugnants sont les gens de Berlin et d'autres régions du Reich qui viennent à Paris pour une journée faire des provisions d'absolument tout. » Il décrivait toutefois ainsi l'attitude de la population : « Elle montre une grande réserve en face de la relève de la garde et autres spectacles de ce genre, mais elle est en général plus qu'aimable, et dans des proportions à vrai dire assez horripilantes. Je n'ai moi-même rien pu observer de tel, mais tout le monde me le confirme : par exemple, toutes les femmes font littéralement la queue pour avoir un soldat allemand dans leur lit, convaincues, semble-t-il, qu'il est plus viril[27]. » Les Allemands exploitaient ce sentiment, avec des affiches sur lesquelles figurait un soldat de la Wehrmacht à l'air rassurant, un enfant dans les bras, au-dessus du slogan « Populations abandonnées, confiez-vous au soldat allemand ! ».

Comme Simone Kaminker, une jeune fille de bonne famille dont le père était juif, le remarqua en voyant pour la première fois des soldats du Reich : « Ils étaient superbes, grands, bronzés. Ils étaient wagnériens[28] ! » Encore adolescente au début des années 1940, celle qui se ferait connaître plus tard sous le nom de Simone Signoret séjournait en Bretagne quand la guerre éclata. Un jour, quatre soldats allemands du Hanovre s'installèrent dans la maison que sa mère louait. Son père, André, était parti rejoindre de Gaulle à Londres, mais la famille mentit à son sujet, prétendant n'avoir aucune idée de l'endroit où il se trouvait et affirmant qu'il avait tout simplement disparu lors de la débâcle. Mme Kaminker envoya les soldats allemands chercher de l'eau et nourrir les lapins puis, un matin, ils repartirent aussi vite qu'ils étaient arrivés. En septembre 1940, elle décida qu'il était temps de reprendre le chemin de l'appartement familial de Neuilly, un sept-pièces dans un immeuble splendide mais désert, au cœur d'une ville elle-même désertée. Étonnamment, les petits Kaminker retrouvèrent leurs jouets exactement là où ils les avaient laissés. La seule autre habitante de l'immeuble était la concierge antipathique, qui se plaignit que la famille n'avait pas réglé son loyer depuis des mois.

Dès lors, Mme Kaminker entreprit de faire baptiser les garçons selon le rite protestant, tandis que Simone, qui était l'aînée et venait d'obtenir son bac en Bretagne, se mettait à la recherche d'un travail. Elle se sentait seule dans les beaux quartiers où Pétain « avait tout ce qu'il fallait pour rassurer les bons Français », ces lieux où l'existence continuait comme avant. « Ce qui ne veut pas dire non plus que c'était des gens mal. Ils attendaient. » Les familles juives aisées qui auraient pu partager l'angoisse des Kaminker avaient quitté Paris et n'étaient pas revenues, tandis que les plus pauvres, celles qui vivaient dans les 3e et 4e arrondissements, étaient restées en ville. « Mais le 4e arrondissement, c'était très loin de Neuilly-sur-Seine et je n'y connaissais personne[29]. » Simone avait beau caresser le rêve de devenir actrice, elle devait d'abord travailler pour gagner de quoi nourrir les siens. Se souvenant qu'au lycée de Neuilly, Corinne Luchaire avait été une de ses camarades, elle se rendit à une fête d'anciennes élèves pour la croiser. Corinne ne l'avait pas oubliée et lui glissa de la rappeler.

Le père de Corinne était le journaliste Jean Luchaire, un vieil ami d'Otto Abetz, l'ancien instituteur francophile qui, en novembre 1940, à l'âge de 37 ans, devint l'ambassadeur d'Allemagne à Paris. Abetz avait épousé l'ex-secrétaire de Luchaire, Suzanne de Bruyker. Aussi, quand on demanda à Luchaire de diriger un nouveau journal du soir, c'est Abetz qui s'assura qu'il toucherait un salaire coquet de 100 000 francs par mois, sans compter les frais. Un tel traitement lui permettrait de vivre sur un grand pied, avec des maîtresses coûteuses à entretenir et des déjeuners à La Tour d'argent – ni les unes ni les autres n'étaient dans ses habitudes auparavant, à en croire sa fille devenue son apologiste dans ses Mémoires. Luchaire avait besoin d'une assistante. « Et c'est comme ça que, le surlendemain, sans qualification professionnelle, sans savoir taper à la machine, et sans que Jean Luchaire me redemande "Où est ton père ?", je me suis retrouvée [...] engagée à 1 400 francs par mois comme assistante de la secrétaire personnelle du futur directeur de ce grand journal du soir et de la collaboration qui devait s'appeler *Les Nouveaux Temps*[30]. »

Simone Signoret a toujours soutenu qu'elle n'avait rien été de plus qu'une petite employée qui, carnet en main, suivait partout Luchaire, faisait livrer des fleurs aux célébrités de passage, comme Zarah Leander, et répondait au téléphone. Plus d'une fois, elle reçut des appels inquiétants qui annonçaient « une amie de sa sœur... ». Simone avait compris ce que cela signifiait puisque le beau-frère de Luchaire, Théodore Fraenkel, était juif. De nombreuses dames venaient en personne, suppliantes, pour bénéficier d'une faveur personnelle, généralement en vue d'arranger la libération de leur époux retenu prisonnier. Simone subsista en travaillant pour ce journal collaborationniste pendant huit mois, redoutant que ses collègues n'eussent tôt ou tard vent de la judéité de son père. Sa position était de ce fait dangereuse, elle aurait également pu lui coûter des amis, mais garder cet emploi était nécessaire pour que sa famille traversât l'hiver difficile qui s'annonçait sans connaître la faim – pour l'heure, les Kaminker étaient si démunis que le téléphone fut coupé après que sa mère ne put plus payer la facture. En septembre, des cartes de rationnement pour la nourriture avaient été introduites et tout le monde devait faire la queue pendant des heures pour en obtenir une. Mais souvent, au terme de l'attente devant les magasins d'alimentation, il n'y avait que des betteraves fourragères et leurs racines abominables. Simone voyait régulièrement Corinne qui passait en coup de vent au bureau de son père avant de rejoindre une fête, toujours superbement habillée par Jacques Fath ; elle « ne manqua jamais de venir embrasser sa copine pauvre dans son recoin[31] ».

Petit à petit, les conditions de l'armistice commencèrent à faire leur effet. Les Français devaient payer un montant d'environ 20 millions de reichsmarks par jour pour les trois cent mille hommes de l'armée d'occupation, et les verser à un taux de change artificiel. C'était cinquante fois le coût réel de l'Occupation. Le gouvernement français était également tenu d'empêcher ses citoyens de fuir à l'étranger. L'Allemagne retint comme prisonniers de guerre près de deux millions de soldats français et les envoya travailler outre-Rhin. Dans les rues de Paris, une nouvelle signalisation en allemand fit rapidement son apparition, d'énormes drapeaux à croix gammée furent suspendus le long des grands boulevards et érigés au-dessus des bâtiments importants, comme la Chambre des députés ou le Sénat. Les patrouilles de soldats allemands accompagnés de bouledogues remplacèrent les élégantes adeptes du lèche-vitrine et leurs caniches, tandis que les meilleurs hôtels et les plus belles demeures furent réquisitionnés, les milliers d'employés des palaces et des restaurants étant désormais contraints de servir l'ennemi.

Le musée du Louvre – qui avait fermé en septembre 1939 après que 3 691 tableaux eurent été déménagés dans des lieux convenus d'avance (les châteaux de la Loire principalement), de peur qu'ils fussent détruits lors de bombardements – reçut l'ordre de rouvrir pour donner un semblant de normalité à la ville. Mais ce n'était qu'une réouverture partielle, seuls quelques trésors étaient demeurés sur place et plusieurs salles restaient dégarnies. En suivant le nouveau guide établi par les Allemands, les visiteurs se retrouvaient parfois à admirer un mur vide.

En juin 1940, lors du seul et unique voyage qu'il fit à Paris, en toute discrétion, Hitler évita curieusement le musée. Mais sa venue était un message en soi, car l'un des principaux buts du Führer était de faire table rase de la culture française, de prouver la supériorité de la culture allemande dans tous les domaines, de la musique à la mode. Il entendait créer un musée à Linz, sa ville natale, et pour cela il fallait déposséder un maximum de propriétaires juifs de leurs œuvres d'art. Plus tard, le musée du Jeu de paume, à quelques encablures du Louvre, servirait de dépôt temporaire pour celles que les nazis réussiraient à voler aux collectionneurs juifs. Une photographie de 1943 montre des dizaines de toiles empilées contre un mur, tandis qu'une autre donne à voir un hall encombré de caisses contenant des sculptures et d'autres pièces de grandes dimensions.

L'expropriation, comme la spoliation, était à la fois une nécessité économique – les biens pouvaient être vendus – mais aussi une part essentielle du processus de déshumanisation précédant l'extermination. Elle faisait partie intégrante du mécanisme génocidaire : désorienter, détruire lentement tout sens de la propriété en privant les Juifs de ce qu'ils possédaient. S'emparer de l'art était une étape dans le processus d'anéantissement des Juifs ; la plupart d'entre eux se voyaient d'abord et avant tout comme des Français, si enracinés dans la nation française que beaucoup d'entre eux avaient combattu dans l'armée de la République, donné leurs fils à la patrie ou même légué leurs maisons à l'État.

Toutefois, c'est sans doute dans l'estomac des Parisiens que les effets de l'Occupation se faisaient sentir de la façon la plus aiguë. À la rentrée 1940, quand un rationnement draconien fut introduit, il fallut d'abord s'enregistrer auprès des autorités, puis auprès d'un boulanger et d'un boucher particuliers, et ensuite aller chercher des tickets sous forme de timbres colorés dans les mairies. Pendant la drôle de guerre, comme le nota un journaliste américain, plusieurs restaurants semblaient toujours capables d'offrir « un choix entre sept variétés d'huîtres et six ou sept poissons différents, dont de la bouillabaisse [...], et de la salade de fruits, des ananas au kirsch ou un soufflé à la liqueur ». Même en 1940, un nombre restreint de restaurants parisiens comme Maxim's, La Tour d'argent et Le Bœuf sur le toit semblaient pouvoir proposer de tels mets raffinés en quantité à l'intention de personnalités influentes[32]. Mais pour la masse de la population, qui souffrait déjà des répercussions d'une mauvaise récolte aggravée par l'invasion et qui ne voulait ou ne pouvait pas se fournir au marché noir, une fois que les Allemands avaient réquisitionné la nourriture (ainsi que tout le reste), la vie quotidienne devenait un calvaire, marqué par la faim et les files d'attente. Au préalable, les produits rationnés comprenaient le pain, le sucre, le lait, le beurre, le fromage, les œufs, la graisse, l'huile, le café et le poisson, mais la liste s'allongeait à mesure que la guerre s'éternisait. Les plus riches, qui avaient de la famille à la campagne ou pouvaient se fournir au marché noir, non seulement souffraient moins que les autres mais prenaient ces difficultés à la légère. Un client commanda ainsi chez Boucheron, le joaillier de la place Vendôme, un bracelet orné de breloques fait de chaînons en forme de voitures, avec sur chacune de celles-ci gravé le nom d'un aliment rationné.

Janet Teissier du Cros, l'Écossaise mariée à un soldat français, a décrit les longues queues de femmes de méchante humeur devant les magasins d'alimentation. Parfois, elles devaient patienter sous la pluie sans aucune protection, avançant à peine. « Nous parlions franchement, sans précautions, nota-t-elle, et je n'ai jamais tenté de cacher mes origines, ce qui rendait [les autres femmes de la file] encore plus bienveillantes à mon égard. Quand enfin, une fois à l'intérieur du bâtiment, mon tour arrivait, j'allais de guichet en guichet, d'une queue à l'autre pour obtenir les différentes cartes, toujours inquiète à l'idée qu'il ait pu se produire une erreur et que je rentre à la maison avec moins de coupons que prévu. » Mais c'étaient les femmes derrière les comptoirs que Janet méprisait par-dessus tout, des femmes qui étaient sans doute aussi sous-alimentées et surchargées de travail que celles qui leur faisaient face. « La plupart d'entre elles goûtaient au pouvoir pour la première fois de leur vie[33]. »

À l'approche de l'automne, le statut des Juifs promulgué par Vichy amena Suzanne Belperron, comme beaucoup d'autres, à comprendre qu'il lui fallait devenir propriétaire de son affaire si elle ne voulait pas la voir disparaître. Elle était si déterminée à rester à Paris qu'elle déclina l'invitation de Paul Flato, un joaillier new-yorkais, à venir s'installer aux États-Unis. Ils furent des milliers, en revanche, à réaliser qu'il était temps de s'échapper, bien que cela devînt rapidement impossible. L'ami et galeriste de Picasso, Paul Rosenberg, qui avait déjà quitté la capitale pour s'installer à la campagne et caché autant de tableaux que possible (parfois en les envoyant à l'étranger), partit pour les États-Unis via Lisbonne le 20 septembre 1940, avec sa femme et sa fille. À ce jour, la famille n'a toujours pas récupéré tous ses tableaux.

Certains de ceux qui avaient initialement fui Paris revenaient maintenant dans une ville dont l'âme, du moins en avaient-ils l'impression, s'était volatilisée. Rosemary Say, une jeune Anglaise qui avait travaillé comme jeune fille au pair à Avignon en 1939, se décida trop tard à partir. S'efforçant de se frayer un chemin au milieu de la foule avec ses valises et le carton à chapeau qui lui était si cher, elle ne put aller plus loin que Paris. Dans le train qui la ramenait du Sud, elle partagea un compartiment avec un jeune soldat qui rentrait auprès de sa mère mourante. Après un long trajet dans la chaleur, il coinça soudainement son sac à dos contre la porte, souleva Rosemary, qui ne protesta pas, sur la banquette et, « sans qu'un mot fût dit », lui fit l'amour. « Ce fut bref, sans tendresse et presque totalement silencieux. Nous nous sentions tous les deux réconfortés[34]. » Une fois à Paris, Rosie travailla à l'Hôpital américain où, pendant trois semaines, elle passa la serpillière dans les couloirs et fit le service, jusqu'à ce que les Américains se dissent qu'employer une ressortissante d'un pays toujours en guerre contre l'Allemagne pourrait poser un problème.

Le silence régnait sur la capitale, un silence rompu de temps à autre par les crissements de frein terrifiants d'une traction avant noire – la voiture de la Gestapo – surgie de nulle part. Jean Guéhenno, qui prit la décision de continuer son œuvre d'écrivain pendant l'Occupation sans rien publier, était troublé par le silence de Paris, où l'on n'entendait pas le moindre chant d'oiseaux. Ils étaient tous morts quand les immenses réservoirs de pétrole et d'essence de la périphérie avaient été incendiés à l'approche des troupes allemandes. La fumée noire qui s'était répandue au-dessus des rues et des parcs avait tout empoisonné. « Ce qui est sûr c'est que rien ne bouge ni ne chante plus dans les arbres derrière la maison [...]. Les oiseaux sont partis ou morts, et cela ajoute à notre tristesse[35]. »

C'est une tout autre tristesse qui frappa la jeune Cécile Rol-Tanguy. Début juin, un an à peine après son mariage avec Henri Rol-Tanguy, un ancien des Brigades internationales, leur premier enfant, une fille prénommée Françoise, était soudain tombée gravement malade, victime d'une extrême déshydratation. Cécile, qui avait 21 ans et devait se débrouiller seule puisque Henri avait été envoyé au front, se précipita avec le bébé à l'hôpital le plus proche où le nourrisson mourut le 12 juin, à tout juste quelques mois. « Je me souviens très bien du sinistre voile de fumée qui flottait au-dessus de Paris et de m'être demandé si c'était à cause de lui que mon bébé était malade. Je l'ai laissée à l'hôpital pour la nuit et quand je suis revenue le lendemain, il y avait un autre bébé dans son lit », raconte Cécile, fermant ses yeux comme si cela venait d'avoir lieu. Encore aujourd'hui, elle ne peut pas parler de la mort de son premier enfant sans revivre son agonie.

Pour aggraver les choses, Henri fut ensuite arrêté lors d'une rafle de communistes en application d'un décret pris par le cabinet Reynaud. Ceux qui étaient accusés d'avoir « participé sciemment à une entreprise de démoralisation de l'armée ou de la nation ayant pour objet de nuire à la défense nationale » alors que les Allemands se rapprochaient de Paris encouraient la peine de mort. Le père de Cécile, François Le Bihan, un des fondateurs du Parti communiste français, avait déjà été écroué. Alors que le pays était plongé dans le chaos, elle accepta de reprendre le travail et de taper des tracts politiques pour le syndicat des métaux CGT, qui n'avait eu d'autre choix que de basculer dans la clandestinité. « Françoise fut enterrée le 15 juin, le lendemain de l'entrée des Allemands dans la ville [...]. Je n'ai réalisé que plus tard à quel point le travail m'avait aidée à apaiser mon terrible chagrin[36]. »

Vers la fin de 1940, Henri fut libéré et revint à Paris. Mais ses retrouvailles avec Cécile furent de courte durée. Après que deux de ses camarades eurent été placés en détention, il comprit qu'il lui fallait se cacher. Cela signifiait qu'il devait sans cesse bouger ; le couple passa donc le reste de la guerre séparé, se retrouvant quand c'était possible. Henri, ancien coureur cycliste amateur, resta la plupart du temps avec des amis cyclistes de confiance qui, en général, ne faisaient pas de politique et n'étaient donc pas suspects. Cécile, quant à elle, vécut surtout avec sa mère.

Il n'y avait pas encore de résistance à proprement parler dans la capitale et le pacte germano-soviétique liait les mains des communistes qui auraient voulu s'opposer aux Allemands. Mais les Parisiennes ne pouvaient pas rester sans rien faire. En un peu plus d'un mois, au moins un million et demi de soldats français avaient été capturés et internés comme prisonniers de guerre en Allemagne. Si certains furent relâchés au cours des quatre années suivantes, souvent grâce à la corruption, au chantage, au marchandage, ou en retour d'une faveur, d'autres purent s'échapper en Angleterre ou se cacher – souvent ne restaient plus en ville que les vieux et les infirmes.

Paris devint largement féminine, et chaque jour les femmes devaient s'accommoder de l'occupant. Beaucoup de celles dont le mari était prisonnier de guerre n'avaient même pas d'argent liquide pour acheter de la nourriture car c'était leur époux qui leur donnait de quoi entretenir le ménage en prenant sur son salaire. Les cas de femmes ne disposant pas de leur propre chéquier et qui devaient se battre avec les banques pour prouver que le chef de famille était encore en vie et retenu prisonnier étaient nombreux[37]. La plupart durent se débrouiller jour après jour pour trouver de quoi nourrir leurs enfants tout en espérant ne jamais rien avoir à faire avec les Allemands. Toutefois, si elles les croisaient, elles étaient confrontées à des choix difficiles : soit elles sympathisaient avec l'occupant, surtout si elles pensaient que l'Allemagne allait probablement gagner la guerre, soit elles se permettaient des actes anodins de résistance, comme donner de fausses indications aux Allemands qui demandaient leur chemin. Les vrais sabotages étaient encore rares en 1940.

Il restait des Anglaises en ville. Souvent, elles étaient gouvernantes ou nurses comme Rosemary Say, qui, après avoir été congédiée de l'hôpital américain, faisait du mieux qu'elle pouvait pour survivre en attendant de trouver un moyen de rentrer chez elle. Elle travaillait quinze heures par jour, pour l'essentiel à la plonge de l'une des nombreuses cantines où, un peu partout dans Paris, venaient se restaurer les policiers dont les familles avaient fui à la campagne devant l'avancée allemande. Rosemary n'était pas payée mais pouvait manger sur place et vivait avec la concierge. « La cantine se divisa rapidement entre les partisans de l'Allemagne et ceux de l'Angleterre [...]. Il y avait des disputes violentes et même des bagarres car les policiers proallemands juraient contre les Anglais quand je les servais à table[38]. » Rosemary voulait à tout prix faire savoir à ses parents qu'elle était en vie, mais les mesures d'interdiction l'empêchaient de leur envoyer une lettre de Paris. Elle supplia un policier prénommé Laurent, qui était souvent de passage dans la capitale bien qu'il fût basé à Toulouse, de lui rendre service. « Le prix, bien sûr, ce fut de coucher avec lui. Nous avons tous les deux tenu parole. Nous sommes allés dans un bordel à côté de la cantine et nous avons fait l'amour dans une petite chambre tapissée de miroirs. J'ai toujours la lettre qu'il m'a écrite [...] de Toulouse[39]. »

Le journaliste socialiste Jean Texcier, choqué par ce qu'il voyait à Paris, rédigea une liste de plus de trente recommandations destinée à celles et ceux qui n'étaient pas assez courageux pour résister activement, mais déterminés à faire comprendre aux occupants qu'ils n'étaient pas les bienvenus sans se les mettre à dos. Par exemple, un magasin arborant un écriteau « *Man Spricht Deutsch* » devait être évité, même si c'était là que l'on se fournissait auparavant. « Allez ailleurs, les pressa-t-il, choisissez un magasin où on ne parle pas allemand. »

Dans ses articles, Colette aussi conseilla aux Parisiennes de ne sortir que pour trouver de la nourriture et de rester chez elles autant que possible. Mais certains n'avaient pas vraiment le choix. Le jour où les Allemands arrivèrent dans la capitale, la plus célèbre maison close de Paris, le Chabanais, que les têtes couronnées aimaient à fréquenter, annonça sur sa porte : « La maison sera rouverte à partir de 15 heures. » Dans le même temps, une maison de passe fréquentée par les soldats du rang, derrière la gare Saint-Lazare, pouvait servir d'abri aux pilotes britanniques des avions abattus alors qu'ils volaient vers la zone libre car « la gérante et sa fille [étaient] des gaullistes dévouées[40] ».

Paris fut rapidement surnommée la « capitale sexuelle du Reich » puisque plus de deux cents maisons closes restèrent ouvertes durant l'Occupation. Certaines proposaient des prestations particulières ou satisfaisaient des demandes inhabituelles, dans leurs alcôves régnaient les faux-semblants ; les règles sociales et morales du monde extérieur n'y avaient pas cours. Les maisons closes – qui n'avaient rien d'illégal – étaient une telle institution qu'une tenancière était connue dans tout Paris pour permettre aux anciens combattants de la Grande Guerre de venir gratuitement tous les jeudis. En imposant aux filles de se procurer auprès d'eux diverses fournitures (savon, lingerie...), les propriétaires de maisons closes faisaient des profits additionnels. Quelques-unes des plus outrageusement luxueuses d'entre elles – le Montyon, Le Sphinx, le One Two Two (au 122, rue de Provence) ainsi que Le Chabanais – étaient réservées aux officiers. Hermann Göring avait même son adresse favorite : Chez Marguerite, au 50, rue Saint-Georges. Par chance, Marguerite Nathan, la tenancière du Chabanais, qui était juive, avait fui à Nice juste avant l'entrée des Allemands dans Paris, laissant la maison aux mains de son adjoint.

Un guide avait été spécialement mis à la disposition des officiers, avec des photographies détaillées qui expliquaient ce qu'ils pouvaient trouver dans chaque maison close et des conseils sur ce qu'il fallait faire pour ne pas attraper de maladies vénériennes. À l'opposé, certaines maisons étaient bien plus dures et moins propres, même si beaucoup d'entre elles se situaient entre les deux extrêmes, mais leurs pensionnaires ne se berçaient pas d'illusions romantiques. L'une d'entre elles expliquait : « J'arrivais à neuf heures du matin et je partais à deux heures. Alors, quand j'avais fait cent soixante-dix passes, c'est vrai que la tête elle fait un peu comme ça. La passe ne durait que sept minutes et demie, habillage, déshabillage et acte compris. C'est fait comme on prend un verre d'eau. On met l'homme en état. Il est en état d'érection. Pof, il éjacule. Terminé[41]. »

Les maisons closes, cabarets et clubs privés proposaient différentes sortes de divertissements qui participaient au sentiment de bien-être des Allemands. On les appelait parfois les maisons d'illusions, ce qui voulait bien dire qu'il s'agissait de lieux où toutes les règles étaient suspendues. Les filles y étaient entraînées à faire se sentir innocent même le plus coupable des hommes. Ces lieux faisaient si bien vivre le petit monde qui gravitait alentour qu'un jeune réfugié juif de Vienne put vivoter pendant presque deux ans sans être inquiété grâce à de fausses cartes d'identité le présentant comme un Alsacien dénommé Robert Metzner, un stratagème fréquent parmi ceux qui s'exprimaient avec un accent allemand[I]. Sa tâche était de faire visiter le quartier de la place Pigalle aux soldats de la Wehrmacht.

« Dès que je voyais un soldat allemand s'approcher, j'allais à sa rencontre et lui demandais : "Est-ce que vous voulez que je vous montre un endroit où vous allez bien vous amuser ?" Tous les petits établissements voulaient attirer plus de clients. Il y avait deux cabarets en particulier – l'un s'appelait Le Paradis, et l'autre Yves – où nous touchions une commission qui dépendait de ce que les soldats allemands que nous avions amenés consommaient. Ça m'a sauvé la vie[42]. »

Les propriétaires de maisons closes étaient peut-être confiants dans le fait que la guerre n'affecterait pas leurs affaires, mais la période était éprouvante pour les couturiers et les bijoutiers parisiens qui ne savaient pas quelle serait leur clientèle dans les mois suivants, ni d'où ils pourraient faire venir leurs matières premières. Devaient-ils fermer ou déménager en zone libre et protéger leur précieux stock des Allemands ? Le commerce de l'or fut en effet interdit par la Banque de France à partir de 1940, sauf si le client fournissait lui-même le métal ; de même, si les femmes voulaient de nouveaux manteaux de fourrure, elles devaient apporter leur propre fourrure pour qu'elle soit retaillée. Alors que de nombreux commerçants ordinaires, à court de stock, n'avaient rien d'autre à proposer que des étagères vides, la haute couture et l'industrie du luxe étaient loin d'être désœuvrées.

La couturière Nina Ricci, qui rouvrit sa maison le 1er juillet 1940, expliqua : « Mes clientes qui avaient tout perdu pendant

---

I. Au moment où ces lignes sont écrites, Freddie Knoller a 93 ans et vit à Londres. Pendant la guerre, il fut finalement dénoncé (par une petite amie jalouse) et déporté en octobre 1943 à Auschwitz, où il survécut jusqu'à la libération du camp en 1945.

l'Exode viennent me voir et remontent leur garde-robe[43]. » À la fin du mois d'octobre, Lucien Lelong, président de la chambre syndicale, présenta sa nouvelle collection, insistant sur « le désir des femmes de ne s'habiller qu'avec sagesse et dignité[44] ». C'était vrai pour la majorité d'entre elles, et dès lors, les vêtements adaptés à la pratique de la bicyclette – pantalons ou jupes-culottes – furent de rigueur, tout comme les gros capuchons et les coupe-vent (en 1943, il y avait deux millions de vélos dans les rues de Paris, ce qui eut un effet notable sur la mode). Lelong remporta un prix d'élégance pour un ensemble avec une jupe-culotte bleu, blanc et rouge, apparemment destiné à envoyer un signal de défiance aux Allemands. Toutefois, à mesure que le vélo devenait le mode de transport favori des femmes engagées dans la Résistance, leur tenue devait le moins possible attirer l'attention.

À partir de juillet 1940, quand cinq officiers arrivèrent au siège de la chambre syndicale et se servirent dans les archives consacrées à la création et à l'export du stylisme parisien, Lelong ne cessa de se battre. Tout comme il entendait voler l'art français, Hitler voulait également transférer la haute couture parisienne à Berlin pour s'assurer que Paris ne serait plus le centre de la mode. Lelong, convaincu qu'il ne défendait pas seulement les travailleurs mais la culture de son pays, insista sur le fait que la haute couture parisienne devait se faire à Paris et nulle part ailleurs. Il se rendit à Berlin en novembre 1940 pour défendre son point de vue ; d'après lui les stylistes et les couturières ne pourraient rien produire si elles étaient arrachées à leur environnement familier. Il finit par remporter la bataille, sauvant la mise de vingt-cinq mille travailleuses, souvent des couturières spécialisées dans un savoir-faire particulier comme la broderie ou le perlage.

Vers la fin de 1940, plusieurs bals en tenue de soirée donnés par les Allemands furent l'occasion de montrer le meilleur de la haute couture française. L'un des plus mémorables fut la réception du Nouvel An de l'ambassade allemande à laquelle se pressa le tout-Paris : la littérature, les arts, la politique et le théâtre étaient représentés. Corinne Luchaire, que les journaux avaient transformée en une femme fatale, était entièrement vêtue de blanc et s'imaginait avoir l'air « jeune fille ». Elle remarqua que Suzanne Abetz, l'ancienne secrétaire de son père, désormais mariée à l'un des Allemands les plus importants de Paris, « continuait à s'habiller d'une manière assez voyante, comme elle le faisait d'ailleurs déjà du temps où elle était la secrétaire de [s]on père, mais elle mettait une trop grande ostentation à se parer de lourds bijoux fraîchement achetés qui, dans son esprit, marquaient son ascension[45] ».

3
1941 – À CHACUN SON CAMP

Au début de 1941, Léontine Zanta, une intellectuelle catholique influente qui fut en 1914 la première femme à obtenir un doctorat en philosophie, rappelait aux étudiantes le devoir patriotique qui était désormais le leur : se marier, avoir des enfants et s'épanouir dans les tâches domestiques :

> Que nos jeunes intellectuelles le comprennent et qu'elles fassent loyalement leur examen de conscience. [...] Je crois que beaucoup parmi elles, si elles sont sincères et loyales [...], m'avoueront qu'elles voulaient s'assurer une situation pour l'avenir si elles ne se mariaient pas, ne trouvant pas mari à leur goût, ou par horreur de la besogne d'un foyer [...], ce qui veut dire que les malheureuses, dans leur aveuglement ou leur inconscience, ne voyaient pas que tout cela n'était qu'égoïsme, individualisme coupable, et que c'était de cette maladie que la France se mourait. [Aujourd'hui, il faut regarder la vie] bien en face avec les yeux purs, le regard direct de notre vierge lorraine. C'est à vous qu'il appartient, comme à elle, il y a plus de cinq siècles, de sauver la France.

Les femmes, si elles voulaient à nouveau être les héroïnes du relèvement national, insistait Zanta, devaient seulement veiller à partager leur culture avec leur foyer. « On ne vous dit point d'y renoncer mais de l'apporter à votre mari dont vous pouvez être l'intelligente collaboratrice, à vos enfants. Ayez le courage de l'endurance, de la patience ; notre Chef aussi vous le recommande et, avant de le critiquer, agissez, l'action montrera votre vraie valeur plus que tous les diplômes[1]. »

Les conseils de Zanta, aussi extrêmes qu'ils puissent paraître aujourd'hui, étaient imprégnés de l'état d'esprit vichyste qui expliquait la défaite de 1940 par la « décadence morale ». La devise républicaine « Liberté, Égalité, Fraternité » était désormais remplacée par « Travail, Famille, Patrie ». Vichy adopta des mesures intenables, qui faisaient clairement fi de l'« égalité », comme l'interdiction d'employer des femmes mariées dans le secteur public (une mesure annulée en 1942 par la force des choses) ou des programmes scolaires différenciés pour les filles, incluant la cuisine et l'entretien du foyer. L'idéologie socialement conservatrice de Vichy, constamment rappelée dans les discours, plaçait « la famille » au cœur de la politique en exaltant les mères et les ménagères, des femmes dans leur cuisine avec des enfants, comme la seule version acceptable de la féminité. Aux yeux des cadres de Vichy, le rôle principal de la femme était de prendre soin des siens et de s'apprêter pour accueillir à la maison le père de famille (qui en était souvent absent). Tout ce qui pouvait détourner les femmes de cet idéal, comme fumer, revêtir des tenues masculines (y compris des pantalons) ou porter les cheveux courts, était déconseillé par la propagande, voire interdit par la loi[1].

Tuberculeuse, Corinne Luchaire ne pouvait plus tourner de films, mais elle s'attachait à faire siens ces conseils. Elle séjournait régulièrement dans un sanatorium de Haute-Savoie où elle jouait au bridge et au poker, buvait du champagne sans cesser de fumer. Elle toussait du sang, s'affaiblissait et perdait du poids.

Dans son autobiographie, elle parle à peine de ces années passées dans les montagnes. Elle y était tellement isolée du monde que ce fut comme un rêve. Pour elle, la vie réelle

---

1. La réglementation interdisant aux Parisiennes de porter des pantalons, jamais exécutoire depuis son adoption en 1799, ne fut finalement révoquée qu'en janvier 2013. À partir d'août 1941, les femmes ne furent plus autorisées à recevoir des tickets de rationnement de tabac pour des raisons de « régénération morale », ce qui plongea certaines dans une réelle angoisse (voir par exemple page 117 au sujet de Jeanne Bucher).

se déroulait à Paris, où elle passait ses journées à faire ses emplettes chez les couturiers et à accompagner son père dans ses obligations officielles. Une autre actrice, Jacqueline Delubac, témoignait du même état d'esprit dans un magazine appartenant au père de Corinne :

> Quand je suis rentrée à Paris, en septembre [1940], j'étais prête à abandonner toute coquetterie et à revêtir mes costumes les plus tristes, voire les plus modestes. Mais, déjà, les couturiers annonçaient des collections et ma première réaction fut de me révolter contre toute idée d'élégance et de renouveau. Or, un soir, [...] par un magnifique coucher de soleil, je regardai la Seine, ses ponts dans le lointain, ses berges ornées de feuillages légers et dorés, et je compris qu'il était normal qu'on reparlât d'élégance [...].
> Il était impossible que la vie ne reprenne pas ses droits, que Paris ne continue pas l'élégance, la séduction des arts et de la beauté. Et pour nous, Parisiennes, après avoir rempli les devoirs de notre métier, que ce soit de s'occuper de nos enfants ou de notre profession, la vie était de revêtir le charmant tailleur, l'adorable et ridicule chapeau couvert de fleurs, d'oiseaux, de rubans et de plumes dont le panache nous était indispensable[2].

Il n'est guère surprenant que le présupposé vichyste de l'infériorité des femmes et la tentative pour les cantonner dans la sphère domestique aient suscité la colère de jeunes femmes intelligentes qui devenaient de la sorte des recrues de choix pour les dirigeants communistes.

Ainsi Danielle Casanova, une dentiste à la personnalité charismatique qui habitait rive gauche. Quand le Parti communiste fut interdit, Danielle entra dans la clandestinité – son mari, Laurent, était prisonnier de guerre en Allemagne et ils n'avaient pas d'enfants. Elle consacrait son temps libre à aider les orphelins de la guerre civile espagnole ainsi que les travailleurs les plus démunis. Avec ses amies Maï Politzer et Marie-Claude Vaillant-Couturier, elle dirigeait une organisation de jeunesse pacifiste et antifasciste, l'Union des jeunes filles de France (UJFF), dont l'objectif était d'aider les jeunes filles des milieux populaires à rompre leur isolement à travers des activités sportives et culturelles. Au début de la guerre, l'UJFF comptait plus de vingt mille membres, et beaucoup de ces jeunes filles se portèrent volontaires à l'automne 1940 pour distribuer des tracts ou des exemplaires des journaux interdits, comme *L'Humanité*, en les dissimulant dans des landaus afin de les donner à des concierges ou de les glisser dans les paniers des femmes qui faisaient la queue devant les magasins d'alimentation de moins en moins bien achalandés. À la fin de 1940, vingt-cinq des trente femmes siégeant au comité national de l'UJFF étaient des membres actifs d'une résistance encore embryonnaire. Danielle elle-même, tout en continuant d'écrire pour la presse clandestine, aida à mettre sur pied des comités de femmes dans la région parisienne et fut l'une des meneuses des manifestations antinazies contre l'arrestation du grand physicien Paul Langevin les 8 et 11 novembre 1940, devant le Collège de France. Le 11, des étudiants et lycéens bravèrent l'interdiction de se rassembler en public et remontèrent les Champs-Élysées. Un certain nombre de manifestants furent tués ou blessés et plus d'une centaine, arrêtés et envoyés dans des camps.

En février 1941, à peine six mois après la mise en place du rationnement, les femmes propulsées à la tête de leur famille n'en pouvaient déjà plus des heures passées à faire la queue pour si peu et de voir leurs enfants souffrir de la faim. Beaucoup firent preuve d'ingéniosité en mainte occasion, torréfiant de l'orge et de la chicorée pour obtenir un ersatz de café, élevant des cochons d'Inde dans leur appartement pour les tuer puis les manger ; certaines se rappelèrent l'existence de lointains cousins à la campagne et de leur jardin potager. Fabriquer de faux tickets de rationnement était répandu mais illégal, et quiconque était pris sur le fait s'exposait à une amende ou à un interrogatoire. Il y eut quand même des rassemblements sporadiques de protestation, des femmes manifestèrent devant les mairies, leurs bébés dans les bras, pour demander plus de lait. Le samedi 22 février, une manifestation de ménagères qui protestaient contre les pénuries dégénéra et, en guise de punition, toutes les distributions de pommes de terre furent suspendues pendant quarante jours. Quand il ne restait plus que les pommes de terre, perdre un ticket donnant droit à un kilo d'entre elles était un drame, ainsi que s'en souvenait une mère parisienne. Même si chaque parcelle d'espace public, y compris le jardin des Tuileries, était utilisée pour cultiver des légumes, l'approvisionnement en nourriture s'était à peine amélioré pendant l'été. En juillet 1941, un chroniqueur de *La Gerbe* écrivait :

> Manger... et surtout bien manger, tel est le leitmotiv de la vie parisienne. Que ce soit dans la rue, dans le métro, dans un salon, au café, on n'entend parler que nourriture, que ruses de Sioux pour la découverte d'un oisillon squelettique ou d'une anémique langouste, que combines pour pouvoir secrètement (n'en parler à personne !) consommer un repas, un vrai, d'avant-guerre ! Si, au théâtre ou au cinéma, une vieille pièce, un vieux film nous font assister à un banquet copieusement garni, une joie bruyante s'empare aussitôt de tous les spectateurs[3].

Aux côtés de ces protestataires, assez jeunes et plus ou moins spontanés, le premier mouvement de résistance organisé se développa autour d'un groupe improbable de conservateurs de musée et de bibliothécaires dans la force de l'âge. Yvonne Oddon, 38 ans, dont le père était mort quand elle était adolescente, était la bibliothécaire en chef du musée de l'Homme, un musée d'anthropologie qui venait d'ouvrir à Paris. Elle et son directeur, Paul Rivet, avaient décidé en juin 1940 de ne pas se joindre à ceux qui fuyaient Paris mais de rester dans la capitale, de maintenir le musée ouvert et de témoigner ainsi de leur refus de capituler devant l'ennemi. C'était un premier pas modeste, mais bientôt Yvonne Oddon envoya des livres et des vêtements aux prisonniers de guerre, puis entreprit d'abriter des prisonniers en fuite et de les aider à franchir la ligne de démarcation, prenant des risques énormes. Elle rencontra d'autres personnes qui voulaient simplement « faire quelque chose » – comme sa compagne de résistance Agnès Humbert en témoigna : « Je me sens devenir folle au sens physiologique du mot – folle si je ne fais pas quelque chose pour réagir[4] » – et contacta l'ethnologue Germaine Tillion, avec qui elle commença à évoquer de possibles actions. Avec l'aide d'un prisonnier de guerre évadé, Boris Vildé, et d'un autre qui avait été libéré, Anatole Lewitsky, des Russes tous les deux, le groupe du musée de l'Homme commença ses activités de résistance dans le but de défendre les principes antiracistes qui avaient présidé à la fondation du musée. Pour la plupart, ses animateurs n'étaient pas gaullistes, puisque peu d'entre eux avaient pu entendre l'appel lancé par de Gaulle depuis Londres. Il s'agissait plutôt d'un petit groupe de femmes et d'hommes qui se retrouvaient dans les sous-sols du musée et qui, en décembre 1940, s'affairaient à coller des affiches et à distribuer des tracts, des bulletins d'information, ainsi que le premier numéro de leur propre journal, intitulé tout simplement *Résistance*[1]. Mais même cela n'était pas sans danger puisqu'il était difficile de savoir à qui se fier ; les exemplaires du journal pouvaient très facilement se retrouver entre de mauvaises mains.

Agnès Humbert, une historienne de l'art au Musée national des arts et traditions populaires, âgée d'une cinquantaine d'années, qui était divorcée de l'artiste Georges Sabbagh avec lequel elle avait eu deux fils, faisait office de secrétaire et de dactylo du groupe. Elle avait entendu l'appel de De Gaulle et, viscéralement antifasciste, elle était déterminée à le faire sien, alors que les hommes de son entourage, des anciens soldats, semblaient se comporter comme si tout était terminé. Elle était néanmoins parfaitement consciente des conséquences de ses actes. « Par mon entremise, il y aura des veuves, des mères désolées, des enfants sans pères. [...] Où sont passées mes belles théories humanitaires ? » se demandait-elle. Quelques instants plus tard, quand elle vit des soldats allemands charger d'énormes ballots de tissus et de nombreux cartons à chaussures pour les rapporter dans leur pays, elle eut une réponse à sa question : « Il faut arrêter ça, il ne faut pas qu'ils nous colonisent, qu'ils emportent toutes nos marchandises sur les dos de nos hommes, pendant qu'ils marchent les bras ballants, la face béate, le ceinturon et les bottes bien astiqués[5]. »

Mais les résistants, aussitôt lancés, furent dénoncés à la Gestapo par un prêtre agent double qui avait infiltré le groupe. Les arrestations commencèrent en janvier 1941 : Yvonne Oddon

---

[1]. Le titre était une suggestion d'Yvonne Oddon, en hommage à l'engagement de Marie Durand, l'une des grandes figures du protestantisme français, qui avait résisté à l'intolérance religieuse au XVIIIe siècle.

et Anatole Lewitsky furent capturés le 10 février, les autres un peu plus tard. Dans cette atmosphère tendue, Agnès persuada néanmoins Pierre Brossolette d'écrire pour *Résistance*. Cet enseignant brillant, renvoyé de son poste par Vichy, dirigeait désormais avec son épouse une librairie servant de couverture pour leurs autres activités. Étonnamment, il parvint à échapper à l'arrestation quand tous les autres membres du groupe furent capturés, et trouva brièvement refuge au collège Sévigné, où Claire Chevrillon était enseignante. L'endroit était considéré comme relativement sûr puisque la plupart des élèves, des enfants d'universitaires, étaient opposés à Pétain.

Mais rien ne pouvait être tenu pour acquis, y compris au sein d'une même famille. Ainsi, des cousins de Claire et Vivou du côté de leur père, les Pelletier, étaient de fervents pétainistes qui « semblaient penser comme allant de soi que tout bon Français ne pouvait pas ne pas l'être ». Ces vichystes avaient des terribles souvenirs de ce qu'ils avaient enduré pendant la Grande Guerre et plaçaient donc leur confiance en Pétain. Le maréchal symbolisait à leurs yeux toutes les valeurs pour lesquelles ils s'étaient battus alors et « sur lesquelles leur vie était fondée : patriotisme, acceptation stoïque ou chrétienne des malheurs inévitables, morale liée au travail, à la discipline, et aversion pour tout ce qui était révolutionnaire, ou désordre[6] ».

En avril, Agnès Humbert fut arrêtée alors qu'elle s'était rendue au chevet de sa mère, âgée et malade. Elle resta incarcérée jusqu'à la fin de l'année, d'abord à la prison du Cherche-Midi, puis à Fresnes et finalement à la Santé. À l'issue d'un procès baroque et rapidement mené devant un tribunal militaire, les dix résistants furent condamnés à la peine de mort, mais les trois femmes, Yvonne Oddon, Agnès Humbert et Sylvette Leleu, virent leur peine commuée en travaux forcés à perpétuité et furent déportées en Allemagne. Les hommes furent fusillés le 23 février dans une clairière surplombant le bois de Boulogne, à proximité du fort du mont Valérien, un site aujourd'hui consacré au souvenir de la Résistance. Lors d'un interrogatoire, le procureur allemand avait lancé à Agnès : « Si l'armée française avait été composée de femmes et non d'hommes, [nous] ne ser[ions] jamais arrivés à Paris[7]. » Le président du tribunal, le capitaine Ernst Roskothen, un homme honnête qui, au dire de tous, détestait ce qu'il était obligé de faire, fut grandement impressionné par le courage et le comportement des accusées. Après la Libération, quand Roskothen fut arrêté et brièvement emprisonné, Agnès Humbert et Yvonne Oddon se mobilisèrent pour obtenir son élargissement, citant son humanité et le respect dont il avait témoigné envers celles et ceux qui avaient comparu devant lui.

Juste avant d'être capturée, Agnès se demandait ce qu'elle allait devenir, ne sachant comment gagner sa vie puisqu'elle avait été renvoyée par le gouvernement de Vichy de son poste de conservatrice au musée des Arts et Traditions populaires. Avec une amie, elle imagina le stratagème suivant : acheter « fictivement » une galerie d'art à un marchand de tableaux juif avant qu'il ne soit trop tard – la nouvelle loi sur l'aryanisation économique interdisait aux Juifs de mener des activités commerciales ou de posséder des entreprises – tout en prévoyant par une convention sous seing privé de lui rendre son commerce une fois les Allemands partis. « La reprise extraordinaire du commerce de tableaux nous fera gagner notre vie très convenablement pendant les mois à venir[8] », écrivit Agnès. Elles ne trouvèrent jamais le temps de mettre leur plan en application, mais d'autres firent fortune à la faveur du pillage frénétique des œuvres d'art et en profitant du désespoir non seulement d'aristocrates désargentés mais aussi de riches Français qui durent vendre leur héritage pour disposer de liquidités. Paris devint un paradis pour les marchands d'antiquités.

Au tout début de l'Occupation, une loi fut adoptée par le gouvernement, proclamant que les ressortissants français qui avaient fui le pays entre le 10 mai et le 30 juin 1940 étaient déchus de leur citoyenneté et que leurs biens pouvaient être saisis et liquidés. Les Allemands avaient déjà adopté une mesure similaire pour la zone occupée même si, en théorie, la réglementation était toujours une prérogative des Français. L'administration de Vichy, se considérant comme indépendante et souhaitant montrer qu'elle n'était pas à la botte des nazis, s'était plainte à ce sujet au motif que, d'après la convention de La Haye, une puissance occupante ne pouvait pas légiférer. Le pillage de la France par les Allemands avait beau tendre les relations entre Vichy et Berlin, les officiers de la

Gestapo continuaient à se servir dans les maisons et magasins juifs abandonnés, grâce à une liste fournie par l'ambassadeur Abetz sur laquelle figuraient les noms et adresses des quinze principaux marchands d'art juifs de la capitale.

Avec l'appui des camions de la police française, les Allemands entreprirent immédiatement de vider les galeries Wildenstein, Seligmann, Rosenberg et Bernheim-Jeune de tout ce qu'ils pouvaient y trouver : livres, meubles et même ustensiles de cuisine. Une luxueuse résidence des Rothschild, rue du Faubourg-Saint-Honoré, subit le même sort. Tous ces objets furent d'abord emportés à l'ambassade allemande de la rue de Lille, puis au Louvre pour y être inventoriés et entreposés. Les œuvres d'art volées étaient si nombreuses – plusieurs milliers – qu'il fut décidé de les stocker au Jeu de paume, un petit musée mais que les nazis jugèrent adéquat une fois que le bâtiment de la rue de Lille ne put plus rien recevoir. À la fin d'octobre, plus de quatre cents caisses y avaient été apportées sous la supervision du détachement Einsatzstab Reichsleiter Rosenberg (ERR) pour subir un tri méticuleux et systématique afin de décider qui aurait quoi.

Les destinataires étaient variés, mais Göring, qui vint douze fois au Jeu de paume rien qu'en 1941, était particulièrement avide. Il cherchait des vieux maîtres, notamment ceux d'origine allemande, à la fois pour sa collection personnelle à Carinhall, son domaine, mais aussi pour le futur musée de Linz, en Autriche. Les Rembrandt, les Vermeer et les tableaux de Cranach l'Ancien étaient ses préférés, tandis que des œuvres d'impressionnistes et d'art moderne, que les nazis considéraient comme de l'« art dégénéré », furent vendues à des négociants suisses de Lucerne et de Zurich, qui en firent un commerce florissant. Il arrivait que les Allemands les troquent contre des vieux maîtres, tandis que des marchands parisiens, en échange des informations qu'ils fournissaient, étaient autorisés à se servir parmi une sélection de peintures. D'autres pièces furent « vendues » au cours de transactions crapuleuses, prétendument au bénéfice des orphelins de guerre français. Sur fond d'empoignades entre bandes rivales, la conservatrice du Jeu de paume, Rose Valland, une vieille fille de 42 ans à l'allure improbable, quelque peu décontenancée par les événements, fut d'abord autorisée, contre toute attente, à dresser un inventaire de ce qui était apporté au musée et des lieux où les pièces étaient envoyées. Ses compétences en matière de catalogage et son attention aux détails allaient s'avérer extrêmement précieuses après la guerre pour retrouver les peintures volées.

Rose Antonia Valland était née en 1898 dans un village près de Grenoble où son père était maréchal-ferrant. Élève boursière brillante, elle enchaîna les concours et les prix jusqu'à être reçue aux Beaux-Arts de Paris avec l'ambition d'enseigner le dessin. En 1931, elle soutint sa thèse à l'École du Louvre et, à l'âge de 34 ans, elle devint « attachée bénévole » au musée du Jeu de paume car, en dépit de ses nombreux diplômes, étant une femme, elle ne pouvait prétendre à un poste rémunéré de conservateur. En 1941, l'ERR s'appropriait tout ce qu'il pouvait, sa tâche étant facilitée par une autre loi, adoptée en avril de la même année, qui donnait aux administrateurs provisoires – des responsables installés par les autorités afin de faciliter « l'éviction brutale des Juifs hors de l'économie et de la société[9] » françaises – le pouvoir de vendre des « entreprises juives » à des « Aryens » ou de les liquider, les revenus allant à l'État. Ainsi, « un certain nombre de Français de la zone occupée profit[èr]ent d'un véritable acte de spoliation et ne le c[é]d[èr]ent en rien au service de Rosenberg qui s'empar[a] à la même époque des œuvres d'art des israélites parisiens[10] ». Jacques Jaujard, le directeur des musées nationaux, fit ce qu'il put pour protéger les œuvres qui lui avaient été confiées par des Juifs soit comme cadeaux, soit pour les mettre en sécurité.

Ses protestations furent largement ignorées et, en plus de la rapacité des Allemands, il fallait compter avec les bandes criminelles françaises qui s'infiltraient comme intermédiaires ou informateurs partout où il était possible de récolter de l'argent. Mais une fois que les Allemands eurent mis la main sur le Jeu de paume, ce fut Jaujard qui ordonna à Valland de rester en place et d'administrer l'établissement. Elle fut à son poste chaque jour pendant les quatre années de l'Occupation – sauf à quatre occasions, quand on lui ordonna de partir ; chaque fois, elle se débrouilla pour revenir. « Je ne comprenais pas encore très nettement les raisons qui me poussaient à cette décision [...]. Seule était prise ma détermination de ne pas quitter la place. L'accord de mes chefs m'enleva les derniers doutes que j'aurais pu avoir sur ce que j'avais à faire[11] », écrivit-elle en 1961 dans ses Mémoires. Elle fut soumise à de sévères interrogatoires chaque fois que des objets étaient manquants, mais plus tard elle se contenta de dire qu'il s'était agi de moments « fort désagréables[12] ».

En réalité, Valland devint une espionne. Les Allemands ne voyaient certainement pas l'universitaire, avec ses lunettes et ses tenues démodées, comme une menace, ou bien, trop occupés à autre chose, ils l'ignorèrent totalement. Mais, s'il ne lui était plus possible d'enregistrer les allées et venues des œuvres au vu et au su de tous, à partir de 1941, elle prit autant de notes qu'elle le put, parfois en sténo. Il lui arrivait d'« emprunter » pour la nuit des négatifs de photographies d'œuvres d'art avant de les remettre à leur place subrepticement le lendemain, une fois qu'elle les avait copiés. Elle laissait aussi traîner ses oreilles (elle comprenait l'allemand) afin d'envoyer des rapports réguliers à Jaujard ou à ses assistants, qui entretenaient des contacts étroits avec la Résistance. Valland consignait absolument tout ce qu'elle voyait, elle ne se contentait pas de dresser un inventaire des œuvres pillées mais, chaque jour, précisait qui se chargeait de l'empaquetage, qui était de garde, les destinations des caisses et les visites des dignitaires nazis. Elle alla jusqu'à relater les manigances des uns et des autres, et il y en eut beaucoup.

Alors que l'ERR grossit jusqu'à compter au moins soixante employés, Valland portait un regard réprobateur sur les idylles compliquées qui se nouaient sur fond de culte du secret et dans une atmosphère d'irréalité qui allait croissant. Ainsi, nota-t-elle en juin 1942 dans ses carnets, le colonel von Behr dut se débarrasser de sa secrétaire et maîtresse, Mlle Pütz, quand son épouse arriva à Paris. Kurt von Behr, un baron qui portait un œil de verre, chef de l'ERR, passait pour séducteur notoire et, la baronne étant anglaise, les choses étaient loin d'être simples. Quand Anne-Marie Tomforde épousa le lieutenant Hermann von Ingram, l'un des responsables de l'ERR, Valland releva en septembre 1943 qu'elle avait fait mettre de côté « pour son usage personnel » des fourrures, de l'argenterie et « un service à thé de la coll. David-Weill[13] ».

Dans cette ambiance sinistre, alors que presque tous les

marchands juifs étaient exilés ou se cachaient, que les artistes juifs étaient dits dégénérés, que le *Pariser Zeitung* – un journal conçu, rédigé et distribué par les Allemands, dont le premier numéro paru en janvier 1941 – publiait régulièrement des articles glorifiant l'art allemand et considérant l'art moderne comme décadent, il fallait un courage rare aux galeristes pour exposer des œuvres que les nazis conspuaient et pour soutenir ouvertement les artistes mis au ban.

C'est exactement ce que fit Jeanne Bucher. Plusieurs galeries restèrent ouvertes pendant l'Occupation pour profiter d'un marché de l'art florissant, mais Bucher fut la seule à décider que la collaboration avec l'ennemi ne serait pas une condition à sa survie. Aucune autre galerie que la sienne n'exposa des œuvres cubistes et surréalistes. Elle n'alla pas jusqu'à faire de la publicité pour ses expositions, qui ne furent par conséquent jamais vraiment commerciales, mais il était vital pour elle que la vie culturelle et artistique ne fût pas complètement contrôlée par les Allemands. « C'est plus que ma passion – c'est ma profonde raison d'être de m'occuper d'art[14]. » Jeanne Bucher était née en Alsace dans une famille catholique de la classe moyenne, à peine deux ans après la fin de la guerre de 1870 entre la France et la Prusse. Il n'était pas facile de grandir partagée entre les deux pays, mais elle pouvait ainsi être pleinement consciente de la situation politique. Dans les années 1920, parler deux langues et comprendre deux cultures lui permit de découvrir les artistes d'avant-garde allemands et de les promouvoir. Elle chercha toujours à aider les jeunes artistes à leurs débuts et, ainsi, se familiarisa avec les nouveaux courants comme le cubisme, le surréalisme et l'art abstrait.

Elle s'était mariée à l'âge de 23 ans avec Fritz Blumer, un célèbre pianiste de trente ans son aîné, mais le mariage ne fut guère heureux et, en 1901, elle tomba passionnément amoureuse d'un poète nommé Charles Guérin. Un divorce semblait toutefois impossible ; Blumer, ayant découvert la liaison, l'avait sommée de choisir entre sa passion et ses filles. Jeanne refusa de faire un choix et décida plutôt d'attendre que ses enfants grandissent tout en restant en bons termes avec son mari. Cependant, Guérin mourut tragiquement jeune, en 1907, et après sa disparition Jeanne continua en apparence à mener une vie ordinaire, se portant volontaire pour aider dans les hôpitaux comme on l'attendait des femmes de son milieu durant la Grande Guerre. À la fin de sa vie, elle expliqua combien l'amour immense que Guérin avait éveillé en elle et qu'elle avait dû étouffer avait en fait nourri un autre amour, un amour plus puissant qui s'était tourné vers l'art et les artistes.

Après qu'elle eut enfin divorcé de son mari, Jeanne décida de consacrer sa vie à l'art moderne et, reprenant son nom de jeune fille, s'installa à Paris. Âgée de 50 ans, sans moyens financiers significatifs, elle embrassa néanmoins une nouvelle carrière et, en 1925, ouvrit sa première galerie, dans une annexe de la boutique de Pierre Chareau, un architecte et designer. Sa première exposition cette année-là présenta des œuvres sur papier de Jacques Lipchitz, qui était né en Lituanie, et elle se forgea rapidement une réputation de pionnière de l'art moderne dans la capitale. Elle n'avait jamais assez d'argent pour garder les artistes sous contrat, mais elle compensait ses maigres moyens par l'instinct dont elle faisait preuve pour repérer les jeunes talents et l'attention qu'elle leur portait afin de les soutenir et de produire autant d'œuvres qu'elle pouvait financer.

En 1936, elle s'installa boulevard du Montparnasse, où elle exposa des œuvres d'artistes réputés, comme Picasso, Joan Miró, Kandinsky, Lipchitz et Max Ernst, ainsi que d'autres moins connus. Mais en 1940, elle dut fermer sa galerie et quitter Paris pour quelque temps. De retour à la fin de l'année, elle reprit ses activités et, dès lors, défia les Allemands de multiples manières, se débrouillant pour organiser au moins vingt expositions pendant l'Occupation. Quand la presse de droite attaqua la sculpture de Lipchitz *Prométhée et le vautour* (qui avait été commandée en 1937 par le gouvernement pour être installée au rond-point des Champs-Élysées) et exigea sa destruction, elle réagit en accrochant des ébauches préparatoires de l'œuvre. D'habitude, elle n'annonçait pas ses expositions à l'avance pour ne pas mettre en danger les artistes en demandant les autorisations requises. Elles ne pouvaient donc pas non plus faire l'objet d'articles de presse au moment où elles avaient lieu, car de nombreux critiques étaient réduits au silence et les autres n'osaient pas témoigner du moindre enthousiasme pour l'art moderne.

La maison de Jeanne Bucher devint bientôt un centre de la résistance intellectuelle où se rendaient régulièrement Picasso (auquel les Allemands avaient interdit d'exposer) et des peintres de ses amis, ainsi que des écrivains comme Paul Éluard et Michel Leiris. La galerie occupait le premier étage de la maison qui était séparée de la rue par un petit jardin. Au rez-de-chaussée, Georges Hugnet, poète et graphiste surréaliste, entre autres talents, que Jeanne avait rencontré en montant sa première exposition, avait installé une imprimerie, où il fabriquait de faux papiers pour des artistes menacés, des documents que Bucher cachait derrière des tapisseries ou sous les tapis.

Jeanne Bucher.

En 1940, elle publia *Non vouloir*, l'un des premiers appels à la résistance, écrit par Hugnet, dans une édition spéciale avec quatre gravures de Picasso. Grâce à son prestige parmi les artistes, sa demeure était régulièrement fréquentée par des officiers allemands, généralement en civil, qui s'amusaient des œuvres d'art moderne exposées mais qui aussi, parfois, les achetaient. Dans une lettre à sa petite-fille qui se trouvait en Amérique, Jeanne Bucher expliqua qu'elle n'avait aucun problème avec la nationalité de ses visiteurs s'ils aimaient l'art. Mais en une occasion, elle perdit son calme et leur demanda, dans un allemand parfait, pourquoi ils prenaient la peine de regarder une peinture s'ils pensaient qu'elle était « mauvaise ». Au même moment, elle décrocha une photographie d'une sculpture d'Arno Breker et la piétina en criant : « Ça, c'est de l'art allemand. Eh bien ! Voilà ce que j'en fais[15]. »

On pouvait être arrêté pour beaucoup moins que ça. Mais Jeanne Bucher était audacieuse dans tout ce qu'elle faisait. Elle exposait depuis 1936 les tableaux et les gouaches de Vassily Kandinsky, un émigré russe, et ne voyait aucune raison de ne pas continuer à le faire. Les Allemands fermèrent néanmoins une exposition de ses œuvres dans la galerie de Jeanne Bucher après une seule journée. Parfois, quand les Allemands décrochaient des tableaux qu'ils n'approuvaient pas, elle les rangeait simplement dans des tiroirs. Françoise Gilot, la jeune artiste qui deviendrait la maîtresse de Picasso, se souvenait que Jeanne Bucher aimait beaucoup le travail de Max Ernst : « J'allais donc à la galerie Jeanne Bucher après six heures, et là, après la fermeture, elle me montrait les toiles d'Ernst[16]. » Par ailleurs, elle se servait de son grenier comme d'un abri dans lequel elle cachait des résistants de temps à autre. Un jeune étudiant en médecine, qui fuyait la Gestapo, fut à la fois amusé et affolé de réaliser qu'il dormait dans un lit dont le matelas dissimulait des Braque et des Picasso. Mais l'un des gestes les plus courageux de Jeanne Bucher fut d'essayer de protéger les demeures désormais vides de ceux qui avaient dû fuir, comme Lipchitz et sa femme Berthe. Tous deux réussirent à s'échapper jusqu'à New York via Marseille en 1941. Le domicile de l'artiste lisboète Maria Elena Vieira da Silva et de son mari, le peintre juif hongrois Árpád Szenes, qui réussirent à fuir en 1940 au Portugal avant de rejoindre Rio de Janeiro, fut de la même manière protégé par Jeanne qui y installa des amis en qui elle avait confiance pour s'assurer que les nazis ne s'en empareraient pas. Henri Goetz se rappelait le dédain qu'inspiraient à Jeanne

Bucher les manières des riches marchands en vue. « Rien n'était plus éloigné des vernissages mondains actuels que les siens, se souvenait-il, certains privilégiés étaient invités discrètement à passer à la cuisine, où, sur un long banc, ils recevaient une tasse de thé et des petits-beurres[17]. »

Jeanne trouvait du réconfort dans sa galerie, au milieu de l'art qu'elle aimait. Elle était déterminée à continuer ses expositions coûte que coûte, cela lui importait plus que de se nourrir, disait-elle. Elle refusa toujours de recourir au marché noir. Fumeuse de longue date, elle trouva que ne pas pouvoir s'approvisionner en tabac était une vraie mortification. Contrairement aux femmes, les hommes avaient droit à un paquet par semaine, et ses amis, dont plusieurs considéraient qu'ils lui devaient la vie, lui donnaient leur ration quand ils le pouvaient.

« Il faut comprendre que les formes de résistance étaient innombrables », expliqua Jeannie Rousseau de Clarens en 1998, évoquant pour la première fois son engagement au sein de la Résistance. Au début, elle n'appartenait à aucun groupe organisé et à sa sortie de l'École libre des sciences politiques, qui deviendrait Sciences Po, major de sa promotion, Jeannie avait demandé au directeur de lui trouver un travail où elle pourrait être « utile ». En 1940, ses parents jugèrent que la famille n'était pas en sécurité à Paris et son père, un fonctionnaire, ancien maire du 17e arrondissement, les conduisit à Dinard, estimant que les Allemands n'atteindraient jamais la côte bretonne. Mais les ennemis arrivèrent bientôt par milliers afin de préparer l'invasion de la Grande-Bretagne. Lorsque le premier édile de la commune demanda à M. Rousseau, un voisin en qui il avait toute confiance, s'il connaissait quelqu'un parlant allemand pour faire la liaison avec les militaires, le père de Jeannie désigna spontanément sa fille, qu'il savait douée en allemand, insistant sur le fait qu'elle voulait « simplement se rendre utile ».

Pendant les premiers mois, Jeannie aima son travail. « Les Allemands voulaient encore qu'on les aime[18] », se souvenait-elle. Ils étaient heureux de discuter avec une jeune femme dont l'allemand s'avérait suffisamment bon pour soutenir une conversation mais qui était manifestement trop jeune et trop jolie, pensaient-ils, pour comprendre les noms, les chiffres et les plans qu'ils laissaient traîner. En peu de temps, les Britanniques disposèrent de tellement d'informations sur les opérations des forces d'occupation dans les environs de Dinard, en partie grâce à Jeannie qui avait été approchée par un résistant local, que certains Allemands soupçonnèrent la présence d'une taupe parmi eux. En janvier 1941, Jeannie fut arrêtée par la Gestapo et détenue à la prison de Rennes pendant un mois. Mais quand un tribunal militaire allemand examina son cas, les officiers de la Wehrmacht affectés à Dinard la défendirent, affirmant que leur charmante interprète ne pouvait pas être une espionne. Elle fut relâchée, mais les doutes à son sujet n'étaient pas dissipés et elle reçut l'ordre de quitter la région.

Ayant goûté à la Résistance par le biais de l'espionnage, elle retourna à Paris où elle trouva rapidement un nouveau travail comme interprète, cette fois pour un syndicat d'industriels, une sorte de chambre nationale du commerce pour les entreprises françaises qui souhaitaient faire des affaires avec l'Allemagne, et dont les bureaux se situaient rue Saint-Augustin. Jeannie occupa bientôt un rôle clé dans l'organisation. Ses fonctions impliquaient qu'elle rencontrât régulièrement le haut commandement militaire allemand, dont le quartier général se trouvait à l'hôtel Majestic. Elle rendait visite aux Allemands presque chaque jour pour discuter de questions commerciales, notamment des plaintes de ceux dont les nazis avaient réquisitionné les stocks ou des propositions d'hommes d'affaires français désireux de vendre des biens stratégiques comme l'acier et le caoutchouc aux Allemands. Elle en profitait pour récolter une grande quantité de renseignements, mais ces informations ne servaient à rien.

C'est alors qu'elle rencontra un ami de longue date, Georges Lamarque, un mathématicien de cinq ans plus âgé qu'elle, qui, se souvenant de son don pour les langues, lui proposa de venir travailler à ses côtés. Ils se retrouvèrent par hasard dans le même train, alors que Jeannie partait pour Vichy afin d'essayer de comprendre ce qui s'y passait. D'instinct, elle sentait que là-bas elle pourrait utiliser ce qu'elle savait, mais elle ignorait comment. Par conséquent, elle répondit positivement et sans la moindre hésitation à l'invitation de Lamarque. Elle lui révéla que l'accès à certains bureaux et services de l'hôtel Majestic était interdit car les Allemands y travaillaient sur des armes et des projets spéciaux, mais elle pensait qu'ayant gagné leur confiance – à tout juste 21 ans, elle était aussi résolue que ravissante –, elle pourrait pénétrer dans ces salles. Lamarque la recruta dans son petit réseau, les Druides, et lui donna le nom de code Amniarix.

Des années plus tard, elle confia que les informations étaient là et ne demandaient qu'à être cueillies : « C'était très simple [...]. Je mémorisais tout. Je connaissais tous les détails sur les usines en Allemagne et leur approvisionnement en matières premières. On amassait des renseignements sur ce qu'ils avaient, ce qu'ils faisaient ; on les surveillait du coin de l'œil – enfin "on", c'était moi. Et de toute façon, personne ne pouvait imaginer que j'étais dangereuse[19]. »

Au cours des deux années qui suivirent, sa chance persista puisqu'elle rencontra plusieurs des officiers allemands avec lesquels elle avait sympathisé à Dinard et qui travaillaient désormais sur des projets secrets. En laissant traîner ses oreilles, elle récoltait des informations des plus confidentielles – des histoires d'armes spéciales fabriquées dans l'est de l'Allemagne et dont elle ne comprenait pas tout à fait l'usage. Avec Georges Lamarque, elle pensait avoir découvert l'un des grands secrets militaires de la guerre et tous deux réalisèrent à quel point ces renseignements pouvaient être cruciaux pour les Alliés. Lamarque la pressa de rechercher autant de bribes d'information que possible. Mais c'était une mission très risquée à une époque où la plupart des filles de son âge fréquentaient les garçons, voire avaient fondé une famille. Pourtant, Jeannie se sentait obligée de l'accomplir plutôt que de s'amuser.

Claude du Granrut, désormais octogénaire, vit au centre de Paris, à portée de vue de l'appartement du Palais-Royal où Colette passa les années de guerre. Elle avait 10 ans quand la guerre éclata. Se remémorant cette époque, elle essaie de comprendre pourquoi certains ont choisi de résister quand d'autres ont collaboré. S'agissant de sa famille, la décision fut tout ce qu'il y avait de plus simple : « Ma famille a choisi une autre voie, dit-elle. Je n'ai jamais vu le moindre Allemand à la maison. Ah ça, non ! C'était très important [...], et mes parents refusaient de se fournir sur le marché noir. Mais ils voulaient à tout prix que la petite dernière, c'est-à-dire moi, grandisse en bonne santé et ils m'envoyèrent souvent à la campagne où j'avais du lait frais et des légumes[20]. »

Pour l'essentiel, la vie continua comme si de rien n'était pour la jeune Claude, qui se rendait avec son école aux matinées de la Comédie-Française chaque semaine. Elle était bien consciente des « difficultés » auxquelles beaucoup à Paris furent confrontés lorsqu'il fallut réagir à la situation. Pouvait-on combattre les Allemands, ou valait-il mieux s'accommoder de leur présence de manière à ne pas laisser s'éteindre la culture française, avec ses livres, ses films, ses pièces de théâtre et sa haute couture ? Son père, le comte Robert de Renty, était un ancien combattant de la Grande Guerre – il parlait très bien l'allemand – qui avait créé son entreprise d'insecticides agricoles. Enfant, elle pensait qu'il allait chaque matin à son bureau de la rue du Faubourg-Saint-Honoré, et déjeunait sans doute au très select Jockey Club, le seul endroit de Paris où les officiers allemands ne mettaient pas les pieds. Sa mère, Germaine, était un modèle d'élégance, si séduisante que toutes les camarades d'école de Claude la lui enviaient. La comtesse se consacrait à des œuvres sociales, rendant visite à des femmes dans le besoin du 20ᵉ arrondissement, distribuant des vêtements et envoyant des colis aux prisonniers de guerre. Ainsi que Claude l'écrivit à son propos dans ses Mémoires, ce n'était pas quelqu'un dont on pouvait oublier la présence. Elle était « sereine et bienveillante pour tous[21] ». Mais Claude n'était que vaguement au courant de ses activités de bienfaisance. « Elle faisait en sorte de maintenir la France dans une certaine voie et d'être solidaire avec mon père, qui était bien plus impliqué dans la Résistance. Mais je ne le savais pas à l'époque et ce n'était pas quelque chose dont on parlait à la maison. » En fait, Germaine de Renty et Jeannie Rousseau étaient amies, mais ça aussi Claude ne l'apprit que plus tard.

La famille de Renty écoutait Radio-Londres – « Nous devions faire très attention quand nous avions de la visite » – et suivait attentivement ce qui se passait ailleurs dans le monde.

D'après Claude du Granrut, pour beaucoup de Parisiens il y eut un tournant en 1941 avec l'invasion de l'URSS par l'Allemagne en juin, suivie, à la fin de l'année, par l'entrée en guerre des États-Unis en réponse à l'attaque de Pearl Harbor. « Petit à petit, des familles comme la nôtre commençaient à penser que la guerre pouvait être gagnée et les Allemands, battus. » L'invasion de l'Union soviétique, non seulement permit aux communistes d'entrer dans la Résistance mais incita également les indécis à faire quelque chose. L'engagement des femmes avait toutefois une motivation plus profonde, pense-t-elle. « Pour la première fois, des jeunes femmes décidèrent qu'elles devaient faire quelque chose pour leur pays. Elles ne pouvaient pas voter ou servir dans l'armée mais elles sentaient que le pays avait été blessé et elles voulaient montrer qu'elles pouvaient s'engager. Ce fut quelque chose d'absolument unique[22]. »

Pesa également dans la balance le fait qu'en 1941, presque tout le monde à Paris connaissait quelqu'un qui avait été arrêté. Alors que le IIIe Reich n'en était qu'aux prémices de sa tentative d'éradication de la population juive, la collaboration de Vichy lui permit de gagner du temps. La première vague d'arrestations eut lieu le 14 mai 1941, quand 3 710 Juifs « étrangers » furent arrêtés, suivis trois mois plus tard, à l'occasion d'une rafle dans le 11e arrondissement, par 4 230 Juifs supplémentaires, français et étrangers cette fois-ci ; en décembre, 734 Juifs français en vue et 250 immigrés juifs furent arrêtés. Les victimes furent internées dans quatre camps : à Pithiviers, Beaune-la-Rolande, Compiègne (le seul camp à ne pas être géré par les Français) et Drancy, dans un ensemble de logements sociaux en voie d'achèvement à quelques kilomètres de Paris. Là-bas, aucun sanitaire n'avait encore été installé et les bâtiments n'avaient toujours pas de fenêtres. Le camp ne devait pas abriter plus de 700 personnes, mais dès les premiers temps, on y entassa des milliers de désespérés affamés qui furent détenus dans des conditions atroces.

L'antisémitisme qui régnait à Vichy a pu être différent dans sa tonalité de celui qui prévalait à Paris. Quand le régime de Vichy décida de promulguer le premier statut des Juifs, en octobre 1940, indépendamment de toute exigence allemande, il s'excusa presque, insistant sur le fait que le gouvernement

« respecte les personnes et les biens des Juifs » et que le statut serait appliqué dans un « esprit d'humanité[23] ». Néanmoins, « l'antisémitisme vichyssois [...] fut une politique autonome qui avait ses racines indigènes[24] », pour reprendre les termes du professeur Julian Jackson. L'entourage de Pétain comprenait plusieurs antisémites fanatiques pour lesquels l'adoption de mesures contre les Juifs reflétait des convictions profondément enracinées tout en permettant de gagner les faveurs de l'Allemagne.

Afin de coordonner la politique antijuive sur tout le territoire, le Commissariat général aux questions juives (CGQJ) fut créé en mars 1941 et confié à Xavier Vallat, un antisémite zélé, ancien combattant de la Grande Guerre, au cours de laquelle il avait perdu sa jambe gauche et son œil droit. Les mesures se succédèrent en 1941 ; en douze mois, Vichy adopta trente-six lois et vingt-quatre décrets concernant les Juifs. Le second statut des Juifs, en juin 1941, eut de sérieuses conséquences sur l'économie puisqu'il exigeait une autorisation pour vendre ou acquérir une entreprise : les entreprises juives devaient être enregistrées, et des administrateurs provisoires ainsi que des commissaires gérants furent nommés pour les surveiller. Des condamnations frappaient quiconque était pris en train de mener des activités interdites. L'aryanisation de l'économie fut étendue de la zone occupée à la zone libre. Des décrets imposant des quotas d'avocats, de médecins, d'étudiants, d'architectes et de pharmaciens juifs furent rapidement suivis de lois excluant complètement les Juifs de toute profession commerciale ou industrielle.

En mai, les Allemands réquisitionnèrent l'ancienne galerie du marchand d'art Paul Rosenberg au 21, rue La Boétie et, par une ironie cruelle, y installèrent l'Institut d'étude des questions juives (IEQJ), qui était dirigé par le capitaine Paul Sézille, l'un des agitateurs vichystes les plus grossiers et les plus violents. La principale tâche de l'IEQJ en 1941 fut d'organiser au palais Berlitz une exposition intitulée « Le Juif et la France » qui devait montrer l'effet néfaste que les Juifs avaient eu sur le pays. Sézille expliquait dans l'introduction du catalogue : « En présentant le Juif dans ses diverses manifestations, en montrant au moyen de documents irréfutables et soigneusement choisis combien était profonde l'emprise judaïque sur toutes les activités de la France, en faisant apparaître la profondeur du mal qui nous rongeait, nous voulons convaincre ceux de nos concitoyens qui sont encore d'esprit sain et de bon jugement, de l'urgence qu'il y a à voir les choses comme elles sont et puis d'agir en conséquence[25]. » D'affreuses affiches furent placardées dans les stations de métro et sur des panneaux d'affichage à travers toute la ville pour faire la promotion de l'exposition, une campagne relayée par des messages que diffusaient des haut-parleurs disposés à des endroits stratégiques sur les Grands Boulevards.

Pendant les quatre mois que dura l'exposition, quelque deux cent mille Parisiens achetèrent un billet d'entrée à 3 francs et beaucoup d'autres n'eurent même pas à payer. Parmi ces visiteurs figurait Marie-Pierre de Cossé-Brissac, née en 1925 dans une famille d'aristocrates antisémites. Quand elle était jeune, le père de Marie-Pierre lui avait prescrit : « Tu peux tout faire sauf épouser un Juif [...]. Nous sommes une des seules familles de la noblesse française à ne pas être enjuivées[26]. » Pendant l'Occupation, la mère de Marie-Pierre reçut le gotha de la collaboration, donna *Mein Kampf* à lire à ses enfants et les amena visiter la célèbre exposition, mais avec des résultats bien éloignés de ses espérances[I].

Des années plus tard, la petite-fille de Paul Rosenberg, Anne Sinclair, examina les quelques images existantes de l'installation de l'IEQJ et écouta le reportage de Radio-Paris décrivant avec emphase la cérémonie d'inauguration de l'Institut. « L'état du document est excellent, avec la voix nasillarde d'origine et les mots qui font mal : "Aujourd'hui a eu lieu l'inauguration de l'immeuble précédemment occupé par Rosenberg – le nom seul suffit." » Sur les photographies et sur quelques images des actualités filmées, on peut voir Louis-Ferdinand Céline, « invité de marque et de droit, garant son vélo devant l'immeuble de

---

I. En 1945, Marie-Pierre de Cossé-Brissac tomba amoureuse de Simon Nora, un résistant juif. Furieuse, sa famille se débrouilla pour la faire interner dans une clinique psychiatrique en Suisse, mais Nora et quelques-unes de ses camarades de la Résistance réussirent à la faire évader. Ils se marièrent en janvier 1947, après quoi la famille de Marie-Pierre de Cossé-Brissac la renia.

la galerie de mon grand-père où désormais s'affiche en lettres capitales le nom du redoutable bureau. On reconnaît facilement le porche et la fameuse salle d'exposition. Au mur, un énorme panneau représente une femme à terre recouverte d'un drapeau tricolore, un aigle perché sur son ventre, avec cette légende : "Français, au secours !"[27] ».

En novembre, une autre organisation fut mise sur pied à l'initiative de Vichy, l'Union générale des israélites de France (UGIF), sans doute la plus funeste de toutes car, en fin de compte, elle força les Juifs à participer à leur propre malheur. L'UGIF, à laquelle tous les Juifs vivant en France devaient verser leur écot, était censée collecter de l'argent pour aider les Juifs. Inévitablement, l'organisme, qui avait tout d'un piège, se retrouva en possession de listes de noms et d'adresses, refermant ledit piège sur les Juifs. Ceux qui « connaissaient quelqu'un » en furent rayés et furent sauvés ; ils eurent parfois honte et n'osèrent pas témoigner ouvertement de leur survie. Les historiens estiment que la combinaison de toutes ces mesures conduisit, dès le début de l'été 1941, la moitié des Juifs de Paris à être privés de tout moyen de subsistance.

Quant aux Juifs parisiens qui avaient fui auparavant, ils réalisaient qu'ils n'étaient guère plus en sécurité dans la prétendue zone libre. Miriam Sandzer et ses parents avaient l'impression d'être tombés dans un guet-apens, ils étaient incapables d'obtenir des visas de transit et de sortie ainsi que toute la paperasse nécessaire au groupe agrégé autour de la famille – ils étaient onze désormais –, ou de payer des billets et des nuits d'hôtel. Comme sa mère était déjà malade du cancer qui allait bientôt l'emporter, c'était Miriam qui était régulièrement envoyée faire la queue devant les consulats espagnol et portugais de Marseille pour obtenir des visas. Mais la file n'avançait qu'à un rythme incroyablement lent et Miriam décida donc de se renseigner sur les destinations pour lesquelles des bateaux continuaient à appareiller et d'essayer ensuite de se voir attribuer les laissez-passer correspondants.

Dès qu'elle apprit qu'il y avait toujours des départs pour Java depuis Lisbonne, elle se précipita à ce qu'elle appelle le « consulat de Java », où on lui accorda une entrevue avec le consul, « un très bel homme[28] ». Il lui proposa de fournir les papiers dont elle avait besoin si, en contrepartie, elle lui procurait une bague en diamant pour sa maîtresse ; elle retira immédiatement de son doigt une superbe bague en platine sertie d'une perle, mais il n'en voulut pas car elle ne correspondait pas à ce qu'il cherchait. Puis elle réussit à obtenir onze visas pour Shanghai auprès du consulat de Chine et à les payer, mais ses plans furent contrecarrés car plus aucun bateau ne partait pour cette destination.

Tous les consulats étaient assiégés par des personnes désespérées comme elle, la plupart avec des faux papiers et peu d'argent, toutes essayant d'échapper aux nazis. Chaque ouverture semblait déboucher sur une impasse, mais uniquement une fois que les ressources décroissantes du groupe avaient été de nouveau sollicitées. Finalement, Miriam se résolut à partir seule pour Lisbonne, parce qu'elle était surveillée. Des mois plus tard, l'essentiel du groupe la rejoignit et, en novembre 1941, vingt-quatre heures avant qu'ils ne fussent expulsés, les Britanniques leur accordèrent un permis de résidence en Jamaïque. Toutefois, ses deux frères furent contraints de rester à Lisbonne car ils étaient en âge de combattre et devaient rejoindre l'armée polonaise. Ce qu'il restait de la famille demeura jusqu'à la fin de la guerre dans un camp de la Jamaïque[I].

À Paris même, il devenait presque impossible aux Juifs de gagner leur vie dans quelque domaine que ce fût. Les bijoutiers en particulier étaient dans une situation difficile, car ils ne pouvaient pas se procurer les matières premières nécessaires à leur activité. Si un client commandait un bijou en or, ils devaient fournir 100 % du métal eux-mêmes ; pour le platine c'était 135 %. Il fallait donc s'adapter à la situation et les bijoux fabriqués dans les années 1940 furent souvent soit creux ou ajourés comme de la dentelle, soit confectionnés à partir de grosses pierres semi-précieuses comme l'améthyste. Cartier fabriqua d'autres objets comme des horloges, tandis que Boucheron développa une ligne de minaudières en argent.

I. Finalement Miriam se rendit à Londres en 1945 et épousa son fiancé, Ben Stanton.

Certaines Parisiennes, déterminées à avoir quelque chose de nouveau et d'élégant à exhiber, apportaient suffisamment d'argenterie à fondre pour obtenir ainsi une élégante pochette de soirée, parfois rehaussée d'or et ornée d'une ou deux petites pierres. À l'intérieur, des compartiments spéciaux étaient destinés à accueillir des cigarettes ou du maquillage. C'était un objet résolument outrancier, qui montrait que sa détentrice était à la dernière mode et affichait sa modernité, car fumer et se repoudrer en public étaient des gestes qui faisaient froncer les sourcils de la plupart des gens dans la société d'avant-guerre.

Bernard Herz, Juif fortuné qui outre ses propriétés possédait un stock considérable de matières précieuses, fut l'une des premières cibles des nazis. Il fut harcelé et arrêté pour être interrogé dès 1940, mais Suzanne Belperron obtint sa libération à force de manigances, grâce aux relations d'une actrice de ses amies nommée Rika Radifé, l'épouse du comédien Harry Baur[1]. Elle avait conscience que pour la survie de l'entreprise de Herz il fallait désormais qu'elle en fût la propriétaire. Le 23 janvier 1941, elle déposa les statuts d'une nouvelle société, Suzanne Belperron SARL, avec un associé et grâce à de l'argent qui lui avait été prêté pour l'occasion par le décorateur d'intérieur Marcel Coard. Mais les nazis se méfiaient toujours de telles transactions et Belperron savait bien qu'on ne la laisserait pas tranquille. Elle aussi fut arrêtée pour être interrogée et dut produire des certificats de baptême afin de prouver que sa famille n'avait pas de sang juif.

À partir de 1940, les Allemands dressèrent des inventaires des possessions des Rothschild. D'après un rapport du 8 décembre 1941 rédigé par le chef du *Devisenschutzkommando*, l'unité chargée du pillage des biens privés, Göring lui-même voulait décider du sort des biens de la famille Rothschild quand il viendrait à Paris. Sur la longue liste des pièces d'argenterie (fourchettes, couteaux, cuillères et plats) figuraient des « tableaux et objets d'art qui ont été trouvés dans une armoire chez la Juive Alexandrine Rothschild, à Paris, au 2, rue Léonard-de-Vinci.

---

1. Baur, que l'on pensait juif en raison de son patronyme, fut arrêté en 1942. Libéré dès qu'il fut établi qu'il n'avait pas d'origines juives, il mourut peu de temps après.

Ces peintures et objets d'art seront remis à l'*Einsatzstab Reichsleiter* Rosenberg[29] ». Il y avait cinquante-deux caisses supplémentaires d'objets d'art et de joaillerie en provenance des propriétés de plusieurs membres de la famille Rothschild, vingt et une d'entre elles furent livrées à l'ERR, les trente et une autres furent conservées sous clé jusqu'à ce que Göring les envoyât chercher.

Les Camondo, que l'on surnommait les Rothschild de l'Est car ils étaient arrivés de Constantinople au milieu du XIXe siècle et semblaient tout aussi riches que la dynastie francfortoise, décidèrent en 1941 de se plaindre du pillage de leur collection d'art privée et adressèrent des lettres à Paul Sézille et à d'autres. Léon Reinach, le mari de Béatrice de Camondo, déplorait la haine et la jalousie qui motivaient ces vols. Mais ce fut en vain. L'hôtel particulier familial, au 63, rue de Monceau, s'élève aujourd'hui encore à la lisière du ravissant parc Monceau. Le quartier avait été aménagé dans les années 1860 par deux financiers juifs, Isaac et Émile Pereire, pour satisfaire aux goûts des grands bourgeois et de leur famille. Tout autour du parc, de nombreux hôtels particuliers plus somptueux les uns que les autres avaient été bâtis par des millionnaires, parmi lesquels plusieurs Rothschild et Ephrussi ; de vieilles familles juives parisiennes qui allaient régulièrement à l'Opéra, entretenaient des équipages et des chevaux de belle tenue et passaient pour des mécènes. Ironiquement, le quartier devint une sorte de ghetto.

L'hôtel Camondo est un véritable joyau reconstruit par le comte Moïse de Camondo qui, au début du XXe siècle, avait fait démolir la demeure plus modeste héritée de ses parents, dans l'intention que sa nouvelle résidence ressemblât au Petit Trianon de Versailles. Moïse avait l'œil fin pour les meubles et les objets d'art, particulièrement les objets français de la fin du XVIIIe siècle. Jeune homme, il était plutôt bon vivant, mais après que sa femme, la superbe Irène Cahen, elle-même fille d'un riche banquier, l'eut quitté en 1897 pour le bel Italien qui s'occupait des écuries, le comte Sampieri, il vécut en reclus. Selon les termes du divorce – lequel était toujours considéré comme honteux à cette époque –, Moïse eut la garde des deux enfants du couple, Nissim et Béatrice, auxquels il était très attaché. Mais en 1917, Nissim fut tué lors d'un combat aérien contre un avion allemand. Moïse, ravagé par le chagrin, se retira encore plus dans son monde d'objets précieux, passant parfois des journées entières assis seul dans la petite pièce où il conservait son incomparable collection de porcelaines de Sèvres.

Béatrice et Nissim de Camondo en 1916.

Béatrice, qui avait déjà été éprouvée par la séparation douloureuse de ses parents, fut affligée de plus belle par la perte de son frère tant aimé, et l'année qui suivit la mort de Nissim, elle consentit à un mariage arrangé avec Léon Reinach, le descendant d'une famille influente en politique et dans le monde de la culture. Ils eurent deux enfants, Fanny et Bertrand, et, après la mort de Moïse de Camondo en 1935, ils partagèrent leur temps entre un appartement à Neuilly et une luxueuse résidence sur la Côte d'Azur, la villa Kérylos, magnifique imitation d'une habitation de la Grèce antique. Son père avait déjà légué en 1924 l'hôtel du parc Monceau à l'État, dans l'espoir que cette généreuse donation perpétuerait le nom de la famille – dont la devise était *Fides et caritas* – et le relie à la période de l'histoire de France qu'il chérissait. À sa mort, Béatrice s'assura que ses volontés étaient respectées et la demeure de la famille, désormais un musée placé sous les auspices des Arts décoratifs, fut ouverte au public le 21 décembre 1936[I].

Mais Léon et Béatrice s'éloignèrent bientôt l'un de l'autre. Épouse débonnaire, elle n'avait que peu de centres d'intérêt en dehors de sa passion pour l'équitation. Elle devint membre du prestigieux équipage « Par monts et vallons » dès que les femmes y furent admises, et caressait l'espoir de se consacrer tout entière à ses chevaux et à la vénerie, indépendamment du contexte politique. En juillet 1941, les Allemands mirent la main sur plusieurs caisses de peintures au château de Chambord, que des collectionneurs juifs, dont les Reinach, avaient déposées par mesure de sécurité. Dans l'une d'elles se trouvait le fameux portrait de la mère de Béatrice, Irène, commandé par Louise Cahen d'Anvers à Renoir, quand elle était mariée au banquier Louis-Raphaël Cahen d'Anvers tout en entretenant une liaison avec Charles Ephrussi[30].

S'agissant des Camondo, les nazis ne se contenteraient pas de simples objets. Quand Renoir peignit Irène Cahen d'Anvers en 1880, il en fit une jolie petite fille française avec une longue chevelure, dont la judéité semblait appartenir au passé. Un critique avait rapporté son ravissement la première fois qu'il vit le tableau : « On ne peut rêver rien de plus joli que cette enfant blonde dont les cheveux se déroulent comme un manteau de soie aux reflets changeants et dont les prunelles bleues s'imprègnent d'étonnements naïfs[31]. » Mais la même année, Degas, qui désapprouvait ce qu'il considérait comme la mue de Renoir en portraitiste de la société juive, écrivit : « Monsieur Renoir, vous n'avez aucune intégrité. Je n'admets pas que l'on fasse de la peinture sur commande. Vous travaillez pour la finance, quoi ? Vous ferez le tour des châteaux avec M. Charles Ephrussi, vous exposerez bientôt aux Mirlitons, comme M. Bouguereau[32] ! » Une référence au peintre académique

---

I. La famille Cahen d'Anvers, quant à elle, fit don du château de Champs-sur-Marne à l'État et une grand-tante, Béatrice Ephrussi-Rothschild, légua la villa Île-de-France du Cap Ferrat à l'académie des Beaux-Arts.

William Bouguereau que Degas voulait insultante, de même que la mention du café-concert Le Mirliton, à Montmartre, qui était tenu par Aristide Bruant, l'ami de Toulouse-Lautrec.

Reinach, qui avait beaucoup appris pendant les longues années de lutte pour établir l'innocence de Dreyfus, pensait que des protestations rationnelles seraient entendues et que les Allemands reconnaîtraient la voix de la raison. Il expliqua longuement aux autorités à quel point les Reinach et les Camondo avaient enrichi le patrimoine artistique français. Mais quand Jacques Jaujard, le directeur des Musées nationaux, qui fit de son mieux pour protéger des milliers d'œuvres d'art pendant l'Occupation, transmit la lettre de Reinach à Xavier Vallat, commissaire général aux questions juives, il lui fut répondu que l'arrogant Reinach voulait jouer au plus malin. De toute façon, le portrait de Renoir était déjà passé entre les mains des marchands d'art et avait été mis de côté pour rejoindre la collection de Göring, bien qu'il représentât un modèle juif. Des familles comme les Reinach eurent tôt fait de passer de l'inquiétude pour leurs biens à l'angoisse pour leur vie. Léon Reinach s'installa bientôt à Pau avec Bertrand tandis que Béatrice, qui vivait avec Fanny, continua pendant quelque temps de monter à cheval chaque jour au bois de Boulogne, de participer à des spectacles équestres et à des chasses, convaincue d'être protégée par les officiers allemands qu'elle fréquentait à ces occasions. Qui plus est, les Camondo avaient donné leur fils ainsi que l'une des plus belles demeures de Paris à la France, dont ils ne s'imaginaient pas ne pas être les enfants.

Nul ne sait combien de Parisiens furent contaminés par la propagande antijuive et combien la rejetèrent. Mais le temps était venu de faire un choix entre résister ou collaborer. Bien que les Français ne se fussent engagés massivement ni dans la collaboration totale ni dans la résistance active – la majorité d'entre eux demeura attentiste jusqu'à la fin de la guerre –, un changement notable intervint à ce moment. La popularité de Pétain commença à s'effriter à partir de la mi-1941 alors que le soutien à de Gaulle et à la Résistance se mit à croître lentement.

Mais tandis qu'à Vichy la collaboration officielle s'organisait, à Paris la collaboration idéologique s'avérait plus nuancée et plus complexe. En août, *Premier rendez-vous*, avec Danielle Darrieux en vedette, fut le premier film à succès de l'Occupation produit par la Continental, une société de production parisienne financée par l'Allemagne. La Continental, qui avait été créée par le ministre de la Propagande d'Hitler, Joseph Goebbels, pour donner aux Allemands le contrôle de l'industrie cinématographique française, produisit trente longs-métrages entre 1941 et 1944, dont certains chefs-d'œuvre comme *Le Corbeau* et *Au bonheur des dames*. Presque tous les films furent tournés aux Paris-Studios-Cinéma à Boulogne-Billancourt, et plusieurs réalisateurs renommés travaillèrent pour la compagnie. L'entreprise avait un double objectif : rivaliser avec Hollywood, puisque aucun film américain ne pouvait être projeté pendant l'Occupation, et, comme pour la mode et l'opéra, faire la démonstration de la supériorité allemande en matière culturelle. Danielle Darrieux se souvenait de cette époque comme d'un temps d'« insouciance totale », où elle et ses amies actrices « allaient se faire faire les pieds » et « allai[en]t chez le coiffeur tout le temps[33] ». Autrement dit, Corinne Luchaire n'était pas la seule parmi les artistes à n'avoir pas pris conscience – ou à avoir refusé de le faire – de la gravité de la situation, persuadés que l'industrie du divertissement était d'une certaine manière à part.

C'était une chose de se produire sur une scène française, c'en était une autre de le faire en Allemagne. À partir de 1941, Goebbels s'efforça d'y organiser des visites d'artistes. Le premier de ces voyages de propagande, une tournée officielle de trois semaines dans tout le pays, réunit notamment Abel Bonnard, Robert Brasillach et Marcel Jouhandeau. Ce dernier n'était pas sans nourrir quelques doutes et il écrivit dans son journal à propos du voyage : « Pour qui ou pourquoi suis-je ici ? Parce que depuis que j'ai su lire, comprendre et sentir, j'ai aimé l'Allemagne, ses philosophes, ses musiciens et pensé que rien ne serait plus utile à l'humanité que notre entente avec elle[34]. » Ainsi que Jean Guéhenno le commenta d'un ton acide : « L'espèce de l'homme de lettres n'est pas une des plus grandes espèces humaines. Incapable de vivre longtemps caché, il vendrait son âme pour que son nom *paraisse*[35]. »

Tout cela était désormais bien loin des préoccupations de Némirovsky, qui vivait à Issy-l'Évêque, un village du Morvan guère éloigné de Vichy mais situé dans la zone occupée. L'époque où elle était proche de ces écrivains, quand elle appartenait à un cercle littéraire qui l'adulait, semblait révolue ; elle en était réduite désormais à vendre bijoux et fourrures – pour l'essentiel ceux qu'Irène avait dérobés à sa mère lorsque celle-ci avait fui la capitale[I] – et elle avait le plus grand mal à faire paraître ses textes.

Irène Némirovsky en 1938.

En apparence, la vie au village semblait plus calme pour les Juifs. Grâce à des amis et aux membres de sa famille qui étaient toujours à Paris, Némirovsky était au courant de la situation de plus en plus critique des Juifs de la capitale – une ville qu'elle avait dû quitter. Son éditeur lui envoyait

---

I. Quand la mère d'Irène, Fanny, apprit ce que sa fille faisait de ses bijoux et de ses fourrures, elle se plaignit, mais Irène lui fit répondre par un intermédiaire qu'elle avait présumé que Fanny serait ravie d'aider à la survie de sa fille.

des paiements mensuels de 4 000 francs mais hésitait à publier ses livres. Bien que son nom n'apparût pas sur la tristement célèbre liste Otto (une nomenclature de livres interdits par les Allemands, intitulée ainsi en référence à Otto Abetz), Robert Esménard, le gendre d'Albin Michel, fit savoir à Irène que sa maison n'était plus en mesure de publier ses livres et d'assurer leur commercialisation. Dans ces circonstances, Irène voyait les paiements en partie comme un geste de compassion et d'amitié, et en partie comme des avances sur les ventes de ses ouvrages quand la guerre serait terminée. Mais lorsque les comptes bancaires des Juifs furent gelés en 1941, Irène et son mari, Michel Epstein, lourdement endettés, s'inquiétèrent pour leur subsistance. C'est alors qu'Irène, non sans habileté, invita Julie Dumot, l'ancienne compagne de son père, une femme de toute confiance, à vivre avec eux. Elle expliqua à ses éditeurs que cette Mlle Dumot était l'auteure d'un roman qu'elle avait en fait écrit et il fut ainsi convenu que les sommes dues seraient payées à Julie Dumot qui, par la suite, les reverserait à Irène. Ce faisant, Némirovsky perdait son identité d'auteure jusqu'à désespérer par moments de pouvoir un jour la retrouver ; elle n'en continuait pas moins à écrire chaque jour. Julie Dumot avait reçu comme instruction, au cas où Irène et Michel seraient arrêtés, non seulement de s'occuper de leurs deux petites filles mais aussi, quand l'argent viendrait à manquer, de vendre les manteaux de fourrure et l'argenterie.

D'autres voyages de propagande en Allemagne furent organisés à l'automne 1941. L'un des plus célèbres, car les participants furent photographiés au moment de leur départ sur un quai de la gare de l'Est aux côtés d'officiers allemands en uniforme, comprenait onze artistes, dont André Derain, Maurice de Vlaminck et Paul Belmondo (le père de Jean-Paul Belmondo). Après la guerre, la plupart affirmèrent qu'ils avaient accepté de se rendre outre-Rhin en échange de la libération de prisonniers de guerre. Pourtant, il n'existe aucune preuve que la moindre libération s'ensuivît. Un troisième voyage eut lieu en 1941 ; cette fois-ci le groupe était en grande partie composé de musiciens, qui avaient été persuadés de se rendre à Vienne au début du mois de décembre au sein d'une délégation dont le but officiel était de célébrer la semaine Mozart. En fin de compte, le déplacement n'eut que peu à voir avec le compositeur autrichien, ce que même l'écrivain collaborationniste Lucien Rebatet reconnut plus tard.

Si la situation n'était pas facile pour les artistes, les femmes du monde, en particulier les trois Marie – de Noailles, Bousquet et de Polignac, toutes trois des piliers du milieu cosmopolite des années 1930 et des habituées du Bœuf sur le toit ou de Maxim's avant-guerre –, ne voyaient aucune objection à accueillir des Allemands chez elles. Un certain nombre de maîtresses de maison se montrèrent utiles aux autorités en présentant des Allemands francophiles, comme Ernst Jünger, Gerhard Heller et Otto Abetz, à des écrivains, des musiciens et des artistes tels que Jean Cocteau, Christian Bérard, Sacha Guitry et d'autres, tous prêts à sympathiser avec leurs nouveaux maîtres. Plusieurs participants réguliers à ces agapes, une fois les relations établies, acceptèrent ensuite de se rendre en Allemagne. La plupart des antisémites les plus virulents, comme Brasillach, Drieu la Rochelle et même Rebatet, ne fréquentaient toutefois pas ces salons à la mode.

Seul un petit nombre de ces dames étaient issues d'une lignée aussi aristocratique que leur nom semblait l'indiquer. Dans la haute société, beaucoup avaient épousé des fortunes étrangères au cours des décennies précédentes et, désormais, le sang bleu n'était plus aussi prépondérant parmi les élites. La comtesse Marie-Blanche de Polignac était la fille de Jeanne Lanvin, la créatrice de mode autodidacte qui lui léguerait sa maison. Marie-Louise Bousquet, qui n'était pas particulièrement belle, fut tournée en ridicule par Coco Chanel dans un bon mot resté célèbre où la couturière moquait son visage semblable à celui d'un singe et sa bouche qui rappelait celle d'un égout. Mais Marie-Louise Bousquet était la puissante patronne de l'édition française du *Harper's Bazaar*. À ce titre, un large éventail de personnalités culturelles et politiques, y compris le violoncelliste Pierre Fournier, assistaient à ses soirées musicales au 3, place du Palais-Bourbon, où ses voisins quasi immédiats étaient Josée et René de Chambrun, eux-mêmes très influents.

Josée de Chambrun, la fille unique et adorée de Pierre Laval, était connue pour son élégance magnétique, avec sa peau olive, ses cheveux bruns et son sourire engageant. Elle avait reçu une excellente éducation, parlait un anglais parfait et savait jouer au golf ainsi que monter à cheval, des talents particulièrement utiles. Elle était extrêmement proche de son père, et quand elle l'accompagna, à l'âge de 20 ans, aux États-Unis en 1931 lors de sa visite triomphante en tant que nouveau président du Conseil, la presse américaine se répandit en louanges sur son chic et sa joie de vivre toute parisienne. Trois ans plus tard, lors d'un dîner, elle rencontra un avocat à la double nationalité française et américaine, le comte René de Chambrun, surnommé Bunny, qui comptait le marquis de La Fayette parmi ses aïeux et Coco Chanel au nombre de ses clients. Josée et René se marièrent en 1935, ils n'eurent pas d'enfants et se retrouvèrent bientôt au cœur d'une vie mondaine trépidante, entre soirées et sorties aux courses. Ils connaissaient tout le monde à Paris.

Pour preuve que les soirées des Bousquet étaient utiles pour faciliter les relations entre la France et l'Allemagne dans tous les domaines, les Chambrun participaient financièrement à leur organisation et c'est Josée qui présenta Arletty à un jeune et bel officier de la Luftwaffe, Hans-Jürgen Soehring. Bien que l'actrice fût de dix ans plus âgée que lui, elle tomba passionnément amoureuse et on les vit se régaler de homards et d'huîtres, s'enivrer de champagne, sortir à l'Opéra et se montrer à Megève, la station de ski favorite des Allemands et des riches collaborateurs. En une occasion, Soehring présenta même Arletty à Göring, lors d'un des voyages de ce dernier à Paris pour mettre la main sur des œuvres d'art. Si la collaboration d'Arletty était sentimentale, celle de son amie Josée était loin de se contenter de profiter de la vie parisienne et de fréquenter les meilleurs restaurants avec son père.

Le comte René de Chambrun, lointain cousin par alliance de Franklin Roosevelt, avait ses entrées partout. Il servit comme capitaine dans l'armée française jusqu'à l'effondrement de mai 1940. Fort de cette expérience, il estimait que la Royal Air Force était supérieure à la Luftwaffe et finirait par arrêter l'Allemagne avant qu'elle ne pût gagner la guerre. Il fut par conséquent envoyé, à la demande de l'ambassadeur des États-Unis en France, William Bullitt, comme émissaire spécial à Washington pour affirmer la résolution du président américain de fournir des armes à la Grande-Bretagne afin qu'elle pût résister aux nazis.

D'après William Stevenson, dans son ouvrage consacré à l'espionnage pendant la guerre, *Nom de code : Intrepid*, en novembre 1940, Pierre Laval s'était servi de sa fille comme courrier pour convoyer des messages secrets entre l'ambassade de France à Washington et Vichy, car elle disposait de l'immunité diplomatique grâce au travail de son époux. Il pensait qu'elle n'attirerait pas l'attention et que ses bagages, qui contenaient des documents dévoilant les véritables intentions de Vichy pour l'après-guerre, quand la France rejoindrait une Allemagne victorieuse, ne seraient pas fouillés. Mais quand l'hydravion dans laquelle elle avait pris place fit une escale technique aux Bermudes, ses affaires furent confisquées. Stevenson raconte comment Josée, « blanche de colère », protesta : « Ceci est un outrage au protocole[36]... » Pendant que la dispute battait son plein, les papiers furent photographiés pour être transmis aux Britanniques avant d'être rendus à leur propriétaire. Ils attestaient le double jeu de Vichy et dévoilaient un Laval convaincu que la Grande-Bretagne était finie.

Au début de 1941, René de Chambrun revint en France, ayant échoué à persuader le président Roosevelt d'envoyer des cargaisons de nourriture pour soulager des milliers de réfugiés ainsi que les Français déplacés. Déçu, il s'installa avec Josée à Paris, où le couple fut rapidement englouti dans un tourbillon de déjeuners et de dîners avec Otto et Suzanne Abetz ainsi que le consul général d'Allemagne Rudolf Schleier et, bien sûr, Arletty. « Pour un soldat qui avait résisté à l'invasion et un lobbyiste qui s'opposait aux Allemands en Amérique, René s'adapta très vite à l'ordre nouveau où l'introduisaient son beau-père et sa femme[37]. »

Marie-Laure de Noailles avait le pedigree le plus fascinant de toutes les maîtresses de maison qui recevaient des Allemands, même s'il n'était pas sans risque : son père était Maurice Bischoffsheim, un riche banquier d'ascendance à la fois germano-juive et quaker. L'un de ses arrière-arrière-arrière-grands-pères était le marquis de Sade, et sa grand-mère maternelle, Laure de Sade, comtesse de Chevigné, inspira au moins un personnage à Proust. C'était l'argent des Bischoffsheim qui permettait à la vicomtesse de Noailles de vivre dans la magnificence du 11, place des États-Unis, un superbe hôtel particulier construit par son grand-père paternel et qui figurait en tête de liste des bâtiments que les Allemands souhaitaient réquisitionner. De là, Marie-Laure menait le bal de l'avant-garde parisienne et se comportait comme la protectrice et la muse d'artistes, de cinéastes et de musiciens tels que Man Ray, Luis Buñuel, Alberto Giacometti, Jean Cocteau, Salvador Dalí et Francis Poulenc. Lors de l'invasion, Marie-Laure était demeurée dans cette maison où elle avait grandi, et dont le danseur Serge Lifar était l'invité permanent. Grâce à l'aide de l'ambassadeur Bullitt, qui prétendit qu'il s'agissait d'une propriété américaine, elle se débrouilla pour garder la main sur sa collection inégalée de Goya ainsi que de Watteau, Van Dyck et Mondrian, sans compter plusieurs sculptures modernes.

Parmi les figures du Paris mondain attachées à donner l'illusion que la vie continuait comme avant, la plus connue était sans doute Florence Gould, née en 1895 à San Francisco d'une mère américaine et d'un père français. Après un premier mariage qui se termina par un divorce, Florence Lacaze épousa en 1923 Frank Jay Gould, le fils d'un magnat des chemins de fer plus âgé qu'elle mais immensément riche, et finit par abandonner ses études d'art lyrique. Les Gould vivaient pour l'essentiel dans le sud de la France où le couple avait construit des hôtels et des casinos grandioses, recevant les meilleurs esprits du temps dans leur villa de Cannes. Au début de l'Occupation, Frank acheta des billets pour rentrer avec son épouse en Amérique – en tant que citoyens américains, ils eurent plus d'une occasion de le faire. Mais Florence refusa de partir et, en 1941, elle retourna à Paris tandis que Frank restait à Juan-les-Pins. Quand elle découvrit que les Allemands avaient réquisitionné leurs deux résidences parisiennes – un appartement du boulevard Suchet et sa villa de Maisons-Laffitte –, elle s'installa sans vergogne à l'hôtel Bristol, rue du

Faubourg-Saint-Honoré, un palace qui avait la réputation de se fournir en nourriture au marché noir.

À 46 ans, Florence était belle et fascinait de nombreux admirateurs. C'est à cette époque, au Bristol, que débuta la légende de son salon, et qu'elle devint très proche de quelques hommes, particulièrement Marcel Jouhandeau, croisé pour la première fois chez Marie-Louise Bousquet. Afin de dissimuler leur relation à sa femme, Jouhandeau avait inventé des histoires à propos de leçons de latin qu'il donnait à un riche Américain rencontré dans un restaurant, Chez Florence. L'histoire ne dit pas si elle y crut. Bousquet présenta également Florence à Gerhard Heller, de la *Propagandastaffel*, et à son tour Heller lui présenta Ernst Jünger, capitaine de la Wehrmacht en poste à Paris dont l'épouse était restée à Hanovre. Il était l'auteur d'un des livres les plus marquants consacrés à la Grande Guerre, *Orages d'acier*, un récit des combats en France et dans les Flandres en 1914-1918 qui suscitait l'admiration d'Hitler. Jünger avait été blessé à plusieurs reprises, il avait notamment reçu une balle dans la poitrine tirée par un soldat britannique. Même si sa loyauté allait évidemment à l'Allemagne, il était davantage un intellectuel qu'un militant et n'avait rien d'un antisémite. Il s'éprit immédiatement de Florence et, par délicatesse, dissimula le véritable nom de celle-ci dans son journal, préférant l'appeler « lady Orpington ».

Sur la suggestion de Jouhandeau, Florence, qui avait toujours reconnu qu'elle préférait les auteurs aux livres, organisa un salon littéraire le jeudi. Ces réunions, en réalité placées sous l'égide conjointe de Florence et de Jouhandeau, se tenaient dans un appartement fastueux du 129, avenue de Malakoff et étaient très courues – elles accueillaient parfois jusqu'à cinquante invités, allant des résistants comme Jean Paulhan, l'artiste Christian Bérard et la peintre Marie Laurencin[1] jusqu'à des Allemands haut placés en uniforme. Florence, qui ne se montrait jamais sans plusieurs bijoux somptueux, était une attraction, peut-être autant que le

---

1. En 1952, Paul Rosenberg lui commanda un portrait de sa petite fille de 4 ans, Anne Sinclair.

champagne qui coulait à flots, le cognac et la nourriture copieuse achetée au marché noir. Les sujets de discussion allaient de la littérature à la politique en passant par les ragots, ceux-ci étant souvent consacrés aux dernières histoires d'amour de Florence. Son comportement était ambigu – au point qu'elle aurait à s'en expliquer à la Libération, comme toutes celles qui seraient punies pour « collaboration horizontale ». Si nul n'entendit jamais la moindre remarque antisémite ou même proallemande de la bouche de Florence, il était évident que, grâce à ces liens avec des Allemands de haut rang, elle pouvait profiter de faveurs auxquelles n'avaient pas accès la plupart des Parisiennes, y compris l'autorisation – rare – d'utiliser sa voiture durant le couvre-feu et un laissez-passer permanent lui permettant de traverser la zone libre pour rejoindre son mari à Juan-les-Pins.

Mais, en dépit de ses dehors calmes, Florence Gould ne fut pas totalement épargnée. D'après des documents découverts après la guerre[1], elle traversa un moment déplaisant quand les hommes de main de Göring perquisitionnèrent le grenier de la villa Gould au début de 1941 sous prétexte de chercher des armes. Ils n'en trouvèrent aucune, mais mirent la main sur un triptyque de valeur et deux petits objets d'art « très vieux, sculptés dans de l'ivoire ». Florence eut beau protester qu'elle n'avait pas eu connaissance de leur présence, ils furent saisis par l'ERR.

Sans doute inquiète de ce que les Allemands pourraient saisir par ailleurs, « Mme Gould déclara immédiatement qu'elle souhaitait offrir toute sa cave à vin aux soldats combattant sur le front de l'Est ; et faire don de ses laitons et de ses cuivres, qui remplissaient toute une pièce du sous-sol, à l'industrie de guerre allemande ». Toutefois, l'affaire n'en resta pas là. Quelques jours plus tard, lors d'une rencontre avec Kurt von Behr de l'ERR, un arrangement fut mis sur pied : bien que citoyenne américaine, et donc soustraite à toute obligation, elle offrirait le triptyque à Göring qui, à son tour, le mettrait à disposition du musée de Cluny à Paris, « auquel la famille Gould avait l'intention d'en faire don ». En témoignage de

---

1. Merci à Alan Riding de me les avoir montrés.

gratitude envers Göring pour sa générosité, celui-ci récupérerait les deux objets d'art qui deviendraient sa propriété privée. Mais quand en fin de compte Göring examina le butin, il décida de s'arroger aussi le triptyque « et donna l'ordre que tout le lot fût envoyé en Allemagne ».

Florence et ses avocats poursuivirent les négociations au sujet de la collection, mais comme l'auteur du rapport le raconte, « ils [le] supplièrent de leur promettre que cela ne se reproduirait plus afin de ne pas attirer de nouvelles difficultés à Mme Gould […], comme la possibilité qu'elle soit envoyée en camp de concentration[38] ». Florence avait été dupée. De telles menaces étaient particulièrement inquiétantes car en septembre le tout nouveau Commissariat général aux questions juives (CGQJ), convaincu que Gould était un nom juif, avait causé des difficultés à son mari. Il lui fallait maintenant fournir des certificats de baptême américains prouvant qu'il était chrétien.

Tandis que Vichy aidait les nazis en s'acquittant, préalablement aux rafles, de tout le sale travail bureaucratique d'enregistrement forcé des Juifs, à Paris les officiers allemands obséquieux profitaient de tout ce que la capitale pouvait offrir en matière de gastronomie, de culture et d'érotisme. En quatre ans d'occupation, les Allemands dépensèrent 6,5 millions de francs rien qu'en billets d'opéra. Ils considéraient que l'art lyrique leur appartenait, particulièrement Wagner, et pendant l'Occupation il y eut cinquante-quatre représentations d'opéras de Wagner au palais Garnier, à mettre en regard des trente-cinq représentations d'œuvres de Mozart. En mai, Herbert von Karajan, le jeune directeur musical du Berlin Staatsoper, se produisit pour la première fois à l'Opéra de Paris avec la Berlin Staatskapelle. Les vedettes de ces galas – deux représentations de *Tristan et Isolde* destinées à célébrer l'anniversaire de Wagner le 22 mai – étaient le ténor allemand Max Lorenz et la soprano française si chère au cœur d'Hitler, Germaine Lubin. Mettre en scène un opéra était une entreprise colossale par temps de guerre puisque cela impliquait de faire venir les décors, les instruments et des centaines de personnes de Berlin. Hans Speidel, chef d'état-major du commandement militaire de Paris, estima que sa réussite était un triomphe pour la logistique comme pour la culture allemande, un domaine qui demeurait essentiel, et il était si entiché de Lubin qu'il l'invita l'année suivante à se produire lors d'un récital de lieder de Schubert, comprenant *Nun laß uns / Freiden schließen* (« À présent / Faisons la paix »), pour sa propre soirée d'adieux quand il dut quitter Paris. Speidel resterait un ami et un admirateur de Lubin jusqu'à la fin de sa vie.

Germaine Lubin et Hans Speidel en 1941.

La première de *Tristan et Isolde* était entièrement réservée aux officiers allemands de Paris, et la salle se transforma en une mer d'uniformes vert-de-gris. La seconde représentation fut rapidement complète, pour l'essentiel les billets avaient été vendus à la haute société parisienne qui tenait à écouter de la musique allemande. Winifred Wagner, la belle-fille anglaise du compositeur, elle-même amie d'Hitler et de Lubin, assista aux deux spectacles et fut l'invitée d'honneur de la réception qui suivit. Lubin fut célébrée comme rarement pour son rôle d'Isolde. Véronique Rebatet, la femme de Lucien, une vraie connaisseuse de Wagner, était dans le public lors de la seconde représentation et se rappela par la suite : « Je n'ai jamais vu une meilleure représentation de *Tristan* que celle avec Germain Lubin dans le rôle d'Isolde[39]. »

Cocteau écrivit à Lubin : « Madame, ce que vous avez fait pour Isolde est une telle merveille que je n'ai pas le courage de me taire[40]. »

Mais tout le monde ne se précipita pas pour louanger Lubin. L'auteur d'une lettre anonyme (du genre de celles qui allaient devenir trop courantes à Paris) l'accusa d'être une « actrice adulée mais vendue[41] ». La cantatrice avait toujours affirmé que l'art n'avait rien à voir avec la politique et qu'elle ne vivait que pour le chant. Il y avait toutefois une frontière étroite entre se produire sur scène et être instrumentalisée par ceux devant lesquels vous jouiez. Sans doute Lubin franchit-elle cette frontière, mais elle pensait que son amitié avec des membres de la hiérarchie allemande – y compris son amant, Hans Joachim Lange, un officier de la Wehrmacht qui lui avait été présenté par Winifred Wagner, et qu'elle aimait recevoir dans son château près de Tours – lui procurait une influence utile, et d'autant plus nécessaire que désormais tout le monde avait des amis à faire libérer. Lange apporta effectivement une aide directe à Lubin en faisant en sorte que son fils, détenu dans un camp de prisonniers de guerre en Allemagne depuis 1940, revînt en France. En revanche, les déclarations de Lubin lors de son procès après la Libération selon lesquelles elle aurait joué de son influence pour faire libérer de Drancy Marya Freund, sa vieille professeure de chant, qui était juive, se révélèrent infondées.

À la fin de l'année 1941, Corinne Luchaire, qui avait passé les six mois précédents à se remettre dans un sanatorium, épousa un aristocrate, Guy de Voisins-Lavernière. C'était un individu louche qui entretenait des relations d'affaires avec les malfrats à la fois puissants et dangereux de la bande Bonny-Lafont, une branche de la Gestapo française. Il s'agissait d'un réseau qui fournissait aux Allemands toutes sortes de marchandises via le marché noir et servait d'auxiliaires à la police allemande pour chasser les Juifs et les résistants[I]. Les noces donnèrent lieu à une fête somptueuse au-delà du raisonnable,

---

I. Henri Lafont, un petit délinquant, et Pierre Bonny, un ancien policier, profitèrent de l'Occupation pour mettre sur pied un groupe criminel connu sous le nom de bande Bonny-Lafont et installé au 93,

mais elles furent le prélude d'un mariage extrêmement bref. Corinne devait le reconnaître pitoyablement plus tard : « Ce fut mon destin, sans doute, d'être mêlée aux grands événements internationaux, sans jamais rien y comprendre[42]. »

Le 7 décembre, les Japonais bombardèrent Pearl Harbor et le lendemain les États-Unis entrèrent en guerre contre l'Allemagne. Les Américains résidant en France étaient désormais des ressortissants d'une puissance ennemie et pouvaient être arrêtés. Drue Tartière fut autorisée à rester dans le pays car son mari, qui était parti se battre, était français et les Allemands n'avaient pas réalisé qu'elle était en fait l'actrice américaine Drue Leyton. Cette même Drue Leyton à laquelle la radio de Berlin, dans ses programmes en langue française, avait promis la mort à cinq reprises en réponse aux messages proanglais et antiallemands qu'elle avait lancés à l'antenne de Paris-Mondial juste avant la défaite de la France.

Drue était résolue à s'engager dans le moindre acte de résistance qu'elle pourrait entreprendre depuis sa ferme de Barbizon, à l'orée de la forêt de Fontainebleau. De là, elle pouvait se rendre régulièrement à Paris et rester en contact avec d'autres femmes qui commençaient elles aussi à résister. En septembre 1941, elle avait appris que son mari, Jacques, qui combattait à Damas, en Syrie, aux côtés des Forces françaises libres de De Gaulle, avait été tué d'une balle dans le dos, tirée par un prisonnier français partisan de Vichy dont il venait d'accepter la reddition. Drue n'eut pas immédiatement connaissance de ces détails mais elle comprit qu'elle devait garder secrète la mort de son époux dans le village. Si on apprenait qu'il s'était engagé auprès de la France libre, elle serait considérée comme suspecte sur-le-champ.

Les derniers mois de 1941 virent la Résistance, enhardie, mener des actions armées dans des lieux publics et organiser le sabotage. Tout commença en août, quand un jeune communiste tira à deux reprises dans le dos d'un aspirant de la *Kriegsmarine* qui descendait du métro à la station Barbès, puis des actes de plus en plus violents furent commis à Paris

---

rue Lauriston, où étaient menés de nombreux interrogatoires sous la torture.

et à Lille, tandis que des grèves étaient déclenchées à l'usine de moteurs Renault de la capitale, et ce alors qu'un quart des véhicules produits par Renault étaient destinés à l'Allemagne. La réaction des forces d'occupation fut rapide et spectaculaire. Le 20 octobre, après que le *Feldkommandant* de Nantes eut été abattu dans le dos, les Allemands placardèrent des affiches sur les murs annonçant l'exécution immédiate de cinquante otages, et de cinquante autres otages par la suite, si les coupables n'étaient pas arrêtés avant minuit le 23 octobre. Près de cent cinquante Français, des communistes pour l'essentiel, furent fusillés en guise de représailles et, bien qu'à la fois Pétain et de Gaulle eussent appelé avec insistance à la retenue des deux côtés, l'atmosphère avait irrémédiablement changé.

En décembre, les nazis formulèrent une autre exigence, en réponse aux actes de résistance : les Juifs français devaient régler une amende d'un milliard de francs qui serait collectée par l'UGIF et un millier d'entre eux seraient arrêtés et déportés dans des camps de travail forcé à l'est. Quand Otto Abetz, dont l'épouse était française, fut informé de ce plan, il téléphona immédiatement au ministère des Affaires étrangères allemand pour s'assurer que ces otages seraient décrits par la propagande non comme des Français mais comme des agents soviétiques et gaullistes.

Le 12 décembre, la Gestapo vint arrêter Maurice Goudeket, le mari de Colette, l'un des 753 juifs raflés ce jour-là. Il fut « chargé du crime d'être juif, d'avoir fait l'ancienne guerre comme engagé volontaire, et d'être médaillé[43] », expliqua une Colette affolée. Écrire ouvertement pour plusieurs organes de Vichy et de l'Occupation n'avait pas suffi à protéger son mari. En découvrant que Maurice avait été envoyé au camp de Compiègne, Colette, horrifiée par le sort qu'il risquait, recourut à tous les contacts dont elle disposait dans la collaboration pour le faire libérer. Son alliée la plus précieuse fut Suzanne Abetz, une grande admiratrice, qui lui avait été présentée par des amis communs. Début février, Maurice fut libéré, grâce à l'intervention d'Abetz, et il s'ensuivit un échange d'effusions entre les deux femmes : Colette envoya des fleurs en remerciement, et Suzanne lui fit livrer par chauffeur des livres qu'elle souhaitait récupérer dédicacés, accompagnés d'une invitation à prendre le thé pour elle et son mari. Tous deux avaient bien conscience que ce n'était pas fini. En revanche, pour presque tous les autres qui avaient été raflés ce 12 décembre 1941, et qui finalement quittèrent Compiègne pour Auschwitz le 27 mars 1942, les 1 112 premiers prisonniers à être déportés de France, ça l'était définitivement.

4
1942 – L'ANNÉE NOIRE

Le 20 janvier 1942, des responsables nazis de haut rang se réunirent dans une villa au bord d'un lac des faubourgs de Berlin. À l'ordre du jour de leur assemblée, que l'Histoire a retenue comme la « conférence de Wannsee », figurait la mise en œuvre de la « solution finale » à la question juive qui aboutirait au meurtre de la plupart des Juifs de l'Europe occupée. En plus de devoir s'assurer que tout était fait pour arracher la victoire militaire, les milliers d'officiers allemands basés en France furent incités à impitoyablement débarrasser le pays de sa population juive avec l'aide du régime de Vichy.

Bien sûr, tous les soldats allemands n'étaient pas au courant du projet d'extermination de masse et certains, l'auraient-ils su, n'auraient pas apporté leur concours à une telle entreprise. À la tête des forces d'occupation depuis février 1942, Carl-Heinrich von Stülpnagel avait de plus en plus de réticences à mener la politique d'Hitler – il finirait d'ailleurs par payer son opposition de sa vie[1]. Mais tout juste arrivé du front de l'Est où il avait brillamment servi (ordonnant de nombreuses représailles contre les partisans soviétiques) sans faire montre de son opposition aux exécutions de masse de Juifs, Stülpnagel n'avait que peu de marge pour agir. À Paris, tous

---

[1]. Il participa à la tentative d'assassinat contre Hitler en juillet 1944, fut reconnu coupable de trahison puis pendu en août de cette même année.

les Allemands n'étaient pas des nazis, mais la plupart d'entre eux, conscients des risques, courbaient l'échine et attendaient.

En 1933, l'année où Hitler accéda au pouvoir, Ingeborg Helene Abshagen – Inga pour ses proches – fut envoyée à Londres afin de compléter son éducation. Ses parents, des Prussiens fortunés, estimaient qu'elle devait échapper à l'influence des enseignants allemands, qui étaient presque tous des nazis. Elle étudia quelque temps à la London School of Economics auprès du professeur socialiste, et juif, Harold Laski. À son retour en Allemagne, Inga était devenue une jeune femme d'une grande beauté, parlant couramment l'anglais, et ne voyant plus le monde du même œil que ses semblables. Elle trouva facilement un travail bien placé à l'Abwehr, comme secrétaire de son chef, l'amiral Wilhelm Canaris. En 1940, immédiatement après la chute de la ville, elle suivit Canaris à Paris, où elle vivait au Ritz et travaillait à l'hôtel Lutetia, qui avait été réquisitionné par les Allemands.

D'après Inga, et elle était catégorique à ce sujet, Canaris s'était montré critique envers le régime nazi à partir du moment où il avait été témoin, en septembre 1939, de ce qu'il considérait comme des crimes de guerre commis par les SS, dont la destruction de la synagogue de Będzin, en Pologne, et l'assassinat des Juifs de la ville, brûlés vifs. Il disait alors : « L'Allemagne ne sera jamais pardonnée, à moins que des mesures soient prises à l'encontre de ces criminels. »

Inga se rapprocha d'un groupe d'officiers de la Wehrmacht qui partageaient ses idées et dont les relations avec les SS étaient dans l'ensemble tendues. Elle était l'une des rares Allemandes de Paris à travailler comme agent double, fournissant de faux passeports aux Juifs et à d'autres personnes en butte aux persécutions, les remettant parfois en mains propres. Ce double jeu était couvert par Canaris ; il était convaincu que le charme et la jeunesse d'Inga la faisaient passer aux yeux de tous pour une authentique Parisienne et lui permettraient d'échapper à la vigilance de la police française. En 1942, elle épousa un officier supérieur bien plus âgé qu'elle, Werner Haag, et à la fin de l'année le couple quitta la France pour la Hongrie, un départ salutaire pour Inga, tant Paris devenait de plus en plus dangereuse. « On vivait dans la crainte d'être arrêtés. J'ai donc suivi le conseil de mon père d'essayer d'en savoir le moins possible, parce que moins vous en savez, moins vous pouvez en dire sous la torture[1]. »

À en croire Gisèle Casadesus, alors jeune mère de deux enfants et fraîchement nommée sociétaire de la Comédie-Française, dont la salle était toujours pleine d'Allemands en civil, « on ne savait jamais à qui faire confiance et par conséquent personne ne parlait de quoi que ce soit d'important, au cas où. La nourriture était au centre de toutes les conversations. Ce que l'on pouvait manger, comment le cuisiner et où le trouver[2] ».

Même si, en 1942, Paris était peuplée d'Allemandes aussi bien que de Françaises, les premières n'eurent jamais le chic des secondes, et de toute façon, elles devaient porter l'uniforme. On les surnommait parfois *Blitzmädchen* ou *Blitzweiben* (parce qu'elles portaient un galon, un *Blitz* en allemand, sur l'épaule), mais généralement elles étaient appelées les souris grises. Ces souris grises jetaient un regard froid de dégoût sur leurs rivales parisiennes qui, leur avait-on dit, étaient des femmes de petite vertu. Le jugement valait dans l'autre sens. « Les Français étaient respectueux à l'égard des femmes en uniforme. Nous étions traitées avec une courtoisie réelle, non pas de la flagornerie mais une réelle courtoisie[3]. »

La plupart des Allemandes envoyées à Paris étaient nées à la fin des années 1910, et pour elles aussi la nourriture était importante. À leurs yeux, la ville passait pour un « paradis d'abondance ». Bien que les Allemandes eussent, à la différence des Françaises, le droit de vote, l'idéologie nazie, par tous ses autres aspects, les considérait comme des citoyennes de seconde zone dont le rôle était d'enfanter ; elles étaient confrontées à des quotas à l'université et bien d'autres domaines de la vie publique leur étaient fermés. Pourtant, alors qu'elles étaient entrées dans l'adolescence au début des années 1930, ayant vécu l'hyperinflation, le chômage de masse et l'effondrement de l'économie, beaucoup de ces jeunes filles de la classe moyenne étaient des soutiens loyaux du Führer. Elles avaient pu souffrir de malnutrition à la naissance et endurer de courtes périodes de faim chronique en 1923-1924 et de nouveau en 1929-1931, par conséquent la nourriture était inévitablement une préoccupation pour elles. Mais elles n'étaient pas obsédées de la même manière que certains de leurs compatriotes masculins.

Ceux-ci, dans les lettres envoyées aux leurs depuis la France, faisaient la liste méticuleuse de ce qu'ils avaient eu à manger chaque jour et de ce qu'ils espéraient réussir à grappiller le lendemain. Paris était une affectation très prisée des soldats allemands, notamment au vu des épreuves et des privations qu'enduraient ceux qui étaient envoyés sur le front de l'Est. Dans la capitale, on pouvait toujours obtenir du beurre, du café et des produits de luxe comme du pâté, du confit (de différents animaux) et du bœuf salé (à condition de savoir où le trouver et de disposer de quoi payer), ainsi que des bijoux de chez Cartier, Boucheron et Van Cleef & Arpels, des articles de haute couture de chez Jacques Fath ou Maggy Rouff, et même des bas de soie, qui pouvaient coûter jusqu'à 300 francs au marché noir.

La plupart des Françaises n'avaient pas les moyens de s'offrir de tels luxes et, une fois que la dernière paire qui leur restait était abîmée, elles ne s'imaginaient pas faire fi des convenances puisqu'une dame ne sortait pas les jambes nues. La pionnière de l'industrie cosmétique Elizabeth Arden trouva une solution : une bouteille miracle de teinture d'iode vendue 30 francs et disponible en trois teintes, chair, chair dorée et chair brunie. La publicité présentait ce produit très populaire comme « le bas de soie sans soie ». Certaines eurent l'idée de dessiner en plus une ligne noire le long du mollet pour imiter la couture d'un vrai bas.

Mais on ne se nourrit pas de teinture d'iode, et la nourriture était la préoccupation première de tout le monde. Beaucoup de Parisiens souffraient désormais de la faim, et une génération de bébés était menacée de rachitisme. Les jeunes filles étaient envoyées sur leur bicyclette rendre visite aux cousins de la campagne dans l'espoir de les voir revenir avec au moins un chou-fleur ou quelques œufs. Si toutefois elles voyageaient en train, les bousculades de la foule sur le chemin du retour signifiaient fréquemment qu'un œuf ou deux seraient cassés – autant dire une catastrophe. D'autres, qui rentraient avec des valises pleines de viande, espéraient passer inaperçues dans la cohue des gares.

Il existait des soupes populaires grâce auxquelles les pauvres survivaient pour 10 francs par jour, et des cantines spéciales, destinées aux policiers ou à d'autres corps, comme celle où Rosemary Say, l'infirmière britannique, travailla jusqu'à son internement au camp de Vittel pour les ressortissants étrangers de pays ennemis en mai 1941. Mais ceux qui disposaient d'assez d'argent pour aller au restaurant savaient comment glisser subrepticement des billets sous une assiette pour s'assurer qu'on leur servirait des mets qui n'étaient pas disponibles pour les autres clients.

La nourriture était une obsession non seulement parce que la faim tenaillait tout le monde et qu'il s'agissait du seul sujet de conversation anodin, mais aussi à cause de ces inégalités criantes. Des trafiquants gagnaient beaucoup d'argent en profitant de tout ce qui pouvait leur tomber sous la main et certains propriétaires de petits cafés se faisaient parfois un peu d'extra en fournissant de faux papiers d'identité. Les commerçants qui semblaient les mieux nourris étaient surnommés les BOF, pour « beurre, œufs, fromage », et une partie des profits qu'ils faisaient retournaient dans le circuit en étant souvent dépensés dans les maisons de couture. Les « reines du marché noir », comme on les appelait, étaient la risée de certaines vendeuses de ces maisons. Celles-ci les décrivaient comme des femmes joufflues et bien nourries, qui « arrivent avec en poche des liasses de billets de banque qu'elles posent sans complexe sur le bureau des vendeuses. Leurs manières, leurs langages ne sont pas exactement dans le ton de la couture[4] ».

C'était aux Halles que se retrouvaient les Parisiens ordinaires souhaitant s'approvisionner au marché noir sans prendre trop de risques, même si des rumeurs selon lesquelles il y aurait eu du beurre chez un marchand de livres anciens, du vin chez un dentiste ou de la viande dans une papeterie précipitaient régulièrement les ménagères vers des endroits inhabituels. La nuit, aux Halles, on pouvait parfois voir des femmes inspectant le sol à la recherche de quoi que ce fût de mangeable qui serait tombé des étals. Le 31 mai 1942, la colère suscitée par les pénuries de nourriture éclata publiquement quand un groupe de femmes, des communistes pour l'essentiel, organisa une manifestation pour montrer aux Allemands qu'elles ne les craignaient pas. « Nous n'avions pas peur[5] », expliqua plus tard Lise London.

Née Élisabeth Ricol en 1916 de parents espagnols, des ouvriers illettrés qui avaient été contraints d'émigrer en France, Lise avait toujours été une militante communiste et elle se trouvait désormais à la tête du Mouvement des femmes patriotes à Paris. Ceux qui la connurent la décrivirent comme une force de la nature, une agitatrice courageuse et infatigable qui plaçait la cause au-dessus de tout. Elle s'était forgé ses opinions politiques à l'adolescence lors d'un séjour à Moscou pendant lequel elle tomba amoureuse d'Artur London, un Juif tchécoslovaque de 19 ans. Elle quitta immédiatement son premier mari (le communiste Auguste Delaune, qui serait exécuté par les nazis en 1943) pour ce grand et beau jeune homme. Mais c'est en se battant aux côtés des républicains lors de la guerre civile espagnole qu'elle apprit à faire face à tout ce que la vie pourrait lui opposer. À Madrid, alors qu'elle n'avait que 20 ans, elle survécut au danger et à d'épouvantables privations mais, enceinte de cinq mois, elle perdit son bébé lors d'une fausse couche.

Artur et elle retournèrent à Paris, où ils vécurent sous de faux noms avec de faux papiers, et mirent au monde une fille, Françoise. À l'été 1942, Lise organisa avec d'autres un soulèvement populaire contre les nazis à Paris. Auparavant, elle avait participé à une petite manifestation à l'issue de laquelle des hommes avaient été fusillés, mais comme aucune femme n'avait encore été arrêtée, elle était déterminée à « donner confiance aux femmes pour qu'elles aient envie de s'engager [...]. On voulait montrer que la répression ne viendrait pas à bout de la Résistance[6] ». Certaines de celles qui participèrent à la manifestation appartenaient à des organisations communistes, mais beaucoup d'autres vinrent spontanément, par désespoir.

La rue Daguerre fut choisie comme lieu de rassemblement, car c'était un quartier vivant avec beaucoup de magasins de bouche où se rendaient de nombreuses femmes dans l'espoir d'acheter quelque chose à manger, même s'il ne restait que trois fois rien. Dans les semaines précédant la manifestation, Lise avait travaillé en secret avec ses camarades pour diffuser des tracts appelant à la mobilisation afin de toucher d'autres groupes partageant leurs idées. Plus tard, elle confia que cette nuit-là Artur et elle n'avaient pas dormi. Ils avaient fait l'amour jusqu'à l'aube. « Pressentions-nous que nous pourrions être séparés durant des mois, peut-être même à jamais[7] ? » s'interrogea-t-elle dans ses Mémoires.

Le 1er août, des centaines de participantes se retrouvèrent rue Daguerre, et les Allemands avaient beau jusqu'alors n'avoir jamais fait feu sur des femmes, Lise fut prise pour cible. Elle aurait été touchée si un de ses camarades n'avait pas repéré le danger et visé les jambes du tireur allemand en premier. La foule se dispersa immédiatement. Lise put s'échapper dans la fusillade qui suivit, mais elle fut arrêtée onze jours plus tard et condamnée à mort par un tribunal aux ordres de Vichy – ce fut la seule femme à recevoir cette peine. Elle fut toutefois sauvée de la guillotine car elle était enceinte de son second enfant, Michel. Lise accoucha en prison, on lui enleva son bébé sur-le-champ et, en avril 1943, elle fut remise à la Gestapo. Ses parents, âgés et diminués, s'occupèrent de leurs petits-enfants, Françoise et Michel, pendant toute la guerre puisque Lise fut plus tard déportée à Ravensbrück et Artur à Mauthausen.

Le IIIe Reich était déterminé à ce que ses citoyens fussent les derniers en Europe à souffrir de la faim, il les encouragea donc à se servir en France de tout ce qui pouvait se conserver, en payant ou pas. Mais, à en croire leurs lettres, la nourriture n'était pas la principale raison de l'euphorie des jeunes Allemandes qui étaient envoyées à Paris. Ruth A. d'Heidelberg écrivit : « Oui, nous avons eu du bon temps à Paris – distractions, soirées dansantes, invitations, de merveilleuses soirées. Nous nous sommes tout simplement bien amusées[8]. »

Pour les souris grises, les nombreuses occasions de rencontrer des officiers allemands célibataires constituaient le principal attrait de la vie parisienne et Ruth A. fit la connaissance de son futur époux – un « Viennois charmant », médecin – dans un foyer de la Wehrmacht. Le couple se maria le 10 juillet 1942, mais pas à Paris comme il l'avait espéré. L'atmosphère en ville était trop changeante, et d'ailleurs, ce jour-là, un officier allemand fut abattu devant l'église de la Madeleine. Tous deux avaient pu obtenir des autorisations de voyage pour leur famille afin de réunir leurs proches en Lorraine, où le frère de Ruth était stationné. C'est là que le mariage eut lieu. L'histoire de Ruth illustre un autre problème : les auxiliaires eurent vite la réputation d'être des marie-couche-toi-là. En 1942, afin d'encourager les jeunes femmes, célibataires et compétentes, à partir travailler à Paris apparurent des textes de propagande qui insistaient sur la morale humble des femmes allemandes par comparaison avec la coquetterie raffinée des Françaises.

Quand les Françaises montent dans un train, elles sont

« maquillées et poudrées. Difficile alors d'échapper à cette odeur, cette moiteur de qui ne s'est pas lavée », écrivit Ina Seidel, qui travaillait dans les transmissions, ajoutant non sans une certaine morgue : « Le divertissement nocturne semble être l'activité principale de la capitale française. » Seidel expliqua que les rues parisiennes étaient vides à 18 heures mais « nous, nous étions à nos postes, relevant nos camarades à l'heure dite, au moment où la nuit tombait, et c'était avec le sourire, et en les saluant, que nous prenions leur place[9] ». Ce qu'elle ne précise pas, c'était que les divertissements nocturnes étaient très prisés de ses collègues masculins.

Sans la moindre trace d'ironie, Ursula Rüdt von Collenberg décrivit dans une interview donnée après la guerre son séjour dans la capitale française comme « le moment le plus merveilleux et le plus inoubliable de [sa] jeunesse » (elle avait 21 ans en 1942). Mais elle n'avait pas à porter l'uniforme pour se rendre aux Archives, où elle travaillait pour l'historien allemand Wolfgang Windelband, et elle résidait dans une grande chambre de l'hôtel d'Orsay, avec téléphone et salle de bains. « Je n'ai jamais vécu aussi bien ailleurs, se souvenait-elle. Nous allions à l'Opéra ou au théâtre, nous avons vu Jean-Louis Barrault et Sacha Guitry au Grand-Guignol ; nous sommes allés visiter des expositions à l'Orangerie et au musée de l'Homme. »

Ursula était la nièce d'un général de la Luftwaffe, le baron Kurt Rüdt von Collenberg, qui vivait à Neuilly dans une villa réquisitionnée où « il donnait de formidables dîners [...] auxquels participaient tous les Français qui comptaient, il y avait des comtes et des marquis en veux-tu en voilà. Nous avions de bons amis français, comme Daniel-Rops, qui traduisait Rilke [...]. On pouvait acheter de jolis tissus pour faire des robes et j'avais trouvé une petite couturière russe blanche. Partout on pouvait faire des affaires fantastiques en cachette et trouver du vin, de la nourriture, des chaussures, etc. Nous achetions ce que nous voulions, bien plus que ne le pouvaient les Français[10]. »

Comme Ursula l'avait remarqué, au printemps 1942 les Allemands avaient mille et une occasions de profiter non seulement de la gastronomie française mais aussi des maisons de couture parisiennes et de la vie culturelle. En mai, Jeanne Bucher, ignorant l'attentisme ambiant, organisa une exposition de tableaux de Lurçat, Braque, Léger, Klee et Laurens, parmi d'autres, qu'elle ne pouvait bien sûr pas annoncer publiquement et qui attira des visiteurs essentiellement français. Mais l'événement culturel majeur de ce mois de mai 1942 fut, au musée de l'Orangerie, une imposante rétrospective de l'œuvre d'Arno Breker, lequel exposa ses énormes sculptures de surhommes, évocations du fantasme aryen nazi. Breker, qui avait étudié en France, était un sympathisant national-socialiste enthousiaste et semblait un choix idéal pour promouvoir la loyauté franco-allemande. Otto Abetz s'arrangea pour que Breker fût logé dans un magnifique appartement sur l'île Saint-Louis, dont la propriétaire, Helena Rubinstein, venait d'être expropriée.

Simone de Beauvoir remarqua dans ses Mémoires que « presque toute l'*intelligentsia* française bouda l'exposition[11] », mais en réalité ce fut loin d'être le cas. Le vernissage rassembla des artistes comme Arletty, Sacha Guitry, Serge Lifar et bien sûr Jean Cocteau, qui se considérait comme un ami personnel du grand Breker et qui publia un long article détaillant les raisons pour lesquelles il admirait tant cet homme – un excès de zèle pour beaucoup de ses amis artistes. Tandis que le ministre de l'Éducation (et des Beaux-Arts) de Vichy, Abel Bonnard, prononçait un discours de bienvenue suivi de quelques mots tout aussi chaleureux de Pierre Laval, personne ne sembla réaliser que le bronze de certaines des énormes statues était issu de la fonte de monuments de Paris, ou qu'elles avaient été coulées en recourant au travail forcé de prisonniers de guerre français[12]. Pour souligner l'importance de l'exposition, des concerts furent organisés au milieu des statues. Lors du vernissage, Germaine Lubin, qui venait tout juste d'interpréter des lieder de Schubert pour le concert d'adieu à son ami et admirateur Hans Speidel, tint à nouveau le haut du pavé. En août, les pianistes Alfred Cortot et Wilhelm Kempff furent choisis pour donner un merveilleux récital à quatre mains en clôture de la rétrospective.

Quand il était question de culture, les relations personnelles entre Allemands et Françaises avaient leur importance. Gisèle Casadesus savait bien que, lorsqu'elle jouait, il y avait des Allemands dans la salle même s'ils étaient en civil et ne se rendaient pas aussi souvent à la Comédie-Française qu'à l'Opéra. « Dans le monde du théâtre, c'était normal de se montrer amical vis-à-vis des Allemands car ils remplissaient les salles, m'expliqua Jean-Claude Grumberg. Mais si vous vouliez jouer, il fallait jurer de pas être juif[13]. »

Les plus jolies des jeunes comédiennes étaient régulièrement invitées à prendre un verre à l'issue des représentations, même si elles étaient mariées. Casadesus se rendit compte que le meilleur moyen d'éviter d'avoir à dire non était de partir précipitamment afin de prendre le dernier métro avant le couvre-feu. « Si on me demandait, j'avais dit à mon habilleuse de répondre que j'avais dû me dépêcher de rentrer pour m'occuper de mes enfants[14] », raconta-t-elle ; après tout, rater le dernier métro, c'était se retrouver dehors après le couvre-feu – ce qui pouvait valoir de sérieux ennuis.

Micheline Bood écrivit en 1941, avec toute la fougue face à l'injustice dont est capable une adolescente, qu'elle avait atteint le point où, pour elle, les Français n'étaient « plus des hommes » : « Je renie mon pays, je ne veux plus être française ! Quand on voit maintenant tous les gens qui deviennent collaborationnistes, qui lèchent la botte des Allemands par peur, par lâcheté, même dans ma famille[15] ! » Elle décrivait avec dégoût comment l'une de ses amies, Monique, âgée de 15 ans, s'était laissé « embrasser par ce Boch [sic], qui est un ennemi en pays conquis[16] ».

Mais par la suite, en mai 1942, elle changea d'avis et elle aussi commença à sympathiser avec les Allemands. Elle raconta comment, en une occasion, elle et des amies sortirent avec un jeune officier, guère plus âgé qu'elles, qui portait une veste en lin blanc, « comme Lohengrin », ornée d'un aigle brillant en insigne, et même si les autres soldats le saluaient, « les souris grises, les *Blitzweiben*, nous regardaient d'un air furieux[17] ». C'était si amusant d'aller dans les meilleurs restaurants et les bars chics pour profiter de la vie nocturne parisienne en compagnie de beaux garçons ! Micheline s'était mise à l'allemand afin d'obtenir un travail auprès des autorités d'occupation, et maintenant elle faisait des boules de toutes les lettres de dénonciation qu'elle recevait avant de les jeter à la poubelle.

Ces filles ne se considéraient pas comme des collaboratrices, pas plus que Colette quand elle recommandait de boire du jus de navet (qui était tout ce qu'on pouvait acheter) pour lutter contre les rides. Chacune à leur manière, elles faisaient en sorte que la population restât passive et qu'elle pût faire face à la situation du mieux possible.

Quand elle s'accompagnait d'un véritable attachement, la collaboration sexuelle relevait-elle d'une catégorie différente de celle qui mettait des vies en danger ? Le sujet ne fut jamais correctement abordé après guerre, mais cela ne serait pas sans causer de gros ennuis à certaines Françaises à la Libération. Vers la mi-1943, presque quatre-vingt mille femmes de la zone occupée réclamèrent de l'aide aux autorités allemandes pour les enfants nés de ces liaisons.

Lisette, l'élégante secrétaire, poursuivit pendant deux ans sa liaison avec Johann, l'officier marié de la Wehrmacht, en dépit de ses absences pour des missions lointaines, et, à en croire leurs lettres, tous deux étaient plus que jamais amoureux l'un de l'autre. Mais vers 1942, la tension générale due aux privations, aux arrestations, aux représailles et aux exécutions avait fait naître des doutes chez Lisette, que Johann s'efforçait d'apaiser.

Ses parents pouvaient croire, alors qu'elle approchait de la trentaine sans avoir trouvé un mari, qu'une union avec un officier allemand serait une marque d'ascension sociale. Mais ses cousins, des ouvriers, désapprouvaient profondément sa relation avec un « Boche » et ne voulaient rien avoir à faire avec elle. « Collaboration ? lui écrivit Johann dans son français maladroit. Je crois que c'est une illusion. Il faut s'aimer très profond pour se comprendre, l'amour seul est plus fort que chaque patriotisme, un amour qui apprend à s'estimer, un amour comme le nôtre. J'aime la France par toi et toi tu chériras l'Allemagne dans moi. La France et l'Allemagne. Toi et moi ! Non, ma petite, ce n'est pas une comédie européenne, c'est l'amour[18]. »

Hélène Berr était encore adolescente quand la guerre éclata, mais faire contre mauvaise fortune bon cœur lui était plus difficile, ainsi qu'elle en témoigna dans le journal mélancolique qu'elle tint à partir de 1942. Hélène était une rêveuse éloignée de la politique mais, du fait de la situation, elle n'avait d'autre choix que de prendre position. La maturité et l'intelligence dont elle fit preuve contrastent vivement avec la joie puérile de Micheline Bood, pourtant toutes deux étaient des jeunes Françaises de la bourgeoisie ne demandant qu'à profiter de la vie. Berr était née à

Paris en mars 1921, quatrième enfant d'Antoinette et Raymond Berr, des Juifs français à l'immense culture, aussi fins que brillants, qui vivaient avenue Élisée-Reclus, dans le chic 7e arrondissement. La famille était laïque et ne fréquentait guère la synagogue, les Berr assumaient leur judaïsme sans que la religion fût au centre de leurs préoccupations. M. Berr était un scientifique, un industriel prospère et un ancien combattant décoré. Hélène, étudiante en anglais à la Sorbonne, était une violoniste douée, amoureuse de la musique, des livres et d'un jeune Français, un catholique d'origine polonaise, Jean Morawiecki. Elle avait été élevée par une nurse anglaise, comme il était d'usage dans la haute bourgeoisie, et témoignait d'une anglophilie à toute épreuve, s'épanchant dans son journal autant sur la littérature anglaise que sur l'Occupation.

C'est l'alternance entre les morceaux joués par son quatuor, une musique sublime, et les horreurs dont elle était de plus en plus souvent témoin qui donne à son journal ce caractère poignant si particulier. Comment Schubert et sa *Truite* pouvaient-ils aller de pair avec ces femmes qui devaient donner naissance dans le caniveau et les Juifs qui ne pouvaient pas traverser à pied les Champs-Élysées ou entrer dans des théâtres et des restaurants ?

Dans la maison de campagne des Berr, à Aubergenville, au bord de la Seine, été 1942. De gauche à droite : Hélène, sa mère Antoinette, sa sœur Denise, son fiancé Jean Morawiecki et la sœur de son beau-frère, Jacqueline Job.

En juin 1942, elle écrivait : « Lorsque je passe en revue cette semaine, je m'aperçois qu'il plane au-dessus un ciel sombre, cela a été une semaine de tragédie, une semaine bouleversée, chaotique même. Mais en même temps, il y a quelque chose d'exaltant à la pensée des compréhensions merveilleuses que j'ai rencontrées [...]. Il y a du beau mêlé au tragique. Une espèce de resserrement de la beauté au cœur de la laideur. C'est très étrange[19]. »

Elle ne rédigeait pas son journal pour le publier mais à l'intention de Jean, qui décida finalement de partir pour l'Angleterre, via les Pyrénées, afin de rejoindre les Forces françaises libres de De Gaulle. Son frère et sa sœur se débrouillèrent également pour passer en zone libre, mais Hélène décida en toute conscience de rester, d'abord pour soutenir ses parents. Plus tard cette décision s'imposa comme un choix moral en tant que tel : elle ne pouvait pas abandonner les enfants dont elle s'occupait pour le compte de plusieurs organisations d'entraide juives. Elle tenait à faire ce qui lui semblait juste, sans se rendre compte que cela les mènerait vers une mort certaine puisque plusieurs foyers étaient dirigés par l'Union générale des israélites de France, cette organisation controversée qui devait aider les Juifs mais qui, en fin de compte, facilita leur arrestation et leur assassinat.

L'atmosphère pesante qui régnait à Paris au début de l'été 1942 permit de voir de quoi la Gestapo était capable lorsqu'elle se sentait menacée. Marie-Élisa Nordmann était une jeune et brillante chimiste – elle était sortie major de sa promotion à l'Institut de chimie de Paris en 1931 – qui avait passé une année outre-Rhin pour améliorer son allemand. Elle avait voulu devenir médecin, une carrière que sa mère, protectrice comme pouvait l'être une mère juive, n'avait pas jugée convenable pour une jeune fille. Aussi lorsque, l'année de ses 22 ans, Paul Rumpf, chimiste lui aussi, lui demanda de l'épouser, elle fut séduite par l'idée de se marier, dans l'espoir d'accéder ainsi à la vie d'adulte indépendante dont elle rêvait et qui était hors de portée pour une jeune célibataire de son milieu. Mais dès ses premiers jours ou presque, le mariage ne fut pas heureux et, peu après la naissance de son fils, Francis, le couple divorça. En 1939, Marie-Élisa vivait dans un appartement avec son bébé et sa mère, Hélène, devenue veuve. Elle fréquentait des cercles antifascistes, déjà convaincue qu'il lui fallait combattre le nazisme. Elle entreprit de distribuer des tracts appelant à la résistance, mais elle réalisa bientôt qu'elle devait s'engager plus avant. Et en dépit de l'énorme danger que cela représentait et des risques auxquels elle exposait son jeune fils, elle accepta de fournir du mercure venant de son laboratoire pour fabriquer des explosifs. Elle fut arrêtée ainsi que soixante-dix autres personnes, dont beaucoup de femmes, lors d'une rafle le 16 mai 1942, et fut incarcérée à la prison de la Santé, puis au fort de Romainville avant d'être déportée, en janvier 1943, à Auschwitz. Elle fit partie du fameux « convoi des 31 000 », deux cent trente femmes de tous âges et de tous milieux parquées dans des wagons à bestiaux, qui allaient trouver la force de tenir dans le soutien mutuel qu'elles s'apporteraient. Seulement quarante et une d'entre elles survivraient.

Se considérant comme une prisonnière politique, Marie-Élisa fit en sorte de cacher le fait qu'elle était juive, ce qui n'était pas toujours possible pour les hommes dont la circoncision pouvait être découverte lors de leur arrestation. En août, grâce à un message caché dans un paquet de cigarettes, elle avait appris que, quelques semaines après elle, sa mère avait été internée à Drancy en tant qu'otage civile puis envoyée à Auschwitz où elle avait été gazée, une fois que sa judéité avait été découverte. Francis, dont s'occupèrent sa tante et son oncle, Paule et Philippe Nordmann, survécut à la guerre, tout comme Marie-Élisa.

En mai 1942, tous les Juifs âgés de plus de 6 ans dans la France occupée reçurent l'ordre de porter en permanence sur leurs vêtements une étoile jaune avec l'inscription « Juif » en lettres noires. La procédure pour récupérer les trois morceaux d'étoffe réglementaires – qui correspondaient à un mois de ration de textile – exigeait de faire la queue au commissariat local où, après avoir signé un reçu, les Juifs devaient donner diverses informations, dont le numéro de leur carte d'identité et l'adresse de leur domicile. Le port de l'étoile jaune permettait une rigueur accrue dans l'application des lois discriminatoires contre les Juifs, comme l'interdiction qui leur était faite d'aller au théâtre ou au cinéma, d'utiliser les téléphones publics ou de pénétrer dans les parcs et jardins, mais aussi l'obligation de ne fréquenter certains magasins qu'en fin de journée quand tous les produits avaient été vendus. En outre, les Juifs ne pouvaient monter que dans le dernier wagon des rames de métro, mais en prenant cette décision le préfet de Paris précisa qu'aucune affiche ne devait être apposée « ni aucun communiqué fait au public ». Hélène Berr n'était pas au courant et le vendredi 10 juillet, alors qu'elle montait dans le métro, le contrôleur lui dit : « Dernière voiture. » Une fois qu'elle eut pris place dans le wagon assigné aux Juifs « des larmes de douleur et de révolte ont jailli à [s]es yeux[20] ».

Quelques esprits frondeurs décidèrent de porter une étoile jaune par solidarité même s'ils n'étaient pas juifs, et se désignèrent comme « Amis des Juifs » ; certains avaient même remplacé le mot « Juif » par « Zazou » sur l'étoile. Le style zazou était une sorte de protestation adolescente spontanée, issue du jazz et de l'antifascisme, plus répandue chez les garçons que chez les filles. Il y avait des zazous partout en France, mais la plupart vivaient à Paris et se retrouvaient dans des cafés ou dans des caves transformées en clubs pour se moquer des nazis et des collaborateurs. Après que le gouvernement eut pris un décret ordonnant la récupération des cheveux dans les salons de coiffure afin de fabriquer des pantoufles, les zazous entreprirent de laisser pousser leurs cheveux.

Il y eut même un client de Cartier pour commander une coûteuse étoile en or montée sur une broche, un geste empreint d'un panache futile, mais un geste tout de même, alors qu'une jeune fille fut emprisonnée pour avoir accroché l'étoile jaune à la queue de son chien. Des centaines de Juifs prirent la décision de ne pas porter l'étoile pour ne pas être identifiés en tant que tels, courant le risque d'être dénoncés. Beaucoup, inquiets, n'eurent d'autre choix que d'écrire aux autorités de Vichy, qui n'avaient pas encore imposé l'étoile aux Juifs résidant en zone libre, pour demander à Pétain en personne de leur accorder une dispense spéciale.

Espérant que les autorités parisiennes n'avaient pas découvert que sa mère était juive, Claire Chevrillon lui conseilla de ne pas prendre le risque de porter l'étoile jaune. Mais sa mère, soucieuse d'obéir à la loi, décida qu'elle devait le faire et prit place dans la queue pour acheter ses trois étoiles. « Au début, elle porta l'étoile, puis l'ôta... et oscilla ainsi quelques mois (c'était certainement juste ce qu'il ne fallait pas faire !). Pour finir, elle cessa de la porter et je lui procurai une fausse carte au nom de Mme Charpentier, qui pouvait au moins lui éviter d'être prise dans une "rafle de rue"[21]. »

Certaines femmes virent dans ces mesures une occasion de se venger ou d'obtenir une maigre récompense. Une informatrice anonyme écrivit ainsi à propos d'une jeune fille : « Puisque vous vous occupez des Juifs, et si votre campagne n'est pas un vain mot, voyez donc le genre d'existence de la fille M. A., ancienne danseuse, actuellement en hôtel, 31, boulevard de Strasbourg, ne portant pas l'étoile. Cette personne, *non contente d'être juive*, débauche les maris des vraies Françaises et sachez donc de quoi elle vit (?). Défendez les femmes contre les Juives, ce sera votre meilleure propagande, et vous rendrez un mari français à sa femme[22]. » Une lettre de dénonciation typique.

Hélène Berr se tourmenta elle aussi pour savoir s'il lui fallait porter ou non l'étoile, mais elle décida finalement qu'elle devait obéir. « Je trouve que c'est une lâcheté de ne pas le faire, vis-à-vis de ceux qui le feront[23]. » Un jour, un étranger s'approcha d'elle et lui tendit la main, en lançant : « Un catholique français vous serre la main... et puis, la revanche[24] ! » C'était, pensa-t-elle, la seule chose à faire. De même, elle en arriva à la conclusion que quitter le pays serait un aveu de lâcheté : « Une lâcheté vis-à-vis des autres internés, et des pauvres malheureux[25]. »

Mais le 23 juin – « il faisait un temps splendide », comme le remarqua Hélène – son père fut arrêté subitement. Hélène fut la première de la famille à découvrir qu'il avait été emmené de son bureau pour être interrogé avenue Foch, et elle se précipita à la maison pour prévenir sa mère. Aux numéros 82, 84 et 86 de l'avenue Foch, trois magnifiques villas du XIXe siècle avaient été réquisitionnées par la tristement célèbre SiPo-SD, le service de contre-espionnage de la SS, pour en faire son quartier général à Paris. Le numéro 84 était utilisé pour la détention et les interrogatoires des agents étrangers capturés en France, une adresse devenue rapidement synonyme de cruauté, de torture et de terreur. Au cours de la journée, la famille Berr apprit lors d'une conversation irréelle avec un officier de la police française, qui avait téléphoné pour apporter des précisions, que M. Berr aurait été relâché si son étoile avait été correctement cousue. Mme Berr expliqua qu'elle l'avait accrochée avec des agrafes et des boutons-pression pour que son mari puisse « la mettre sur tous ses costumes. L'autre a continué d'affirmer que c'était cela qui avait causé l'internement : "Au camp de Drancy, elles sont cousues." Alors, cela nous a rappelé qu'il allait à Drancy ».

Dans l'ardeur de cette journée, si chaude qu'Hélène était « en nage », elle se hâta avec sa sœur Denise et leur mère de rassembler les objets de première nécessité, comme une brosse à dents, dont on leur avait dit qu'elles pourraient les déposer à la préfecture de police, où il était détenu. « Nous avons enfilé d'innombrables escaliers, des corridors dénudés, avec des petites portes à droite et à gauche, je me demandais si c'était des cellules et si Papa était là-dedans ; on nous a renvoyées d'un étage à l'autre. [...] Le sac était lourd. Au dernier étage, Maman a eu du mal à monter. En moi-même je disais : "Monte, c'est bientôt fini." C'était un peu un calvaire. »

Après plusieurs tentatives infructueuses, elles finirent par trouver l'industriel, d'habitude si fringant, sans cravate, bretelles ni lacets, arborant la mine d'un gardé à vue. Alors que toute la famille était assise sur un banc, l'air désespéré, Mme Berr commença à recoudre l'étoile de son mari. « Je tâchais de réaliser la situation, écrit Hélène. On se demandait ce que nous faisions tous là. Mais c'est parce qu'il n'y avait pas d'Allemands. Le sens plein, le sens sinistre de tout cela ne nous apparaissait pas, parce que nous étions entre Français. »

Puis survint un ébranlement supplémentaire quand trois femmes arrivèrent, dont « une grosse blonde vulgaire » avec « un jeune homme très brun, qui avait une beauté un peu sauvage, c'était un Juif italien », tous les quatre probablement impliqués dans des transactions au marché noir. « Nous étions, tous les quatre ensemble, tellement éloignés de ces pauvres gens que je n'arrivais plus à concevoir que Papa fût arrêté aussi[26]. » Envoyé à Drancy, Raymond Berr fut finalement relâché après que les Établissements Kuhlmann, la grande entreprise du secteur de la chimie à laquelle il avait consacré toute sa carrière depuis 1919, eurent négocié sa libération et payé une rançon substantielle. La famille savait que ce n'était qu'un répit. Désormais, le père d'Hélène était obligé de travailler chez lui et ne pouvait plus voyager, mais ces contraintes même apparaissaient comme un privilège extraordinaire pour un Juif – Berr fut le seul en France auquel ce fut accordé.

Moins d'un mois plus tard, les 16 et 17 juillet, afin de satisfaire la demande allemande de réduction de la population juive, le gouvernement de Vichy arrêta 13 152 Juifs, dont plus de 4 000 enfants, pour l'essentiel à Paris, au cours d'une opération baptisée « Vent printanier ». René Bousquet, le secrétaire général de la police nationale, savait que recourir aux forces de police pour mener les rafles serait « embarrassant », mais il espérait en atténuer l'effet en visant seulement des Juifs dits « étrangers ». Toutefois, ainsi que l'a révélé Serge Klarsfeld (à partir des télégrammes envoyés par René Bousquet aux préfets des départements de la zone occupée), ordre fut donné à la police de déporter non seulement les Juifs étrangers adultes mais aussi leurs enfants, dont la déportation n'avait pas été réclamée ni prévue par les nazis.

Pierre Laval soutint qu'inclure les enfants dans les rafles était une mesure « humanitaire » destinée à éviter la séparation des familles, un argument évidemment fallacieux puisque de nombreux parents avaient déjà été déportés. En réalité, cette décision permit non seulement de déporter davantage de Juifs mais aussi, d'après le raisonnement de Laval, d'éviter la situation délicate où l'État aurait à assumer la responsabilité de mineurs privés de leurs parents. Le plus jeune enfant envoyé à Auschwitz en application des ordres de Laval ce mois-là avait 18 mois.

Les plus petits étaient si terrifiés que certains d'entre eux baptisèrent leur destination « Pitchipoï ». Les adultes ne dirent rien dans une vaine tentative de les convaincre qu'ils se rendaient en effet dans un endroit mystérieux. Tous furent transportés dans des autobus parisiens jusqu'au Vélodrome d'Hiver, situé à côté de la tour Eiffel. Là, les installations sanitaires s'avérèrent insuffisantes – un seul robinet était accessible – et il n'y avait rien à manger. Ils furent ensuite amenés à Drancy, Pithiviers et Beaune-la-Rolande avant d'être envoyés par train à Auschwitz pour y être exterminés.

Aujourd'hui, Rachel Erlbaum vit toujours dans le même appartement du Marais, à deux pas de la rue des Rosiers où elle a grandi avec ses parents et son plus jeune frère, au cœur du quartier juif de Paris. Par précaution, sa mère passait ses journées cachée dans la cave à charbon, ne remontant chez elle que de temps à autre, toujours la nuit, pour voir ses enfants. Rachel était là le 16 juillet 1942, le jour de la rafle du Vél' d'Hiv : « À l'aube, dès qu'ils réalisèrent qu'il se passait quelque chose, mes parents fermèrent les volets, et nous dirent de rester silencieux. Par une sorte de miracle, la police n'entra pas dans notre immeuble. » Là, elle s'interrompt avant de poursuivre : « Je peux encore entendre les cris et les pleurs des bébés et des autres enfants jetés dans les bus vert et jaune par la police française. »

« La police française », répète-t-elle. Et puis elle redit ces mots encore une fois, avec plus de vigueur, tellement cela lui semble difficile à comprendre. « Il y avait des bus français à chaque coin de rue. Les Allemands attendaient peut-être à l'extérieur du périmètre bouclé mais ils ne se sont pas montrés[27]. » Ils n'en avaient pas besoin. Une de ses camarades d'école, Sara Lefkovich, fut arrêtée ce jour-là. Elle se cachait avec son père tandis que sa mère s'était mise à l'abri ailleurs avec son frère. Quand son père fut arrêté, Sara se précipita vers lui et il eut beau lui crier : « Cours, va-t'en, cours, Sara », elle était transformée en statue et ne pouvait pas bouger, comme enracinée sur place, enlaçant son père. Elle ne voulait pas partir sans lui. Ni l'un ni l'autre ne revinrent. C'est un souvenir que Rachel Erlbaum n'oubliera jamais et qu'elle revit chaque fois qu'elle en parle.

La famille Reiman vivait à deux pas de là, rue du Temple, quand la police vint la chercher – la mère, Malka, et les filles, Madeleine, 11 ans, et Arlette, 9 ans. Leur père avait déjà été arrêté et envoyé à Pithiviers. « "Ne vous inquiétez pas, nous disait-il tout le temps, n'ayez pas peur. C'est le pays de la liberté, le pays de Voltaire et de Rousseau." » Ce fut vrai jusqu'en 1940. Abraham Reiman, né en Pologne, avait fondé une affaire de fourrure prospère en France et épousé son amour d'enfance, Malka, en 1929. Pendant dix ans, les Reiman avaient mené une existence bourgeoise, avec une voiture, une employée de maison et une liberté totale pour les enfants d'aller et venir dans le quartier afin de jouer avec leurs amis. Quand Abraham fut arrêté en 1941, Malka, qui n'avait pas froid aux yeux, se débrouilla pour aller à Pithiviers avec ses filles et, grâce aux efforts d'un policier compatissant qui se débrouilla pour les héberger chez lui, elles virent Abraham et lui donnèrent un colis de nourriture et de vêtements. En juin 1942, il partit pour Auschwitz, où il fut assassiné.

Mais le jour de la rafle du Vél' d'Hiv, à Paris, Malka ne put rien faire. « Je me souviens de ma mère qui criait, qui hurlait contre les policiers qui étaient à la porte. Elle jetait des meubles dans leur direction. Ils nous dirent de préparer des vivres pour trois jours. "C'est ridicule, leur lança ma mère. Qu'est-ce que nous pouvons prendre ? Nous sommes juifs, nous ne pouvons presque rien acheter à manger." » Arlette se rappelle chaque détail de ce jour chaud et humide, en particulier la concierge qui regarda partir les quatre familles de l'immeuble.

À leur arrivée au Vélodrome d'Hiver, les choses empirèrent au plus haut point. « La puanteur était épouvantable. On pouvait à peine respirer. Il n'y avait rien à manger ou à boire, les quelques toilettes qui étaient accessibles furent vite bouchées, des gens se jetaient du haut des murs pour se suicider et les femmes qui avaient leurs règles avaient du sang qui coulait le long des jambes quand elles marchaient. Je pensais qu'elles étaient en train de mourir et qu'elles avaient été assassinées. Je me cramponnais à ma mère et me plaignais "Où est Zola ? Et où est Rousseau ?" Je pensais que c'étaient des amis de mon père et qu'ils allaient venir nous aider. Mais les adultes m'avaient menti. C'est ce qui me reste de cette journée[28]. »

Il existe d'autres témoignages bouleversants d'enfants faisant leurs adieux à des parents qu'ils ne reverraient plus jamais, certains devinrent fous et se comportèrent violemment. Quand des gouttes de condensation commencèrent à tomber du plafond, on entendit une mère expliquer à son enfant que c'étaient les larmes du Bon Dieu.

Irène Némirovsky fut arrêtée le 13 juillet, dans le cadre de l'opération « Vent printanier » qui, à Paris, donna lieu à la rafle du Vél' d'Hiv. Des gendarmes français se rendirent à la maison que la famille avait récemment louée dans le centre d'Issy-l'Évêque. Tout le monde dans le village savait que les Epstein étaient juifs bien avant qu'on ne les vît porter une étoile jaune (seule Élisabeth, la plus jeune des filles, en était exemptée), même si la famille assistait régulièrement à la messe du dimanche et que Denise avait reçu sa première communion dans l'église locale.

Les deux gendarmes qui vinrent chercher Irène étaient polis, ils lui donnèrent assez de temps pour remplir une petite valise avec les articles de toilette indispensables et lui proposèrent de dire une dernière fois au revoir à ses filles[29]. Elle refusa, car « un adieu suffit », et laissa derrière elle le manuscrit inachevé du roman auquel elle travaillait à l'époque, un texte écrit d'une petite écriture sur un papier qu'il était de plus en plus difficile d'obtenir. Ainsi qu'elle l'avait expliqué d'une façon prophétique dans une lettre à son éditeur deux jours auparavant, « J'ai beaucoup écrit, ces derniers temps. Je suppose que ce seront des œuvres posthumes mais cela fait toujours passer le temps[30] ». Ce furent ses derniers mots d'écrivaine.

Son livre, *Suite française*, devait être une symphonie en quatre ou cinq mouvements. Les deux qu'elle put achever, « Tempête en juin » et « Dolce », sont des évocations tout en nuances de la manière dont la guerre perturba la vie des individus ordinaires ; elles dénotent une profonde compréhension de l'humanité, ce qui n'était pas toujours perceptible dans les ouvrages que Némirovsky avait écrits auparavant. À cette époque, elle ne semblait guère entretenir d'illusions sur son propre sort, les deux dernières années ayant entamé l'optimisme qu'elle pouvait nourrir en 1940 quand elle avait écrit au maréchal Pétain avec un « profond respect ». Vivant en France depuis plus de vingt ans, elle lui avait alors demandé de lui octroyer un statut spécial, insistant : « Je ne puis croire, Monsieur le Maréchal, que l'on ne fasse aucune distinction entre les indésirables et les étrangers honorables qui, s'ils ont reçu de la France une hospitalité royale, ont conscience d'avoir fait tous leurs efforts pour la mériter[31]. »

Son plaidoyer maladroit pour sauver sa famille résonne bizarrement aujourd'hui, mais quand elle fut arrêtée deux ans plus tard, Michel Epstein était convaincu que, grâce à leurs amis influents, sa femme pourrait être rapidement libérée. Les deux époux se débrouillèrent pour échanger quelques lettres suggérant des noms de personnes haut placées dont ils espéraient qu'elles pourraient les aider. Mais après deux jours passés à la gendarmerie locale, Irène fut envoyée au camp de Pithiviers, dont la population, au moment où elle arriva, était gonflée par les victimes de la rafle parisienne. Theodor Dannecker, le dirigeant de la section juive de la SiPo-SD, qui avait promis de livrer quarante mille juifs en trois semaines, resserrait sa prise : plus de visites, de colis ou de libération pour raisons de santé.

Le vendredi 17 juillet à l'aube, Irène partit dans un convoi à destination d'Auschwitz où, pour reprendre les mots de ses biographes, « Elle cess[a] d'être une romancière, une mère, une épouse, une femme, une Russe, une Française : elle n'[était] plus que juive[32] ». Le voyage prit deux jours. À son arrivée, Irène Némirovsky fut tatouée mais elle échappa au gazage car elle était encore assez jeune pour travailler. Elle survécut jusqu'au 19 août, quand une épidémie de typhus mortelle frappa le camp et la tua. Elle avait 39 ans. Ses filles gardèrent précieusement le manuscrit, sans se rendre compte de son importance.

Renée Wartski avait 3 ans à l'époque et, de son propre aveu, elle était « un enfant très difficile ». Mais elle n'a jamais oublié que c'est grâce à la chance qu'elle a échappé à la rafle. « Je me souviens encore du regard de ma mère quand elle a entendu le policier frapper à la porte de la concierge et demander où étaient les Juifs du deuxième étage. En temps normal, j'aurais crié. » Le père de Renée travaillait dans le commerce du cuir. Il était venu de Pologne quand la France avait fait appel à la main-d'œuvre étrangère, et avait été naturalisé. Il était désormais prisonnier de guerre en Allemagne. Sa femme, Fanny, s'était retrouvée seule avec Renée, son frère de 9 ans, Louis, et ses parents ; tous vivaient entassés dans un petit appartement d'un immeuble de quatre étages au fond d'une ruelle donnant sur la rue de Crimée, une vieille rue pavée du 19ᵉ arrondissement. « La concierge a eu la présence d'esprit de répondre au policier : "Désolée, ils sont partis, ils sont allés s'installer ailleurs.

— Mais alors pourquoi les volets sont-ils ouverts ?

— Oh, vous savez, ce sont des Juifs, ils sont bizarres, quand ils partent précipitamment comme ça, ils ne font pas attention », a-t-elle répondu en haussant les épaules.

Renée, consciente qu'elle doit la vie sauve à la droiture de la concierge de son immeuble, a insisté pour me raconter « une histoire parallèle » à propos de la sœur de sa mère, Sara, une couturière qui vivait dans le nord de Paris et qui fut, elle, dénoncée par sa concierge puis déportée. « Pourtant elle avait souvent fait des vêtements pour les enfants de cette concierge. Pourquoi la concierge a-t-elle fait cela ? Je pense que c'est juste la chance qui nous a permis d'être sauvés, et pas eux. Après l'arrestation de ma tante et de mes cousins, la concierge est allée se servir dans leur appartement et a pris l'argenterie. » De même, Denise Epstein, la fille d'Irène Némirovsky, affirma lors d'une interview en mai 1996 qu'après la guerre elle avait vu des bougeoirs appartenant à sa mère chez le concierge de leur immeuble[33].

En fait, Fanny Wartski avait été prévenue de la rafle par son plus jeune frère, un violoniste, qui avait eu vent des rumeurs grâce à son meilleur ami, un catholique, musicien dans le même orchestre que lui. Mais la famille n'avait pas réagi à temps. Après le passage de la police, Fanny ne perdit pas un instant et le lendemain elle n'hésita pas à payer un passeur qui lui avait été recommandé pour qu'il emmène ses deux jeunes enfants hors de Paris au plus vite. Ils allaient vivre dans une ferme des Alpes. Elle les rejoindrait dès que possible.

Quelques semaines plus tard, Fanny parvint à se cacher à l'arrière d'un train de marchandises transportant du charbon. Au passage de la ligne de démarcation, elle entendit des chiens renifler à la recherche de passagers clandestins pour la zone libre, mais tout se passa bien et, quand elle rejoignit enfin les siens à Grenoble, son visage était tellement couvert de charbon que sa famille se moqua d'elle : comment avait-elle pu oser mettre tant de mascara dans ces circonstances ?

« C'était courageux de la part de ma mère de faire confiance au passeur car il arrivait que ces gens prennent l'argent et, plutôt que d'amener les enfants en lieu sûr, les livrent aux nazis contre récompense. Au tout début, on n'en a pas parlé. Puis, quand elle a commencé à pouvoir aborder le sujet, ça la faisait rire de nous raconter le voyage en train. Elle essayait de prendre tout ça à la légère en plaisantant avec l'histoire du mascara. C'est comme ça qu'elle s'en est sortie[34]. »

Après la rafle du Vél' d'Hiv, peu de Français, qu'ils fussent juifs ou non, nourrissaient encore quelques illusions quant à l'avenir. Même Gerhard Heller, après avoir vu des enfants juifs être menés en nombre vers des wagons à bestiaux sur les quais de la gare d'Austerlitz, déclara que ce jour-là il eut « les yeux définitivement ouverts par ces horreurs[35] ». Quelques jeunes Françaises qui suivaient une formation pour devenir infirmières furent amenées au Vél' d'Hiv où elles ne virent qu'une partie du drame humain sans pouvoir prendre toute la mesure de la tragédie en cours. Que pouvaient-elles faire à part servir la soupe à la louche ?

Denise Tavernier, une assistante sociale stagiaire de 23 ans, qui venait tout juste de décrocher son diplôme, fut si horrifiée par ce qu'elle vit qu'elle protesta auprès d'un haut fonctionnaire de la préfecture, lui lançant qu'il devrait avoir honte d'être français. Quand le curé de sa paroisse apprit qu'elle avait été témoin de la rafle, « il a insisté pour que j'écrive mon témoignage, en disant : "Si vous ne le faites pas, vous continuerez à l'avoir sur la conscience" » :

> À l'intérieur du Vél d'Hiv, le bruit était assourdissant, les gens étaient entassés au milieu des nuages de poussière de la piste de course. Certains gisaient sur le sol, d'autres se tenaient debout autour et discutaient à voix basse, avec des petits enfants qui pleuraient et criaient dans leurs bras.
>
> J'étais frappée de stupeur. Du rez-de-chaussée jusqu'en haut des balcons supérieurs, je déambulais complètement perdue, enjambant les corps étendus des personnes âgées et des jeunes qui dormaient malgré le bruit incroyable. Des familles entières étaient là, pères, mères, grands-parents, enfants, tous en attente comme dans une gare, choqués et dans l'incompréhension totale[36].

Finalement quand les archives de la police furent ouvertes dans les années 1980, Serge Klarsfeld découvrit son témoignage et, en 2013, Denise Tavernier, âgée de 94 ans et en mauvaise santé, fut décorée de la Légion d'honneur. Une autre étudiante infirmière, présente ce jour-là, ne veut toujours pas en parler[37].

Pendant l'été, les arrestations avaient lieu sous le moindre prétexte, faisant de Paris un piège susceptible de se refermer à n'importe quel moment sur tous ceux qui avaient quelque chose à cacher. Les gares ne désemplissaient pas, beaucoup étaient prêts à tout pour quitter la ville ; on croisait de temps en temps des gens en pyjama sous leur pardessus, le signe qu'ils avaient dû fuir précipitamment par une porte dérobée. Les sorties du métro et des théâtres étaient des endroits extrêmement dangereux, où rôdaient les agents de la Gestapo, généralement en tenue civile. Ils cherchaient souvent à faire tomber dans une embuscade des Juifs, des saboteurs, des espions, ils enlevaient même parfois des otages au hasard. Ils étaient particulièrement à l'affût de quiconque faisait demi-tour à la vue d'un barrage.

Seule une poignée de ceux qui avaient été arrêtés réussirent à s'échapper du stade ; les fenêtres des toilettes avaient été condamnées et il y avait donc peu de voies de sortie. Et ceux qui se débrouillèrent pour s'évader durent rapidement dénicher un endroit où se cacher. Cécile Widerman Kaufer avait tout juste 11 ans : « Des soldats ont tambouriné à notre porte, ont pointé leurs armes sur nous et nous ont forcés à sortir de notre appartement. » Elle n'a jamais oublié le trajet jusqu'au stade, où elle passa plusieurs jours sans manger ni boire jusqu'à ce que son père réussît à convaincre un garde français de les laisser, elle et sa jeune sœur, Betty, quitter le stade pour se rendre avec leur mère à l'hôpital Rothschild. C'est la dernière fois qu'elles virent leur père et leur sœur aînée.

> Pendant que nous étions à l'hôpital, j'ai demandé à une femme de transmettre un mot à mes grands-parents, pour leur dire où nous étions. Ensuite, nous avons persuadé un garde de nous laisser sortir de l'hôpital tandis que mes grands-parents se débrouillaient pour que ma sœur et moi fussions cachées chez une Normande catholique qui abritait déjà cinq enfants juifs. Nous l'appelions Mémère […].
> Comme des milliers d'autres enfants cachés, nous avons passé des jours entiers sans manger. J'avais peur tout le temps et j'étais

constamment inquiète pour ma petite sœur. J'avais promis à ma mère que je prendrais soin d'elle. Aujourd'hui encore, je m'occupe d'elle.

Lors d'une interview en 2012, Cécile confia : « Chaque année au mois de juillet, j'ai le cœur serré au souvenir de ce qui s'est passé[38]. »

La plupart des Juifs raflés furent convoyés dans des wagons à bestiaux du Vél' d'Hiv au camp de Beaune-la-Rolande. Là, Malka Reiman, qui parlait allemand, fit office de traductrice. Travaillant dans les bureaux, elle vit des documents qui lui firent comprendre qu'ils seraient bientôt envoyés dans un endroit pire encore, et elle en vint à imaginer un petit stratagème. Malka raconta aux autorités du camp qu'avant la rafle, elle avait caché des fourrures ainsi que des machines à coudre qui pourraient être utiles aux Allemands. Si on la laissait rentrer à Paris avec ses enfants, elle leur montrerait la cachette. Étonnamment, Malka fut autorisée à voyager avec ses deux filles sans accompagnateur dans un train militaire jusqu'à Paris, où on devait les attendre. Sa fille Arlette se souvient :

« Ma mère, voyant que le train allait très lentement et s'arrêtait régulièrement, s'est dit qu'il fallait en profiter. Elle nous a dit qu'à son signal, il faudrait sauter du train et nous allonger entre les traverses de la voie et que tout irait bien. Nous devions lui faire confiance. Elle reviendrait pour nous récupérer. Nous étions effrayées mais nous avons fait ce qu'elle nous avait dit de faire. Tout ça me semble aujourd'hui s'être déroulé dans un rêve, mais elle nous a sauvé la vie. Nous avons ensuite marché jusqu'à Paris et sommes restées chez un ami jusqu'à ce que ma mère trouve une famille en dehors de Paris pour nous héberger[39]. »

Pour beaucoup, la capitale était un endroit terrifiant mais, à la même époque, la vie mondaine y demeurait florissante pour un nombre de plus en plus restreint de privilégiés[I]. Le soir du 17 juillet, au lendemain de la rafle du Vél' d'Hiv, Josée de

---

I. Janet Flanner a estimé que le style de vie qui régnait à Paris avant guerre resta l'apanage d'une centaine de personnes sur une population totale de deux millions. *Cf.* Janet Flanner, *Paris Journal – 1944-1955*, Mariner Books, 1988, p. 62.

Chambrun faisait la fête avec son amie Arletty et l'amant de celle-ci, Hans-Jürgen Soehring, puis, le jour suivant, Bunny, son mari, gagna aux courses à Maisons-Laffitte, tandis que le soir l'acteur Raimu fut reçu à dîner par les Chambrun. Il fallait bien plus que la rafle du Vél' d'Hiv pour tenir durablement Josée à l'écart de ses activités favorites, qu'il s'agît de faire des mondanités avec les vedettes ou d'acheter des chapeaux chez Balenciaga et des robes chez Schiaparelli. Les unes appelant les autres.

Mais la fille de Laval n'était pas la seule dans cette situation. Les livres de comptes de Van Cleef & Arpels montrent que la boutique parisienne continua à vendre ses magnifiques bijoux en 1942, et pas uniquement aux Allemands. Les fiches de ventes de la maison indiquent que les acquéreurs étaient parfois des officiers allemands désignés par leur nom, ou par les mentions « Allemand civil » et « officier allemand », mais il y eut toujours beaucoup de clients français. De la même manière, quand une carte de rationnement spéciale pour la couture fut mise en place à l'issue de négociations avec le gouvernement de Vichy, permettant à trente maisons de couture de poursuivre leur activité, non sans restrictions et complications, ce furent des clientes aussi bien françaises qu'allemandes qui y gardèrent leurs habitudes.

Aucune maison de couture n'était autorisée à produire plus de soixante-quinze tenues et la quantité de tissu utilisée pour chacune d'entre elles était contrôlée. Balenciaga vit pourtant ses ventes augmenter de 400 % en 1941 et 1942 – bien que la maison fût brièvement fermée par les Allemands pour avoir dépassé ses quotas. Afin de pouvoir acheter des vêtements de haute couture, une « carte couture » était requise – sur vingt mille cartes délivrées, seules deux cents étaient réservées aux épouses d'officiers allemands, dont beaucoup figuraient sur les listes d'invitation d'Otto et Suzanne Abetz. Les autres furent attribués à des Françaises.

Mais les Parisiennes étaient ingénieuses, et beaucoup d'entre elles faisaient faire des copies des modèles des grands créateurs par leur propre couturier. Élisabeth Meynard, 21 ans, en est un bon exemple : même en été, elle aimait porter « un ensemble de velours marron à côtes plates [...] acheté avec des coupons de tissu d'ameublement et fabriqué par [sa] chère couturière polonaise[40] ». Jacques Fath, qui ne commença à vendre ses créations qu'en 1939, put accroître ses effectifs de 176 personnes en 1942 à 193 en 1943, puis 244 en 1944 (beaucoup venaient d'autres maisons qui avaient été contraintes de fermer). Sa superbe épouse, Geneviève, était un atout d'importance puisque non seulement elle était photographiée portant ses créations pour la couverture de magazines comme *Pour elle* en mars 1942 mais, à en croire la grande historienne de la mode Dominique Veillon, c'est elle qui préserva le lien d'affaires crucial avec le bureau d'achat allemand installé rue Vernet, s'assurant que les créations de Fath étaient reproduites et commentées dans la presse allemande et française.

D'autres acteurs du monde de la mode adoptèrent un comportement tout aussi opportuniste, si ce n'est activement collaborateur, en rejoignant le Cercle européen, une association regroupant des membres des élites économiques et intellectuelles désireuses d'apporter leur écot à la collaboration, parmi lesquels Marcel Rochas est le plus connu. Dès novembre 1940, Rochas et Maggy Rouff avaient accepté d'organiser un défilé particulier pour les dignitaires allemands. Mais en 1942, ainsi que le confia à Dominique Veillon une Odette Fabius bien au fait des choses de la mode, « il ne salue même plus de bonnes clientes et amies parce qu'elles sont juives et change de trottoir pour ne pas croiser leur regard quand, par hasard, il les rencontre avenue Montaigne[41] ». Odette Fabius vivait dans un appartement donnant sur l'avenue Montaigne, elle était donc particulièrement bien placée pour observer ce type de scènes.

Quelques couturiers étaient tout aussi affairés, mais dans d'autres domaines. La comtesse Lily Pastré, après deux années de guerre, jouissait d'une liberté nouvelle. Cette femme, la moins politique de toutes, était une excentrique qui aimait jouer de la scie musicale (à la consternation de ses auditoires) et savourait désormais la possibilité d'agir en véritable protectrice des arts, et elle était particulièrement prodigue en la matière. Depuis 1940, elle avait déversé son argent dans une œuvre nommée « Pour que l'esprit vive », créée afin de soutenir les artistes en difficulté qu'elle avait admirés à Paris.

Parmi celles et ceux qui bénéficièrent de son hospitalité figuraient la harpiste Lily Laskine, les compositeurs Darius

Milhaud et Georges Auric, les pianistes Youra Guller et Rudolf Firkušný ainsi que les peintres André Masson, Victor Brauner et Rudolf Kundera. Pastré se mit en quatre pour retrouver Kundera, qui vivait dans la pauvreté à Cassis, et le persuader de s'installer au château de Montredon, à Marseille, prétextant qu'il vivait dans un endroit indigne de son art. Lily Pastré se mit à organiser des concerts de nuit au château, qui était devenu un refuge pour les artistes en fuite, dont certains étaient en attente d'un visa et d'un bateau pour l'Amérique. Varian Fry en aida plusieurs. Ce journaliste américain avait été envoyé en France par l'Emergency Rescue Committee, une organisation caritative, afin de faciliter l'exil des artistes et des intellectuels. On estime que ses efforts permirent de sauver environ deux mille personnes. Les musiciens et les peintres dont s'occupait Lily Pastré ne trouvèrent pas seulement chez elle du réconfort et des encouragements, mais aussi une table plantureuse.

L'un de ses gestes les plus extraordinaires remonte à avril 1942, quand elle se rendit compte que la pianiste roumaine Clara Haskil, à la santé fragile, était sérieusement malade. Les nerfs de Clara, qui approchait de la cinquantaine, avaient déjà été mis à rude épreuve lors de sa fuite de Paris, en compagnie d'autres membres de l'Orchestre national de France. Ils étaient partis en train puis avaient été forcés de marcher dans le froid et la nuit pour retrouver un passeur qui devait les conduire, contre rémunération, à travers champs et forêts jusqu'à la zone libre. Mais le passeur était terrorisé et ne cessait de prévenir les musiciens randonneurs : les prisons du voisinage étaient pleines de gens comme eux qui avaient été capturés.

Une fois arrivée au château de Montredon, Clara commença à souffrir de double vision et de migraines sévères. Lily réalisa qu'il devait s'agir d'autre chose que de fragilité émotionnelle et fit rapidement venir un brillant médecin engagé dans la Résistance, Jean Hamburger, qui se cachait à Marseille. Il diagnostiqua une tumeur pituitaire comprimant le nerf optique qui causerait bientôt la cécité, à moins que Clara ne subît une intervention chirurgicale d'urgence. Lily organisa et finança la venue depuis Paris d'un chirurgien du cerveau renommé, Marcel David, qui opéra la tumeur de Clara en recourant uniquement à une anesthésie locale et à de la cocaïne dans une salle du vieil hôpital de l'Hôtel-Dieu. Pendant l'opération, Haskil joua mentalement le *Concerto pour piano en mi bémol majeur* de Mozart afin de s'assurer que l'intervention n'endommagerait pas sa mémoire ou ses capacités intellectuelles.

Tout juste trois mois plus tard, une femme lourdement bandée, la mine pâle et l'allure voûtée, apparut dans le parc du château et donna une interprétation magnifique et empreinte d'émotion du *Concerto pour piano en ré mineur* de Mozart, se forgeant une réputation de grande mozartienne tout en écrivant une page de l'histoire de la médecine grâce à sa méthode de rééducation neurologique. En quelques semaines, Lily obtint un visa pour Haskil afin qu'elle pût se rendre en Suisse ; là, elle se remit sur pied en compagnie de Charlie Chaplin, un ami de Lily.

En cet été 1942, par défi, Lily Pastré se mit en tête de monter une extravagance musicale qui combinerait une originalité éclatante à l'élégance parisienne : une unique représentation nocturne et en plein air du *Songe d'une nuit d'été*. C'était sa manière de lutter contre les ténèbres du moment : « certes, la France était occupée, on avait perdu la guerre, mais, pour elle, il fallait "que l'esprit vive"[42] », à en croire son amie Edmonde Charles-Roux.

Christian Bérard et Christian Dior participèrent à la création des décors ainsi que des costumes, drapant les comédiens dans ce qui leur tombait sous la main. Quand les stocks furent épuisés, Lily fit arracher les tentures du château. L'orchestre comprenait vingt musiciens juifs exilés placés sous la direction de Manuel Rosenthal, et à la fin de la représentation donnée le 27 juillet, tous les costumes et les décors furent brûlés pour que la soirée restât un songe. Seules une ou deux photographies sont parvenues jusqu'à nous pour attester qu'il n'en fut rien. Le fils de Lily, Pierre, rapporta plus tard que sa mère, bien déterminée à ne pas être redevable à qui que ce soit, ressentait la plus grande des libertés en gardant vivante la flamme de la culture parisienne à Marseille. Quelques mois plus tard, les Allemands occupaient la ville et détruisirent la plus grande partie du Vieux-Port où les Juifs et les résistants se cachaient dans les ruelles étroites et venteuses.

La rafle et ses suites déclenchèrent des protestations sourdes pendant tout l'été. Seules quelques personnes s'indignèrent publiquement ; parmi elles le pasteur André Trocmé, qui, régulièrement, prêchait contre l'antisémitisme au Chambon-sur-Lignon, un village montagnard de la Haute-Loire, dont beaucoup d'habitants risquèrent leur vie pour sauver des centaines d'enfants juifs. Trocmé s'éleva contre la rafle du Vél' d'Hiv dans son sermon du 16 août, déclarant : « L'Église chrétienne doit se mettre à genoux et demander pardon à Dieu de son incapacité et de sa lâcheté actuelle. »

Dans son journal, Hélène Berr écrit qu'en apprenant les détails de la rafle, elle s'était sentie coupable : « Il y avait quelque chose que je ne *voyais* pas, c'était cette réalité. » Elle nota quelques faits : « Il semble que ce soient les SS qui aient pris le commandement en France, et que la terreur doive s'ensuivre. [...] On a emmené des enfants qui se traînaient par terre. [...] Une famille entière, père, mère et cinq enfants, se sont suicidés au gaz pour échapper à la rafle. Une femme s'est jetée par la fenêtre. Plusieurs agents ont été, paraît-il, fusillés pour avoir prévenu les gens de s'enfuir. » Mais pour Berr, le plus douloureux était d'affronter ce dilemme personnel : devait-elle partir, abandonner « la lutte » et « l'héroïsme » en échange de « la platitude » et de « l'affalement », ou prendre des initiatives, comme ces ouvrières qui vivaient avec des Juifs ? « Elles viennent toutes demander à se marier, pour éviter à leurs maris la déportation[43]. » Puis, avec la franchise douloureuse qui fait de son journal un document si fort, elle admit qu'une des raisons pour lesquelles elle ne voulait pas quitter Paris était son amour pour Jean.

La rafle ne fut qu'un demi-succès pour les Allemands au vu du nombre de personnes arrêtées, puisque seulement la moitié des Juifs qui devaient être capturés le furent réellement. L'information d'une opération imminente avait circulé et de nombreux Juifs s'étaient cachés. Mais en août, René Bousquet, le chef de la police de Vichy, auquel les Allemands avaient accordé des ressources supplémentaires, organisa d'autres déportations de masse à partir des camps administrés par les Français, comme Gurs et Rivesaltes dans la zone dite libre. Les Juifs concernés furent livrés aux nazis par les autorités de Vichy en vertu d'un accord que Bousquet avait tout juste conclu avec le général SS Carl Oberg, responsable de la police allemande en France. Les accords Bousquet-Oberg du 2 juillet furent présentés aux responsables locaux comme donnant à la police française une plus grande autonomie, mais c'était loin d'être le cas ; en réalité celle-ci était contrainte d'obtempérer aux exigences allemandes.

Dans la mesure où, en 1942, les Allemands ne disposaient pas de troupes suffisantes en France pour se charger eux-mêmes de toutes ces arrestations, la question demeure : si Vichy avait alors refusé d'obéir, davantage de Juifs auraient-ils été sauvés ? Le premier convoi de Juifs de la zone libre livrés par Vichy aux nazis en vertu des accords Bousquet-Oberg, le convoi 17, quitta Drancy pour Auschwitz le 10 août 1942 avec approximativement un millier de Juifs, presque tous des citoyens allemands, dont la moitié était des femmes. Les trois quarts d'entre eux furent gazés à leur arrivée[44]. Tout au long du mois d'août, les convois quittèrent la zone non occupée les uns après les autres en direction de Drancy. Là, de nouveaux convois étaient alors constitués, pas toujours avec les mêmes Juifs, pour rejoindre Auschwitz.

Désormais, plus personne n'était à l'abri. Les Juifs convaincus de bénéficier d'une sorte de protection et d'être préservés de la menace parce qu'ils vivaient en France depuis longtemps ou parce qu'ils avaient beaucoup apporté au pays étaient submergés par la peur. Beaucoup soumirent des demandes d'exemption à Vichy, expliquant pourquoi, en ce qui les concernait, ils ne devaient pas être contraints de porter l'étoile jaune. Le 25 août, Heinz Röthke, le plus haut gradé allemand responsable du camp de Drancy, fit une liste de vingt-six individus auxquels un certificat d'exemption avait été attribué.

Parmi ceux qui avaient été sélectionnés pour recevoir une protection de Pétain, ce qui signifiait, entre autres « privilèges », qu'ils étaient dispensés de porter l'étoile jaune, se trouvaient des épouses de dirigeants, comme Lisette de Brinon (qui serait faite « Aryenne d'honneur ») et Marie-Louise, marquise de Chasseloup-Laubat, la fille du banquier Edgar Stern, ainsi que sa sœur, Lucie de Langlade. Toutes deux s'étaient converties au catholicisme des années auparavant. Mais plusieurs requêtes furent rejetées, y compris celle déposée par Colette au sujet de son mari, Maurice Goudeket. Il put fuir en zone libre grâce à des faux papiers, mais finit par revenir et se cacha dans la chambre de bonne au-dessus de leur appartement, persuadé que Colette ne pouvait pas survivre sans lui. C'était un geste courageux.

La demande de Béatrice de Camondo Reinach, la fille de Moïse de Camondo, le riche banquier, fut également rejetée. Cet été-là, Béatrice avait suivi l'enseignement d'un prêtre catholique, qui l'avait baptisée le 1er juillet avant de la confirmer dans la foi, quatre jours plus tard. Elle continua ses promenades à cheval dans le bois de Boulogne avec les officiers allemands de Neuilly qu'elle considérait comme ses amis, et chassait en forêt près de Senlis en compagnie de ses proches, comme Marie-Louise de Chasseloup-Laubat, un membre influent de la chasse.

Pendant tout l'été 1942, Béatrice demeura convaincue que la mort de son frère au combat, son divorce, sa conversion au catholicisme, les dons de sa famille à l'État et, par-dessus tout, ses relations haut placées ne manqueraient pas de la protéger. Bien qu'elle ne fût pas elle-même une collectionneuse, elle avait grandi dans un milieu où sauvegarder l'art français du XVIIIe siècle et défendre le patrimoine national était plus important que toute autre chose, et notamment la religion. Elle s'était chargée avec bonheur du transfert à l'État de la demeure familiale et des collections qu'elle abritait. Cet État qui était le sien et qui, pensait-elle, la préserverait. Après tout, sa propre mère, cette Irène Cahen d'Anvers devenue Sampieri, que Renoir avait immortalisée, semblait suffisamment à l'abri, même si elle était loin de Paris. L'enfant aux cheveux chatoyants survivrait. Mais Béatrice fut finalement renvoyée à sa religion et abandonnée par les siens, sa mère comme ses amis.

Béatrice ne fut pas la seule à découvrir que l'on ne peut pas toujours se fier à ses proches. Renée Puissant était née Rachel Van Cleef le 22 octobre 1896. Ses parents Alfred Van Cleef et Esther Arpels étaient juifs. Tous deux étaient cousins germains et ils s'étaient mariés en 1895 à Paris quand elle avait 18 ans et lui, 22. Une génération plus tôt, le père d'Alfred, Salomon Van Cleef, avait quitté Gand, en Belgique, après la mort de sa première épouse et était venu à Paris, où il avait épousé Mélanie Mayer, la fille d'un négociant en drap. La sœur de Mélanie, Thérésa, épousa Salomon Arpels, et Esther était leur fille. Salomon Van Cleef rejoignit le négoce de son beau-père, M. Mayer, mais à sa mort en 1883 son fils Alfred n'avait que 11 ans et il fut décidé de le placer en apprentissage auprès d'un lapidaire. En 1906, Alfred et Esther fondèrent une maison de joaillerie sur la place Vendôme, suivant l'exemple de Frédéric Boucheron, qui avait été le premier, en 1893, à s'établir dans le quartier du nouvel Opéra. Cartier, Chaumet, René Boivin et plusieurs autres qui avaient des boutiques aux alentours étaient leurs concurrents. En 1908, ils ouvrirent une succursale à Dinard, puis dans d'autres lieux de villégiature, comme Nice ou Deauville, et, en 1913, dans la ville d'eaux huppée qu'était Vichy. S'ensuivit une période d'ascension sociale rapide pour la famille. Esther, qui se faisait désormais appeler Estelle, un prénom à la consonance moins juive et plus française, servit comme infirmière pendant la Grande Guerre et fut décorée à quatre reprises pour son dévouement, jusqu'à recevoir la Légion d'honneur en 1921.

Mais Renée, la fille unique d'Alfred et d'Esther, n'eut jamais de bonnes relations avec sa mère, qui s'était toujours sentie davantage une Arpels qu'une Van Cleef et nourrissait peut-être quelque jalousie à l'idée que son mari ait laissé le contrôle de l'entreprise à Renée plutôt qu'à elle peu avant son décès en 1938. Renée était une femme extrêmement créative à l'esprit entreprenant et témoignait d'un sens inné du style, mais elle ne savait pas dessiner, c'est donc largement grâce à l'arrivée en 1922 de René Sim Lacaze, qui pouvait interpréter certaines des idées de Renée, que la maison avait construit sa réputation d'inventivité et d'audace.

Quand la guerre éclata, des membres de la famille Arpels étaient aux États-Unis et d'autres dans le sud de la France, Esther, elle, alla se tapir à Cannes. Renée, qui se retrouva seule à la tête du magasin de Paris, supervisa courageusement l'aryanisation de l'entreprise, dont, en mars 1941, le comte Paul de Léséleuc devint l'actionnaire majoritaire, aux termes d'un accord qui permettait à Van Cleef & Arpels de continuer son commerce. Renée, toutefois, avait déjà entassé l'essentiel du stock dans une lourde valise qu'elle avait apportée à Vichy, où elle s'installa à l'hôtel du Parc, le principal établissement de la ville, qui abritait Laval au deuxième étage et Pétain et son entourage au troisième. Elle était seule mais se sentait en sécurité, convaincue qu'elle serait protégée par son amitié avec Josée de Chambrun et avec le colonel Marty, l'administrateur de confiance de son père, qui connaissait bien la famille[I] et qui était le cousin du chef de la police, René Bousquet. Renée prit en main le magasin de Vichy au rez-de-chaussée de l'hôtel du Parc.

Odette Fabius était révoltée par ce qui se passait sous ses yeux à Paris : Marcel Rochas changeait de trottoir pour éviter ses anciens clients juifs, dans les vitrines des Champs-Élysées étaient affichées des caricatures monstrueuses de Léon Blum et de Georges Mandel avec des nez protubérants... Elle devait à la fois se consacrer à son père veuf et âgé, qui refusait de quitter son appartement parisien, et s'occuper de la propriété de Biarritz qui appartenait à la famille depuis des générations. Elle était également tenue de veiller à la scolarité et à la sécurité de sa fille, Marie-Claude.

En dépit des restrictions de circulation qui frappaient les Juifs, Odette traversa le pays à plusieurs reprises de 1940 jusqu'au printemps 1942, se procurant un faux *Ausweis* à 500 francs l'unité quand elle le pouvait. En une occasion, elle en négocia quatre supplémentaires pour ses amies des Sections sanitaires automobiles féminines Daisy de Broglie, Marie-Louise de Tocqueville, Claude de Peyerimhoff et Colette Schwob de Lure, ce qui lui valut de subir un interrogatoire de la Gestapo en 1941 à la suite d'une dénonciation. Elle fut relâchée et eut plus tard le fin mot de l'histoire : « Sylvia de Talleyrand a su que j'avais été "donnée". Elle s'est aussitôt précipitée au Ritz voir son meilleur ami, le champion de tennis von Cramm, qui à l'époque est aussi important à Paris qu'Otto Abetz, l'ambassadeur du Reich. C'est grâce à son intervention que j'ai été libérée[45]. » Mais elle ne sut jamais le nom de la personne qui l'avait dénoncée.

I. Quand la Légion d'honneur fut attribuée à Esther puis à Alfred, respectivement en 1921 et 1922, tous deux furent décorés par Marty.

Elle décrit ainsi son état d'esprit en juin 1940 :

> Je me découvre un patriotisme exacerbé. J'ai pleuré longuement en entendant le maréchal Pétain proclamer l'armistice. [...] Je sais que [les Allemands] n'aiment pas les Juifs, mais ce n'est pas cela qui m'importe car je n'ai jamais compris ce qu'il peut y avoir de différent dans le fait d'être juif.
> Je me sentais en effet tellement française, avec une telle lignée derrière moi, que le « problème juif » ne m'effleurait même pas. Je crois pouvoir dire que l'antisémitisme a été la plus grande stupéfaction que la guerre ait provoquée en moi. [...] Avec mon frère et mon cousin [...], n'étions-nous pas les seuls descendants des Furtado, arrivés en France en 1680[46] ?

Odette Fabius ne porta jamais l'étoile jaune car elle refusait qu'on la tînt pour différente. Elle était française et c'était la principale raison pour laquelle elle s'engagea dans la Résistance, prenant de plus en plus de risques. Après sa confrontation avec la Gestapo, elle retourna dans le sud de la France et essaya, en vain, de persuader son père de rejoindre la famille à Cannes. À la faveur d'un voyage en train, elle rencontra un ami d'enfance engagé dans le réseau de résistance Alliance. Tout ce qu'il lui demanda pour commencer fut de porter un pli. « Je suis à la fois séduite et légèrement anxieuse. » À l'époque, le frère d'Odette était déjà parti rejoindre les Français libres de De Gaulle à Londres. Elle ne pouvait l'imiter, du fait de ses obligations en tant que mère et fille, mais elle tenait à faire quelque chose sans attendre. Bien que Robert et elle eussent à peine vécu ensemble, il était le père de sa fille et elle devait donc lui demander conseil. Il ne fut pas enthousiaste. « Ses arguments ne me plaisent pas : puisqu'il y a quarante millions de Français pour faire ce travail, pourquoi devrais-je le faire, moi ? Je n'hésite pas avant de lui répondre : "Dans ce cas, pourquoi pas moi[47] ?" »

D'après Odette, Robert considérait qu'étant juifs, ils devaient rester tranquillement dans leur coin s'ils voulaient survivre. « Si nous n'avons pas le droit de travailler [...], il faudra bien trouver d'autres moyens pour vivre[48]. » Elle se lança donc dans l'aventure de la Résistance sans se préoccuper de ce que pensait son mari et effectua bientôt sa première mission à Paris, récupérant un pli urgent pour le déposer dans le Sud (il n'y avait pas de liaison postale entre les zones libre et occupée). Elle profitait de ses passages à Paris pour rendre visite à son père. C'est ainsi que commença ce qu'elle qualifia plus tard de période la plus riche de sa vie. Odette s'inquiétait pour sa fille de 10 ans qu'elle ne voyait pas assez, elle en était consciente. Elle mit donc Marie-Claude dans un pensionnat catholique à quelques encablures de Vichy, estimant que c'était l'endroit le plus sûr, car la capitale de l'État français ne serait pas bombardée. Près de 60 % des élèves étaient juifs, mais il n'était jamais question de religion.

Au sein du réseau Alliance, elle avait reçu le nom de code « Biche » et était placée sous la responsabilité de Marie-Madeleine Fourcade, connue sous le pseudonyme de « Hérisson », une femme tout aussi forte que l'était Odette et la seule à diriger un des principaux réseaux de résistance. Odette était chargée de transporter le courrier, des plans et même des personnes de part et d'autre de la ligne de démarcation. Il lui arriva de partager un compartiment de train avec un officier allemand qui buvait du champagne et porta un toast au IIIe Reich. Parfois, Marie-Claude voyageait avec elle, et plus d'une fois Odette prit le risque de mettre des documents et des faux papiers dans la valise de sa fille[49].

Soixante-dix ans plus tard, quand on demande à Marie-Claude si elle pense qu'une mère a le droit de mettre en péril sa fille de cette façon, il semble évident qu'elle s'est souvent posé cette question. Elle répond sur un ton égal que sa mère « n'aurait jamais pu agir différemment. Elle était ainsi ». Mais elle reconnaît qu'Odette elle-même se demanda plus tard si elle avait eu raison de rejoindre un réseau de résistance alors qu'elle avait un jeune enfant. « Peut-être est-ce la vie tranquille du Lavandou qu'il aurait fallu essayer de faire durer, avec la régularité des habitudes quotidiennes, l'ambiance d'une famille unie, sans parler de la douceur du climat ? Je me demande si cela n'aurait pas mieux valu. Mais cette vie aurait-elle pu durer ? Le fait d'être réunis, de vivre en groupe, en un lieu fixe, n'aurait-il pas contribué à nous envoyer tous à Auschwitz[50] ? »

Odette n'était pas faite pour recevoir des ordres et se heurta à la redoutable Marie-Madeleine. Elle se plaignait qu'on ne lui confiait que les missions fastidieuses, bien que cruciales, comme noter les arrivées et les départs des Lysander, ces petits avions qui pouvaient atterrir sur des terrains non préparés, en provenance d'Angleterre. Elle aurait préféré aller au Grand Hôtel de Marseille, qui était l'endroit où tout se passait ; c'est notamment là que se retrouvaient les étrangers qui cherchaient un bateau ou un visa auprès des consulats. Elle quitta donc Alliance et rejoignit un autre réseau, l'Organisation civile et militaire (OCM).

Presque immédiatement, on l'envoya rencontrer le chef du syndicat des dockers à Marseille, Pierre Ferri-Pisani, un Corse de 41 ans qui passait pour le véritable patron du port, afin d'obtenir son aide et lui demander de fournir régulièrement des informations au sujet de tout ce qui se passait sur les docks. Ferri-Pisani était un agitateur antifasciste qui avait combattu en Espagne au côté des républicains et avait été brièvement assigné à domicile par Vichy en 1940. Il savait qu'il était surveillé et avait demandé à des syndicalistes d'assurer sa sécurité.

Fabius fut conduite au café des Marins pour le rencontrer. Elle s'était préparée avec soin pour le rendez-vous, choisissant une tenue sobre, mais elle ne portait ni gants ni chapeau, contrairement à l'usage pour les femmes de la bonne société. Elle fut immédiatement frappée par la présence imposante de cet homme, par son charisme et sa franchise. Où trouver de l'argent pour payer les informations ? demanda-t-elle. Il s'en alla et revint quelques minutes plus tard avec un diamant. Odette n'en sut jamais la provenance mais devina qu'il devait avoir appartenu à sa femme. Pouvait-elle le vendre pour un bon prix ?

Au début du mois de décembre, Odette alla donc à Vichy pour rendre visite à son amie et ancienne demoiselle d'honneur, Renée Puissant. Quand Odette lui expliqua la situation, Renée lui donna bien plus que ce qu'elle espérait ou même que la valeur du diamant. Ferri-Pisani fut extrêmement impressionné par la nouvelle recrue. Avant la fin de l'année, ils étaient amants.

Huit jours plus tard, le 12 décembre, le corps de Renée Puissant était retrouvé au pied de son hôtel, après ce qui fut officiellement considéré comme un suicide, mais cette mort demeure un mystère. Renée prit sans doute conscience qu'elle ne comptait pour rien à Vichy, au point d'en être désespérée. Pendant plus de deux ans, elle s'était débrouillée pour maintenir un semblant de normalité, aimant à flâner sur les rives du lac et dans le parc où Pétain faisait sa promenade quotidienne avec son médecin, Bernard Ménétrel. Alors que la population de Vichy crût jusqu'à atteindre cent vingt mille personnes (dont quarante-cinq mille étaient des fonctionnaires, beaucoup étant venus avec leur épouse), il a dû lui sembler que la vie y était plus sûre qu'à Paris. Même s'il y avait toujours de longues queues devant les magasins d'alimentation, les possibilités de vendre des bijoux étaient au moins aussi bonnes que dans la capitale, si ce n'est meilleures. À Vichy, on s'amusait en jouant au golf, en faisant du vélo et en assistant aux courses de chevaux.

Renée Puissant quelques semaines avant sa mort.

Il est vraisemblable que, lorsque la police vint l'arrêter, Renée paniqua et se jeta par la fenêtre de sa chambre au troisième étage. D'après Arlette Scali, qui avait grandi avec la famille Arpels et dont le second mari, Élie Scali, avait été l'un des amants de Renée, à cette époque elle était livrée à elle-même, déprimée et à deux doigts de l'effondrement. « Elle avait vécu seule ses derniers jours [...] terrorisée par les lois antijuives, avant de se suicider, elle qui pensait être protégée par le colonel René Marty, l'homme de confiance de son père Van Cleef [51]. » Elle avait été humiliée de devoir quitter l'hôtel du Parc, où résidaient tous ceux qui comptaient à Vichy, pour se retrouver dans une chambre du moins prestigieux Queen's Hôtel. Ce déménagement lui fit réaliser que si elle avait jamais bénéficié d'une protection, celle-ci s'était évanouie. Elle ne savait certainement pas qu'une note signée du chef de la circonscription de police de Vichy et datée du 6 novembre précisait dans un *post-scriptum* écrit à la main et souligné deux fois : « Ne pas enquêter sur Mme Renée Puissant Van Cleef [52]. » Il est clair que pour elle, l'humiliation ultime aura été la loi entrée en vigueur la veille et qui imposait à tous les Juifs de France, y compris ceux résidant en zone libre, de porter l'étoile jaune.

Il est nécessaire de s'attarder sur ses liens avec le colonel Marty et son épouse. Au milieu des années 1930, à l'époque où Renée Puissant et Élie Scali étaient amants, René Marty était un bon ami du couple. Il avait été l'homme de confiance du père de Renée. Désormais, avec un cousin chef de la police de Vichy, le puissant René Bousquet, il pouvait être extrêmement utile, et le fut en effet pour Élie Scali. Il lui fournit de fait plusieurs laissez-passer pour rejoindre Paris depuis la zone libre et en revenir, afin de lui permettre de s'occuper de son affaire de cuir apparemment aryanisée, mais qui ne l'était qu'en façade.

Quand les Scali, expropriés de leur appartement parisien par les Allemands, s'installèrent à Graulhet, un village des Pyrénées, les Marty s'assurèrent de leur sécurité en les recommandant à la police du Tarn. En retour, Arlette Scali envoyait fréquemment à Mme Marty des colis d'œufs, de dinde et de tout ce dont ils disposaient en abondance. Ils savaient très bien qu'ils devaient la vie au colonel Marty et ils ne l'abandonnèrent pas à la Libération, plaidant sa cause lorsqu'il fut, pendant un court moment, interné à Drancy.

Mais il n'y avait pas que les Juifs à être raflés dans l'atmosphère fébrile de 1942. Un chaud matin de septembre deux hommes vinrent arrêter Drue Tartière alors qu'elle était en train de jardiner dans sa propriété de Barbizon. Plus tard, elle les décrivit simplement comme un soldat allemand corpulent et un Français plus fluet, mais Nadine, sa gouvernante, lui dit qu'ils étaient de la Gestapo locale. Drue portait une salopette sale et avait de la terre entre les orteils ainsi que sous les ongles, mais ils refusèrent de lui laisser un moment pour se laver et se changer, elle devait les suivre immédiatement, insistèrent-ils. Elle gagna suffisamment de temps en leur offrant un cognac pour que Nadine pût avertir Jean Fraysse, l'ancien patron de Drue à Paris-Mondial, avec lequel elle était désormais engagée dans la Résistance. Puis, ayant reçu l'assurance que son interrogatoire ne durerait qu'une heure, elle suivit les deux hommes.

Après vingt-quatre heures sans nourriture ni eau, elle fut emmenée dans le bureau du « Kommandant » et n'hésita pas à remonter sa salopette pour lui montrer le sang qui coulait le long de ses jambes. Ses règles venaient de commencer, et elle lui lança : « Si je dois passer le reste de mes jours dans ce trou ignoble, envoyez quelqu'un chez moi pour récupérer des vêtements propres et, au moins, des serviettes hygiéniques[53]. » L'officier, embarrassé, fut choqué et accéda à sa demande, ce qui permit à Drue de contacter Nadine pour lui demander de lui faire passer en urgence non seulement des serviettes hygiéniques et d'autres produits de première nécessité, mais aussi un certificat médical attestant qu'elle souffrait d'un cancer des ovaires dont elle avait eu la présence d'esprit de faire l'acquisition une dizaine de mois plus tôt. Dès lors, elle allait devoir feindre la maladie et s'affamer jusqu'à frôler la mort.

Drue, comme d'autres, avait été raflée car elle était américaine et ressortissante d'une puissance ennemie, et non, ainsi qu'elle l'avait d'abord craint, parce que les Allemands avaient découvert qu'elle était Drue Leyton, l'actrice américaine dont la tête était mise à prix ; ou bien parce qu'elle et Jean attendaient une livraison d'armes, de munitions et de matériel sur sa propriété. Elle fut bientôt internée au Grand Hôtel de Vittel, hâtivement transformé en camp, avec d'autres Américaines qu'elle avait connues à Paris, comme Sylvia Beach, dont la célèbre librairie, Shakespeare and Company, avait dû fermer peu après le début de l'Occupation, l'essentiel de son stock restant caché à l'étage.

Drue expliqua au docteur du camp, Jean Lévy, un Juif, lui aussi retenu en otage, que pour continuer son travail dans la Résistance, elle devait quitter Vittel. Il accepta d'entrer dans sa ruse et de faire comme si elle souffrait d'un cancer. Il dut lui prescrire un traitement pour stopper son hémorragie, mais lui dit de le jeter dans les toilettes et de prendre à la place un médicament déclenchant des hémorragies que, prévoyante, elle avait pris soin d'emporter. Drue fut vite à bout de forces et, étant une actrice expérimentée, elle n'eut guère de difficulté à feindre des accès de faiblesse lors de son examen par un médecin nazi. Le docteur Lévy ne tarda pas à s'inquiéter pour sa santé si elle continuait à perdre du sang à un tel rythme.

Début décembre, les Allemands acceptèrent de la laisser se rendre à Paris pour suivre le traitement aux rayons X qu'elle ne cessait de réclamer. Gravement anémiée, elle fut admise à la clinique de l'Alma, où on lui expliqua qu'elle aurait besoin de transfusions sanguines pendant au moins un an. Mais après avoir rendu visite à la mère du docteur Lévy pour la rassurer sur le sort de son fils qui rendait courageusement service à tant de femmes, elle retourna s'installer dans sa maison de Barbizon où elle se cacha pendant un moment afin d'éviter d'être de nouveau internée.

En septembre 1942, Béatrice de Camondo écrivit une lettre émouvante à une amie d'enfance, dans laquelle elle donnait des descriptions voilées de la situation effrayante qui régnait à Paris et expliquait qu'elle empêchait sa fille Fanny de revenir dans la capitale tant les voyages étaient dangereux. Mais, dans le même temps, Béatrice racontait qu'elle aimait pouvoir monter à cheval tous les jours et sentir l'odeur des fougères et des feuilles, même si, désormais, elle devait prendre le train chaque matin puisqu'elle avait confié son cheval à de nouveaux amis en dehors de Paris. De toute évidence inquiète à l'idée que le courrier pût tomber sous des yeux indiscrets, elle exposait l'importance que revêtait pour elle sa nouvelle religion, le catholicisme. Son divorce d'avec Léon avait beau suivre son cours, expliquait-elle, elle se demandait si cela valait le coup de se battre, en particulier parce qu'elle avait la certitude que, grâce à sa conversion, elle était miraculeusement protégée par Dieu et la Sainte Vierge. Elle ajoutait, dans un présage inquiet, qu'elle espérait disposer d'assez de temps pour les remercier tous deux comme il le fallait de leur protection. Cela ne fut pas le cas.

Exactement trois mois plus tard, le 5 décembre 1942, Béatrice et Fanny, 24 ans, étaient arrêtées et envoyées au camp de Drancy qui, avec 2 420 internés, était surpeuplé. D'après certains témoignages, toutes deux avaient été arrêtées alors qu'elles prenaient le thé avec un ami mais, à en croire l'explication officielle, leur arrestation était due au fait qu'elles ne portaient pas l'étoile jaune, ou en tout cas pas de manière assez apparente[54]. Cela ne peut être vrai que si elles se trouvaient à l'extérieur. Une semaine plus tard, les deux femmes étaient rejointes par Léon, le mari de Béatrice, et Bertrand, son fils.

Parmi les désespérés de Drancy se trouvait Bernard Herz, qui avait été arrêté le 2 novembre à son domicile du 38, avenue du Président-Wilson, pour la seconde fois, à la suite d'une dénonciation. Le même jour, Suzanne Belperron avait été appréhendée à son bureau de la rue de Châteaudun. Tous deux furent interrogés au quartier général de la Gestapo, et dans la voiture qui l'y emmenait, un policier montra à Belperron la lettre de dénonciation l'accusant de diriger un commerce juif où on ne pouvait pas acheter des bagues pour moins de 75 000 francs et mentionnant les bijoux de lord Carnarvon. C'est ce nom qui fit prendre conscience à Belperron qu'elle avait été victime d'un coup monté. Une femme s'était présentée dans sa boutique quelques semaines plus tôt, demandant une bague semblable à celle que Suzanne avait réalisée avant guerre pour lord Carnarvon, le célèbre égyptologue, mais elle n'en proposait que 40 000 francs. Belperron lui avait répondu qu'un tel bijou coûterait au moins 75 000 francs et que, d'après la législation en vigueur, la cliente devrait fournir elle-même l'or[55]. Comme le révèle cette histoire, Paris était devenue une ville où on ne pouvait avoir confiance en personne.

5
1943 – PARIS A PEUR

À l'aube du 30 juillet 1943, Marie-Louise Giraud, 39 ans, fut guillotinée dans la cour de la prison parisienne de la Petite Roquette après avoir été reconnue coupable de s'être livrée à vingt-sept avortements dans la région de Cherbourg. Lors de son procès devant le tribunal d'État, l'accusation insista sur son immoralité, mais pour beaucoup elle devint la martyre d'une cause. Issue d'une famille pauvre, Giraud, domestique puis blanchisseuse, était mariée à un marin dont elle avait eu deux enfants. Depuis le début de la guerre, elle sous-louait des chambres à des prostituées et s'était mise à pratiquer des avortements bénévolement, tout au moins à ses débuts.

Une loi de Vichy du 15 février 1942 faisait de l'avortement un crime contre la sûreté de l'État d'une particulière gravité, passible de la peine capitale. Seule une grâce du maréchal Pétain lui-même aurait pu sauver la vie de la condamnée. Mais il refusa de commuer la peine, et Marie-Louise Giraud devint ainsi la seule femme à avoir jamais été guillotinée en France pour le crime d'avortement.

Juste avant la guerre, le docteur Jean Dalsace, un ami de la galeriste Jeanne Bucher, avait ouvert la première clinique de contrôle des naissances en France, mais l'Occupation n'était guère propice à une telle liberté de penser et Giraud fut victime des obsessions du régime de Vichy. Seules les plus riches, qui savaient où aller et pouvaient payer environ 4 000 francs, avaient librement accès à l'avortement. Une femme de la haute bourgeoisie comme Arlette Scali, qui avait été mariée à l'adolescence, confia que son premier mari avait l'intention de poursuivre sa vie de liaisons « mais [qu']il ne voulait pas d'enfants... Quand j'étais enceinte, ma belle-mère finançait les opérations d'avortement interdites et coûteuses. C'était horrible[1] ».

À l'autre extrémité de l'échelle sociale, Violette Leduc, que Simone de Beauvoir prendrait plus tard sous son aile, tirait le diable par la queue durant ces années et elle raconta de manière très réaliste dans son récit autobiographique *La Bâtarde* les difficultés que rencontrait une célibataire ne voulant pas garder son enfant. Elle essaya à plusieurs reprises d'avorter, rendant visite à des « faiseuses d'anges » qui la laissaient proche de la mort, percluse de douleurs mais trouvant la force de tenir dans sa « volonté de femme seule qui se suffit et ne veut pas tomber[2] ». Au cours d'un terrible hiver sans charbon ni chauffage, elle ne survécut que d'un cheveu après plusieurs mois passés au lit chez sa mère avec de la glace posée sur le ventre, vomissant et saignant sans discontinuer. Petit à petit, Violette Leduc réapprit à marcher et à revivre, mais elle retrouva vite son existence cahoteuse, le marché noir où elle gagnait juste de quoi subsister et ses amours douloureuses avec Simone de Beauvoir.

Le Corbeau d'Henri-Georges Clouzot fut l'un des films les plus controversés de 1943. Produit par la Continental, société de production aux mains des Allemands, il abordait le sujet de l'avortement. Désormais un classique, ce long-métrage est resté célèbre pour avoir causé de sérieux problèmes à son réalisateur après la guerre : il fut interdit à la Libération non seulement du fait de son financement par la Continental mais aussi parce qu'aux yeux de la presse communiste et d'anciens résistants, il discréditait les Français.

L'intrigue du *Corbeau*, extrêmement sombre et mélodramatique, porte sur les conséquences de lettres de dénonciation anonymes. Dans une petite ville, ces lettres, signées « Le Corbeau », accusent un médecin d'entretenir une liaison avec la jeune et jolie épouse d'un psychiatre à la retraite et lui reprochent également de pratiquer des avortements clandestins. Le film se termine sur une ambulance venue emporter l'épouse, jugée folle, alors que le médecin découvre le psychiatre assis à son bureau, mort en écrivant la dernière lettre triomphale du corbeau. Il a été égorgé par la mère d'un patient atteint d'un cancer qui venait de se suicider après avoir reçu l'une de ces missives anonymes lui annonçant que sa maladie était en phase terminale. Une illustration implacable des effets de la paranoïa sur la psyché humaine.

Le film était librement inspiré d'un fait divers célèbre remontant à 1917, mais dans l'atmosphère enfiévrée de 1943, l'allusion aux nombreuses dénonciations anonymes, révélant qu'untel était Juif, ou se cachait, ou trempait dans le marché noir, ajoutait à son réalisme aigu. Pendant l'Occupation, les dénonciations – à la fin de la guerre, on estimait qu'il y en avait eu trois millions et demi dans toute la France – donnaient à chaque Français le pouvoir effrayant d'envoyer autrui à la mort. Elles étaient le fait de personnes de tous les milieux sociaux, parfois guidées par le goût de la vengeance ou par un désir de toucher la récompense financière promise qui, dans certains cas, était significative. Les plus importantes récompenses étaient versées à ceux qui dénonçaient un résistant, et pouvaient aller de 200 000 à 15 millions de francs pour quiconque aidait à capturer les meurtriers d'Allemands[3]. Radio-Paris, la station de radio contrôlée par les Allemands, proposait même une émission intitulée « Répétez-le », qui était entièrement consacrée aux lettres des auditeurs dénonçant leurs voisins, leurs rivaux en affaires ou en amour, et même des membres de leur propre famille.

On prétend que les Allemands furent étonnés par l'ampleur de la réponse à leurs appels à la délation, se plaignant même de la masse de travail que le traitement du courrier de dénonciation requérait. Beaucoup de lettres étaient rédigées par des femmes, signant par exemple « une femme qui veut seulement faire son devoir », indiquant que tel magasin appartenait à un Juif et se demandant s'il y avait la moindre chance de mettre la main sur les entreprises abandonnées.

En 1942, Pétain dénonça mollement la délation, mais personne n'y prêta attention. En juillet 1943, l'exécution de Marie-Louise Giraud, une indigente victime d'une dénonciation, permit de souligner l'égarement du régime de Vichy qui considérait l'avortement comme une plaie nationale sans interdire la prostitution.

Plus tôt dans l'année, la mise en place du Service du travail obligatoire (STO), tant détesté, fut promue par Vichy à l'aide d'affiches suggérant que les Français qui travaillaient en Allemagne dans ce cadre étaient de bons pères car ils aidaient à subvenir aux besoins de la famille qu'ils avaient laissée derrière eux. Mais le STO a seulement augmenté l'impopularité d'un régime qui, c'était désormais évident, n'avait rien sauvé de la défaite et ne servait même pas de bouclier entre les Français et les Allemands.

Depuis novembre 1942, Vichy n'avait été qu'un gouvernement fantoche s'accrochant à des restes de pouvoir mais perdant son autorité. Cela conduisit le régime à mettre en place, en janvier 1943, sa propre force paramilitaire. Dirigée par Joseph Darnand et dotée d'un programme visant la nazification du pays, la Milice fut chargée de lutter contre la Résistance et de débusquer les Juifs. Puis, la supervision de Drancy, le camp insalubre de plus en plus surpeuplé qui avait été initialement placé sous la surveillance de la police française[I], toujours loyale à Vichy, fut transférée en juillet aux Allemands. Alors que les nazis intensifiaient leur politique d'extermination de masse à travers toute l'Europe, la direction du camp fut confiée au *Hauptsturmführer* SS Alois Brunner, un homme haï et connu pour sa brutalité.

Depuis l'épouvantable pourrissoir qu'était Drancy, Bernard Herz était le témoin des rafles de plus en plus brutales qui amenaient chaque fois davantage de Juifs. Pendant tout ce temps, il garda le faible espoir d'être envoyé un jour ou l'autre à l'hôpital Rothschild et, de là, de tenter une évasion[II]. Pen-

---

I. Plusieurs raisons avaient conduit à un mécontentement croissant parmi les policiers français : leur charge de travail était devenue significativement plus lourde car ils devaient faire face au renforcement de la Résistance, réprimer le marché noir et examiner des milliers de lettres de dénonciation, tandis que leurs effectifs s'étaient réduits, en raison notamment du STO. Par ailleurs, beaucoup étaient mécontents d'avoir dû participer à l'opération « Vent printanier ».

II. L'hôpital Rothschild, parfois considéré comme une annexe de Drancy, est situé près du cimetière de Picpus dans le 12ᵉ arrondissement, où

dant ce temps, Suzanne Belperron dirigeait seule l'entreprise de bijoux tout en s'efforçant d'obtenir la libération de Herz. Elle était constamment harcelée par la Gestapo qui lui demandait des documents officiels – des certificats de baptême et de décès – prouvant qu'elle n'était pas juive. Aujourd'hui, l'étude du dossier Herz – d'innombrables pages microfilmées et conservées aux Archives nationales à Paris, contenant des plans détaillés de la maison de Herz à Chantilly ainsi que des inventaires de ses biens – montre clairement que les Allemands étaient déterminés à s'emparer de tout ce qu'il possédait.

Le 21 février, depuis sa prison « dégoûtante », il écrivit à Suzanne, sa « chère amie », ce qui se révéla être sa dernière lettre, un texte déchirant. De son écriture minuscule sur un morceau de papier brun, il la remercie pour les petits colis qu'elle lui a envoyés, raconte l'interminable ennui à Drancy et lui indique où trouver son testament. Il termine : « Je ne regrette nullement d'être resté à Paris, l'absence sera moins longue, si c'était à refaire, je le referais. Pardon de tous les ennuis que je vous cause, je ne vous occasionne que cela, alors que j'aurais tant voulu faire votre bonheur. Merci pour tout[4]. ». Après sept mois passés à Drancy, Bernard Herz partit le 2 septembre 1943 pour Auschwitz, où il fut assassiné.

Tandis que de plus en plus de Français ordinaires étaient les témoins de la cruauté et de la barbarie à grande échelle, avec des enfants parfois arrachés hurlants à leurs parents, l'opinion publique évoluait lentement. Les groupes de résistants s'étoffèrent régulièrement au cours de l'année 1943, non seulement dans les campagnes où ils bénéficiaient de l'arrivée des réfractaires au STO, mais aussi dans les villes à travers toute la France. Des petites cellules ou des réseaux embryonnaires prenaient de l'ampleur et menaient des actions clandestines

---

beaucoup d'aristocrates guillotinés pendant la Révolution furent inhumés dans des fosses communes. En 1797, le terrain sur lequel se trouve le cimetière fut secrètement acheté par la princesse Amélie Zéphyrine de Salm-Kyrbourg, une aristocrate allemande ayant grandi à Paris et qui, par mariage, avait rejoint la maison des Hohenzollern-Sigmaringen, car son frère et son amant y étaient tous les deux enterrés. Le cimetière fut par conséquent apparemment traité comme une terre sacrée par les Allemands et n'était pas activement surveillé, rendant d'autant plus faciles les évasions.

de toutes sortes. Beaucoup de Français voulaient simplement « faire quelque chose » pour donner du fil à retordre aux Allemands, sans nécessairement rejoindre un groupe organisé. Si les collaborateurs continuaient à profiter de la situation, beaucoup de Parisiennes étaient prêtes à se sacrifier.

« Nous étions tous des amateurs », se souvient Vivou Chevrillon. La jeune cousine de Claire Chevrillon était bien déterminée à faire quelque chose de plus significatif que personnaliser avec du tissu les chaussures à semelles de liège qu'elle trouvait dans le commerce, même si c'était capital pour pouvoir rester élégante. Vivou avait trois frères, l'un allait toujours à l'école, mais les deux plus âgés avaient quitté le foyer familial pour rejoindre de Gaulle, sous les encouragements de leur mère qui, si désireuse de les aider à résister, avait conduit son fils de 19 ans jusqu'à la frontière avec l'Espagne afin qu'il puisse quitter le pays et se battre. Comme beaucoup d'autres jeunes femmes autour d'elle, Vivou n'était pas une résistante active mais elle confectionnait des faux papiers en imitant la signature du préfet de Paris, Amédée Bussière[I], un travail important et potentiellement dangereux.

Claire fut arrêtée au cours de cet été si riche en événements, et lors de sa libération, à l'issue de plusieurs semaines passées à la prison de Fresnes : « Vivou n'a-t-elle pas trouvé impératif de me traîner chez un coiffeur de la rue Royale ? Cela a duré un temps infini et elle est restée tout ce temps à me débiter mille choses drôles de peur que je ne m'enfuie[5]. » Afin de célébrer la libération de Claire, une de ses amies donna un dîner, dont la préparation prit deux jours.

Mais la menace de coups frappés à la porte au milieu de la nuit ne disparaissait jamais, et pour quiconque avait quelque chose à cacher, le sommeil était difficile à trouver. Certains se souviennent avoir entendu des chiens aboyer ou gémir pendant la nuit, d'autres les cris angoissés des victimes de la torture ou les protestations inquiètes de ceux qui étaient arrêtés. Beaucoup de personnes gardaient près d'elles un petit sac avec le strict nécessaire au cas où elles auraient à s'échapper rapidement. Les

---

I. En 1946, Bussière fut condamné à la prison à vie pour « intelligence avec l'ennemi », mais il fut gracié après cinq ans de détention.

planques qui changeaient sans cesse et ces cartes d'identité parfois si maladroitement falsifiées qu'un examen attentif suffisait à les démasquer ajoutaient à la nervosité ambiante.

En 1943, la Résistance semblait aller de désastre en désastre. L'offensive de charme des Allemands pendant les dix-huit premiers mois de l'Occupation avait partout laissé place à la répression, qui reposait souvent sur des informateurs enthousiastes à l'idée de toucher la récompense promise, d'habitude guère plus d'une centaine de francs.

Immédiatement après sa libération, Claire retourna enseigner au collège Sévigné, où ses élèves l'accueillirent en héroïne. Mais l'euphorie fut de courte durée. Le 23 septembre, sa colocataire, la belle Jacqueline d'Alincourt, 22 ans, était arrêtée dans leur appartement de la rue de Grenelle après qu'une logeuse eut dénoncé l'un des agents venus de Londres pour lequel elle avait trouvé une cachette. En arrivant chez elle, Jacqueline trouva plusieurs officiers de la Gestapo en train de l'attendre. Elle essaya de s'enfuir par un escalier intérieur qui menait au toit :

> je suis rattrapée, menottée dans le dos, et l'interrogatoire commence sur place. [...] Je tente de maîtriser le tremblement qui me saisit de la tête aux pieds, angoissée à l'idée que ces hommes vont s'en apercevoir. Les questions pleuvent, et comme je refuse de répondre, l'un d'eux me crie : « Nous avons les moyens de vous faire parler. » La réplique me vient instantanément : « Je sais que vous êtes capable de tout. » Je suis giflée et le tremblement cesse. J'en suis soulagée. La force qui m'habite maintenant ne me quittera plus tout au long des cinq jours et cinq nuits qui m'attendent[6].

Heureusement, Claire n'était pas là lors de l'arrestation mais comme c'est elle qui, deux ans plus tôt, avait présenté Jacqueline, tout juste arrivée dans la capitale, à Jean Ayral, le directeur régional du Bureau des opérations aériennes et proche collaborateur de Jean Moulin, elle était affolée.

Jacqueline était une jeune veuve, son mari était mort soudainement en 1941 alors qu'il était prisonnier en Allemagne. Grande et svelte, elle avait une force intérieure lui venant en partie de l'observation de sa mère qui avait courageusement élevé seule une famille de sept enfants. Le ressentiment de la mort prématurée de son mari, et son indignation quand elle vit pour la première fois un enfant portant l'étoile jaune à Paris, l'avait aidée à dépasser sa peur de l'ennemi. « Comment accepter de courber la tête ? Je comprends que je préfère plutôt mourir. Ce choc détermine en moi une résolution que rien ne pourra détruire. L'ennemi n'a pas de prise sur qui ne craint pas la mort. »

Elle commença à coder des messages qui devaient être transmis à Londres, et à s'assurer que les agents envoyés depuis l'Angleterre avaient un logement, une couverture professionnelle, des faux papiers et des cartes de rationnement. Il fallait aussi trouver des « boîtes aux lettres » pour les messages clandestins arrivant de toute la France. Une de ses amies, Josette, « chargée des relations publiques chez un célèbre couturier très apprécié par les épouses d'officiers allemands, [accepte de] servir de boîte aux lettres ; grâce aux allées et venues nombreuses dans l'établissement, nos jeunes courriers passent inaperçus. Nul ne peut en effet imaginer une activité de résistance au cœur de cette "grande maison" fréquentée par le gratin de l'armée d'occupation[7]. »

Jacqueline fut d'abord détenue au 11, rue des Saussaies, le siège de la Gestapo où les prisonniers étaient enchaînés, interrogés et torturés, puis à Fresnes et finalement déportée à Ravensbrück. Il n'est guère surprenant que Claire, imaginant sans les connaître les tortures subies par Jacqueline, résolût de s'engager entièrement. Elle quitta son travail, changea d'appartement et entra dans la clandestinité, adoptant le nom de Christiane Clouet. Elle ne pouvait plus rendre visite à ses parents, au risque de les mettre en danger.

« Le souvenir le plus net qui me reste de cette époque, ce n'est pas la peur mais la solidarité, qui était plus forte que la peur, se souvient Vivou. Quand nous apprenions que l'un d'entre nous avait été arrêté, nous savions que nous devions faire quelque chose. Bien sûr, nous n'avions pas la même perception de tout cela que nos parents. Quand Antoine Geoffroy-Dechaume, avec lequel je faisais de la musique, a été arrêté et emprisonné à Compiègne, je voulais qu'il sache que nous étions au courant et que nous faisions tout ce que nous pouvions pour lui. Je suis donc allée là-bas avec la sœur d'Antoine, Marie-France, avec l'intention de tourner autour du camp en jouant un air avec mon violon en me disant qu'il le reconnaîtrait et saurait que c'était moi qui jouais. Malheureusement, à l'extérieur du camp, un officier SS, qui avait l'air très aryen, m'a mise en garde : "Je vous déconseille de faire ça." Nous sommes alors rentrées chez nous, mais sans nous avouer vaincues. C'est ce que j'ai fait de plus dangereux. »

Au même moment, André Chevrillon, l'oncle de Vivou et le père de Claire, qui siégeait à l'Académie française, écrivit à René de Chambrun, dont il avait entendu dire qu'il espérait être élu quai de Conti, et plaida « au nom de la musique française[8] » pour la libération d'Antoine – mais en vain. Antoine fut déporté à Buchenwald le 20 janvier 1944.

Antoine et Marie-France Geoffroy-Dechaume appartenaient à une famille au patriotisme profondément enraciné et que les circonstances exacerbaient, un contrepoids à ceux qui faisaient des affaires au marché noir, achetaient des vêtements coûteux et entretenaient une image de normalité dans le Paris occupé. De culture catholique, ils étaient tous les deux tournés vers l'étranger et notamment l'Angleterre, tout en défendant farouchement une certaine idée de ce que la France incarnait.

Leur ancêtre Adolphe-Victor Geoffroy-Dechaume, un sculpteur né à Paris en 1816, considérait le Moyen Âge comme l'âge d'or de la France – on peut voir ses statues les plus connues sur les colonnes de Notre-Dame de Paris. Il était enterré à Valmondois, un vieux village au bord de l'Oise, où la famille avait fait souche par la suite. Avant la Grande Guerre, son petit-fils Charles, un peintre, vivait en Angleterre où il était devenu un ami proche de Clementine et Winston Churchill et de leur cercle. Ayant perdu une jambe lors des combats, Charles décida après son mariage de s'installer dans la demeure familiale de Valmondois. Là, il put élever ses dix enfants au sein d'une communauté musicale, artistique et créative peu commune. La famille chantait parfois des chorals de Bach ou jouait de petits opéras.

Bernard de Gaulle, un neveu du général, allait épouser Sylvie Geoffroy-Dechaume, la dernière de la famille. Il m'a parlé de Marie-France, née en 1919, qui reçut son prénom en signe de l'adhésion de ses parents aux termes du traité de Versailles. « Marie-France était un ange », dit-il de sa belle-sœur. Bernard de Gaulle, qui est le gardien de tant de flammes, vit aujourd'hui dans un appartement à l'ombre de l'ancienne prison militaire du Cherche-Midi, là où Dreyfus fut emprisonné et où, plus tard, des résistants furent torturés et fusillés. En ces lieux, il est presque impossible de ne pas sentir le passé envelopper le présent. « Il y avait quelque chose de divin en elle, un mélange de sincérité et de force[9] », ajouta-t-il. Un autre ami de Marie-France se rappelle qu'après la guerre, elle ne pouvait plus emprunter l'avenue Foch à pied en raison des cris des victimes de la torture qu'elle se souvenait y avoir entendus. Sylvie, née en 1924, était trop jeune au début de l'Occupation pour prendre un rôle actif dans la Résistance, et elle se faisait du mauvais sang pour son frère Antoine tandis qu'un autre de ses frères, Jean-Pierre, avait été capturé après la bataille de Dunkerque mais s'était débrouillé pour s'échapper et avait ensuite gagné un maquis dans le Sud. Dès qu'elle fut assez âgée, Sylvie l'y rejoignit.

Depuis 1941, Marie-France aidait les pilotes alliés en fuite, elle en cacha même quelques-uns à Valmondois. En au moins une occasion, à côté de Guingamp, elle fit équipe avec un mécanicien de confiance qui conduisait les aviateurs dans sa vieille camionnette jusqu'à une maison proche de la côte. De là, une fois que la BBC avait diffusé le signal indiquant que la voie était libre, il leur faisait descendre une falaise abrupte (si abrupte qu'ils pensaient que les Allemands ne la surveilleraient pas) jusqu'à la mer. Ensuite, tout le groupe attendait dans des grottes l'arrivée de petits canots qui les transporteraient jusqu'à un vaisseau britannique mouillant au large. Un jour, elle prit des journaux français pour lire dans le train de Paris à la Bretagne, mais elle fut glacée de voir l'un de ses compagnons de voyage tenir son journal à l'envers, les mains tremblantes, alors qu'un contrôleur allemand arrivait. Par chance, leurs papiers furent vérifiés sans qu'un mot fût échangé[10].

Mais vers la mi-1943, en voyant un officier de la Gestapo sortir de son immeuble, Marie-France réalisa qu'elle devait déménager sur-le-champ. Recourant à une fausse identité, elle fut envoyée près de Saint-Malo avec un groupe de résistants, dans le cadre d'une opération clandestine qui avait entre autres buts le sabotage des voies ferrées et des routes pour empêcher les Allemands d'atteindre la côte et d'y amener des armes ainsi que des munitions. Dès lors, ses missions devinrent plus dangereuses puisque, en sus d'aider les fugitifs, elle participait au sabotage des voies ferrées en vue du débarquement des Alliés, une tâche qui n'était initialement pas confiée à des jeunes filles et qui requérait qu'elle transportât des armes.

De nombreuses femmes rejoignirent la Résistance en 1943 mais, mis à part les ouvrières communistes qui étaient généralement syndiquées, la plupart avaient beau être bien éduquées et pleines de bonnes intentions, elles ne disposaient pas de la moindre expérience en matière politique ou militaire. Andrée (ou Dédée) de Jongh, ancienne dessinatrice publicitaire et infirmière, était la fondatrice ainsi que la cheville ouvrière du réseau Comète[I]. En janvier 1943, elle avait traversé trente-deux fois les Pyrénées quand elle fut capturée dans une ferme du Pays basque français à la suite d'une trahison. Torturée par la Gestapo, Andrée finit par admettre qu'elle dirigeait un réseau d'aide aux aviateurs. Son arrestation déclencha un chaos puisque entre les infiltrations et les multiples coups de filet nul ne savait plus à qui faire confiance.

Élisabeth Barbier, une divorcée de 31 ans qui vivait avec sa mère à Paris rue Vaneau, participait à la Résistance depuis 1940. Avec ses amis du réseau franco-britannique Mithridate, elle collectait des informations vitales pour aider à la planification des opérations militaires. Mais, à la fin de 1942, elle et sa mère abritèrent des résistants, des pilotes ou des réfractaires au STO, dans leur appartement ou dans ceux d'amis, jusqu'à ce que leurs « invités » puissent s'éclipser. C'était une activité

I. Basé à Bruxelles, le réseau Comète était un groupe de résistants qui aidait les pilotes alliés dont l'avion avait été abattu à s'échapper vers la Grande-Bretagne en leur fournissant des habits et de la nourriture tout en les guidant généralement jusqu'à Bayonne puis, au-delà des Pyrénées, à travers l'Espagne neutre vers Gibraltar sous contrôle anglais. La Pat Line, baptisée ainsi d'après Pat O'Leary, le pseudonyme d'Albert Guérisse, remplissait la même mission en empruntant des routes différentes, qui partaient toutes de Paris. L'une d'entre elles passait par la Bretagne, d'où les aviateurs étaient transportés outre-Manche par bateau.

extrêmement risquée, en particulier si les hommes en question ne parlaient pas français ou si leur apparence trahissait leurs origines, comme c'était le cas des Nord-Américains. Il fallait de l'argent pour les nourrir, les habiller et leur teindre les cheveux. Des cigarettes (indispensables pour calmer les nerfs) pouvaient être achetées à leur intention au marché noir, mais elles coûtaient entre 150 et 250 francs le paquet. Drue Tartière venait de la campagne avec de la nourriture et en profitait pour rendre visite à certains de ces garçons, parfois de simples adolescents qui se languissaient, frustrés de ne pas être autorisés à sortir (puisqu'ils pouvaient trop facilement se jeter – et jeter les autres – dans la gueule du loup), et qui, pensait-elle, n'étaient pas reconnaissants de ce que l'on faisait pour eux.

De temps en temps, elle les emmenait chez le coiffeur pour se faire couper les cheveux ou se promenait avec eux dans Paris, les déguisant du mieux qu'elle pouvait avec de vieux vêtements et leur interdisant de parler. Une fois, elle fit venir son amie libraire Sylvia Beach pour les distraire ; en une autre occasion elle dut réprimander un jeune lieutenant américain qui s'était mal comporté au point de faire pleurer ses hôtes. Drue lui rappela que ces Parisiens modestes, auxquels les différents mouvements de la Résistance versaient une somme dérisoire puisqu'il était difficile d'obtenir de l'argent de l'étranger, risquaient leur vie à chaque minute du jour et de la nuit pour lui. Elle finit par le menacer de le jeter à la rue pour qu'il se débrouillât seul s'il ne manifestait pas davantage d'égards et de gratitude. Pourquoi les femmes faisaient-elles cela ? D'après Jeannie Rousseau, celles qui résistaient « se sentaient presque impuissantes » et répondaient à un « besoin viscéral de participer au combat[11] ».

Denise Dufournier, à l'instar d'Élisabeth Barbier et de Jeannie Rousseau, s'était engagée dans la Résistance dès les premiers jours ou presque. « Soit vous faisiez quelque chose, soit vous étiez un collaborateur », c'est ainsi que la fille de Denise explique aujourd'hui le point de vue de sa mère. « Elle avait un profond sens moral[12]. »

Née en 1915 dans une famille d'artistes, de médecins et d'intellectuels, Denise fut scolarisée au lycée Molière, alors l'un des meilleurs établissements pour filles de Paris, où beaucoup de ses amies étaient juives. Elle en fut d'autant plus sensible aux injustices qui ne cessèrent de croître dès le début de l'Occupation. Ses parents moururent quand elle avait tout juste 13 ans et son frère 16, ce qui la força très tôt à ne compter que sur elle-même. Lorsque la guerre éclata, son diplôme d'avocate faisait d'elle une jeune femme indépendante comme il y en avait peu, à l'époque – son frère était diplomate à Lisbonne – et de surcroît elle écrivait des romans qui étaient publiés. Seuls quelques avocats exerçaient encore à Paris et elle était donc très demandée. En plus de son travail quotidien, elle prenait des risques énormes pour aider les aviateurs alliés contraints de s'éjecter de leur appareil au-dessus de la France et qui étaient impatients de quitter le pays. Mais le 18 juin 1943, Élisabeth Barbier, la mère d'Élisabeth et elle furent toutes les trois trahies par leur nouveau courrier, un homme qui se faisait appeler Jean Masson mais qui était en fait un escroc belge nommé Jacques Desoubrie. Denise comprit qu'il l'avait dénoncée lors de son premier interrogatoire quand il entra dans la pièce et se moqua d'elle.

Dufournier, comme Dédée de Jongh, fut d'abord interrogée à Fresnes pendant six mois, mais elle tint bon. Fresnes était alors un lieu d'horreur où « les Allemands fusill[ai]ent tous les jours [...] des condamnés ou des otages ». Jean Guéhenno, citant une source, « V », écrit dans son journal :

> L'ordre passe de cellule en cellule, par les gouttières, les tuyaux des cabinets, les conduites d'eau : « À six heures pour ceux de la cellule trente-deux. » Et à l'heure dite, toute la prison se met à chanter *La Marseillaise*, ou *Le Chant du départ*. Les prisonniers ont cassé toutes les vitres, pour que les victimes, en traversant la cour, entendent leur chant d'adieu. Les Allemands ont interdit de chanter, ils vont faire des exemples, torturer, fusiller. Inutilement. La prison continue de chanter[13].

Denise connaissait bien Fresnes pour avoir défendu plusieurs jeunes clients incarcérés dans cette prison. Elle savait qu'elle pourrait survivre à cette épreuve, et elle le fit. Au bout de six mois, Denise et Élisabeth Barbier furent envoyées à Ravensbrück où une nouvelle forme de torture commença.

En 1943, Vera Leigh était devenue une vraie Parisienne, ayant vécu toute sa vie d'adulte à Paris, où elle travaillait dans la mode. Mais née à Leeds en 1903, elle était aussi un sujet britannique. Elle décida qu'il était temps de rentrer en Angleterre, de là elle pourrait participer plus activement à la lutte contre les nazis. Vera n'avait pas connu ses parents biologiques, car elle avait été adoptée encore bébé par un homme d'affaires américain également entraîneur de chevaux de course, dénommé Eugene Leigh, et son épouse anglaise. Grâce aux Leigh, qui l'avaient emmenée vivre en France, Vera grandit à deux pas des écuries de Maisons-Laffitte, où Eugene logeait ses chevaux. Enfant, elle voulait être jockey, mais au lieu de cela, elle commença à travailler comme vendeuse auprès de la modiste Caroline Reboux.

En 1927, Vera s'associa à une amie et toutes deux ouvrirent place Vendôme leur propre boutique de chapeaux, qu'elles baptisèrent Rose Valois. Quand la guerre éclata, Vera était une femme d'affaires prospère fiancée à un Suisse installé à Lyon, Charles Dussaix. Les raisons pour lesquelles ils ne se marièrent pas demeurent obscures, mais en 1940, quand Paris fut occupée, elle alla vivre à ses côtés dans l'intention de partir immédiatement pour l'Angleterre. Une fois à Lyon, elle commença à aider les aviateurs alliés à quitter la France, mais cela devint vite trop dangereux. En 1942, elle dut elle-même s'enfuir en rejoignant l'une des routes d'évasion qui traversaient les Pyrénées jusqu'en Espagne. Elle fut brièvement internée à la périphérie de Bilbao et finit par arriver en Angleterre via Gibraltar pour offrir sur-le-champ ses services aux différentes organisations féminines.

Elle fut bientôt recrutée par le Special Operations Executive (SOE) en raison de sa maîtrise de la langue française. Son recruteur nota qu'elle était une « femme d'affaires efficace qui était naturellement faite pour le commerce », mais il pensait que cela n'affecterait pas sa capacité à accomplir les missions que le SOE avait en tête pour elle. Elle avait presque 40 ans et elle accepta dès lors de couper les ponts avec son fiancé. D'après son dossier, « elle considérait qu'elle l'avait suffisamment mis en danger en le laissant la cacher alors qu'elle cherchait à rejoindre l'Angleterre[14] ».

On l'a vu, le SOE avait été créé par Churchill en 1940

« pour mettre le feu à l'Europe » en soutenant les mouvements locaux de résistance dans les pays occupés. Près de soixante agents du SOE étaient des femmes, mais toutes ne furent pas envoyées sur le terrain. Les quarante sélectionnées pour rejoindre la section F (la section française) le furent en partie parce qu'on pensait qu'elles se fondraient mieux dans le décor que leurs homologues masculins, et qu'elles pourraient se forger une meilleure couverture, en particulier à Paris où il était de plus en plus rare de croiser des jeunes hommes[I]. Passer inaperçu était particulièrement important pour les gens de liaison, qui transportaient des messages souvent sur de longues distances en train ou à vélo. Londres estimait ainsi que les femmes qui cachaient des messages dans leur lingerie étaient moins susceptibles d'être soumises à une fouille corporelle[15].

Dans ce climat tendu, celles qui œuvraient comme agentes de liaison apportaient une aide précieuse aux opérateurs radio de la Résistance. De fait, une femme portant un panier avec un émetteur dissimulé sous des carottes et des navets pouvait prétendre transporter ses courses, tandis qu'un homme avec une lourde valise à la main était aussitôt suspect et serait plus probablement contrôlé. Néanmoins, la décision d'envoyer des agentes sur le terrain était sans précédent pour les Britanniques, même si elles étaient volontaires. Elles risquaient d'être capturées, torturées ou tuées.

Bien que Churchill n'ait jamais donné son approbation officielle au recrutement de femmes, quand le capitaine Selwyn Jepson, un officier recruteur pour la section F, lui présenta le projet, sa réponse – « Bonne chance[16] » – fut toujours considérée comme une autorisation tacite. À l'époque, le fait que la Grande-Bretagne recourait à des femmes ne pouvait pas être révélé au public puisque, d'après les conventions de Genève, elles n'étaient pas autorisées à prendre part à des activités

---

I. En plus des deux millions de soldats français initialement retenus en otage pour s'assurer que Vichy réduirait les effectifs de ses forces armées et paierait un lourd tribut en or, en nourriture et en fournitures, l'Allemagne ne cessait de réclamer davantage d'ouvriers. Il a été estimé qu'à la fin de 1943, il y avait 646 421 travailleurs français en Allemagne, presque tous des hommes, dont la plupart avaient été envoyés pour travailler sur les voies ferrées, dans des exploitations agricoles ou dans le cadre du STO.

combattantes. Par conséquent, leurs activités devaient rester totalement secrètes. C'est l'une des raisons pour lesquelles on ne sut presque rien à ce sujet pendant de nombreuses années.

Il fut décidé que les recrues féminines seraient enrôlées comme ambulancières militaires ; cela leur servait de couverture auprès de leur famille et de leurs amis et leur permettait de recevoir un entraînement au maniement des armes à feu. On caressait également l'espoir un peu vain qu'en cas de capture, elles disposeraient ainsi d'un statut militaire leur offrant une protection en vertu des conventions de Genève. Les femmes de la section F n'étaient pas toujours armées et on comptait sur elles pour utiliser au mieux leur féminité.

Vera entama aussitôt son entraînement. Son commandant rapporta qu'elle avait « du cran », qu'elle se débrouillait aussi bien que les hommes et qu'elle était « l'une des meilleures prises du lot [...], une femme épatante pour cette mission [...], un talent, un courage et une détermination exceptionnels[17] ». Un autre rapport indique qu'elle était férue de mode et qu'elle détestait le hideux uniforme kaki des ambulancières.

Pendant la nuit du 13 au 14 mai, l'enseigne Vera Leigh, Simone de son nom de code, s'envola pour la France et fut déposée à l'est de Tours par un Lysander. Ces petits avions pouvaient voler en dessous des radars ennemis, le pilote suivait les rivières, les lacs ou les voies ferrées à la lumière de la lune, avant de déposer les agents qui n'étaient pas parachutés et de récupérer ceux qu'il fallait ramener. Vera était attendue par Henri Déricourt, l'officier des opérations aériennes de la section F dans la région, et fut immédiatement conduite à Paris où elle serait une assistante modiste dénommée Suzanne Chavanne. Elle travaillerait avec le réseau Inventor (les agents du SOE en France étaient organisés en réseaux ou cellules qui couvraient différentes parties du pays).

Avec son œil d'experte de la mode, Vera trouva Paris inchangée par maints aspects. Les femmes, ou tout au moins certaines d'entre elles, continuaient à faire leurs achats dans les maisons de couture de la place Vendôme, comme le montrent le chiffre d'affaires des professionnels du secteur ainsi que les surtaxes payées par les clients[1]. Faute d'être sereine, Vera Leigh se sentait chez elle dans la ville où elle avait grandi. Sans réfléchir, elle retourna chez le coiffeur qu'elle fréquentait avant la guerre, un salon où tout le monde savait exactement qui elle était. En plus de son travail pour le SOE, elle avait repris ses anciennes activités, aidant des aviateurs alliés à se cacher dans des appartements à Paris avant leur départ pour l'Espagne, souvent avec l'aide du réseau Comète.

Comme Vera, Noor Inayat Khan était impatiente de retourner en France, son pays d'adoption, qu'elle avait quitté pour l'Angleterre avec sa famille en 1940, afin de lui être vraiment utile. Influencée par son frère Vilayat, qui était entré dans la Royal Air Force et contre la volonté de sa mère, elle avait rejoint les forces féminines de la Royal Air Force, se faisait appeler Nora et se présentait comme une fidèle de l'Église d'Angleterre pour éviter les questions embarrassantes. En octobre 1942, elle attira l'attention du SOE en raison de ses compétences linguistiques et fut convoquée pour un entretien en novembre.

La maîtrise des langues s'avérait essentielle et Noreen Riols, née à Malte de parents anglais, avait été elle aussi recrutée par la section F en 1943. Si elle avait été retenue, pensait-elle, c'est parce qu'elle avait fréquenté le lycée français à Londres.

---

[1]. Le chiffre d'affaires de 1943 atteignit 463 millions de francs, il était de 67 millions en 1941. Les magazines de mode continuaient à publier des photographies de la haute société parisienne en détaillant les tenues des élégantes, au moins jusqu'en février 1943, quand l'occupant, ne voulant pas encourager l'appétit pour des vêtements que même les Allemandes ne pouvaient pas s'offrir, finit par interdire la diffusion des clichés de mode. Parmi celles qui s'offraient régulièrement les dernières créations de la haute couture parisienne figuraient les femmes des officiers allemands, celles des collaborationnistes, des journalistes, des industriels dont les affaires étaient florissantes et les stars du cinéma. L'actrice Renée Passeur, épouse de Steve Passeur, le nom de plume d'Étienne Morin, un journaliste et auteur dramatique populaire à l'époque, qui occupait une suite au Ritz, était de celles-là. Tout comme Françoise Luchaire, l'épouse de Jean, Lisette de Brinon et Josée de Chambrun. Elles formaient un cercle à part et fermé de femmes bien décidées à conserver leur position sociale à la faveur des nombreuses réceptions franco-allemandes auxquelles elles participaient.

Comme beaucoup des recrues féminines du SOE, elle était aussi très jolie. Noreen aimait raconter l'histoire de Maureen O'Sullivan qui, alors qu'elle se déplaçait à vélo près de Paris avec un émetteur sanglé sur son porte-bagages, dut s'arrêter à un passage à niveau. Une voiture remplie d'officiers de la Gestapo s'arrêta à côté d'elle à sa grande horreur. L'un d'eux baissa sa vitre et lui demanda ce qu'elle transportait dans sa valise. « Maureen savait que si elle hésitait ou paraissait inquiète, c'en serait fini d'elle. Elle y alla donc d'un grand sourire [...] et répondit : "J'ai un émetteur radio et je vais contacter Londres pour vous dénoncer." [...] L'officier lui renvoya son sourire et répondit : "Vous êtes bien trop mignonne pour risquer votre tête à faire des bêtises pareilles." Puis il la salua et la voiture repartit[18]. »

Mais ce n'était pas toujours si facile. L'entraînement que suivaient ces jeunes femmes n'était pas aussi rigoureux qu'il aurait dû l'être, parce qu'il fallait les envoyer à Paris au plus vite. Dès le début, il y eut des tensions avec les autres services de renseignements britanniques sans parler de la rivalité avec les gaullistes. L'aisance à parler des langues étrangères et le soin apporté à son apparence étaient des critères essentiels pour le recrutement, tandis que la personnalité et la vie privée étaient simplement prises en compte.

Noor, ou Nora comme on l'appelait maintenant, fut acceptée après un seul entretien, au cours duquel elle avait été jugée « très prudente, ordonnée, soigneuse de nature et possédant une patience à toute épreuve[19] », d'après Selwyn Jepson, le responsable du recrutement. Elle rejoignit officiellement le SOE le 8 février 1943, à l'âge de 29 ans, elle aussi comme ambulancière. Sa formation, qui incluait des séances de sport et des cours de maniement d'explosifs, pouvait commencer pour de bon. Toutefois, elle n'était pas aussi adroite et sportive que Vera et apparaissait, ainsi qu'il est indiqué dans son dossier, « inapte au saut » et « effrayée par les armes ». Personne ne doutait de son courage, mais ses examinateurs estimaient qu'elle faisait des « erreurs stupides et se laiss[ait] toujours aller à donner plus d'informations que nécessaire quand on l'interroge[ait] », par ailleurs elle devait « apprendre à être plus discrète[20] ».

Ses capacités et l'état de sa préparation soulevaient clairement des doutes. Certains la trouvaient trop émotive, exotique et rêveuse et redoutaient qu'elle pût représenter un risque pour la sécurité, mais d'autres estimaient qu'étant une excellente opératrice radio, elle pourrait être utile. À en croire le rapport final de son examinateur : « C'est une nature instable et fantasque, et l'on peut fortement douter de son aptitude à travailler sur le terrain[21]. » Mais Maurice Buckmaster, le chef de la section F, qui subissait une énorme pression pour fournir des opérateurs radio entraînés, considéra non seulement qu'elle pourrait se débrouiller mais gribouilla dans la marge à la hauteur d'une phrase indiquant qu'elle « ne souffre pas d'un excès d'intelligence » : « On ne leur demande pas d'avoir une intelligence excessive. » Noor aurait-elle été retenue pour être envoyée en mission si la pénurie d'opérateurs radio n'avait pas été si aiguë ?

Quand d'autres femmes qui s'entraînaient avec elle firent part de leurs doutes, Vera Atkins, le bras droit de Buckmaster, intervint. Cette ancienne étudiante de la Sorbonne, aussi mystérieuse qu'élégante, emmena Noor déjeuner dans un restaurant discret et lui fit part des craintes des uns et des autres, insistant sur le fait que si elle renonçait maintenant, personne ne le saurait et qu'elle n'aurait pas à en avoir honte. Mais Noor était résolue et ne nourrissait aucune inquiétude, mis à part celle que lui causait sa mère.

Leo Marks, un jeune et brillant cryptographe qui connut bien Noor lors des dernières semaines qu'elle passa en Angleterre, était lui aussi mal à l'aise. À cette époque, les agents sur le terrain utilisaient un système de cryptage très rudimentaire, ce qui n'allait pas sans l'inquiéter puisque les communications pouvaient être ainsi facilement déchiffrées par les Allemands. Néanmoins, s'il était pris et devait transmettre un message sous la contrainte, un agent disposait, en guise de mesure de sécurité, d'un code spécifique qu'il devait insérer dans ses messages pour prévenir Londres de sa situation. Mais pour Noor, utiliser un tel subterfuge signifierait qu'elle devrait, évidemment, mentir à ses interrogateurs, et quand Leo en parla avec elle, la jeune femme répondit, choquée : « Leur mentir ? Mais pourquoi ? » Mentir était contraire à sa religion. Plutôt que des mensonges, rétorqua Noor, elle refuserait simplement de leur dire quoi que ce soit.

Marks, qui de toute évidence était épris de la belle Noor, redoutait qu'elle ait à subir des tortures inimaginables. Afin de la protéger, il lui confia un code de sécurité supplémentaire, lui expliquant : « Tu n'auras pas à mentir à son sujet puisque personne d'autre que toi et moi ne saura qu'il existe. » Lors de l'évaluation qu'il lui fit passer, il pria « pour qu'elle répète toutes les erreurs qu'elle avait déjà faites de manière qu'[il] puisse rédiger un rapport négatif qui l'empêcherait d'être envoyée sur le terrain[22] ». Mais elle s'en sortit parfaitement, et Marks dut donc rédiger à l'intention de Buckmaster le rapport positif dont ce dernier avait besoin pour que Noor reçût l'autorisation de s'envoler à bord d'un Lysander lors de la prochaine pleine lune.

Le 16 juin, Vera Atkins amena Noor en voiture dans le Sussex. À la dernière minute, juste avant le départ de l'avion, Vera lui donna la broche en argent qu'elle portait, l'enlevant soudainement de sa veste et l'accrochant sur le revers de celle de Noor en disant : « Le tout petit oiseau vous portera peut-être bonheur[23] ! » Dorénavant, Noor était Jeanne-Marie Renier, une nurse, dont la couverture complexe avait été forgée par Atkins elle-même.

L'été même où Noor et Vera Leigh étaient renvoyées à Paris, chaque jour apportait son lot de représailles et d'arrestations à mesure que les dénonciations des collaborateurs et les renseignements fournis par les agents infiltrés arrivaient en nombre dans les bureaux de la Gestapo. Les Alliés suspectaient Violette Morris d'être une informatrice de la SS avec comme mission spécifique de déjouer les activités du SOE.

L'ancienne athlète ne passait pas inaperçue du fait de sa grande taille, de son habitude de s'habiller en homme et de la liberté dont elle disposait pour descendre à Cannes ou Nice depuis Paris au volant de sa Citroën noire, conduisant des membres de la Gestapo ou des officiels de Vichy. Elle vivait toujours sur une péniche amarrée le long des berges de la Seine, où elle recevait « fréquemment des officiers allemands[24] », et bien qu'en 1941 elle ait cédé le magasin parisien de pièces détachées automobiles qu'elle possédait à la Luftwaffe, elle continuait à le diriger pour le compte des Allemands, ce qui lui donnait le droit d'être approvisionnée à discrétion en carburant et autres marchandises issues du marché noir. Beaucoup de ceux qu'elle conduisait la connaissaient comme « la fameuse Violette Morris », l'ancienne pilote de course des années 1920. Elle joua un rôle dans de nombreuses arrestations en 1943 et les prisonniers de Fresnes frissonnaient en entendant son nom.

Violette Morris.

Comme Londres le savait, l'espérance de vie moyenne d'un opérateur radio dans ce climat périlleux était de six semaines. Cela faisait à peine dix jours que Noor était arrivée à Paris quand les Allemands firent tomber le réseau avec lequel elle devait travailler ; ce qu'il en restait se retrouva totalement désorganisé. Début juillet, des centaines d'agents français furent arrêtés lors de rafles après que les Allemands eurent infiltré les réseaux du SOE. Noor et deux autres agents en réchappèrent.

L'un d'entre eux était un ancien homme d'affaires nommé France Antelme, âgé d'environ 45 ans, et qui semblait captivé par Noor. Tous deux essayèrent de prévenir les autres et de se cacher pendant que les Allemands torturaient ceux qu'ils avaient capturés dans l'espoir de localiser leurs camarades. Ce fut le cas de Francis Suttill, un avocat franco-britannique dont le pseudonyme était « Prosper ». On le força à rester debout plusieurs jours d'affilée sans manger, boire ou dormir. Exaspérés par son silence, ses geôliers le battirent sans pitié et lui cassèrent un bras.

Les autres agents reçurent de Londres l'ordre de s'échapper par les Pyrénées ou de profiter du prochain passage d'un Lysander à la faveur de la pleine lune d'août pour rentrer en Grande-Bretagne. Mais on recommanda à Noor de rester à Paris, de se faire discrète pendant un temps et de ne rien transmettre même si elle voulait à tout prix accomplir sa mission. Buckmaster considérait qu'elle était d'une importance cruciale pour que la section F ait la moindre chance de se remettre du désastre. Quand Antelme rentra en Angleterre fin juillet, il confia qu'avant de partir il avait fait de son mieux pour donner le maximum de renseignements à Noor et l'avait mise en contact avec Déricourt, qui avait besoin d'un opérateur radio. Mais Antelme était manifestement embarrassé et craignait de l'avoir laissée en grand danger.

Quand Londres eut finalement de ses nouvelles en août et en septembre, elles étaient à la fois bonnes et mauvaises. Son moral semblait excellent, mais elle ignorait les règles de sécurité élémentaires, adressant des messages en clair alors qu'ils auraient dû être codés. Pire, mais personne ne le savait encore, elle contrevenait à une autre instruction essentielle en recopiant dans un cahier tous les messages qu'elle envoyait pour le compte du SOE. Elle remercia Miss Atkins pour la petite broche en forme d'oiseau qui, dit-elle, lui avait porté chance. Les responsables de la section F en conclurent qu'elle s'était faite à sa mission, et quand plus tard ils lui ordonnèrent de rentrer à Londres, elle refusa jusqu'à ce qu'Atkins lui ait trouvé une remplaçante, qui en fait ne fut jamais recrutée.

Alors que les Allemands étaient sur ses traces, Noor resta notamment aux côtés d'une amie de la famille Marié, une femme qui fut plus tard capturée et déportée. Jacqueline Marié, jeune écolière de 17 ans quand la guerre éclata, ne savait pas qui était Noor jusqu'à ce qu'elle en entendît parler après la guerre.

Jacqueline elle-même, portée à résister par un élan naturel, distribuait des caricatures antiallemandes dans le voisinage en compagnie de son frère aîné, Pierre. Mais elle passa bientôt à des tracts plus élaborés appelant à la résistance, comme *Le Courrier de l'Air*, *Les Cahiers du témoignage chrétien* et des numéros de *Défense de la France*, le journal de l'une des plus importantes organisations de résistance, qui disposait de sa propre structure d'édition clandestine. « C'était inacceptable de vivre dans un pays occupé », explique-t-elle très simplement. Toute sa famille, terrorisée par le souvenir d'un grand-père déporté en Allemagne lors de la précédente guerre et qui ne s'en était jamais remis, était engagée dans une forme ou une autre de résistance.

« L'une des choses les plus effrayantes était de sortir du métro avec un sac rempli de tracts antinazis et de voir que la police française ou les Allemands étaient à la sortie. Parfois, nous étions alertés à certaines stations qu'il y avait des fouilles, ça pouvait durer deux heures, et nous empruntions donc à pied les tunnels, qui n'étaient pas éclairés, afin de sortir par une autre station. Mais il arrivait que seulement une station sur trois fût ouverte et il fallait marcher longtemps. C'était normal pour des résistants parisiens. Tout le monde le faisait », raconte-t-elle en haussant les épaules, décrivant ce qu'était la terreur quotidienne.

Pour rentrer à Versailles après avoir distribué des tracts devant les usines Renault, elle prenait des chemins détournés et, parfois, elle devait se glisser entre des bâtiments ou se cacher dans des halls quand une ronde de soldats allemands approchait ou si elle avait manqué le couvre-feu. « Au moins, on les entendait approcher avec leurs talons ferrés qui résonnaient dans les rues pavées de Versailles », se souvient-elle.

Mme Marié, sa mère, se consacrait à l'une des missions les plus dangereuses entre toutes, cacher des jeunes gens dans l'appartement familial qu'ils pouvaient utiliser pour leurs transmissions radio. « On ne parlait jamais de ça, même si chacune d'entre nous savait ce que l'autre faisait. Et ma mère n'a jamais essayé de m'arrêter. Je ressentais de la peur[25]. » En plus de distribuer des tracts, Jacqueline devait constamment trouver de nouveaux endroits d'où il serait possible d'émettre, puisque les Allemands patrouillaient dans des camions dotés d'antennes pour repérer les opérateurs radio, obligeant ces derniers à ne jamais rester trop longtemps au même endroit.

Geneviève de Gaulle était, comme Jacqueline, une jeune fille quand elle rejoignit pour la première fois un groupe de la Résistance. C'était le 17 juin 1940, le jour où elle entendit le maréchal Pétain « capituler lâchement » depuis Bordeaux. « Il y a des moments dans la vie que l'on ne peut pas accepter et l'invasion de notre pays par les nazis a été l'un d'entre eux. Mon père Xavier [le frère aîné du général de Gaulle] m'avait fait lire *Mein Kampf*, je connaissais donc la doctrine d'Hitler. J'avais vraiment besoin de faire quelque chose et donc je me suis rendue sur le pont le plus proche, sur la Vilaine, en Bretagne, et j'ai jeté un drapeau nazi dans l'eau », m'a-t-elle expliqué.

Comme la tentative de Vivou Chevrillon pour jouer du violon à Compiègne, ou lorsque Jacqueline d'Alincourt, jeune mariée, sortait chaque matin dès la fin du couvre-feu avec ses trois sœurs adolescentes pour déchirer les affiches de propagande, c'était un petit geste de résistance isolé mais qui pouvait rapidement en entraîner d'autres. En outre, Geneviève savait que son frère avait passé la frontière avec l'Espagne et s'était débrouillé pour rejoindre les Forces françaises libres de son oncle, ce qui l'encourageait à aller de l'avant. Elle avait grandi dans une famille qui se targuait de son dreyfusisme et, ayant perdu sa mère quand elle avait 4 ans, elle avait appris à se débrouiller toute seule à un jeune âge.

Souhaitant s'engager activement, à l'image de son frère, elle retourna à Paris depuis la Bretagne et écrivit des articles pour *Défense de la France*, généralement sous le pseudonyme de Galliard, mais elle utilisait en fait plusieurs noms de plume. Elle aidait aussi ceux qui le souhaitaient à s'échapper, pour la plupart il s'agissait de candidats aux FFL qui voulaient rejoindre Londres, soit par l'Espagne, soit par la Bretagne ; quelquefois elle les accompagnait jusqu'à la frontière. Elle était constamment aux aguets de renseignements sur les troupes allemandes ou leur équipement et on l'utilisait également pour livrer des paquets ou des faux papiers.

Jacqueline Marié renforçait son air juvénile en portant des socquettes blanches et en transportant ses tracts dans un cartable d'écolière. De la même manière, Geneviève de Gaulle considérait que « c'était un avantage de donner l'impression d'avoir 16 ans : une fois, un Allemand m'a proposé de porter ma valise sans savoir qu'elle contenait des armes. Une autre fois, j'ai sauté sur le garçon qui m'accompagnait pour faire semblant de l'embrasser, juste pour avoir l'air innocente[26] », se souvenait-elle.

Mais le 20 juillet 1943, sa chance prit fin. Alors âgée de 23 ans, la nièce du chef de la Résistance fut arrêtée par la Gestapo dans une librairie de la rue Bonaparte où elle livrait régulièrement des faux papiers d'identité. Comme les autres, elle fut amenée d'abord à Fresnes, puis déportée à Ravensbrück. En quelques jours, quatre-vingts résistants tombèrent aux mains des Allemands, dont cinquante qui, comme elle, travaillaient pour *Défense de la France*. Jacqueline Marié se souvient encore de l'effroi qu'elle ressentit en ce mois de juillet, quand des dizaines de membres de divers mouvements de résistance furent capturés, dont certains qu'elle connaissait. Mais elle continua sa mission, s'efforçant d'être plus prudente. Elle n'avait pas le choix.

Alors que la Gestapo ne cessait de recenser davantage de noms et d'adresses, sa poigne se resserrait partout, et la peur se répandait dans le pays. Les familles qui avaient quitté Paris pour Marseille en pensant y être en sécurité se trouvèrent soudainement en danger. Les enfants en particulier, toujours ballottés d'un endroit à l'autre, d'une école à l'autre, ressentaient la peur de leurs parents sans pouvoir exprimer leurs émotions, et pour certains, il en serait ainsi pendant des années. « C'était quelque chose de difficile à porter, même si on ne savait pas ce qui se passait précisément, c'était vraiment terrible et on ne pouvait rien faire. Ça nous brisait[27] », se souvient Claude Kiejman, qui est née à Paris et dont la famille s'est installée dans le Sud en 1940.

Odette Fabius avait noué une liaison passionnée avec Pierre Ferri-Pisani. Elle était étroitement impliquée dans son réseau de résistance et entendait se charger de missions de plus en plus dangereuses. Les actions secrètes étaient comme une drogue, confessa-t-elle, et elle se réjouissait de pouvoir rencontrer des personnes dont elle n'aurait jamais fait la connaissance sans la guerre, si elle était restée confinée dans son milieu.

Écrivant au sujet de Pierre après la Libération, Odette admit que le danger extrême et les incertitudes sur ce qu'il pouvait advenir le lendemain intensifiaient leur passion. Elle menait son histoire d'amour et son activité dans la Résistance en parallèle, l'une nourrissant l'autre. Comme elle le reconnut plus tard, c'était un « amour de guerre à la limite de l'impossible, un amour vécu intensément, mais dont nous sentions qu'il était condamné à être voué au présent, l'avenir constituant une menace pour notre liaison, que l'un de nous soit destiné à mourir avant la victoire, ou que nous soyons l'un et l'autre appelés à survivre. Les rêves que nous faisions à haute voix [...] étaient marqués [...] du sceau de l'illusion [...]. Nous nous aimions très fort [...], nous disant que cette absurde guerre aurait eu, au moins, le mérite de nous avoir permis de nous rencontrer[28] ».

Mis à part leur amour commun de la patrie et leurs « âmes fortes », Odette et Pierre n'auraient pas pu être plus dissemblables. La guerre leur permit de laisser leurs différences de côté. Ils avaient beau s'efforcer d'être discrets, tous les collègues de Pierre étaient au courant de leur aventure. Odette effectua plusieurs missions au début de 1943 et, tout juste de retour de Vichy où elle s'était rendue afin de récupérer sa fille pour les vacances, elle espérait passer de paisibles fêtes de Pâques avec Marie-Claude dans la maison qu'elle louait au Lavandou. Toutefois, le 23 avril, elle apprit que Pierre et des membres de son équipe avaient été arrêtés. Elle entreprit immédiatement de prévenir les huit « boîtes aux lettres » qu'elles étaient sous surveillance.

Après avoir demandé à Marie-Claude, âgée de 12 ans, de l'attendre dans un cinéma tandis qu'elle faisait le tour des boîtes aux lettres et lui avoir promis qu'elle reviendrait le plus vite possible, elle se mit en route. Mais à son huitième arrêt, un marchand de charbon, la Gestapo l'attendait. Elle essaya de donner le change, expliquant qu'elle pourrait revenir un autre jour, qu'elle voulait simplement commander du charbon pour l'hiver. Mais cela ne servit à rien, elle fut arrêtée et emprisonnée. Bien après la fin du film, Marie-Claude cessa d'attendre sa mère et décida de rejoindre des amis de la famille chez lesquels son père la retrouva par la suite.

Odette passa deux mois dans la prison Saint-Pierre de Marseille ; dissimulant qu'elle était juive, elle eut droit à une promenade d'une heure par jour. Elle brûlait de se confier aux autres prisonniers juifs, mais elle ne pouvait pas se le permettre, car elle était « engagée dans une action qui dépassait [s]a personne[29] ». Un jour, en chantant *La Marseillaise* à tue-tête, elle découvrit que Pierre se trouvait dans la même prison qu'elle. Puis, à son grand plaisir, ils furent transférés ensemble à Paris, s'accommodant d'un voyage en train de trois jours dans le même compartiment. « Ce voyage [...] fut pour moi, dans la triste situation où je me trouvais, un moment d'exaltation inoubliable, je dirais même de bonheur, si j'étais sûre que le mot ne choquerait pas[30] », écrivit-elle dans ses Mémoires.

Mais à Fresnes, elle fut placée à l'isolement jusqu'à son départ pour Ravensbrück via Compiègne en octobre. Elle ne sut pas qu'en novembre son mari avait lui aussi été arrêté mais qu'il s'était débrouillé pour ne pas être immédiatement transféré à Drancy sous prétexte que sa femme était catholique. Les Allemands savaient qu'il était un expert en antiquités et, au lieu de Drancy, on l'envoya travailler dans un camp à Paris même, dans l'ancien magasin Lévitan, où il fut affecté au tri des meubles et des œuvres d'art volés par les nazis. D'après sa fille, quand l'argenterie de sa propre famille lui passa entre les mains, il fit en sorte de tordre les couverts afin de les rendre inutilisables par les Allemands auxquels ils étaient envoyés[31].

Avant guerre, Lévitan, au 85-87, rue du Faubourg-Saint-Martin, était un célèbre magasin de meubles tenu par des Juifs. Il fut réquisitionné par les Allemands en juillet 1943 et les biens volés y furent triés, réparés et empaquetés. Il y avait d'autres dépôts à Paris : à la gare d'Austerlitz, à l'hôtel Cahen d'Anvers rue de Bassano et sur les quais de Bercy. De tous, le magasin Lévitan, situé au cœur de la ville, demeurait le plus connu et les détenus qui y travaillaient étaient généralement ceux qui avaient fait en sorte, du moins pour un temps, de ne pas être envoyés à Drancy puis déportés à Auschwitz, en parvenant à mettre en avant une sorte de privilège spécial, comme d'être le conjoint d'un « Aryen », l'épouse d'un prisonnier de guerre, ou un « demi-juif ».

Seules les pièces remarquables étaient envoyées en Allemagne. Les meubles et les petits objets étaient pour la plupart mis à la disposition des responsables nazis qui venaient se servir afin de les rapporter chez eux, tandis que les œuvres d'art de grande qualité partaient soit pour le Jeu de paume, où plus de vingt mille d'entre elles, volées à des Juifs, étaient enregistrées et entreposées, soit pour le palais de Tokyo ou le Louvre.

Il est bien entendu impossible d'estimer le nombre de Parisiennes qui passèrent à pied devant Lévitan, ou qui savaient ce qui s'y déroulait, tout en continuant leur vie quotidienne du mieux qu'elles le pouvaient. Toutefois, à côté de la terreur, si intense que certaines personnes n'osaient jamais s'aventurer en dehors de chez elles, Paris était aussi, comme le nota un touriste allemand, pleine d'« élégantes » qui donnaient le ton, faisant en sorte d'attirer l'attention non seulement des hommes « mais aussi des femmes souhaitant savoir ce qu'il fallait porter pour être à la mode [...]. Le soin qu'elles mettaient à rester à la page donnait de la couleur à un quotidien par ailleurs bien sinistre[32] ».

Pour la danseuse irlandaise Margaret Kelly – Bluebell de son nom de scène – la vie était particulièrement difficile. Il n'y avait jamais assez de nourriture. En 1940, les Allemands l'avaient envoyée, avec son enfant et alors qu'elle était enceinte du deuxième, dans un camp d'internement à Besançon. Finalement, le comte Gerald O'Kelly, un conseiller spécial de la légation irlandaise aussi riche qu'influent, l'en fit sortir en produisant des documents attestant qu'elle était une catholique irlandaise, des papiers qui s'avéreraient inestimables dans les mois qui suivraient.

Pendant ce temps, Marcel Leibovici décida de quitter Paris pour Marseille, espérant faciliter la vie de sa femme. Bluebell, de son côté, ne voulait plus travailler aux Folies-Bergère après ce que son mari y avait subi parce qu'il était juif et, qui plus est, elle n'aimait pas la façon dont les spectateurs, des Allemands pour l'essentiel, considéraient les soirées au cabaret comme un passe-temps incontournable de la vie parisienne. À la place, elle monta un petit spectacle de son cru au Chantilly, un théâtre modeste de la rue Fontaine, avec seulement dix danseurs sur une scène minuscule. Mais, même si son public n'était pas allemand, il était constitué de profiteurs du marché noir qui aimaient conclure leurs affaires autour d'un verre, souvent dans l'espoir de lutiner les filles.

De toute évidence, les autorités allemandes gardaient un œil sur Bluebell et, un jour, elle fut invitée à rencontrer un certain colonel Feldman, qui voulait lui proposer de se produire à Berlin. Non sans courage, elle refusa, lui faisant valoir qu'elle avait un passeport britannique et que des membres de sa famille combattaient les Allemands : « Il m'est impossible d'envisager même un instant de divertir vos troupes[33]. »

Mais peu après, elle apprit que Marcel avait été dénoncé et arrêté. Il était détenu au camp de Gurs, désormais utilisé comme un camp de transit pour de nombreux Juifs avant leur départ pour l'Allemagne. Elle était effrayée à l'idée que l'on remontât bientôt jusqu'à elle en tant qu'épouse de Marcel et, un matin, à six heures, elle fut réveillée par deux policiers français accompagnés d'un Allemand en uniforme de la Gestapo, qui perquisitionnèrent son appartement. Comme ils ne purent rien trouver d'incriminant, ils ne l'embarquèrent pas pour l'interroger.

Puis des nouvelles à la fois exaltantes et inquiétantes arrivèrent : elle apprit que Marcel avait réussi à s'échapper et qu'il était en route pour Paris, grâce à l'aide d'un ami musicien qui avait des contacts dans la Résistance et lui avait fourni des vêtements et une fausse carte d'identité. Pendant les deux années et demie suivantes, Bluebell, tout en parvenant à élever seule ses enfants et à mener une carrière exigeante, cacha son mari de greniers en appartements, loin de tout piano à cause du bruit, et avec seulement un minimum de nourriture car elle ne disposait pas de carte de rationnement pour lui. Comme il ne pouvait pas sortir, il avait besoin de choses à lire ainsi que de papier pour écrire, et ses lessives devaient être faites en secret. Cacher un Juif était un crime qui pouvait être puni de la mort, et Bluebell risquait chaque jour sa vie pour lui.

Au cours de l'été 1943, alors qu'elle était enceinte de six mois, elle fut de nouveau arrêtée et emmenée au 84, avenue Foch[1]. Comme elle s'y attendait, un officier allemand voulut

---

I. D'après le récit qu'elle fit à son biographe, George Perry, elle fut interrogée à la Gestapo. Mais le 84, avenue Foch était le siège de la SD et de

savoir où se trouvait son mari. D'après le récit qu'elle fit de l'interrogatoire, lorsqu'elle réalisa qu'on était sur le point de lui demander, en anglais, si son mari avait envie de revoir ses enfants, elle devança la traduction et répondit, via l'interprète, en interrogeant son interlocuteur sur sa propre envie de revoir les siens. Elle eut la chance que son insolence ne se retournât pas contre elle et qu'aucune question sur sa grossesse ne lui fût posée.

Aurait-elle été interrogée, elle avait une réponse toute prête : par temps de guerre, un Allemand ne devrait pas chercher à examiner la moralité d'une femme de trop près. À l'en croire, c'est son habileté à proférer des mensonges convaincants qui lui permit d'être libérée. « Je n'ai jamais eu le regard fuyant. Je les ai toujours regardés droit dans les yeux[34]. » Le 22 octobre, Bluebell donna naissance à son troisième enfant, une fille prénommée Florence, que Marcel ne put pas voir.

Quand Bluebell avait à tout prix besoin de nourriture, elle rendait visite à Frédéric Apcar à Vaucresson, au sud de Paris, chez qui elle put toujours se ravitailler. Frédéric était désormais le partenaire de danse de Sadie Rigal, renommée Florence, la jeune Sud-Africaine qui avait été internée avec Bluebell à Besançon. Libérée du camp au début de 1941, elle avait été autorisée à rentrer à Paris, mais elle devait se présenter chaque jour au commissariat de police. Un ami résistant était venu la chercher à la gare, lui avait pris une chambre d'hôtel et acheté de quoi dîner. Plus tard, en retour, elle cacherait un revolver pour lui. Sadie reprit son travail au Bal Tabarin et dormait dans les loges, puisqu'elle ne disposait pas du laissez-passer l'autorisant à être dehors la nuit. Une fois ce précieux sésame obtenu, elle s'en servit pour aider les autres.

C'est au Bal Tabarin que Sadie rencontra Apcar, avec lequel elle commença par créer un numéro de danse, « Florence et Frédéric », avant de nouer une relation amoureuse. Tous deux devinrent bientôt l'un des meilleurs couples de danseurs de

---

la SiPo, la *Sicherheitpolizei*. Les deux services étaient complémentaires et Bluebell peut facilement s'être trompée en pensant qu'il s'agissait de la Gestapo, dont le siège était en fait au 11, rue des Saussaies.

France, et même si leur histoire d'amour ne dura pas, ils rejoignirent un réseau informel de résistance qui aidait des artistes et des musiciens juifs, parmi lesquels Marcel Leibovici. La Hongroise Gis Varga, célèbre pour danser nue au Bal Tabarin, abrita Gilbert Doukan, un médecin et résistant juif avec qui elle eut une liaison tumultueuse.

C'étaient des temps passionnés, nul ne savait s'il serait encore vivant le lendemain. Non seulement Sadie transporta et planqua des armes pour la Résistance, mais parfois elle cacha chez elle des Juifs, dont elle ne connaissait pas les noms pour la plupart. Elle changeait fréquemment d'appartement et il lui arrivait d'accompagner ses hôtes, lorsque, nerveux et sans papiers, ils se rendaient à pied d'une planque à une autre.

Sadie Rigal, devenue Florence, pose devant la porte de Brandebourg à Berlin, lors de la tournée controversée de 1943 en Allemagne. Son partenaire de danse et camarade de résistance, Frédéric, est à l'extrême gauche. Édith Piaf est la troisième en partant de la droite.

Marcel Leibovici fut de temps en temps escorté à pied par Sadie, il s'efforçait alors d'afficher un air décontracté, même si des soldats armés pouvaient apparaître sans crier gare au coin de la rue – pour Sadie, c'était une mission dangereuse mais des plus nécessaires afin de permettre aux reclus de s'aérer.

Un jour, alors que Sadie hébergeait deux sœurs juives qui s'étaient échappées d'un camp, un policier la suivit après sa visite quotidienne au commissariat. À un moment où ils étaient côte à côte, tournés vers la Seine, il la prévint que sa propriétaire l'avait dénoncée et que l'appartement serait perquisitionné. Sadie emmena les sœurs à pied dans un couvent, assistant en chemin à un raid des nazis dans un orphelinat – les enfants juifs étaient sauvagement jetés dans la rue depuis les fenêtres des étages supérieurs. Les deux sœurs finirent par atteindre le sud de la France, et purent rejoindre New York, n'oubliant jamais la femme à laquelle elles devaient la vie. Le même policier anonyme prévint Sadie une seconde fois, alors qu'elle cachait une arme dans son appartement.

Quand « Florence et Frédéric » ainsi que Charles Trenet, Édith Piaf et Maurice Chevalier furent invités à effectuer une tournée dans quatre camps de prisonniers de guerre en Allemagne, on conseilla à Sadie d'accepter pour ne pas attirer l'attention sur elle. Elle ne croyait pas à la promesse allemande de procéder à cinq cents libérations en échange de la venue des artistes, mais elle profita cependant du voyage pour modestement aider les prisonniers en remplissant sa valise de lettres destinées à leurs proches, qui échapperaient ainsi à la censure.

Sur le chemin de Paris, la petite troupe s'arrêta à Berlin, où elle fut prise sous un bombardement allié. Dans l'abri antiaérien, les musiciens se mirent à jouer du jazz, déclenchant un débat parmi les Allemands présents. Piaf, Trenet et Chevalier comptèrent parmi les nombreux artistes qui se sentirent obligés de jouer devant un public allemand. Pour ces voyages, ils seraient considérés comme des collaborateurs après la guerre.

Toutefois, ainsi que le montre clairement la décision de Sadie, rien n'était simple : Trenet, qui chanta « Douce France » devant des prisonniers de guerre français à Berlin en 1943, se sentait particulièrement vulnérable en raison de son homosexualité, tandis que Chevalier était marié à une actrice juive roumaine, Nina Raya, et vivait avec elle dans une confortable villa près de Cannes – une situation qui pouvait s'avérer dangereuse. En 1942, son épouse avait fait venir ses parents pour les protéger. S'ils survécurent, ce ne fut pas le cas du mariage. La réputation de Chevalier serait pour toujours ternie par les images le montrant en spectacle à Berlin ; même si rien sur ces photographies n'indique que l'assistance était seulement constituée de prisonniers de guerre français.

D'après la légende, Édith Piaf, Édith Giovanna Gassion pour l'état civil, naquit sur le pavé de Belleville d'un acrobate sans le sou et d'une chanteuse. Abandonnée par sa mère à la naissance, Édith fut un temps élevée par des prostituées dans une maison close que tenait sa grand-mère. Se donner en spectacle et plaire aux hommes était tout ce qu'elle savait faire.
Elle devint elle-même mère à 17 ans mais lorsque sa fille, Marcelle, mourut à l'âge de 2 ans de la méningite, elle était apparemment si pauvre qu'elle dut coucher avec un homme pour pouvoir payer les funérailles. Édith avait été « découverte » en 1935 par un propriétaire de cabaret, Louis Leplée, qui fut son pygmalion. Il la baptisa Piaf en raison de son apparence de petite fille frêle qui contrastait nettement avec la puissance et l'intensité de sa voix.
Pendant l'Occupation, les spectacles de Piaf dans les cafés-concerts et les cabarets fréquentés par les Allemands eurent beaucoup de succès. Elle entreprit de se faire enregistrer auprès des services de propagande allemands, fit valider les paroles de ses chansons (à l'instar de tous les interprètes) et maintint délibérément de bonnes relations avec les nazis, qui appréciaient ses tours de chant. Mais elle utilisa sa popularité pour aider ses amis en difficulté et prit de nombreux risques qui auraient pu lui causer de graves ennuis. L'un de ses plus grands succès fut une chanson intitulée « L'accordéoniste » ; elle avait été écrite par le musicien juif Michel Emer, à qui elle donna de l'argent quand il dut fuir en zone libre. Elle avait également aidé le pianiste juif Norbert Glanzberg, un temps son amant, qui avait travaillé comme musicien de jazz avec Django Reinhardt dans le Paris des années 1930 et qui avait été hébergé par Lily Pastré à Montredon. Tous deux survécurent en se cachant jusqu'à la Libération.
En 1942, Piaf gagnait assez d'argent pour vivre dans un appartement luxueux – il était doté du chauffage central –, situé au-dessus de L'Étoile de Kléber, un célèbre bordel à deux pas du 84, avenue Foch, l'immeuble utilisé par la SiPo-SD

pour les interrogatoires et les séances de torture. L'appartement appartenait à Madame Billy, connu également sous le nom d'Aline Soccodato, une sous-maîtresse de maison close qui cacha plusieurs Juifs et des résistants et dont la secrétaire, une résistante dénommée Andrée Bigard, emménagea avec Piaf sous prétexte qu'elle était employée pour aider la chanteuse.

Piaf chanta partout en France, que des Allemands fussent dans le public ou non. Mais ce sont ses concerts dans les camps de prisonniers de guerre outre-Rhin qui furent sans doute ses initiatives à la fois les plus utiles et les plus controversées. Bien sûr, ces tournées participèrent de la popularité de Piaf auprès des Allemands puisqu'elles leur permettaient de montrer au monde que les artistes français s'accommodaient de l'Occupation et que la vie avait repris son cours. Mais Andrée Bigard, qui l'accompagna en une occasion, soutint que la chanteuse s'était délibérément fait photographier avec des dizaines de prisonniers pendant ses voyages en Allemagne de manière que la Résistance pût utiliser les clichés afin de forger au moins cent vingt fausses cartes d'identité, que Piaf remit aux prisonniers lors de sa tournée suivante, pour faciliter une éventuelle évasion.

Pendant tout ce temps, la vie culturelle parisienne, raffinée comme populaire, suivait son cours. À l'automne, Vivou Chevrillon fut invitée à une représentation à la Comédie-Française. Dans le foyer du théâtre, le document attestant que la pièce jouée avait été examinée par la censure était exposé au public. En le voyant, elle lança un regard convenu à une amie qui l'accompagnait car la signature qui figurait au bas de l'attestation lui était familière. C'était celle du préfet de Paris Amédée Bussière, qu'elle connaissait bien pour la reproduire régulièrement sur de fausses cartes d'identité. Dans le petit groupe dont elle faisait partie, un homme remarqua ce regard aussi amusé que furtif. Quelques jours plus tard, il la contacta en expliquant qu'il travaillait pour la Résistance à Lyon et avait besoin d'une fausse carte d'identité. Surprise, elle lui demanda comment il avait su qu'elle pouvait lui en fournir une. Il lui répondit que son regard l'avait trahie. Peu après, elle l'épousa et devint Mme de Boysson.

La vie à la Comédie-Française n'était jamais loin des pensées de Béatrice Bretty, la comédienne en « exil volontaire » aux côtés de Georges Mandel, car sa présence et ses talents étaient, jugeait-elle, requis ailleurs. En 1943, quand l'institution fut contrainte d'accueillir à deux reprises la troupe du Schiller-Theater de Berlin, elle fut révoltée à l'idée que sur « la scène de la Comédie-Française toute sonore de la prose de Molière, de Marivaux, de Beaumarchais, toute vibrante des vers de Corneille, de Racine, de Musset, retentissent les âpres accents du langage teuton[35] ». Des invitations avaient été envoyées au gratin de la collaboration et à d'autres personnages importants de la capitale pour ce qu'Hervé Le Boterf décrivit comme « un festival d'amitié franco-allemande[36] ».

Pendant des mois, Bretty avait suivi Mandel d'une prison à l'autre, tout en prenant soin de sa fille, Claude. Alors qu'il était détenu au fort du Portalet dans les Pyrénées, une prison du XIXe siècle construite au sommet d'une falaise surplombant la frontière espagnole, elle avait pu lui cuisiner son déjeuner presque chaque jour et le lui apporter. Elle cachait des messages dans sa volumineuse coiffure et recourait à tout son talent d'actrice pour ne pas être fouillée par les gardes. Le couple fut même autorisé à faire de courtes promenades dans l'une des cours de la forteresse. C'était une existence surréaliste.

Mandel n'avait pas eu droit à un procès public et ni la Résistance intérieure ni la France libre n'essayèrent de le libérer, la première craignant des représailles brutales tandis que, d'après Bretty, de Gaulle était désireux de garder l'ancien ministre loin de Londres où il pourrait s'affirmer comme un rival. Ses proches avaient échafaudé de vagues plans pour l'aider à s'enfuir, mais il était difficile de l'imaginer s'échappant à l'aide d'une corde tant il était corpulent. Un autre plan l'aurait vu sortir de la prison portant les vêtements de Bretty pendant qu'elle serait restée dans la cellule à sa place. Mais ce n'était pas facile d'organiser l'évasion de quelqu'un de si connu et de si bien gardé.

En avril 1943, Mandel fut brièvement envoyé au camp de concentration d'Oranienburg, au nord de Berlin, où il fut maintenu à l'isolement mais put rédiger des lettres. Il écrivit un message émouvant à Claude, s'efforçant de lui transmettre sa philosophie de la vie. Plus tard ce même mois, il fut transféré à Buchenwald où il demeura dans une petite cabane à l'extérieur du camp. Son ancien adversaire politique Léon Blum y était déjà incarcéré et avait obtenu d'épouser en détention Jeanne Reichenbach, qui vécut dès lors avec lui.

Quand Bretty l'apprit, elle demanda par l'intermédiaire de Fernand de Brinon l'autorisation de s'unir à Mandel de la même manière. Mais lorsque la requête lui fut transmise, Mandel refusa. Il n'entendait pas demander la permission de se marier car il ne voulait pas que Bretty subît les rigueurs de l'hiver ni ne partageât son sort. Il avait des livres avec lui et pouvait échanger avec les Blum, qui devinrent sans doute ses amis, et bien qu'il se sentît très seul et affaibli, il tenta de se persuader que ses tourments touchaient à leur fin avec la victoire alliée qui approchait.

Début juillet 1944, il fut renvoyé en France, à la prison de la Santé, et ses derniers mots aux Blum furent : « Dites à Béatrice Bretty, dites à ma fille que je ne regrette rien de ce que j'ai fait, que je crois avoir bien agi, que quoi qu'il doive arriver dans les jours qui viennent, elles n'auront pas à rougir de moi[37]. »

Au cours du frénétique été 1943, Rose Valland dut assister à la crémation d'environ cinq à six cents peintures « dégénérées », dont beaucoup avaient été volées, qu'un jury d'« experts » nommé par les nazis avait jugées de peu de valeur artistique ou commerciale. Un gigantesque bûcher de tableaux de Picasso, de Miró, de Léger, d'Ernst et de beaucoup d'autres se consuma dans les jardins des Tuileries. « Impossible de rien sauver[38] », écrivit-elle à son patron, Jacques Jaujard, le 23 juillet. En effet, elle ne pouvait réellement rien faire d'autre que de le tenir pleinement informé, et elle s'attela à la tâche.

Les Allemands continuèrent à propager l'illusion que les arts étaient florissants à Paris. Florence Gould était de celles qui visitaient encore les différentes expositions d'art autorisées par l'occupant, elle profitait de la vie culturelle parisienne autant qu'elle le pouvait et tenait salon. Malgré cela, 1943 fut une année difficile, même pour elle. En mars, elle glissa et se cassa la jambe alors qu'elle quittait l'appartement montmartrois de Louis-Ferdinand Céline où elle se rendait souvent en compagnie de la sociétaire de la Comédie-Française Marie Bell. D'après ce que Céline écrirait après la guerre, Gould voulait acheter ses manuscrits mais il avait refusé, « ne voulant rien devoir au milliardaire américain[39] ».

Après l'accident, Ernst Jünger continua à rendre visite à Florence, parfois avec Gerard Heller, et selon ce dernier, en une occasion, elle leur présenta un ami, le « colonel Patrick », un Allemand de la branche lyonnaise de l'Abwehr[40]. C'était vraisemblablement juste un nouvel admirateur, mais peut-être Florence avait-elle besoin d'un protecteur bien placé puisque les investigations se poursuivaient pour déterminer si son mari était juif. Dans ce cas, il aurait été évidemment arrêté puis déporté et ses importantes propriétés auraient été confisquées pour être aryanisées. Plusieurs mois auparavant, Frank Jay Gould s'était fait envoyer des certificats de baptême pour prouver qu'il était protestant, mais c'est seulement en mars que le CGQJ reconnut presque à contrecœur que les Gould n'étaient pas juifs et que leurs biens ne pouvaient pas être confisqués. Néanmoins, les Allemands s'assurèrent le contrôle de plusieurs hôtels et casinos de la Côte d'Azur leur appartenant, au motif que leur propriétaire était désormais un ressortissant d'une puissance ennemie, et les administrèrent jusqu'à la fin de l'Occupation.

En octobre, Noor et Vera Leigh furent toutes deux arrêtées. Noor s'était débrouillée pour transmettre une vingtaine de messages pendant sa fuite mais elle fut donnée aux Allemands, soit par Henri Déricourt, soit par Renée Garry. Déricourt était un officier du SOE et un ancien pilote de l'armée française que Londres suspectait de travailler comme agent double pour le compte de la SiPo-SD. Renée Garry était la sœur d'Émile Garry, le chef de réseau de Noor. En échange d'une somme qui se serait élevée à 100 000 francs, Renée aurait pu trahir Noor par jalousie car elle la suspectait de l'avoir remplacée dans le cœur de France Antelme. En tout cas, aux alentours du 13 octobre 1943, Noor fut arrêtée et interrogée au 84, avenue Foch.

En dépit des doutes originels des formateurs du SOE quant à sa personnalité douce et détachée de la réalité, lors de son arrestation, Noor se débattit si farouchement, allant jusqu'à mordre l'officier qui essayait de l'appréhender, que les Allemands la traitèrent comme une prisonnière extrêmement dangereuse. Son interrogatoire dura un mois entier, pendant lequel elle fit deux tentatives d'évasion. Après la guerre, Hans Kieffer, le numéro 2 de la SiPo-SD à Paris, confia à Vera Atkins que Noor ne lâcha absolument rien à la Gestapo et se débrouilla pour mentir de bout en bout.

Bien que Noor restât muette comme une tombe, refusant de révéler le moindre code secret, les Allemands mirent la main sur ses cahiers, dans lesquels ils trouvèrent assez d'informations pour continuer à envoyer de faux messages en se faisant passer pour elle, un stratagème qui berna Londres. Cela entraîna la capture de trois autres agents envoyés en France, dont les Allemands s'emparèrent dès leur arrivée. Parmi eux se trouvait une autre agente du SOE formée à Londres, Madeleine Damerment, fille d'un receveur des postes de Lille, âgée de 26 ans.

Le 27 novembre, Josée de Chambrun assista en compagnie de son amie Arletty à une représentation de gala du *Soulier de satin* de Paul Claudel à la Comédie-Française. Dans sa version originale, la pièce durait onze heures mais pour l'occasion elle fut donnée dans une version courte de seulement quatre heures. « Heureusement qu'il n'y avait pas la paire », persifla Sacha Guitry. Arletty se laissa elle aussi aller au sarcasme pour l'occasion et remarqua que dans le public se trouvaient « les "tout" : "Tout-Paris" ; "Tout-Résistant" ; "Tout-Occupant"[41] ». C'était bien sûr une exagération puisque, le même jour, Noor partait pour l'Allemagne où elle fut mise à l'isolement et dans le secret le plus complet à Pforzheim, en tant que détenue Nacht und Nebel (littéralement « nuit et brouillard »), condamnée à disparaître sans laisser de trace. Deux jours plus tôt, elle avait tenté une évasion audacieuse avec deux autres prisonniers, mais après qu'elle eut pu scier les barreaux et s'extirper de sa cellule, elle fut arrêtée dans les environs de la prison. Dès lors, elle dut porter des chaînes et on lui interdit de sortir pendant dix mois.

En 1943, l'hiver fut de nouveau rude et extrêmement froid, pire même, à en croire certains témoignages, que les hivers glacés du début de la guerre, en raison de la pénurie de charbon et de l'atmosphère tendue. En décembre, Rosa Liwarrak, 10 ans, était complètement seule. Sa mère était morte en lui donnant naissance, ses sœurs aînées étaient cachées et son père avait été arrêté à Paris en septembre. Avant son interpellation, il avait tenté de conclure un arrangement avec son comptable pour qu'il s'occupât de Rosa et de son frère, mais celui-ci avait refusé de veiller sur le garçon car il était circoncis, et à présent l'argent manquait à Rosa. Elle fut donc mise dans le dernier train civil à quitter Paris pour la Bretagne afin de rejoindre sa jeune belle-mère à la campagne. Or le train, qui avait une croix gammée peinte sur le toit et transportait de nombreux soldats allemands, fut bombardé par les Britanniques juste après Rennes, des centaines de passagers périrent.

Étonnamment, Rosa (dont le nom avait été changé en Rose Livarec, aux consonances plus bretonnes) s'en sortit et l'un des soldats allemands qui voyageaient dans le train accepta de la conduire en voiture jusqu'à la maison de sa belle-mère. Pauline Bohic, qui était issue d'une famille catholique dévote, tomba immédiatement à genoux quand elle vit Rosa, s'exclamant que c'était un miracle : visiblement, ses prières à la Vierge Marie avaient sauvé l'enfant. En quelques heures, Rosa fut convertie par le curé local et, l'année suivante, elle fut scolarisée à l'école catholique du couvent voisin. C'était un tel soulagement, dit-elle quelques années plus tard : « La religion catholique est extrêmement séduisante pour un enfant. Jésus est très indulgent et plein de compassion. L'église résonne de chansons, il y a plein de tableaux et de sculptures. Il n'y a pas toutes ces règles sur ce que vous ne pouvez pas faire[42]. »

La conversion de Béatrice de Camondo Reinach lui fut moins utile à Drancy. Elle écrivait constamment des lettres à sa mère, Irène Sampieri, qui à son tour écrivait à Georges Prade, un garçon roublard entretenant d'étroits contacts avec Jean Luchaire. Seules les relations comptaient dans ce monde trouble. Pourquoi ne pouvait-il pas régler la situation des Camondo ? Ne restait-il rien à troquer, ou étaient-ils punis pour s'être crus en sécurité trop tôt ? Le 31 mars 1943, afin d'obtenir la clémence pour la famille Reinach, Georges Duhamel, le secrétaire perpétuel de l'Académie française, était intervenu auprès de Fernand de Brinon, qui en avait fait part à Helmut Knochen, le chef de la SiPo-SD. Dans sa réponse, la SiPo-SD indiqua que Léon Reinach « se comporte dans le camp de manière insolente et prétentieuse et nous recommandons de les faire assigner, lui et sa famille, à l'un des prochains transports de Juifs⁴³ ». On donna des corvées à faire à Béatrice, comme balayer et laver le sol ou éplucher les légumes pour la soupe. Sa fille, Fanny, travaillait à l'infirmerie, tandis que Bertrand, qui se trouvait dans le quartier des hommes avec son père, était affecté à des travaux de menuiserie.

La musicienne Marya Freund, auprès de laquelle Germaine Lubin avait étudié, en vint à connaître la famille Camondo durant sa propre incarcération à Drancy et témoigna de la dignité de Béatrice. Freund, 67 ans, avait été arrêtée le 11 février à son appartement parisien et emprisonnée au camp pendant cinq semaines, jusqu'au 21 mars, quand elle fut transférée à l'hôpital Rothschild, grâce à l'intervention du pianiste Alfred Cortot – qui ne put toutefois obtenir sa libération. C'est un médecin qui lui permit de s'échapper pour la seconde fois, et lui sauva ainsi la vie. Il lui indiqua le bon moment pour filer, un jour de juillet, et elle sortit par la porte lorsque personne ne regardait, sans manteau ni gants (ce qui ne pouvait pas passer inaperçu en 1943, quelle que fût la saison), et demeura cachée le restant de la guerre¹.

Vers la mi-novembre, il n'y eut plus aucune négociation pour aucun membre de la famille Reinach. Léon compta parmi la quarantaine de détenus qui essayèrent de creuser un tunnel haut de 1,30 mètre et large de 80 centimètres pour s'échapper du camp. Les mineurs, qui s'étaient divisés en trois équipes et utilisaient une partie de l'équipement destiné à la rénovation du camp, profitèrent de l'absence d'Alois Brunner et de ses commandos partis arrêter des Juifs à Nice et aux alentours. Le 9 novembre 1943, le tunnel fut découvert par les Allemands avant qu'il ne pût servir et les punitions furent sévères pour les détenus qui l'avaient creusé. Reinach et ses deux enfants, Fanny et Bertrand, furent amenés à la gare de Bobigny et partirent le 17 novembre dans le convoi 62 pour Auschwitz.

Il n'est pas concevable que la population de Drancy ne se rendît pas compte des transferts massifs et incessants de

---

I. Dans l'une de ses cachettes, une cabane dans une forêt près de Montfort-l'Amaury, elle termina le journal qu'elle avait commencé à l'hôpital Rothschild qui fut plus tard retrouvé par son fils, Doda Conrad, alors qu'il triait des papiers afin d'écrire sa propre autobiographie *Dodascalies. Ma chronique du XXᵉ siècle* (Actes Sud, 1999).

prisonniers ainsi que des arrestations presque quotidiennes et de l'arrivée de milliers de détenus à la gare de Bobigny, tout comme il est inconcevable que Béatrice, qui était chargée des « nourrissons », à en croire un organigramme de Drancy[I], ignorât qu'elle ne reverrait plus ses enfants. On ne sait pas si elle fut autorisée à leur dire au revoir, ni comment elle trouva la force de survivre.

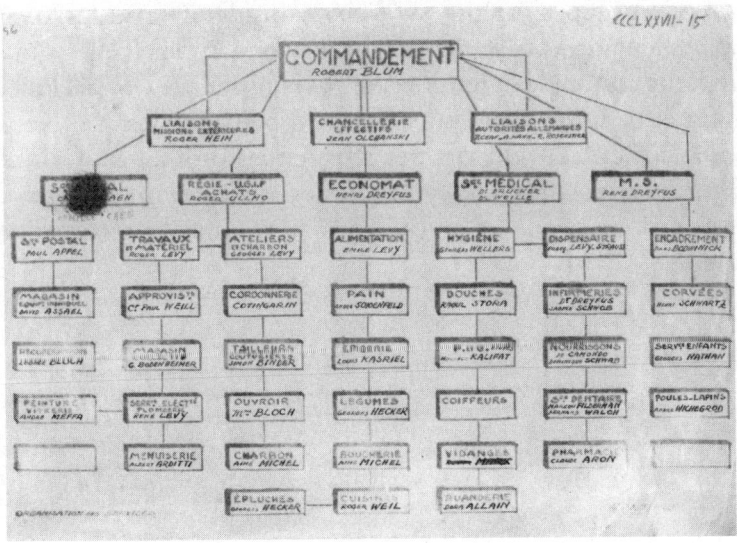

Organigramme des cadres juifs de Drancy.

Cette année-là, dans les trains, beaucoup de femmes lisaient *Autant en emporte le vent*, qui était sorti en librairie en 1939. Ainsi que Drue Tartière le remarqua, ces lectrices avaient souvent la larme à l'œil en prenant connaissance des épreuves endurées par les Américains pendant la guerre de Sécession ; sans doute le roman rendait-il leurs propres souffrances plus supportables. « Dans les trains, les voyageurs avaient l'air au

---

I. Sur cet organigramme glaçant du 26 juillet 1943 intitulé « organisation des services », sont soigneusement répartis les Lévy, les Kasriel, les Dreyfus, les Schwab, les Nathan et d'autres dans des cases, en précisant toutes les tâches qui leur étaient assignées : « pain », « légumes », « peinture vitrerie », « hygiène », « corvées »...

bout du rouleau et, comme il y avait une pénurie de savon, l'odeur qui y régnait était oppressante. » Dans certains cercles, il était en effet du dernier chic de ne pas soigner son apparence, certaines femmes étaient ainsi déterminées à porter des pantalons, surtout si elles devaient faire du vélo, parce que c'était un vêtement chaud et confortable, et que leurs maris, qu'ils aient été tués ou faits prisonniers, en avaient laissés derrière eux. Cela relevait du bon sens, aussi bien émotionnel qu'économique – même si Vichy considérait que les pantalons étaient un attribut masculin et condamnait celles qui en portaient comme des femmes de basse moralité. « Seuls les collaborateurs avaient les moyens d'être bien habillés[44] », d'après Drue Tartière. La plupart des Parisiennes ordinaires devinrent adeptes du pis-aller, se révélant « des virtuoses du secours, du miracle domestique et quotidien[45] », comme le reconnaissait Colette.

6
1944 – RAVENSBRÜCK-PARIS

Le 17 janvier 1944, aux alentours de 20 h 30, une alerte aérienne retentit à la clinique Marie-Louise en haut de la rue des Martyrs, à deux pas de Pigalle. Les hurlements de la sirène submergèrent les vagissements d'une petite fille, née au milieu du raid.

Sa mère, Madeleine Hardy, une aide-comptable de 23 ans, avait subi un avortement quelques mois plus tôt, mais elle voulait à tout prix cet enfant, même si elle savait que le père, un homme marié dont elle n'était pas particulièrement amoureuse, ne quitterait pas sa femme pour l'épouser. De son côté, ce directeur d'une usine de machines à calculer à l'abri du besoin était follement épris de la sculpturale Madeleine, sa cadette de vingt ans, et de sa liberté d'esprit. Il loua pour elle un modeste deux-pièces rue d'Aumale, où il venait lui rendre visite et admirer la petite Françoise. Cet arrangement n'était pas pour déplaire à Madeleine.

Quelques mois plus tard, elle était de nouveau enceinte de lui. Cette fois, avec la guerre qui n'en finissait pas et la pénurie de nourriture à son comble, il ne voulut pas entendre parler d'un nouvel enfant. Têtue et résolue à garder le bébé, une fille prénommée Michèle qui naîtrait en juillet 1945, Madeleine demanda à sa propre mère de l'aider pour qu'elle pût reprendre le travail. Sa fille aînée, Françoise, conserverait le nom de sa mère et deviendrait l'une des chanteuses les plus connues des années 1960.

En 1944, Paris restait un endroit dangereux. Aussi longtemps que les Allemands l'occuperaient, le strict couvre-feu demeurerait en vigueur. Une nuit, alors que le père de Françoise s'était retrouvé dehors trop tard pour rentrer chez lui, Madeleine refusa de le laisser pénétrer dans son appartement car elle le soupçonnait d'avoir passé la soirée avec une autre femme. Il trouva finalement un endroit où s'abriter, mais c'était un comportement impardonnable alors que la tension atteignait son paroxysme, avec la Gestapo qui saisissait le moindre prétexte – quand elle prenait la peine d'en avancer un – pour procéder à des arrestations, consciente que le cours de la guerre était en train de s'inverser.

À la suite de la défaite allemande à Stalingrad l'année précédente, l'Armée rouge gagnait du terrain à l'est et les Alliés, dont on savait qu'ils préparaient un débarquement, repoussaient également les Allemands depuis le sud de l'Italie après avoir pris le contrôle de l'Afrique du Nord. De même, la Résistance dans la capitale devenait de plus en plus audacieuse. Un jour, alors qu'une fusillade éclatait dans la rue, Madeleine se jeta sur le landau pour protéger son bébé des balles.

Engagés dans une frénésie d'arrestations, les Allemands devaient vider les camps autour de Paris de leurs prisonniers pour faire de la place. Les Juifs, femmes et hommes, étaient pour la plupart déportés à Auschwitz via Drancy. Pourtant, Drancy débordait et, comme les Allemands avaient interdit les colis de la Croix-Rouge, l'Ugif n'eut d'autre choix que de prendre la responsabilité funeste de procurer des vivres et de l'aide aux internés.

Cette coopération fit de l'Ugif la complice des Allemands. Si elle n'eut toutefois jamais à préparer des listes de déportés, elle proposait une assistance sociale à la communauté et gardait trace des adresses de nombreux Juifs, tout en abritant des enfants dans des foyers connus des Allemands, ce qui facilitait les rafles. Ses dirigeants étaient confrontés à un dilemme effroyable : s'ils refusaient de fournir des équipements de première nécessité, comme des couvertures et des chaussures, ainsi qu'on le leur demandait, les Juifs voués à l'extinction seraient envoyés à l'est dans des conditions encore plus atroces. Les responsables de l'Ugif considéraient qu'ils ne pouvaient faire autrement et tâchaient de regarder la réalité en face.

En mars, après qu'elle eut passé seize mois à Drancy, les Allemands décidèrent qu'il était temps d'en finir avec Béatrice Reinach, envoyée à Auschwitz dans le convoi n° 69. Elle survécut dix mois, jusqu'à sa mort le 4 janvier 1945, deux semaines avant la libération du camp. Sa mère, Irène Sampieri, qui n'avait pas pu la sauver, hérita de ce qui restait de la fortune des Camondo et la dépensa tout entière dans les casinos de la Côte d'Azur au cours des années d'après-guerre ; elle mourut en 1963, à l'âge de 91 ans. La magnifique demeure que Moïse de Camondo a fièrement léguée à l'État français est tout ce qui reste aujourd'hui de la famille, tel un monument à Béatrice.

Hélène Berr, qui avait un temps travaillé dans les bureaux de l'Ugif, était de plus en plus impliquée dans le sauvetage d'enfants juifs quoi qu'il lui en coûtât. Elle se chargea de missions sur le terrain pour plusieurs réseaux qui envoyaient clandestinement les enfants juifs placés dans des foyers ou des orphelinats vers des fermes, des villages et d'autres endroits sûrs à l'extérieur de Paris. Il s'agissait notamment de l'Œuvre de secours aux enfants (OSE), fondée en Russie à la veille de la Grande Guerre pour aider les Juifs indigents, et de l'Entr'aide française israélite (EFI). Certaines de ces organisations opéraient partiellement sous couverture officielle de l'Ugif, d'autres étaient liées à des groupes non confessionnels. Néanmoins, toutes devaient faire face à la difficulté d'être placées sous l'égide des institutions juives agréées par les autorités.

Hélène prit conscience que, l'Ugif étant autorisée par les Allemands et disposant de trop nombreuses listes, son travail risquait d'être infecté par la collaboration, mais son sens moral solide l'amena à mettre de côté ses scrupules et à conclure que garder les enfants éloignés des camps était la priorité absolue. C'était la chose la plus importante qu'elle pouvait faire. Après que les locaux de l'Ugif eurent été eux aussi la cible d'une rafle à la fin de juillet 1943 et que l'intégralité des quarante-six employés qui s'y trouvaient eurent été déportés à Auschwitz, Hélène redoubla d'efforts, allant même jusqu'à Drancy pour aider à la distribution de nourriture et assister les internés pour des sessions de deux semaines.

Environ un tiers des Juifs résidant en France furent déportés et assassinés, mais seulement un enfant juif sur dix périt pendant l'Occupation, pour l'essentiel grâce au dévouement de personnes comme Hélène Berr et à la bienveillance de Français courageux qui réussirent à les cacher. Malgré tout, 11 400 enfants français moururent.

Le 8 mars 1944, Hélène et ses parents furent arrêtés dans leur appartement de l'avenue Élisée-Reclus. Ils avaient dormi à l'extérieur presque chaque nuit, Hélène trouvant refuge chez la cuisinière de la famille, Andrée Bardiau, à laquelle elle confiait son journal, page après page, pour qu'elle le gardât précieusement. Comme Mme Berr l'avait souvent dit à sa fille : « Il faudrait tout de même noter ces choses-là, pour s'en souvenir après[1]. » Hélène écrivit un mot pour sa sœur avant d'être emmenée à Drancy puis, de là, à Auschwitz, où ses parents furent assassinés au bout de quelques semaines. Elle survécut dans le camp pendant huit mois mais fut ensuite envoyée à Bergen-Belsen, où elle attrapa le typhus. Trop faible pour travailler, elle fut battue à mort en avril 1945, cinq jours avant la libération du camp par l'armée britannique.

Après parfois plusieurs mois à Fresnes ou au fort de Romainville, qui passait pour être moins dur, les prisonnières politiques furent à leur tour déportées dans des camps en Allemagne, un sort qu'elles redoutaient toutes. Les femmes raflées en 1943, parmi lesquelles Odette Fabius, Denise Dufournier, Geneviève de Gaulle et Jacqueline d'Alincourt, pouvaient deviner ce qui les attendait quand elles furent transportées au début de 1944 de Paris à Ravensbrück, un camp pour femmes situé à une centaine de kilomètres de Berlin où les témoins de Jéhovah et autres « antisociaux » de plusieurs pays étaient détenus depuis le début de la guerre.

Grâce aux rumeurs arrivées jusqu'à elles, elles savaient à quelles cruautés s'attendre. Quant à survivre, aucune ne pouvait être sûre d'y parvenir. Mais puisqu'il s'agissait théoriquement d'un « camp de travail », elles avaient l'espoir qu'on les affecterait à des travaux forcés en plein air, ce qui était sûrement préférable au fait de croupir dans les cellules d'isolement de Fresnes.

Les femmes, déjà affaiblies, furent amenées à la gare de Pantin que les Allemands utilisaient pour expédier outre-Rhin tout ce qu'ils avaient pillé, et on les entassa par soixante – prostituées, avocates, enseignantes et danseuses de cabaret mêlées – dans des wagons surpeuplés pour le trajet vers Ravensbrück. Les comtesses « reculèrent, horrifiées[2] », en voyant les prostituées, arrêtées pour avoir prétendument transmis des maladies vénériennes à des membres de la Gestapo. Toutes les femmes voyageaient avec leurs propres vêtements, et certaines avaient eu l'autorisation de prendre des bagages qui contenaient des objets de luxe comme des poudriers, de l'eau de Cologne ou des saucissons et du fromage, que leur famille leur avait fait passer en fraude pendant leur détention. Beaucoup essayaient d'écrire des mots pour leurs proches et les jetaient par les fentes du wagon dans l'espoir qu'ils seraient remis à leur destinataire, ce qui, de façon surprenante, fut le cas pour presque tous. Mais, pour l'essentiel, le voyage jusqu'à Ravensbrück signifiait supporter au moins trois jours et quatre nuits sans nourriture ni eau, et avec une tinette qui débordait.

À leur arrivée à Fürstenberg, elles furent accueillies par des gardes allemands qui ouvrirent les portes du train en brandissant des matraques et en criant : « Vite, vite, par cinq, sales cochonnes[3]. » Pour atteindre le camp de Ravensbrück, les femmes, gelées et affamées, durent marcher à travers une forêt de pins enneigée ; seule la conviction que les débarquements alliés étaient imminents et que la guerre serait bientôt terminée leur permit de trouver la force nécessaire. Au cours du voyage, Denise Dufournier avait été marquée par un officier allemand qui les avait triées, cravache à la main : « Je ne pense pas que le regard de ce pantin à cravache [...] eût osé croiser nos regards qu'allumaient la haine, la révolte et la ténacité. Sans doute eût-il en effet trop vite compris qu'il était déjà vaincu par la force spirituelle que devaient soutenir en nous [...] la certitude de notre victoire et la justice de notre cause[4]. »

Lorsqu'elles pénétrèrent à pied dans le camp, avant même l'humiliation de devoir se dévêtir et de se tenir debout nues pendant des heures, avant même d'avoir la tête rasée et de voir tous leurs biens confisqués, les autres détenues, les créatures faméliques qui semblaient comme des apparitions d'un autre monde, remarquèrent ces *Franzosinen* (ces Françaises) – le mot, à moitié chuchoté, parcourut tout le camp – droites et sûres d'elles, si différentes des autres. Quelques-unes étaient arrivées en tenue de ski, ou dans d'élégants manteaux de laine voire de fourrure, et certaines refusaient la nourriture qu'on leur donnait, craignant de s'empoisonner, particulièrement après qu'au moins l'une d'entre elles eut souffert de violentes crampes d'estomac à cause de rutabagas indigestes. D'autres furent tentées de rire devant la folle réalité de ce qu'elles voyaient. Une *blockova* polonaise, la surveillante du block choisie par les SS parmi les détenues pour maintenir l'ordre (qui n'était pas toujours une complice cruelle des gardes), remarqua, juste avant une visite d'inspection du Reichsführer-SS, Heinrich Himmler : « Tout le camp tremble, et vous, mesdames, vous riez[5]. »

Quand les prisonnières françaises commencèrent à arriver en nombre à la fin de 1943 et au début de 1944, les Polonaises et les Russes avaient eu des années pour s'habituer à la barbarie et elles leur laissèrent donc certains des pires travaux. Les Françaises eurent ainsi à subir une double oppression – celle des SS et celle des autres prisonnières. D'autant qu'elles semblaient ne pas être pourvues de la même résistance physique que leurs semblables polonaises et russes, qui « gardaient leur santé et leurs forces bien plus longtemps que les autres détenues et parvenaient à préserver cette énergie à la fois simple et joviale qui les caractérisait[6] ».

Geneviève de Gaulle, embarquée dans le même convoi que Denise Dufournier et Cecily Lefort, une agente du SOE mariée à un médecin français qui avait travaillé aux côtés de Noor Inayat Khan, décrivit leurs sentiments en passant les grilles du camp :

> Quand j'étais dans la prison de Fresnes, il y avait une lueur, une réponse parfois, même pendant le terrible voyage vers Ravensbrück. En entrant dans le camp, c'était comme si Dieu était resté à l'extérieur. À la lueur des projecteurs, nous avons aperçu des femmes qui portaient de lourdes cuves. À peine avais-je remarqué leur silhouette vacillante, leurs crânes rasés, mais j'avais été foudroyée pour toujours par la vision de leur visage[7].

Elle fut également foudroyée par les corps, en particulier ceux de soixante-quinze jeunes Polonaises – l'une d'entre elles avait tout juste 14 ans – qui étaient arrivées au camp en bonne santé. On les appelait « les lapins », car les médecins nazis les utilisaient pour mener des expériences, certaines avaient subi jusqu'à six opérations au cours desquelles des os ou des muscles de leurs jambes avaient été prélevés. On infectait ensuite délibérément les plaies avec des bactéries, sous le prétexte ignoble que ces recherches servaient à mettre au point un traitement pour les blessures de guerre. Les autres prisonnières ne pourraient jamais oublier la vision quotidienne de ces martyres courageuses, qui boitillaient tout autour du camp, maintenues en vie pour des raisons abjectes.

Geneviève, qui portait le matricule 27372, savait qu'à mesure que s'amenuiserait sa résistance physique, sa survie dépendrait uniquement de sa capacité à puiser de la force en elle-même. « Tandis que nous marchions en titubant de fatigue [...] m'obsédait la certitude que, bien pire que la mort, c'était la destruction de notre âme qui était le programme de l'univers concentrationnaire[8]. » Mais elle était déterminée, si elle devait survivre, à ce que le restant de ses jours fût conditionné par ce qu'elle voyait. Jusqu'alors, rien dans son existence ne l'avait préparée aux douze heures de labeur quotidien auxquelles elle était désormais vouée, se cassant le dos à briser des pierres pour construire une route, seulement vêtue d'une tenue légère.

Cependant, le pire était à venir puisqu'elle dut se charger de corvées encore plus pénibles, vit des camarades mourir d'épuisement pendant la nuit, assista à des tortures et des passages à tabac et fut elle-même sauvagement rouée de coups après qu'on l'eut fait tomber à terre. Elle s'affaiblissait petit à petit, souffrait de douleurs intolérables dues à une pleurésie non soignée, d'irritations liées au scorbut et d'ulcérations de la cornée ; elle pensait que sa mort était imminente.

Comme tout le monde dans le camp en 1944, elle était également certaine que l'Allemagne allait perdre la guerre, mais elle ne savait pas quand. Le soutien de ses camarades fut crucial pour demeurer en vie jusqu'à ce moment-là. Le 25 octobre, le jour de son anniversaire, ses amies rassemblèrent toutes les miettes de pain qu'elles purent trouver, les mélangèrent à la mélasse de leur ration, ersatz de confiture, et en firent un gâteau qu'elles décorèrent avec des brindilles en guise de bougies.

Himmler réalisa l'importance de cette prisonnière apparentée au général français. Il demanda qu'elle reçût un traitement spécial afin qu'elle pût se rétablir et être utilisée comme une possible monnaie d'échange. Le 3 octobre, en rentrant épuisée du travail, Geneviève fut convoquée dans le bureau du commandant du camp Fritz Suhren, qui lui demanda comment elle allait. « Très mal, comme vous pouvez le voir[9] », lui répondit-elle. En retour, il lui annonça qu'elle serait déplacée dans un autre block et qu'à l'avenir elle serait déchargée des corvées extérieures éreintantes auxquelles elle était affectée – elle serait dorénavant affectée à l'infirmerie, où les conditions de travail étaient relativement confortables. Quand Geneviève protesta qu'elle ne voulait pas être séparée de ses amies, Suhren lâcha que c'était un ordre.

Et c'est ainsi que pendant quelques semaines elle vécut dans un block privilégié – la vitrine qui était montrée aux quelques visiteurs – où elle disposait d'une paillasse pour elle seule, recouverte d'un édredon à carreaux bleus et blancs, de sa propre serviette et d'un uniforme propre constitué d'une robe, d'une veste et d'un fichu. Ses plaies de scorbut furent désinfectées à l'infirmerie et, à sa grande surprise, elle reçut une ration cruciale de quelques vitamines. À la fin du mois, elle fut déplacée dans un cachot du bunker. Même là, lui dit-on, elle n'était pas punie, et elle obtint bientôt plusieurs médicaments, dont des comprimés de calcium. Elle allait à peine mieux, mais elle ne pensait plus être sur le point de mourir.

Jacqueline d'Alincourt arriva à Ravensbrück quelques mois après Geneviève, à minuit, et dut attendre debout jusqu'au matin, frigorifiée.

> Le lendemain nous devons nous déshabiller. C'est la première fois. Nous sommes dépouillées de tout ce qui rattache à la condition humaine. Vêtements, alliances, les quelques livres que nous avions pu sauver, les plus modestes souvenirs, lettres, photos, tout est confisqué. L'une ou l'autre est tondue au hasard. Nues, parquées, serrées les unes contre les autres, toutes générations confondues, nous passons aux douches. Nous évitons de nous regarder. Il faut attendre des heures, immobiles, avant de recevoir la robe rayée gris et bleu de bagnarde, il faut apprendre par cœur en allemand le numéro qui nous est attribué, le coudre sur la manche. Nous n'avons plus de nom. Je deviens le numéro 35243. Un triangle rouge doit être cousu au-dessus du numéro. Il indique notre catégorie : nous sommes « les politiques ». [...] Maintenant

complètement dépouillées, nous sommes enfermées dans un block de quarantaine. Levées à trois heures et demie du matin, nous sortons pour l'appel qui peut durer des heures, debout dans le froid de l'aube, qu'il pleuve, qu'il vente ou qu'il neige. Une sirène annonce la fin du supplice, nous rentrons au block. L'espace y est si restreint que nous ne pouvons même pas nous asseoir[10].

Jacqueline finit par rencontrer Geneviève et, pendant quelques mois, ces deux-là partageaient la même paillasse, se soutenant l'une l'autre autant que possible. « Une farouche détermination nous pousse à nous aider les unes les autres et nous permet de trouver la force de survivre à l'épreuve de tous les instants[11]. »
Pour la plupart des prisonnières du camp, la solidarité féminine était d'une importance capitale ; les groupes qui apportaient le meilleur soutien étaient ceux qui comptaient de trois à cinq femmes. Toutefois, c'est autant l'inquiétude pour sa fille Marie-Claude que le souvenir de la dernière demi-heure passée avec Pierre à Compiègne fin janvier qui permirent à Odette Fabius, considérée comme une « dangereuse terroriste », de tenir. Pierre « ne doutait pas que nous nous retrouverions, après la tourmente, et que nous passerions ensemble le reste de notre vie. "Quand deux êtres ont eu la chance, le 'privilège', disait-il, de découvrir l'un chez l'autre ce que toi et moi avons découvert en nous, c'est pour eux un devoir sacré de s'unir pour la vie, quelle que soit la peine que cette union puisse causer à des tiers" ». Ils échangèrent des objets personnels et se dirent au revoir. Si elle avait su que Pierre serait envoyé dans les mines de sel de Magdebourg, d'où seule une poignée d'hommes reviendrait, le souvenir de leur séparation – qui, dit-elle, « illumina les jours sombres qui suivirent[12] » – ne lui aurait peut-être pas offert le même réconfort.
En août 1944, apprenant que les rumeurs sur la libération de Paris étaient avérées, Odette, dotée d'un caractère « incurablement optimiste[13] », se promit qu'elle ne resterait pas un jour de plus dans le camp et tenterait de s'échapper. Elle se débrouilla pour rejoindre une unité de travail qui débarrassait des gravats à la suite d'un bombardement allié près de Fürstenberg. Elle échangea avec une camarade quatre rations de pain contre une robe-tablier « civile », identifia une autre prisonnière qui parlait allemand et, s'étant arrangées pour travailler ensemble, pendant que les gardes

faisaient la sieste au soleil à la mi-journée, elles profitèrent de l'opportunité et s'éloignèrent. Sachant qu'un avis de recherche serait immédiatement lancé, elles décidèrent de se séparer temporairement et suivirent ce qu'elles pensaient être la route de Berlin à travers les bois. Odette parvint à se cacher pendant deux jours et trois nuits, mais tomba ensuite sur un contrôle de police où on lui demanda ses papiers, qu'elle ne put produire. Elle essaya de donner le change mais fut reconnue et ramenée à Ravensbrück, où elle fut torturée. On l'attacha entièrement déshabillée à une table et on lui infligea cinquante coups de « schlague » sur le dos avant de l'enfermer dix jours au bunker sans lit, vêtements ni nourriture. Ses camarades doutaient de jamais la revoir en vie[14]. Toutes les Françaises du camp furent en outre punies. On leur ordonna de rester vingt-quatre heures à genoux sur les pavés, les mains en l'air. Certaines trouvèrent que le prix de la résistance dans le camp était trop élevé et que, par conséquent, transiger n'était pas collaborer, même si cela signifiait travailler dans des usines allemandes.

La foi ardente de Geneviève de Gaulle lui permit de sortir de ce dilemme. Ce ne fut pas un cas unique mais il serait assez singulier pour marquer les survivantes. Jacqueline Marié avait été arrêtée à Paris en février 1944, elle arriva à Ravensbrück avec sa mère plus tard dans l'année ; elle se souvient de la « foi extrêmement profonde [...] qui était l'essence de sa vie. Elle avait beau être une militante avec un tempérament très explosif, elle n'était pas un animal politique[15] ». La sollicitude de Jacqueline Marié à l'égard de sa mère lui donna une raison supplémentaire de rester forte, comme ce fut le cas pour Germaine Tillion, 36 ans.

Ethnographe, Germaine était résolue à décrire ce que le monde trouverait presque impossible à croire après la guerre, soupçonnait-elle. Elle faisait de la survie de sa mère, l'historienne de l'art Émilie Tillion, qui était arrivée au début de 1944, une priorité absolue. Au sein du groupe d'amies qui entourait Germaine, beaucoup s'efforçaient de protéger Émilie à chaque instant, tant il était naturellement plus difficile pour les plus âgées de rester en vie.

Les Allemands étaient déterminés à gazer celles dont les cheveux grisonnaient, les membres étaient enflés et la peau se ridait, car elles étaient jugées trop faibles pour construire des terrains d'aviation en affrontant le froid et l'humidité, trop fragiles pour les longues marches entre le camp et l'usine de munitions où les journées de travail duraient dix heures. Chaque fois que les Allemands procédaient à une de leurs morbides sélections, une femme plus jeune, souvent Anise Girard, essayait d'aider Émilie Tillion à se cacher, ou alors une délégation était envoyée auprès d'une *blockova* influente pour l'implorer de retirer certains noms des listes. Cela fonctionna pendant plusieurs mois, mais devint de plus en plus difficile.

Ravensbrück était une sorte d'enfer sur terre et toutes les détenues ne pouvaient pas trouver la force de tenir dans la religion. Certaines utilisaient tous les moyens à leur disposition, y compris le commerce de faveurs sexuelles, afin de rester en vie. Anne Spoerry est l'une de celles qui survécurent par des moyens douteux. Cette jeune femme fortunée, d'ascendance suisse et née en France étudiait la médecine à Paris lors du déclenchement de la guerre. Spoerry était issue d'une famille protestante qui avait fait fortune dans l'industrie textile en Alsace. En plus de l'allemand, elle parlait l'anglais car elle avait passé deux années dans une école chic de Londres avant d'entamer ses études de médecine.

Elle assista avec dégoût à l'entrée des troupes allemandes dans Paris en 1940 et, peu après, elle s'engagea dans la Résistance. Comme son frère, François, appartenait à une cellule résistante en zone libre, elle résolut d'aider les agents britanniques dans la capitale et se chargea de les héberger quelques jours en lieu sûr. Elle fut trahie et arrêtée en mars 1943, juste avant ses derniers examens, et, après avoir croupi des mois à Fresnes, elle se retrouva à Ravensbrück en janvier 1944.

Spoerry, une petite femme aux cheveux bruns coupés ras, fut assignée au block 10 dont la *blockova* était Carmen Mory, une détenue omnipotente connue pour sa cruauté et son absence de sens moral. Il est difficile d'expliquer la logique concentrationnaire perverse qui permit à Mory de survivre et de prospérer. Elle aussi était à moitié suisse, mais elle avait vécu à Berlin. Elle était entrée dans la Gestapo, qui l'avait envoyée à Paris où elle avait été condamnée à mort par la justice française en 1940, à la suite d'une tentative d'assassinat visant le propriétaire d'un journal. Libérée dans la foulée après avoir accepté d'espionner les Allemands pour le compte des Français, elle était devenue agent double. En février 1941, elle avait été arrêtée par les nazis et déportée à

Ravensbrück. Elle était protégée par l'un des médecins du camp, Percy Treite, qui, semble-t-il, connaissait son père en Suisse.

Quand Anne Spoerry arriva à son tour dans le camp, elle avait probablement déjà été battue et violée, ce qui la rendait d'autant plus vulnérable. D'après plusieurs témoignages de détenues recueillis après la guerre, Carmen Mory devint rapidement son amie, mais aussi sa protectrice et son amante. L'une des ultimes survivantes du block 10, la très digne Louise (Loulou) Le Porz, une jeune médecin bordelaise spécialiste de la tuberculose, était révulsée par le comportement de Mory et son admiration sans bornes pour Treite. Elle se souvenait : « Mory avait l'habitude de ne pas distribuer les médicaments qu'elle recevait [...], elle gardait de la nourriture pour elle. [...] Anne Spoerry était l'esclave de Mory. Elle devait être terrorisée. »

Spoerry changea bientôt son nom en Claude ; parfois elle se faisait appeler « docteur Claude ». Une jeune Polonaise à la voix mélodieuse qui était détenue dans le pavillon des fous « ne cessait de chanter des arias, nuit et jour ». Cela rendait Mory furieuse, se souvint Loulou Le Porz : « Je pense qu'elle a dû demander à [...] l'infirmière en chef l'autorisation de la faire disparaître. » Après que Le Porz eut elle-même refusé de procéder à l'injection fatale, « Claude [...] a pris la seringue. Oui. Elle n'a pas hésité [...]. J'étais sidérée. C'était une découverte pour moi. Que quelqu'un qui se prétende médecin, ou qui veut le devenir, puisse délibérément exécuter un patient [...]. Je ne peux l'expliquer que par la peur des représailles. » Pour Loulou, le fait qu'elle pût se comporter de cette manière, en ayant suivi des études de médecine, rend ses actes encore plus choquants et impardonnables.

Au début de la guerre, Violette Lecoq, une artiste de talent détenue elle aussi dans le block 10, avait été infirmière sur le front pour la Croix-Rouge française avant de rejoindre la Résistance. Comme beaucoup, au moment de son arrivée à Ravensbrück, elle avait déjà passé une année à Fresnes dans une cellule d'isolement. Elle était également horrifiée par le comportement du couple Mory-Spoerry. « Carmen Mory était méchante et la petite la suivait [...]. Elles étaient amantes, des lesbiennes. Le docteur Claude faisait tout ce que l'autre lui demandait de faire. » Spoerry fit ainsi à une injection létale à une bossue. Une autre fois, le couple traîna par terre une jeune

Polonaise qui se remettait d'une opération « jusqu'à la salle d'eau où elles l'arrosèrent d'eau froide – ce qui précipita sa mort[16] ».

Devant l'avancée des Alliés vers la fin de 1944, Mory fut déplacée dans un autre camp. Spoerry ne la revit jamais et elle fut elle-même transférée au block 6, où elle reprit son véritable prénom, Anne, et essaya de se comporter aussi noblement qu'elle le pouvait, consciente que la fin de la guerre approchait ou parce que, s'étant libérée de l'emprise néfaste de Mory, elle retrouvait les intentions généreuses qui avaient été les siennes des années plus tôt. Désormais, elle tâchait de soigner les détenues atteintes du typhus et de la dysenterie, plutôt que d'administrer des injections mortelles. C'est dans ces circonstances qu'elle rencontra Odette Fabius et lui sauva la vie, ainsi qu'Odette devrait en témoigner plus tard, en la cachant pendant trois mois dans un lit de l'infirmerie à sa sortie du quartier disciplinaire alors qu'elle était dans un état critique.

D'après un autre témoignage, Spoerry aida six Juives hongroises malades à échapper à la chambre à gaz en les faisant sortir du block par une fenêtre à la faveur d'une bousculade. Cependant nul ne pouvait dire si ce changement d'état d'esprit dans les derniers mois avant la libération du camp serait suffisant pour lui permettre de passer ses examens de médecine à Paris une fois que la guerre serait terminée, comme elle le souhaitait ardemment.

De façon guère surprenante, à Ravensbrück comme à l'extérieur du camp, certaines femmes étaient prêtes à voler du pain et à trahir, quand d'autres étaient déterminées à s'entraider. Dans certains groupes, il y avait celles qui se comportaient d'une manière désintéressée en partageant leur nourriture et celles qui n'étaient pas capables de faire face à leur sort, souvent parce que leur vie d'avant n'avait été faite que de richesses et de privilèges.

Parmi la nouvelle vague de Parisiennes qui arriva en août, certaines femmes étaient vêtues de « robes ridicules qu'elles avaient su adapter », dont une qui arborait un foulard Hermès et une autre qui s'était débrouillée pour garder avec elle un « poudrier orné d'un V tricolore » dans les douches. Pourtant, la plupart étaient joyeuses car elles apportaient la nouvelle de la libération de Paris. Leurs compatriotes, qui avaient réussi à survivre dans l'enfer de ces derniers mois, s'émerveillaient devant tant de gaieté. « C'était un peu de notre vie "d'avant" qui se glissait parmi nous, en fraude, et nous nous laissions envahir par ce souffle de France[17] », écrit Denise Dufournier.

Au nombre des élégantes arrivées de la capitale pendant l'été figurait la très chic Élisabeth de Rothschild. Née Élisabeth Pelletier de Chambure, elle était la fille de riches aristocrates bourguignons qui comptaient parmi leurs ancêtres Laurent Augustin Pelletier de Chambure, officier de la Grande Armée, et dont le père avait été élu maire de sa commune. Élisabeth, que l'on appelait Lili, fut d'abord mariée à un aristocrate belge, Marc Édouard Marie de Becker-Rémy, mais elle entama très vite une liaison passionnelle avec le baron Philippe de Rothschild, un homme aussi beau qu'exubérant, propriétaire de l'un des domaines viticoles les plus prestigieux de France, le château Mouton Rothschild.

En dépit de la naissance d'une fille, Philippine, en 1933, le couple ne put pas se marier avant 1935 et l'officialisation du divorce d'Élisabeth. En 1938, ils eurent un second enfant, Charles, né lourdement handicapé, qui ne vécut que quelques jours. Déjà, leur tumultueuse union était en train de sombrer. Philippe avait conscience que Lili le jugeait responsable de la tragédie. « Elle avait pris des pilules pour dormir pendant toute sa grossesse parce que je l'empêchais de dormir, disait-elle[18]. »

Philippe, séducteur aux mœurs légères, comme il le reconnaissait lui-même, avait eu plusieurs liaisons avant de rencontrer Élisabeth, dont l'une au début des années 1930 avec la comtesse russe Mara Tchernycheff, célèbre trafiquante du marché noir parisien sous l'Occupation. Adolescente, Mara avait été mannequin pour Chanel, puis vendeuse chez Schiaparelli. Grâce à ses relations, Philippe l'aida dans sa courte carrière cinématographique, mais épousa finalement Lili tandis que Mara se maria avec un acteur raté. Elle survécut à la guerre en s'associant à l'ultra-collaborateur Max Stoecklin dans un lucratif trafic d'alcool pour fournir aux Allemands des bouteilles de champagne, d'armagnac et de cognac qu'il était difficile de se procurer. Elle put ainsi louer un appartement près du Trocadéro, renouveler sa garde-robe et nouer une nouvelle aventure avec un officier SS, Hans Leimer.

Plus tard, du fait de ses liens étroits avec un autre collaborateur, le malfrat Henri Lafont, elle disposa d'un hôtel particulier de quatre étages au 3 bis, place des États-Unis, où se trouvait son propre bureau d'achat. Elle l'aménagea avec des meubles volés dans un appartement de la rue de Courcelles abandonné par ses occupants juifs. Des soldats allemands qui dépendaient de Lafont aidèrent au déménagement[1]. C'était peut-être la comtesse Mara que Philippe de Rothschild avait en tête quand il expliqua que des mots comme « collaboration » « n'[avaient] pas la même couleur d'une année à l'autre ». Dans ses Mémoires, il cite une élégante Parisienne de sa connaissance qui considérait les années de guerre comme une époque où « c'était tellement plus chic de collaborer[19] ».

L'épouse de Philippe de Rothschild, dont il était séparé, fréquentait elle aussi des individus louches qui savaient où acheter quoi en y mettant le prix. « Je ne me suis pas trop intéressé au comportement de Lili pendant l'Occupation », confia-t-il plus tard. Son mariage avec Élisabeth avait été un moment de grande passion, qui avait vite tourné à l'orage et aux récriminations. Au tout début de la guerre, Philippe avait été emprisonné en Algérie par Vichy et à sa libération, en 1942, il rejoignit la France libre à Londres.

Élisabeth, qui, d'après lui, « était sous l'influence de certains de [leurs] anciens amis qui avaient tout misé sur Vichy », ne voulut pas quitter la France. Elle reprit son nom de jeune fille, Pelletier de Chambure, et s'imagina que les Allemands respecteraient en elle la descendante d'une illustre famille française. Toutefois, la Gestapo – deux hommes en complet gris, d'après des domestiques de la famille – vint l'arrêter au 17, rue Barbet-de-Jouy à 8 h 30 un matin de mai, trois semaines avant le débarquement de Normandie. Philippine, 10 ans, venait de partir pour l'école avec sa gouvernante. Les hommes se précipitèrent dans l'escalier, repoussèrent le majordome, Marcel, et une fois arrivés devant la porte de la chambre d'Élisabeth, crièrent : « Ouvrez ! Gestapo ! » « "Mais que faites-vous ici ?" […] Ils lui ordonnèrent de s'habiller et l'emmenèrent dans une camionnette. Marcel les suivit avec son vélo[20]. »

---

1. Les propriétaires de l'appartement, un couple nommé Panigel, poursuivirent la comtesse après la guerre.

Plus tard dans la journée, les Allemands la ramenèrent et l'autorisèrent à déjeuner pendant qu'ils perquisitionnaient la demeure. Élisabeth demanda alors à voir Philippine, qui était revenue de l'école et que les domestiques essayaient désespérément de cacher. Les agents de la Gestapo discutèrent ensuite entre eux pour savoir s'ils devaient aussi prendre l'enfant, mais décidèrent finalement que non. Élisabeth, s'efforçant de garder son calme, glissa un détaché « au revoir, à tout à l'heure » à Philippine et lança ensuite aux Allemands sur un ton impérieux qu'elle avait un rendez-vous chez le coiffeur. Ils la contredirent et, à la place, la conduisirent en prison. Philippine, de son côté, quitta rapidement Paris dans une ambulance, les jambes emmaillotées dans de faux bandages, et fut amenée auprès de son grand-père.

Les raisons précises pour lesquelles Élisabeth fut arrêtée alors que la guerre touchait à sa fin n'ont jamais été totalement éclaircies. Elle n'était pas juive et n'avait désormais plus aucun lien avec les Rothschild, du moins le pensait-elle. Sans doute les Allemands voulaient-ils qu'elle leur révélât où se trouvait Philippe, qui était revenu en France pour combattre aux côtés des forces alliées et dont le nom avait été mentionné sur les ondes proallemandes de Radio-Paris. D'après Odette Fabius, qui avait fait sa connaissance avant la guerre, Élisabeth souffrit d'autant plus de sa déportation qu'elle n'en connaissait pas les motifs.

Pas plus qu'elle ne comprit pourquoi son ci-devant « bon ami » Fernand de Brinon, l'ambassadeur de Vichy dans la zone occupée dont l'épouse était juive, un aristocrate catholique comme elle, ne vint pas à son secours. « À Ravensbrück, elle se jetait aux genoux des Allemands en leur répétant qu'elle n'était pas juive, que son mari l'était mais qu'elle était en instance de divorce », se souvint Fabius.

> Elle n'avait pas compris qu'elle n'était pas là comme juive, mais pour avoir eu une attitude désagréable, lors d'un défilé de mode chez Schiaparelli, envers Mme Otto Abetz. En compagnie d'une de ses relations, elle avait pris la liberté de changer de place pour s'éloigner d'elle, sachant les Alliés aux portes de Paris, c'était « trop tôt ». Le soir même les services d'Otto Abetz la faisaient arrêter. Je la suppliais de se taire, en lui disant que tout le monde l'entendait

et la jugeait, sauf les Allemands qui ne comprenaient pas, et qu'elle exaspérait[21].

Le dernier convoi à quitter Paris le 15 août dans une chaleur étouffante conduisit à Ravensbrück 603 femmes – parmi lesquelles les agentes du SOE Violette Szabo, Lilian Rolfe et Denise Bloch – parquées dans des wagons, tout juste dix jours avant que la ville fût finalement libérée et alors que les Alliés mettaient ce jour-là le pied en Provence. Plusieurs de ces prisonnières, comme Virginia d'Albert-Lake, 34 ans, la seule Américaine du camp ; Catherine Dior, la sœur de Christian ; Jacqueline Marié et sa mère ; Maisie Renault, la sœur du colonel Rémy, l'un des principaux espions de De Gaulle en France ; et Jeannie Rousseau, avaient été arrêtées des mois plus tôt – mais, la guerre s'éternisant, les dirigeants nazis jugèrent que les femmes étaient absolument nécessaires comme esclaves à la dizaine de camps satellites qui dépendaient de Ravensbrück. Les débarquements des Alliés, loin de convaincre Hitler que tout était fini, sollicitèrent les forces épuisées de l'Axe sur de nouveaux fronts.

Violette Szabo.

Virginia d'Albert-Lake avait été arrêtée le 12 juin alors qu'elle conduisait des aviateurs vers un lieu sûr dans le cadre de la ligne d'évasion Comète. Toutes celles et tous ceux qui prenaient part à ces missions avaient conscience qu'en plein débarquement allié, leur rôle était d'autant plus crucial – et dangereux – qu'un aviateur entraîné était un bien précieux et que son retour sain et sauf galvanisait les pilotes sur le point de s'envoler.

Ainsi que Viginia l'avoua plus tard, si elle et ses amies avaient su qu'elles seraient détenues aussi longtemps et à quelles brutalités elles seraient confrontées à Ravensbrück, elles ne se seraient pas encombrées de tant de bagages lors du voyage en train, ou les auraient abandonnés en chemin. À cette époque, le camp était si plein – il comptait près de quarante mille femmes, et les effectifs montèrent jusqu'à soixante-cinq mille à la fin de 1944, alors qu'il avait été construit pour dix mille détenues environ – qu'il n'y avait plus d'uniformes pour les nouvelles et qu'elles durent porter ce qu'on leur avait attribué au compte-gouttes, sans se soucier si ces habits étaient adaptés au camp ou pas. Cela comprenait rarement des sous-vêtements et jamais des tenues d'extérieur de quelque sorte que ce soit.

On donna à Jacqueline Marié une robe longue avec juste une manche et une paire de galoches – de pointure 41 alors qu'elle faisait du 36. Un grand X était cousu ou peint sur les vêtements pour indiquer leur statut de prisonnières. On confisqua son argent (60 francs) à Virginia, mais étonnamment elle put garder sa veste – elle avait caché sa bague de fiançailles dans une épaulette. Sept femmes pouvaient partager un même lit superposé infesté de puces, et certaines des dernières arrivées n'eurent d'autre choix que de dormir par terre sous une tente montée à la hâte, où s'entassèrent jusqu'à sept mille personnes mal nourries, incarnations de la détresse humaine.

Dès son ouverture, le camp de Ravensbrück avait été utilisé comme l'équivalent d'un dépotoir – un endroit où envoyer les femmes que les Allemands voulaient voir disparaître. C'est à Ravensbrück que les SS « recrutaient » des prostituées pour les bordels des autres camps de concentration, dont les survivantes ramenèrent d'horribles récits de viols et de sévices sexuels qui pouvaient parfois durer seize heures. Après tout, soutenait Heinrich Himmler, les femmes détenues dans ces camps étaient des « dégénérées ». En 1944, il mit en place trois nouveaux bordels à Ravensbrück mais avait du mal à les remplir quand il eut vent des nouvelles venues françaises, dont certaines étaient déjà des prostituées.

Les prisonnières françaises étaient différentes des autres. D'après une Polonaise, les jeunes prisonnières politiques françaises, « issues d'une nation qui n'avait pas connu la captivité, s'opposaient souvent aux ordres des autorités, avec beaucoup d'audace, voire de bravoure, mais imprudemment[22] ». Cette opposition revêtit plusieurs formes, d'autant qu'en 1944, dans le contexte de l'extrême surpopulation de Ravensbrück, les règles pouvaient parfois être ignorées.

Les Parisiennes apprirent des tactiques de survie comme s'attarder dans la queue de l'infirmerie pour éviter le travail ou dénicher des biens précieux dans l'entrepôt de vêtements – qu'elles surnommaient les Galeries Lafayette – avant de les cacher dans les matelas. Les châlits étaient désormais si serrés que les gardes pouvaient rarement entrer dans les blocks pour les inspecter. Ces trésors comprenaient des médicaments, des sous-vêtements et des chaussures – celles-ci étaient particulièrement prisées –, qui avaient été confisqués aux prisonnières à leur arrivée. Mais une pomme de terre ou un crayon pouvaient aussi être gardés précieusement. Les Françaises se prirent en main et Émilie Tillion, par exemple, donna des conférences sur l'art et la culture français. Le 11 novembre, des prisonnières françaises d'un camp satellite observèrent ensemble une minute de silence :

> Le jour du 11-Novembre, nous étions à l'usine, un grand atelier de plus de deux cent cinquante femmes travaillant à la chaîne et aux machines à la fabrication de masques à gaz. [...]. Toutes les machines cessèrent en même temps. On ne peut imaginer comme cette minute de silence fut longue et angoissante. Jamais 11-Novembre n'eut plus de signification pour nous, et quel espoir, quel rayonnement. « Non ! Ils ne nous auront jamais. Nous ne sommes pas entièrement mortes ! » Six machines qui cessent en même temps. Deux cent cinquante femmes qui se croisent les bras et pleurent en silence[23].

Parfois, c'étaient les comtesses qui prenaient l'initiative de ces manifestations. À son arrivée, Jacqueline d'Alincourt réalisa qu'elle partageait son block avec tout un bordel de Rouen, des femmes sans éducation qui semblaient souffrir de ne pas savoir pourquoi elles étaient là. « Elles n'avaient rien à quoi s'accrocher – ni religion, ni valeurs. [...] Nous, dans la Résistance, nous savions pourquoi nous étions là. Nous avions la supériorité de l'esprit[24]. » D'Alincourt et ses amies tentèrent de convaincre ces femmes de ne pas se porter volontaires pour les bordels, mais elles n'y réussirent pas toujours.

Déroutées, les prostituées subirent par certains aspects une double peine. Elles n'écrivirent jamais leurs Mémoires, elles n'appartenaient pas à la Résistance, et elles eurent beau faire preuve de courage pendant l'Occupation, notamment en cachant des aviateurs alliés ou en témoignant parfois d'une grande générosité dans les camps, elles n'en furent pas moins largement ignorées par l'Histoire.

En dépit des gestes de solidarité, plusieurs femmes perdaient régulièrement connaissance quand, au moment de l'appel, elles devaient se tenir debout pendant des heures sous la neige glaciale et dans le vent mordant. D'autres étaient parfois trop faibles pour être soutenues. Petit à petit, Virginia d'Albert-Lake tomba gravement malade au point de s'émacier – comme presque toutes les femmes à Ravensbrück, elle n'avait plus ses règles, et les quelques-unes qui les avaient encore devaient endurer l'humiliation du sang qui coulait le long de leurs jambes puisqu'elles ne disposaient pas de protections hygiéniques – mais, confia-t-elle plus tard, c'est grâce à sa force d'esprit qu'elle survécut au supplice. « C'est une question de moral. Il ne fallait pas qu'ils vous voient pleurer. Les femmes qui pleuraient la nuit étaient généralement mortes au matin. Il ne fallait pas céder[25]. »

Revient toujours dans les récits des survivantes l'importance des mécanismes de solidarité féminine au cœur de la barbarie. Germaine Tillion, qui avait méthodiquement appris à étudier les groupes d'êtres humains, essaya de comprendre les raisons pour lesquelles les Allemands se comportaient ainsi. Elle était toujours en train d'écrire sur le moindre bout de papier qu'elle trouvait, bien déterminée à laisser un témoignage. Elle créa aussi une opérette pleine d'humour noir, *Le Verfügbar aux Enfers*, inventant de nouvelles paroles à des airs connus et imaginant des scènes ; plus tard, elle refuserait que sa pièce soit montée, de peur que le monde n'en conclût que la vie dans les camps avait été douce et que l'on pouvait y jouer de la musique[I]. Germaine Tillion apporta beaucoup de force à Anise Girard, 21 ans, en ne cessant de lui répéter qu'elle était jeune et qu'elle survivrait pour avoir beaucoup d'enfants[II].

D'autres femmes utilisèrent des bouts de papier pour y coucher leur recette favorite, alors qu'elles mouraient de faim. C'est l'un des aspects les plus extraordinaires de cette vie barbare : bien que les détenues dussent se contenter d'une soupe trop liquide, de pissenlits sauvages et de miettes, elles avaient besoin de parler de nourriture – ces mets dont elles avaient très envie et dont elles rêvaient mais qu'elles n'avaient pas vus depuis des mois, voire des années. En fait, à mesure que les privations les affamaient, un désir de nourriture semblait s'emparer d'elles.

Micheline Maurel, une professeure de littérature, tenait son journal dans un petit carnet, où elle en vint à écrire à propos de ce premier hiver : « Première neige. Rien mangé [...]. Très froid, il gèle. Tristesse. » Quelques semaines plus tard, tremblotante, prise de vertiges et le souffle court, elle confia à son journal : « J'aurais voulu me laisser tomber à terre et disparaître. Du fond de cette baraque, j'ai prié Dieu de me faire mourir tout de suite. J'ai aussi appelé ma mère[26]. »

Virginia était profondément reconnaissante envers Toquette Jackson pour l'amitié qu'elle lui témoignait. L'infirmière en chef de l'hôpital américain avait été raflée en mai par la Milice, en compagnie de son mari, Sumner, et de leur fils unique, Phillip, 16 ans. Les Jackson étaient passés par de nombreuses prisons françaises pendant l'été, jusqu'à ce que Toquette fût finalement

---

I. L'opérette fut recréée pour la première fois à Paris en 2007 avec l'autorisation de Germaine Tillion qui, âgée de 100 ans, était toutefois trop faible pour assister aux représentations.

II. Les deux prédictions se réalisèrent. En juin 1946, Anise Girard épousa André Postel-Vinay et le couple eut quatre enfants.

déportée en août dans le même convoi que Virginia. Quand elle arriva à Ravensbrück, elle n'avait aucune idée de ce qui était advenu de son mari et de son fils. « Je n'ai jamais rencontré une femme aussi courageuse, aussi forte, aussi vivante[27] », témoigna Virginia. Le courage l'aida à affronter la peur quotidienne de la sélection pour la chambre à gaz, mais le courage à lui seul ne suffisait pas pour combattre la maladie, et quand Virginia fut admise à l'infirmerie, elle était proche de la mort.

Sa mère, Eleanor Roush, écrivit au département d'État pour implorer son aide, faisant valoir que « Virgina fait partie des Gentils, ce qui peut jouer en sa faveur au regard des critères des nazis[28] ». Washington répondit que le Comité international de la Croix-Rouge, basé en Suisse, affirmait ne pas pouvoir accéder aux camps gérés par la Gestapo dans la mesure où sa mission était de veiller au bien-être des prisonniers militaires et non des prisonniers civils. Par conséquent, aussi scandaleux que cela pût paraître, aucune intervention n'était envisageable.

L'infatigable Jeannie Rousseau fut mêlée à l'une des manifestations les plus dures qui aient eu lieu à Ravensbrück. On l'a vu, elle s'était débrouillée pour survivre à un bref séjour en prison au début de la guerre en se jouant des nazis. Pendant les quatre années qui s'étaient écoulées, Jeannie avait été chargée de transmettre à Londres des rapports précis sur le développement des missiles V1 et des fusées V2, notant tout ce qu'elle avait vu et entendu grâce à son travail auprès des officiers allemands et des industriels français. En sortant du bureau, elle allait directement à la cache de Georges Lamarque au 26, rue Fabert, à proximité des Invalides, et rédigeait ses rapports. Même si elle ne comprenait pas ce que signifiait *Rakete*, Jeannie Rousseau savait qu'il s'agissait d'informations extrêmement sensibles et qu'elle participait à l'élaboration d'un des plus importants dossiers d'espionnage de la guerre[29].

Elle reconnut plus tard que par moments elle se sentait seule dans sa tâche. « Ce n'est pas facile de décrire la peur glaçante, l'attente interminable, la frustration de ne pas savoir si les informations obtenues au prix de mille dangers seraient transmises – ou même transmises à temps – d'un agent de liaison à l'autre jusqu'à leur destinataire ultime[30]. »

En réalité, ses rapports contribuèrent à convaincre Churchill de bombarder le site d'essai de Peenemünde au bord de la Baltique, limitant ainsi l'impact d'une arme dont les nazis avaient espéré qu'elle changerait le cours de la guerre. Son travail sembla si important que Jeannie fut convoquée à Londres pour être interrogée. Trahie par le Français payé pour les conduire, elle et d'autres agents, à travers les champs de mines jusqu'au bateau qui les attendait dans une crique, elle fut arrêtée. Elle eut beau prétendre être venue en Bretagne pour vendre une vingtaine de bas en nylon au marché noir, on l'envoya quand même à Ravensbrück.

Quand elle y parvint, elle avait connaissance du débarquement et elle était bien décidée à apporter un peu d'espoir aux prisonnières en leur annonçant que la guerre serait bientôt terminée et qu'elles seraient alors toutes libres. À seulement 24 ans, elle pensait qu'il était de son devoir de remonter le moral des détenues. Elle conclut un pacte avec deux amies : la comtesse Germaine de Renty, plus âgée qu'elle et engagée dans la Résistance pour des missions diverses et variées depuis 1941, ainsi qu'une communiste de Montmartre, Marinette Curateau. Elles résolurent de refuser tout travail qui pourrait servir la machine de guerre nazie. Si elles étaient envoyées à cette fin dans une usine ou un camp de travail, elles protesteraient avec leurs codétenues.

Au moment de son arrestation, Jeannie avait des papiers portant le nom de Madeleine Chauffeur. Elle en joua pour dérouter ceux qui l'interrogeaient, répétant qu'elle s'appelait Jeannie Rousseau et qu'elle n'était pas une espionne. Déconcertés, ses geôliers ne réalisèrent pas qu'elle avait déjà été arrêtée et relâchée en 1940 à Rennes. « Heureusement, c'était un mauvais interrogatoire », expliqua-t-elle calmement.

Peu après leur arrivée, Jeannie et la plupart des Françaises de son convoi furent envoyées dans l'un des nombreux camps satellites de Ravensbrück, celui de Torgau, à 320 kilomètres au sud, où se trouvait l'usine de munitions Heinkel. Les conditions y semblaient meilleures mais, en vertu du pacte conclu avec ses amies, Jeannie refusa par principe de fabriquer des munitions qui seraient utilisées pour tuer son propre peuple.

Elle alla voir le chef du camp, un Allemand au visage replet, et lui lança dans un allemand parfait qu'étant des prisonnières de guerre au regard de la convention de Genève, elles ne pouvaient être forcées par la Gestapo à fabriquer des munitions. Les autres détenues suivirent son exemple et annoncèrent qu'elles refuseraient elles aussi de travailler dans ces circonstances. L'officier répliqua en les menaçant de les renvoyer à Ravensbrück.

Même lorsque plusieurs des prisonnières, dont Virginia d'Albert-Lake, conclurent que leur sort était plus enviable à Torgau qu'à Ravensbrück, Jeannie s'efforça de convaincre les autres de persister dans leur geste de protestation. « Vous comprenez, il fallait faire quelque chose, j'en étais convaincue. Quelqu'un devait tenir tête. Je m'y suis décidée. » Au cours des décennies suivantes, Jeannie évita de s'exprimer sur son action dans la Résistance, et notamment sur cet épisode. Elle savait que certaines femmes avaient payé de leur vie la manifestation qu'elle avait fomentée, et que plusieurs de ses camarades le lui reprochaient. Pourtant, alors qu'elle approchait du grand âge, elle décida qu'il était temps de s'expliquer. « C'était très puéril[31] », confia-t-elle à Sarah Helm.

Mais elle n'était pas seule. À son arrivée à Torgau avec d'autres détenues, Jacqueline Marié apprit qu'elle allait « devoir travailler pour le grand Reich : [...] douze heures par jour à nettoyer des obus dans des bacs d'acide, travail malsain, épuisant. [...] La majorité des Françaises de ce kommando, dont [elle était], se composait de résistantes qui n'acceptaient pas de travailler pour l'effort de guerre allemand[32] ».

Après la protestation, les femmes furent cruellement punies. Jeannie passa trois semaines dans une cellule disciplinaire ; chaque matin elle était aspergée d'eau froide puis battue avant d'être ramenée dans sa cellule[33]. Finalement, elle fut renvoyée à Ravensbrück pour être interrogée. Si l'arrivée au camp la première fois avait été douloureuse, y retourner était inimaginable.

« Je pensais que j'allais mourir », dit-elle, mais les Allemands ne purent pas trouver le dossier de « Jeannie Rousseau » parce qu'il n'y en avait pas et que les papiers qu'elle portait au moment de son arrestation étaient à un autre nom. Quand ils lui demandèrent pourquoi elle avait été envoyée à Ravensbrück, elle répondit : « Je ne sais pas. » La Gestapo arriva à la conclusion que, quelle que fût son identité, elle était une fauteuse de troubles.

Par conséquent, dossier ou pas, ils l'envoyèrent avec ses deux compatriotes à Königsberg en guise de punition, le troisième et de loin le pire camp où elle fut détenue. Les femmes y travaillaient sous une neige glaciale, déplaçant des blocs de pierre à mains nues pour aménager un terrain d'aviation. Une fois la nuit tombée, elles se traînaient jusqu'au camp dans un froid mordant pour prendre un repas chaud constitué d'un bol de soupe prélevée dans une grande cuve surveillée par la gardienne en chef – une femme aussi grosse que bestiale surnommée « la Vachère » par les Françaises. Sa corpulence était déjà une provocation, mais elle torturait en plus les prisonnières affamées en donnant des coups de pied dans la cuve jusqu'à ce qu'elle se renversât sur le sol ; elle prenait ensuite plaisir à les regarder fouiller dans la neige fondue pour récupérer des morceaux de nourriture. Jeannie comprit que si elle voulait survivre, elle devait retourner à Ravensbrück. Avec des camarades, elles se cachèrent dans un camion qui transportait des malades de la tuberculose destinées aux chambres à gaz et elles profitèrent d'un arrêt pour se faufiler dans le camp principal.

Jeannie était convaincue que la guerre serait terminée à l'automne. Lorsqu'elle mena la protestation à Torgau, elle ne doutait pas que, d'un point de vue moral, c'était le comportement le plus approprié et qu'il leur permettrait, à elle et à ses camarades, de s'en sortir au mieux. Mais les rigueurs de l'hiver n'en finissaient pas. Si Paris avait bien été libérée, et que les Alliés avaient réussi à repousser les Allemands au-delà du Rhin tandis que les Soviétiques avançaient à travers l'Ukraine et la Pologne, pourquoi les secours n'arrivaient-ils pas plus vite à Ravensbrück ? En fait, tout au long de 1944, encore davantage de femmes furent envoyées travailler dans la centaine de camps satellites sur lesquels Hitler, dont la détermination à se battre jusqu'au bout tendait à la folie, comptait pour poursuivre les combats.

En octobre, les journaux français, qui n'étaient plus soumis à la censure, eurent beau publier le témoignage d'une femme qui avait été libérée de Ravensbrück, racontant les détenues mortes de faim et les corps brûlés chaque jour dans les fours, il était difficile de faire pression pour demander une action internationale. Alors qu'en 1944, les preuves de l'existence des chambres à gaz et d'autres barbaries s'accumulaient, le Comité international de la Croix-Rouge (CICR) répondait à ceux qui exprimaient leur révulsion au sujet de ce qui se déroulait à Ravensbrück qu'il ne pouvait rien faire, pas même accéder au camp. Les règles internes de la Croix-Rouge, régissant l'ingérence en matière civile, lui interdisaient de rendre public l'appel des femmes[1].

Les Allemands n'avaient pas mis la main sur toutes les jeunes Parisiennes travaillant pour la Résistance. Marie-France Geoffroy-Dechaume, qui se cachait avec son groupe dans une petite maison sur la côte, préparait sans répit des opérations de sabotage. Elles consistaient à déposer des explosifs le long des voies ferrées et au bord des routes, en fonction des informations reçues au sujet des manœuvres des troupes allemandes, de ce qu'elles transportaient et, ce qui était capital, du moment où elles passeraient.

Elle apprit à fabriquer des bombes artisanales sur la table de sa cuisine et il lui arrivait de faire des trajets à vélo avec du plastic dissimulé sous ses vêtements, ayant récupéré en toute discrétion les composants de l'engin afin de les ramener chez elle et de l'assembler. Cela ne l'empêchait pas de passer pour la campagnarde idéale aux yeux des soldats allemands. Ainsi que sa fille s'en souvient, elle parlait rarement de ces activités : « Je pense que ça lui faisait plaisir de jouer à l'innocente, tout en sachant qu'elle avait de quoi réduire les Boches en poussière[34] ! »

Le groupe posait les bombes la nuit et, après des mois d'inaction et d'attente, ses membres ressentaient une profonde satisfaction, qui frisait l'euphorie, en voyant leurs cibles exploser comme prévu. Ils avaient le sentiment que, finalement, ils faisaient quelque chose d'utile à leur pays.

Plus tard, quand il devint évident que les Allemands avaient été défaits, des petits groupes de soldats erraient sur les routes de campagne, l'air las. Marie-France et sa troupe les attendaient

---

1. Non sans ironie, comme Caroline Moorehead le remarque dans son histoire de la Croix-Rouge, bien que nombre de femmes emprisonnées le fussent principalement pour avoir aidé et caché des hommes, ce sont les hommes siégeant au Comité qui insistèrent pour ne rien faire, la seule voix qui appela à l'action fut celle d'une femme (*cf.* introduction dans Caroline Moorehead, *Dunant's Dream. War, Switzerland and the History of the Red Cross*, Carroll & Graf, 1999).

en embuscade et s'emparèrent de quelques-unes d'entre eux : les soldats lâchaient volontiers leurs armes tout en levant les bras en l'air et en criant désespérément : « Camarade ! » Elle avait reçu l'ordre de les désarmer plutôt que de les tuer et elle n'oublierait jamais l'humiliation qui se lisait dans leur regard : être désarmés par une femme !

Dans le Paris que ces femmes avaient laissé derrière elles, la peur était de plus en plus présente, la ville était dévorée par les pénuries et le désespoir. Les exécutions sommaires se multipliaient de tous côtés. Étaient visés celles et ceux dont on soupçonnait qu'ils avaient trahi des secrets ou s'étaient laissés aller à des dénonciations. Le 26 avril, Violette Morris, l'ancienne athlète devenue collaboratrice, fut abattue au volant de sa traction avant sur une route de campagne en Normandie. Deux autres collaborateurs et leurs enfants, qui se trouvaient dans la voiture, furent également victimes des rafales tirées par des membres du maquis Surcouf. Violette Morris avait 51 ans et passait pour responsable de nombreuses infiltrations au sein des réseaux du SOE et d'autres groupes de la Résistance.

Bien sûr, l'effroi et le dénuement qui frappaient les femmes devant faire la queue pour tout n'étaient rien comparés aux souffrances des détenues de Ravensbrück. Violette Wassem, une jeune secrétaire qui avait travaillé à Paris tout au long de la guerre, se souvient qu'après quatre années d'occupation les plus extrêmes privations advinrent en 1944, quand le gaz et l'électricité étaient parfois coupés.

> Mécanographe à l'époque, je travaillais la nuit. Pour cela, je prenais le dernier métro vers 9-10 heures et rentrais par le premier vers 6-7 heures du matin. On nous donnait un casse-croûte à minuit fait d'un plat de haricots blancs cuits à l'eau, et ce, pendant cinq ou six semaines. Les journaux n'avaient qu'une page, voire une demie. Plus de papier à machine blanc, mais une vulgaire pelure rosée.

Les faux tickets se vendaient à prix d'or et, pour augmenter la valeur en poids du ticket de pain par exemple, un employé grattait les chiffres et en dessinait d'autres à longueur de journée. « J'en achetais pour nous, pour ma famille dans l'Yonne, dans l'Hérault et même pour un ami boulanger afin de satisfaire ses clients et son meunier[35] ! » Comme la plupart des autres mères à cette époque, Janet Teissier du Cros s'inquiétait de l'alimentation de ses jeunes enfants. On avait diagnostiqué une grave scoliose à l'un d'entre eux, qui souffrait d'un manque de vitamines. À l'hiver 1944, la vie était une lutte quotidienne pour trouver de quoi manger suffisamment.

« Notre ration de matières grasses, quelles qu'elles soient, s'élevait à 300 grammes par mois, mais elle tomba à 60 grammes pendant l'hiver 1944. Pas de lait pour les adultes [...]. Nous avions une minuscule ration de fromage maigre. » Janet avait noté ces chiffres à l'époque car ils étaient très faibles. « Notre ration quotidienne de pain était de 180 grammes, mais souvent, pour un oui, pour un non, à titre de représailles ou pour tout autre prétexte, c'était moins. » Nul ne pouvait subsister avec de telles rations, qui n'étaient augmentées que de carottes, de topinambours, de rutabagas ou d'un chou qu'elle parvenait occasionnellement à rapporter du marché à force de faire la queue encore et encore puisque, pour avoir quoi que ce soit, il fallait patienter au milieu de râleuses. Elle trouvait les mensonges tout aussi dégoûtants que les rutabagas.

« Nous étions tous amenés à agir de façon plus ou moins malhonnête », admit-elle. Ceux qui souffraient le plus de la situation étaient les plus âgés, qui vivaient seuls, et bien sûr ceux qui se cachaient. Les fausses cartes de rationnement étaient monnaie courante ; un jour, Janet se disputa avec le marchand de poisson, qui l'accusait à haute voix d'avoir utilisé la même carte à deux reprises, ce qu'elle nia vertement avant de s'apercevoir qu'en fin de compte c'était la bonne qui, la veille, avait subtilisé sa carte.

De tels problèmes étaient très concrets pour les Parisiennes, les menant à « la malhonnêteté sous les yeux des enfants et en contradiction avec toutes les valeurs [qu'elles s'efforçaient] de leur inculquer[36] ». Celles qui refusaient de recourir au marché noir pouvaient être tentées par le marché gris. « Il y avait de vraies fausses cartes et de fausses vraies cartes. Les premières étaient des contrefaçons de vraies cartes. Les secondes, plus onéreuses, étaient des cartes de pain authentiques vendues en ville par des gens de la campagne qui se procuraient du blé en douce et faisaient leur propre pain[37]. » En outre, on ne trouvait pas que de la nourriture au marché noir. Ainsi, à l'occasion d'un déjeuner chic, les invités laissèrent leur chapeau et leur manteau sur la banquette de l'entrée, l'une des convives y déposa également deux grands pains de savon qu'elle avait réussi à acheter. Mais une autre invitée les prit avec elle en partant, un comportement impensable lors d'un tel événement mondain avant la guerre.

En dépit du froid mordant, sans chauffage et avec si peu de gaz ou d'électricité qu'il était rare de pouvoir cuisiner les aliments correctement, quelques Parisiennes raffinées tiraient fierté d'être capables de faire des miracles avec leurs vêtements.

> Avec des riens on s'habillait ; on retournait robes et manteaux, l'envers était moins usé que l'endroit ; avec des semelles en bois articulées, on avait des chaussures à talons, magnifiques ; on s'enduisait les jambes d'une pâte qui donnait l'impression d'avoir des bas, et pour plus de vérité on traçait une ligne sombre imitant la couture. La coiffure, les chapeaux étaient des échafaudages faits de tulle, de violettes, de fleurs, de plumes récupérées. Avec quatre ou cinq vieux sacs à main, on en faisait faire un grand, très chic[38].

S'il n'y avait plus de soie pour confectionner des bas, il était parfois possible de se fournir en tissu à une nouvelle source : les parachutes. Les aviateurs dont l'avion avait été abattu avaient pour instruction d'enterrer leur toile, mais quand ils ne pouvaient pas le faire, les femmes s'emparaient avec empressement des parties qui n'étaient ni déchirées ni endommagées, car elles savaient qu'elles y trouveraient assez de matière pour réaliser un chemisier ainsi que des dessous confortables.

II
LA LIBÉRATION

7

1944 – LES TONDUES

Le 6 juin 1944 commença la libération tant attendue de la France par les forces alliées. L'opération Overlord, le nom de code pour le débarquement en Normandie, fut la plus importante invasion par voie maritime de l'Histoire ; les armées britannique, américaine et canadienne prirent pied le long de 80 kilomètres de côte. Les combats furent intenses, faisant d'innombrables victimes, et les Alliés progressèrent plus lentement qu'ils ne l'avaient espéré. La ville de Caen, un objectif majeur, ne fut prise que le 21 juillet et les troupes ne purent dépasser Bayeux que le 1er août. Tandis qu'elles avançaient vers Paris, les habitants de nombreuses villes descendirent spontanément dans la rue pour les saluer. Dans la foule, on pouvait voir une grande majorité de femmes, souvent vêtues de bleu, de blanc et de rouge, qui embrassaient tous les soldats qu'elles croisaient.

La bataille de Paris débuta le 15 août. Le colonel Henri Rol-Tanguy, commandant pour la région parisienne des Forces françaises de l'intérieur (FFI), qui regroupaient les formations militaires des différents mouvements de résistance, mena le soulèvement populaire dans la ville alors que les policiers se mirent en grève et que le métro cessa de fonctionner. Sa femme, Cécile, avait compris que le moment approchait et elle se souvient avoir tapé frénétiquement avec sa machine des affichettes appelant à l'insurrection qui devaient être placardées partout dans la ville. Les Français patriotes – « tous les hommes de 18 à 50 ans, en état de porter les armes » – étaient enjoints de rejoindre « la lutte contre l'envahisseur » avec la promesse que « la victoire [était] proche ». Tous deux communistes convaincus, les Rol-Tanguy s'étaient débrouillés pour survivre dans le Paris occupé pendant quatre ans, menant une vie dangereuse et clandestine, prenant d'énormes risques tout en élevant de jeunes enfants. Ils eurent la chance de ne pas être arrêtés, contrairement à tant de leurs camarades de lutte. Bien que Cécile fût l'agente de liaison de son mari, ils ne pouvaient pas vivre ensemble puisque Henri était recherché, et que les Allemands savaient très bien qui il était.

En 1942, le père de Cécile, François, avait été arrêté pour la seconde fois et déporté à Auschwitz, où il fut assassiné. L'année suivante, elle donna naissance à un garçon, Jean. Désormais, Cécile et sa mère vivaient ensemble dans un petit studio avec les deux enfants – Hélène, qui était née en mai 1941, et le nouveau-né –, se battant pour trouver de quoi manger. Cécile se souvient avoir été si maigre que ses pantalons lui tombaient sur les chevilles. Elle devait traverser la ville pour rejoindre son travail, et parfois elle portait Hélène dans ses bras tandis que des armes étaient cachées au fond d'un sac de pommes de terre placé dans le landau. D'autres fois, elle y dissimulait des papiers en les plaçant sous le matelas et en posant le bébé par-dessus.

Elle disposait de plusieurs pseudonymes – Jeanne, Yvette et Lucie – et il lui arrivait de changer de coupe de cheveux ou de porter un turban, comme c'était la mode à l'époque, sans toutefois faire beaucoup d'efforts pour se déguiser. Après la guerre, elle minimisa ses activités dans la Résistance, affirmant qu'elle n'avait rien accompli de spécial. « Ma force était de toujours rester calme. Je pense que c'était mon tempérament[1]. »

C'est sa force intérieure qui lui permit de garder la tête froide dans le chaos de ces onze jours sanglants pendant lesquels presque mille cinq cents Parisiens moururent au cours des combats pour chasser les vingt mille soldats allemands et les tireurs isolés, des membres de la Milice pour la plupart, qui ouvraient le feu au hasard depuis les toits. Tout à coup, des marchands de cocardes apparurent dans les rues, espérant gagner rapidement quelques francs grâce aux femmes désireuses d'afficher leur allégeance à la patrie en décorant leur chemisier d'une rosette tricolore.

Enfin, le 25 août, Dietrich von Choltitz, le gouverneur militaire de Paris, quitta son quartier général installé à l'hôtel Meurice pour signer la capitulation des troupes allemandes. Henri Rol-Tanguy et le général Philippe Leclerc de la 2ᵉ division blindée, représentant de Gaulle, figuraient également parmi les signataires. Le lendemain, le général, qu'il était difficile de rater étant donné sa grande taille, fit une descente triomphale des Champs-Élysées au milieu d'une foule criant : « Vive de Gaulle ! » Tout en marchant, il leva ses longs bras vers le ciel, se tournant d'abord vers la gauche et ensuite vers la droite, comme s'il distribuait des remerciements, un geste qui allait devenir sa marque de fabrique. « Il incarnait pour tous la résistance à l'ennemi[2] », remarqua Élisabeth Meynard, une institutrice qui veillait sur un groupe d'écoliers. Alors que des fusillades sporadiques retentissaient çà et là, le général se laissa aller à quelques mots lyriques mentionnant, dans une tentative empressée pour unifier le pays, un Paris « libéré par lui-même, libéré par son peuple […] avec l'appui et le concours de la France tout entière ».

Mais il ne pouvait pas totalement passer sous silence l'apport héroïque des combattants communistes, parmi lesquels Cécile Rol-Tanguy avait joué un rôle capital – un facteur qui pèserait lourd dans l'équilibre politique des lendemains de la Libération. L'un des débats les plus vifs de l'après-guerre, et qui soulève toujours des controverses au XXIᵉ siècle alors que seulement une poignée des acteurs et des actrices de l'époque sont encore en vie, porta sur la contribution des femmes à la Résistance : prirent-elles les armes ou apportèrent-elles « simplement » apporté un soutien aux combattants ?

À Paris, sous le commandement de Rol-Tanguy, les femmes avaient indubitablement des armes à la main, ainsi qu'on peut le voir sur les films tournés au moment de la Libération qui montrent des jeunes filles comme Anne-Marie Dalmaso, 22 ans, tenant un fusil alors qu'elle prend part aux combats pour défendre l'Hôtel de ville. Elle avait rejoint un groupe de jeunes volontaires créé spécialement pour aider les victimes des bombardements ou les personnes évacuées des zones de combat[1].

---

1. Après la guerre, Anne-Marie Dalmaso se porta volontaire pour raccompagner en France les survivants des camps qui souffraient du typhus, mais elle contracta la tuberculose et mourut en 1950.

Madeleine Riffaud, 19 ans, appartenait aux Francs-Tireurs et Partisans (FTP). Un jour ensoleillé de juillet, elle descendit de son vélo pour accoster un soldat allemand qui admirait la Seine à côté du pont de Solferino. Elle engagea la conversation avec lui comme aucun homme n'aurait pu le faire et, au moment où il se tourna vers elle pour la regarder dans les yeux, elle lui tira deux balles dans la tête. « Il est mort sur le coup. C'était important pour moi de ne pas lui tirer dans le dos. »

Elle fut arrêtée et emmenée au siège de la Gestapo pour y être interrogée. « Je n'avais pas de haine. C'était une mission, dit-elle plus tard. Nous devions le faire en plein jour pour encourager la population. Pour lui montrer qu'il y avait une opposition à l'occupation allemande et que cette opposition était française. Je voulais faire quelque chose de plus que simplement haranguer les gens dans les queues pour leur dire la vérité sur ce qui se passait, et cela me mettait en colère que l'on me dise toujours de transporter des armes à travers la ville pour que des hommes puissent s'en servir, j'ai donc demandé à pouvoir me servir moi-même d'une arme. »

Pendant le mois qui suivit, elle fut sans cesse sortie de sa cellule d'isolement à Fresnes pour être conduite rue des Saussaies. Elle subit des tortures brutales et dut notamment assister aux sévices infligés à d'autres. « Ce qui m'a permis de tenir, ça a été de me dire : je ne suis pas une victime, je suis une résistante[3]. » Elle ne donna jamais de noms, répétant qu'elle n'était qu'une jeune fille stupide qui avait agi pour se venger du meurtre de son petit ami par les nazis. Elle fut néanmoins condamnée à mort. Quelques minutes avant son exécution, alors que d'autres de ses camarades étaient conduits au peloton, on la ramena en prison pour l'interroger de nouveau. Madeleine réussit à survivre jusqu'à la mi-août quand, à la veille de son vingtième anniversaire, elle fut libérée à la faveur d'un échange de prisonniers et retourna se battre dans la Résistance.

Le lendemain de la Libération, la résistante parisienne Frida Wattenberg, qui travaillait notamment pour l'Œuvre de secours aux enfants, fut immédiatement envoyée à Clermont-Ferrand pour récupérer des dossiers importants contenant des détails sur le génocide des Juifs en France. « Quand je suis arrivée, il y avait un troufion, le seul qui était là, tous avaient fichu le camp. Il me dit : "Moi, il me faut un ordre de mission." Alors moi, j'étais à ce moment-là avec un grand brassard

FFI, avec un revolver à la ceinture dont je ne savais pas me servir. J'ai braqué le revolver sur le type, il a eu la frousse. Je n'aurais jamais tiré, d'ailleurs je ne savais même pas comment tirer[4]. » Marie-France Geoffroy-Dechaume, qui circulait à vélo sur la côte normande avec des explosifs prêts à être utilisés, savait à la fois se servir d'une arme et fabriquer une bombe.

Marie-France Geoffroy-Dechaume.

Toutefois, malgré l'euphorie de la Libération, les images ancrées dans les esprits sont celles des femmes qui, à travers toute la France, eurent à affronter une justice expéditive pour ce que l'on appela la « collaboration horizontale ». Celles qui étaient accusées, à tort ou à raison, d'avoir couché avec un Allemand, parfois (mais pas toujours) sans même obtenir quoi que ce soit en échange, d'avoir collaboré en livrant des informations sensibles, ou tout simplement d'avoir offert leurs services à l'occupant en tant que gouvernante, couturière ou cuisinière, étaient toutes considérées comme coupables d'avoir trompé la nation.

On les fustigea, on les harcela, on les malmena, on leur rasa les cheveux, on marqua certaines d'une croix gammée, barbouillée ou même tatouée, et on les força à défiler à moitié nues dans les rues pour étaler leur honte au grand jour. Quiconque assista à ce spectacle ne put jamais en oublier la cruauté, des villages entiers sortaient pour applaudir l'humiliation de jeunes femmes dont le seul crime était sans doute d'avoir couché avec un Allemand afin d'obtenir des bas de soie ou un peu d'argent.

La photographe et mannequin américaine Lee Miller avait été accréditée comme reporter de guerre pour l'édition britannique de *Vogue*. Elle s'était envolée pour la France le 2 août et s'efforçait de rallier Paris : « En aucune façon je ne serai la première femme journaliste à Paris, mais bien la première femme photographe, je pense, à moins que quelqu'un n'ait été parachuté. » À Rennes, Miller fut choquée des « représailles » dont furent victimes deux filles qui reçurent gifles et crachats puis furent tondues même si leur interrogatoire avait confirmé l'absence de preuves suffisantes pour tenir un procès. « C'étaient des filles stupides, même pas assez intelligentes pour avoir honte[5] », écrivit Lee à sa rédactrice en chef, Audrey Withers.

C'était une réaction tristement misogyne. Les femmes – il y eut vingt mille « tondues », d'après certaines estimations – furent punies par les hommes qui avaient échoué à les défendre. Lisette, la secrétaire dont la longue liaison avec Johann, le soldat allemand marié, était connue de nombreuses personnes autour d'elle, fut l'une d'entre elles. Ses parents, des concierges pro-allemands qui s'étaient servis dans l'appartement d'un médecin juif, auraient pu l'aider, mais ses propres cousins refusaient de lui parler. Elle eut la chance de ne pas subir d'autre humiliation – comme d'être tatouée en guise de punition pour le luxe dont elle avait profité pendant la guerre.

À la même époque, de Gaulle ne fit rien pour punir les représentants masculins des élites politique et économique qui avaient soutenu Pétain, les considérant comme des alliés précieux dans la lutte contre le communisme. Depuis, la controverse a pris de l'ampleur à mesure que les historiens ont révélé à quel point la répression fut fondée non seulement sur le genre, mais aussi sur l'appartenance de classe, tout en prolongeant de vieux règlements de comptes.

Ce climat tendu était propice aux erreurs tragiques. Madeleine et Max Goa, deux jeunes résistants qui avaient abrité des aviateurs abattus, célébraient la victoire sur le balcon de leur appartement de l'avenue d'Italie quand des coups de feu éclatèrent. La foule en contrebas crut que les tirs venaient de chez eux et le couple fut traîné de force dans la rue, où Max fut lynché avant d'être jeté sous les chenilles d'un char. Madeleine fut amenée en prison et y resta jusqu'à ce qu'elle devînt folle. Elle mourut assassinée[6].

Bien sûr, des voix fortes s'élevèrent pour dénoncer l'épuration sauvage, parmi lesquelles celles d'Henri Rol-Tanguy et de Paul Éluard, tous deux mariés à des femmes qui avaient risqué leur vie pour la Résistance. Éluard, dans son poème de 1944 *Comprenne qui voudra* – « Comprenne qui voudra / Moi mon remords ce fut / La malheureuse qui resta / sur le pavé » –, exprima avec force son dégoût quant à la manière dont, afin d'épargner les vrais coupables, les foules s'en prenaient à des filles sans défense jetées au sol, tremblantes de peur, la robe déchirée, sous les rires des badauds. Les parents soulevaient leurs enfants pour qu'ils voient mieux, même si beaucoup d'entre eux ne comprenaient pas ce qui se passait.

Bouleversé par « une magnifique chevelure féminine » devant un salon de coiffure de la rue de Grenelle, Éluard observait qu'en tout cas, ces femmes n'avaient fait de mal à personne. « Elles n'avaient pas vendu la France, et elles n'avaient souvent rien vendu du tout[1]. »

Janet Teissier du Cros portait un regard lucide sur la signification de la défaite pour les hommes tout en jugeant que les femmes en étaient affectées plus indirectement. « Leur humiliation résultait du fait d'être progressivement réduites à des préoccupations exclusivement matérielles ; l'humiliation quotidienne d'avoir à mendier en permanence même ce qu'elles achetaient [...]. Mais la réalité de la défaite militaire est, je pense, plus difficile à supporter pour les hommes que pour les femmes et, tant que les troupes allemandes occupèrent le sol français, la plaie ne se referma pas[7]. »

I. Le poème d'Éluard fut publié pour la première fois le 2 décembre 1944 dans *Les Lettres françaises*, accompagné de ce commentaire.

Il se trouvait également des personnes averties pour prendre le parti de la vindicte publique. Andrée Doucet, étudiante aux Arts déco à la fin de l'Occupation, considérait que la punition était « certes une honte mais [qu']elle était tout à fait compréhensible à l'aune du comportement de celles qui ont tout risqué pour la France. Elles le méritaient. Et de toute façon, les cheveux, ça repousse. Elles ont rapidement repris leur vie quotidienne ». Doucet avait été élevée dans la banlieue de Paris où son père possédait un garage Citroën. Elle savait très bien que certaines filles avaient été excessivement amicales avec les occupants allemands, et sa famille, farouchement patriote, lui avait fait comprendre que c'était un comportement à éviter.

Un jour, voyant une de ses amies marcher bras dessus bras dessous avec un officier allemand, elle avait crié « Sale pute ! », ce qui lui avait valu d'être arrêtée. Elle voulait dire que la fille avait couché avec tous les garçons français du coin, expliqua-t-elle pour s'en sortir. Elle fut heureusement relâchée. Toutefois, l'épisode l'avait terrifiée. « Quiconque n'a pas vécu la Libération ne peut décrire l'atmosphère qui régnait [...]. L'euphorie dans les rues, les gens qui criaient de joie et d'enthousiasme. Les crânes rasés ne semblaient pas vraiment importants. Ce n'était pas de la torture[8]. »

Comme d'autres femmes le découvrirent rapidement, l'euphorie de la Libération pouvait être très dangereuse. Lucienne Guézennec, la résistante parisienne qui avait donné son identité à une jeune fugitive juive, prit part aux célébrations à Lyon. Elle voulut intervenir en voyant deux filles nues tenter de se protéger d'un groupe de femmes qui leur crachaient dessus et essayaient de les frapper tout en criant des insultes à l'endroit d'autres tondues. Mais Lucienne, bien qu'indignée par cette « justice » populaire, était trop faible – une balle allemande avait perforé un de ses poumons lors d'une descente dans son imprimerie et elle avait eu un bras mutilé par les rouleaux d'une presse – et elle put à peine se protéger quand un garçon, hurlant contre elle parce qu'elle essayait d'aider les « putes », la saisit et la poussa dans un camion rempli de femmes et d'hommes soupçonnés d'être des collaborateurs. Heureusement, « Lucienne » fut vite reconnue par des personnes qui savaient qui elle était réellement et elle fut libérée. « Était-ce pour en arriver là, se demandait-elle, que ces camarades […] étaient morts ? Était-ce pour cela qu'ils avaient lutté, s'étaient sacrifiés[9] ? »

Impatiente de retrouver la normalité, la population s'accoutuma à la liberté retrouvée sans tarder. Le 17 août, Drancy et ses camps satellites, dont les dépôts Lévitan et Bassano, étaient libérés. Les quelques rares prisonniers ou déportés à rentrer dès 1944 se rendaient rapidement compte que Paris n'était pas prête à les accueillir. Ce serait encore pire en 1945 quand la plupart des déportés, au bord de l'épuisement, rentreraient petit à petit.

Irène Delmas, Maryka de son pseudonyme, compta parmi les libérés de 1944 qui entamèrent une tournée des familles de prisonniers pour essayer de les rassurer. Elle prit conscience assez tôt de la nécessité pressante d'une organisation de soutien pour aider les prisonnières récemment libérées, beaucoup souffraient en effet de multiples maladies et de handicaps physiques qui aggravaient leur détresse émotionnelle.

En septembre 1944, elle avait mis sur pied une organisation qui envoya sept cents lettres à d'anciennes résistantes pour les inviter à rejoindre le mouvement naissant. Plus de trois cent cinquante femmes assistèrent à la première assemblée générale de l'Amicale des prisonnières de la Résistance le 14 octobre 1944, approuvant à l'unanimité les statuts et élisant un conseil d'administration présidé par Irène Delmas. Tout en prenant conscience de leur situation particulière et du fait que leur activisme pendant la guerre était à peine compris ou même reconnu, elles se convainquirent que personne ne pourrait parler en leur nom si elles ne le faisaient pas elles-mêmes.

En attendant que des élections pussent avoir lieu, les tâches les plus urgentes du gouvernement provisoire de la République française dirigé par de Gaulle étaient de continuer la guerre contre l'Allemagne et de panser les séquelles de quatre années d'occupation. Dans une tentative pour stopper au plus vite les vengeances aveugles, il institua une infraction d'indignité nationale. Ceux qui en étaient reconnus coupables étaient condamnés à devenir des citoyens de seconde classe, ils se retrouvaient privés du droit de vote et ne pouvaient pas entrer dans la fonction publique, adhérer aux associations professionnelles, travailler pour les principaux organes de presse et occuper des postes de direction dans les entreprises semi-publiques. À partir du 30 septembre 1944, leurs biens purent également être confisqués. La peine pouvait être infligée pour une période allant de cinq ans à la perpétuité, à l'appréciation du tribunal.

Dans le monde des arts, celles et ceux qui avaient fait plus que simplement se produire sur scène et s'étaient affichés en compagnie de leurs amants, amis et connaissances allemands furent visés en priorité. La cantatrice Germaine Lubin, qui se préparait à chanter le rôle d'Alceste dans l'opéra de Gluck, fut l'une des premières à être arrêtées. Elle avait souvent chanté des œuvres de Wagner, parfois lors de concerts donnés spécialement pour la Wehrmacht, et avait pu compter sur un vieil admirateur allemand, le capitaine Hans-Joachim Lange, dont elle s'était servie pour obtenir la libération de son fils unique, prisonnier de guerre capturé en 1940. Elle passerait l'essentiel des deux années à venir en prison sans être formellement déférée à un tribunal.

Son sort est révélateur de l'obsession de punir les femmes qui avaient ouvertement frayé avec des Allemands. Le journal tenu pendant sa détention, une lecture saisissante, témoigne toutefois d'une arrogance et d'une totale incapacité à reconnaître les raisons de son emprisonnement qui permettent de comprendre pourquoi on s'en prit à elle.

Le 8 septembre, elle écrivait :

> Huit jours que je suis arrêtée pour la deuxième fois. [...] Dix heures d'attente sur un banc de cuir sans dossier, entourée de gens pas lavés, avec des barbes de sept jours, des concierges, des blanchisseuses, des filles publiques. Dans les coins, des ordures mêlées de chevelures qu'on avait coupées la veille. Quatre femmes rasées. Dans la journée, j'en ai vu sortir quatre autres, coquettement permanentées, et revenir le crâne entièrement tondu. À l'une d'elles on avait laissé, pour rire, une petite mèche au beau milieu du crâne, et qui pendait à la manière des mandarins, un ridicule tragique à faire frissonner. [...] Après la quatrième femme tondue, je me suis mise à trembler d'une peur insurmontable, d'être tout à coup livrée à la fureur de ces énergumènes et d'en revenir moi aussi tondue[10].

Le pire était à venir. Vers la fin de l'année, elle se plaignit d'avoir à partager paillasse et couverture avec deux autres détenues, elle fut ensuite transférée à Drancy, où des collaborateurs étaient incarcérés. Dans le camp, « la laideur, la saleté, l'égoïsme, la cruauté voisinent. [...] Il fait très froid. [...] Toilette en commun à l'eau glacée. Impudeur. Affreuses humanités, odeurs nauséabondes, café au goût de la soupe de la veille [...]. Drancy est une immense poubelle matérielle et morale. Je vis avec une perpétuelle nausée[11] ».

Arletty fut elle aussi l'objet d'accusations. Sa popularité avait explosé pendant l'Occupation, à une époque où aller au cinéma permettait non seulement de fuir temporairement la réalité mais aussi de passer un moment au chaud et, si nécessaire, de pouvoir faire l'amour sans avoir à payer une chambre d'hôtel. En 1938, il s'était vendu 220 millions de tickets de cinéma, un chiffre qui passa à 300 millions en 1943. L'interdiction des films américains et britanniques bénéficia à l'industrie du cinéma française, alors en plein essor avec environ deux cent vingt films tournés entre septembre 1939 et l'été 1945.

Ce fut paradoxalement un âge d'or pour le cinéma français et les actrices. Arletty, interprète principale de près de sept succès, touchait l'un des plus gros salaires du milieu, elle en vint à incarner pour beaucoup l'exemple même de la collaboratrice parisienne. En plus d'être belle, elle était piquante et envoûtante, nonchalante et insouciante comme le sont les femmes de Paris, et semblait persuadée de n'avoir rien commis de mal. Elle avait fait ce qu'elle savait faire et était tombée amoureuse. Elle était fière de ses origines populaires, ayant débuté dans la vie comme ouvrière avant de devenir mannequin puis artiste de music-hall, sans jamais perdre son accent parigot.

En tant que célébrité, elle ne pouvait cependant pas agir comme bon lui semblait. Alors même qu'elle n'avait pas tourné de film avec la Continental, elle passait pour avoir épousé, au sens littéral, la cause de la collaboration franco-allemande, comme le prouvait sa liaison passionnée avec Hans-Jürgen Soehring. On l'avait vue aussi bien à l'ambassade d'Allemagne qu'à l'Institut allemand. Pendant l'essentiel de l'année 1943 et le début de 1944, elle avait tourné le grand film de Marcel Carné *Les Enfants du paradis*, dans lequel elle interprétait le rôle de Garance. Quand le tournage fut terminé, Soehring la pressa de fuir avec lui, mais elle refusa.

Néanmoins, en pleine bataille de Paris, elle eut suffisamment peur du sort qui l'attendait pour traverser la ville à vélo et se réfugier chez des amis à Montmartre. Elle s'installa ensuite dans un hôtel à proximité des Champs-Élysées où, en octobre, elle fut arrêtée par deux policiers. Quand on lui demanda comment elle se sentait, elle répondit d'un bon mot, comme à son habitude : « Pas très résistante... » On l'amena d'abord dans les cachots de la Conciergerie, où elle passa onze nuits affreuses, avant de la transférer à Drancy. Elle subit un procès retentissant mais au moins avait-elle échappé à la tonte de ses cheveux et à toute exaction. Elle fut relâchée au bout de quelques semaines, passant à la postérité pour sa repartie : « Mon cœur est français mais mon cul, lui, est international. » Elle fut plus tard condamnée à dix-huit mois d'assignation à résidence qu'elle passa au château de la Houssaye, en Seine-et-Marne.

Chanel, elle aussi, bien qu'arrêtée et interrogée par les FFI en août 1944 en raison de ses amours avec « Spatz », Hans Günther von Dincklage, que l'on disait être un espion, fut rapidement relâchée. D'après la rumeur, elle raconta par la suite « avec son snobisme dédaigneux » que « le pire pour elle, lors de son arrestation, avait été d'entendre les deux FFI en armes tutoyer le portier[12] ». Il y eut moult spéculations quant à une possible intervention personnelle de Churchill en sa faveur, puisqu'il lui était attaché depuis la liaison que son grand ami, le duc de Westminster, avait entretenue avec elle dix ans auparavant.

S'il n'existe aucune preuve que les activités de Chanel aient relevé de la trahison, elles furent certainement douteuses, et il est clair qu'elle était prête à frayer avec les Allemands quand ça l'arrangeait, proférant même de « grande[s] sortie[s] contre les Juifs[13] ». Elle eut beaucoup de chance d'échapper à la prison.

Malcolm Muggeridge, un journaliste britannique devenu agent de renseignements pour le compte du MI6, arriva à Paris après la Libération. La fureur vengeresse et le chaos général qui régnaient alors le choquèrent. Lors d'une visite à Fresnes, où il fut épouvanté de trouver cinq à six femmes dans une cellule prévue pour une seule détenue, il réalisa que les systèmes judiciaire et pénitentiaire étaient en train d'exploser.

L'une de ses missions était d'enquêter sur Chanel, que l'on suspectait d'espionnage en partie à cause de ses liens avec von

Dincklage. D'après lui, elle réussit à échapper à la première épuration grâce à « l'un de ces coups majestueusement simples qui firent le succès du général Bonaparte ; elle se contenta de placer un écriteau dans la vitrine de sa boutique annonçant que les parfums étaient gratuits pour les GI qui, immédiatement, firent la queue pour obtenir leur flacon de Numéro 5 et auraient été indignés que la police française touchât à un seul de ses cheveux ».

Muggeridge décrit Chanel à 62 ans comme semblant « extrêmement âgée et comme détachée de son corps » : « J'avais le sentiment qu'elle était sur le point de rendre son dernier soupir le soir même », peut-être ses années de consommation de drogue l'avaient-elle prématurément vieillie. Avant guerre, elle avait fait de nombreux séjours dans différentes cliniques suisses avec sa confidente Misia Sert pour s'approvisionner en morphine.

En janvier 1942, de tels déplacements étaient plus difficiles et elles étaient devenues toutes les deux si dépendantes à la drogue qu'une amie proche, la journaliste Boulos Ristelhueber, avait dû se rendre en urgence dans une pharmacie ouverte en permanence afin de leur fournir de l'opium. Au moment de rédiger son article sur la soirée qu'il passa avec Chanel, Muggeridge conclut : « Il n'y avait absolument rien à dire si ce n'était ma certitude qu'elle passerait au travers de l'épuration sans un pli, et ce fut effectivement le cas[14]. »

Tout au long de 1944, il y eut encore des épisodes de justice expéditive, mais les peines étaient désormais de plus en plus souvent infligées par les tribunaux, en dépit de leurs imperfections. Élie Scali, ami et ancien amant de Renée Van Cleef, qui s'était donné la mort en 1942, produisit des preuves en défense de René Marty, le bureaucrate de Vichy et cousin de René Bousquet. Marty avait fourni à Scali de nombreux laissez-passer pour franchir la ligne de démarcation et avait fermé l'œil sur ses activités commerciales.

Après la guerre, le colonel Marty fut employé par Van Cleef & Arpels où, d'après la fille d'une polisseuse entrée dans la maison en 1919, il continuait clairement à bénéficier « de très hautes protections ». Marty s'avéra particulièrement utile chaque fois qu'apparut un problème avec les autorités.

Ainsi, « il y avait eu une série de vols chez Van Cleef, pierres précieuses et bijoux de clients, c'est le "colonel" qui par ses relations avait réglé le problème puisqu'il en avait déduit que ce devait être un membre du personnel. Tout le personnel fut interrogé rue des Saussaies et le coupable fut découvert[15] ».

À la Comédie-Française, Mary Marquet, l'une des actrices les plus révérées de la troupe, fut arrêtée et emprisonnée à Fresnes pour avoir collaboré. Lors de son procès, elle admit avoir contacté la police de Vichy en 1943 et avoir demandé à ses interlocuteurs d'empêcher son fils François de rejoindre la Résistance ; mais, en dépit d'une sévère mise en garde, celui-ci s'engagea et fut capturé puis déporté à Buchenwald où il mourut. Marquet fut acquittée, peut-être parce qu'il fut reconnu qu'elle avait assez souffert, que n'importe quelle mère aurait essayé de protéger son fils, ou bien parce qu'elle n'avait pas transmis d'informations secrètes à l'ennemi. Elle ne put néanmoins plus rejouer à la Comédie-Française et, si elle vécut jusqu'en août 1979, sa carrière était brisée. Dès lors, on ne lui offrirait plus que des rôles dans des films de second rang ou des comédies légères et elle aurait du mal à gagner sa vie.

Par contraste, dès les premiers jours de l'Occupation, Béatrice Bretty avait décidé sans la moindre hésitation qu'il n'était pas possible de jouer dans une compagnie qui avait exclu ses comédiens juifs[16]. Après que Mandel eut décliné la proposition de Bretty de l'épouser à Buchenwald, il fut remis par la Gestapo à la Milice à Paris. Le 7 juillet 1944, lors d'un transfert entre deux prisons, les miliciens le firent sortir de la voiture et l'exécutèrent dans la forêt de Fontainebleau.

Une lettre déchirante qu'il avait écrite à Bretty quelques semaines plus tôt depuis Buchenwald arriva après sa mort. Il lui faisait part de son angoisse de la voir souffrir autant que lui : « Vos affaires me tiennent plus à cœur que les miennes. De toutes les mesures dont j'ai eu à souffrir avant mon exil, il n'en est qu'une qui m'ait profondément affecté, c'est celle qu'on a eu la goujaterie sans précédent de prendre à votre encontre à la Comédie. Aussi pouvez-vous être assurée que, tant que j'aurai un souffle de vie, je veillerai à ce que réparation vous soit faite[17] ! » Deux mois après la mort de Mandel, Bretty réintégra la troupe du Français et, le 18 septembre, elle était de retour sur scène pour interpréter l'un de ses plus célèbres rôles, celui de Toinette dans *Le Malade imaginaire*. Son apparition sur scène déclencha un tonnerre d'applaudissements.

Ainsi que Sadie, *alias* Florence, la danseuse vedette du Bal Tabarin l'avait démontré, il était donc possible de se produire sur scène sans collaborer. Déguisée en épouse française élégante et attentionnée, elle avait escorté des fugitifs et des Juifs pour les aider à échapper aux policiers et aux soldats jusqu'à ce qu'au cours de l'été 1944, un conseiller culturel allemand informât Frédéric Apcar, son partenaire de danse et ancien amant, qu'elle était sur le point d'être arrêtée. Elle se retira en banlieue dans la cache isolée où Frédéric avait abrité des Juifs, comme le docteur Gilbert Doukan, un évadé de Drancy et héros de la Résistance, ou Marcel Leibovici, deux hommes que Florence avait aidés. Un matin surgit un char américain dont le pilote demanda en criant la direction de Paris. Florence et Frédéric le suivirent jusqu'à la capitale, où ils furent les témoins des derniers moments de la Libération, et se réjouirent de rencontrer Doukan dans un uniforme d'officier français.

À Paris en ce mois de septembre, les festivités se mêlaient à la répression. Une fois que les combats eurent cessé, les Américains distribuèrent du chocolat, des oranges, des chewing-gums et des bananes – des produits de luxe disparus des étals depuis quatre ans –, et pour beaucoup de Parisiennes qui avaient traversé les années noires de l'Occupation, l'épreuve semblait toucher à sa fin. Cependant, les réjouissances étaient prématurées alors que les combats continuaient à faire rage ailleurs et que les Allemands étaient loin d'avoir capitulé.

Les reportages de Lee Miller, qui était arrivée en France depuis moins d'un mois, sur la bataille de Saint-Malo étaient particulièrement crus, tout comme ceux qu'elle avait consacrés à un hôpital militaire américain – où, nota-t-elle, on recourait aussi bien à la pénicilline qu'au calvados. Elle était déçue qu'on lui ait refusé l'autorisation de suivre la 83ᵉ division d'infanterie de l'armée américaine jusqu'en Allemagne. « Je me sens très amère d'aller à Paris, maintenant que j'ai goûté à la poudre à canon[18] », confia-t-elle à sa rédactrice en chef. Elle décrocha néanmoins un scoop car, bien qu'elle ait été seulement autorisée à écrire sur les suites de la bataille de Saint-Malo, les combats étaient en fait loin d'être terminés.

> Je me réfugiai dans une tranchée boche, derrière les remparts. Mon talon écrasa la main arrachée d'un mort, et je me mis à maudire les Allemands pour l'effroyable et meurtrière destruction qu'ils venaient de provoquer dans cette ville jadis si jolie. Je ramassai la main et la lançai à travers la rue, et je rebroussai chemin en courant, me tordant les pieds, trébuchant sur les pierres entassées et instables, et glissant dans des flaques de sang. Bon Dieu ! C'était effroyable[19].

Le talent de Miller pour regarder l'horreur en face, pour ne pas esquiver l'innommable, donna à ses photographies et à ses écrits un goût âpre que seuls quelques-uns de ses collègues, hommes ou femmes, savaient égaler. En fin de compte, ce talent nourrit peut-être sa dépression et explique qu'elle n'ait pas pu poursuivre son travail après la naissance de son enfant.

À court terme, ses articles lui valurent des ennuis avec les autorités pendant quelques jours, puisqu'elle était allée au-delà des limites qui lui avaient été imposées, mais elle s'installa ensuite à Paris, ce Paris qu'elle connaissait si bien, celui de ses amours de jeunesse. Elle réalisa bientôt qu'en plus de lui procurer une chambre confortable, l'hôtel Scribe, qui servait de quartier général aux journalistes venus du monde entier, était une mine pour ses reportages.

Mary Welsh descendit brièvement au Scribe elle aussi. L'envoyée de *Time Magazine* était désormais amoureuse d'Ernest Hemingway. On lui avait commandé des articles sur le retour de la mode à Paris et les tenues qui étaient exposées dans les vitrines des magasins, un travail insipide pour une correspondante de guerre en ce mois d'août 1944. Très vite, elle s'installa au Ritz avec Hemingway, qu'elle trouva assis à même le sol de sa chambre en compagnie d'amis résistants.

Dans l'après-midi du 26 août, ce fameux jour où de Gaulle descendit triomphalement les Champs-Élysées, Hemingway et sa petite bande de partisans, qu'il appelait la « Hem Division » – en tant que correspondant de guerre, il savait qu'il lui était interdit de commander des troupes –, s'étaient directement rendus à la librairie de Sylvia Beach, Shakespeare and Company, rue de l'Odéon, qu'il connaissait très bien depuis ses séjours à Paris avant guerre. Sylvia, qui avait été internée pendant six horribles mois au camp de Vittel en 1942-1943, a raconté leurs retrouvailles spectaculaires : « Je volais en descendant les escaliers ; nous nous rencontrâmes dans un choc ; il me souleva, me fit tourner en rond et m'embrassa pendant que tout le monde dans la rue et aux fenêtres applaudissait[20]. » Sylvia et son amante française, la libraire Adrienne Monnier, étaient ravies après les mois de tension au cours desquels leur magasin avait été fermé et leurs précieux livres mis à l'abri des nazis dans les étages. Elles invitèrent leur vieil ami et libérateur à monter dans leur appartement pour trinquer avec elles. Hemingway se mit plutôt en tête de vérifier s'il n'y avait pas de tireur embusqué sur les toits et s'en alla ensuite avec ses hommes libérer la cave du Ritz, comme il aimerait le raconter plus tard.

Lee Miller avait à cœur de retrouver ses vieux amis Nusch et Paul Éluard, ainsi que Picasso, qui vivait toujours rue des Grands-Augustins. De son regard perçant, elle remarqua les impacts de balles dans les murs des bâtiments, et les fleurs dans les cheveux des femmes, les baisers qu'elles distribuaient, les vélos qu'elles chevauchaient ou le vin qu'elles buvaient – les Parisiennes savaient attirer l'œil.

> Leurs silhouettes me semblaient étranges et fascinantes, après le style utilitaire et austère qui sévissait à Londres. De grandes jupes étroitement serrées à la taille, de lourdes coiffures à la Pompadour, encadrées de chevelures ondoyantes, les femmes foulaient le sol de leurs chaussures à semelle compensée. La démarche de la Française a totalement changé avec ce qu'elle porte aux pieds. Les fesses rebondies et les pas étriqués de l'avant-guerre ont cédé la place à une allure vive et élancée, qui implique le pied dans son entier.

Quand elle demanda aux soldats américains ce qu'ils pensaient de Paris, ils écarquillèrent les yeux et s'exclamèrent que c'était « la plus belle ville du monde, et les gens sentent si bon ». La plupart étaient ravis et surpris que les Parisiens

« soient si joliment habillés et aimables, et non amaigris, affamés et amers.

Beaucoup de femmes, toutefois, étaient maigres, affamées et abattues, mais, comme Miller l'observa à juste titre, ce n'étaient pas ces Parisiennes-là qui se promenaient dans les rues. Ceux qui sortaient étaient des filles et des garçons éblouissants et euphoriques, « heureux de leur victoire dans Paris et fiers de leurs cicatrices de bataille ». Des jeunes gens bien décidés à célébrer « la fête la plus gigantesque du monde[21] » même s'il n'y avait rien à manger.

En dépit du désordre de la Libération, les Allemands étaient déterminés à battre en retraite avec une dernière cargaison de trésors pillés. Comme les employés des chemins de fer s'étaient mis en grève, il n'était pas rare de voir des civils allemands traîner d'énormes sacs jusqu'aux gares où ils étaient bien en peine de trouver le moindre porteur qui pût les aider. Alors que des trafiquants essayaient désespérément de s'échapper avec quelques peintures en guise d'ultime butin, c'est à nouveau l'infatigable Rose Valland qui sauva cinq wagons entiers de tableaux inestimables et d'autres œuvres d'art.

Jour après jour, Valland avait risqué sa vie en espionnant les vols commis par les nazis. Elle savait que tout ce qui restait au Jeu de paume, dont une partie avait beau être considérée comme « dégénérée », et cela incluait l'essentiel de la collection de Paul Rosenberg, avait été rapidement emballé par l'ERR dans cent quarante-huit caisses, emportées le 1er août vers des voies isolées pour être chargées dans le train 40044. Cinq wagons renfermaient pas moins de neuf cent soixante-sept tableaux, dont des œuvres de Picasso, Dufy, Utrillo, Braque, Degas, Modigliani, Renoir, Cézanne, Gauguin et Toulouse-Lautrec ; cinquante autres contenaient divers biens confisqués à des Juifs. Valland prévint immédiatement Jaujard, son patron, et celui-ci transmit l'information à la Résistance, qui empêcha le train complètement chargé et stationnant sur une voie de garage à Aubervilliers de partir pour l'Allemagne.

Le 27 août, un détachement de la 2e division blindée placé sous le commandement du jeune lieutenant Alexandre Rosenberg, le fils du marchand d'art, s'empara du train. Les soldats tapèrent contre les portes des wagons de marchandises (prenant garde de ne pas tirer au cas où il y aurait eu des prisonniers à l'intérieur) et en firent sortir petit à petit les soldats allemands âgés qui avaient été désignés pour accompagner le convoi outre-Rhin. Dans le train, le lieutenant Rosenberg trouva des peintures qu'il avait vues pour la dernière fois sur les murs de l'appartement familial.

Au même moment, Valland elle-même était brièvement retenue prisonnière par les FFI qui la suspectaient de collaboration. Une mitrailleuse pointée dans le dos, elle dut ouvrir les réserves pour montrer qu'aucun Allemand n'y était caché. Quand il fut clair que ce n'était pas le cas, elle fut relâchée et put poursuivre son travail. Le 24 novembre, une commission de récupération artistique (CRA) fut mise en œuvre et Rose Valland devint sa secrétaire, mais dans les faits c'était elle qui la dirigeait. Elle décida de se rendre en Allemagne pour retrouver les œuvres d'art volées en France, et pendant les cinq années suivantes, elle fut une efficace agente de liaison entre le CRA et le gouvernement français.

Le 20 mars 1944, le gouvernement provisoire de De Gaulle avait annoncé que, pour la première fois, les femmes seraient autorisées à voter une fois que l'intégralité du territoire national aurait été libérée. Auparavant, une assemblée consultative avait été créée et de Gaulle y avait nommé Lucie Aubrac en tant que représentante de la Résistance. Elle fut ainsi la première femme à siéger dans une assemblée parlementaire française. Lucie Aubrac, héroïne de la Résistance, avait organisé l'évasion de celui dont les Allemands ignoraient qu'il était son mari, en prétendant que ce jeune homme l'avait mise enceinte et qu'elle devait l'épouser pour éviter le déshonneur. Elle put ainsi lui rendre visite en prison et convenir des détails de l'opération.

Elle aussi avait tout à fait conscience de la différence de traitement entre les hommes et les femmes alors que la France profitait de sa liberté retrouvée, et elle était déterminée à lutter contre la vision simpliste selon laquelle les Françaises auraient collaboré tandis que les Français se seraient battus. C'étaient les femmes, insistait-elle, qui avaient donné sa pleine dimension à la Résistance – servant de boîte aux lettres car elles restaient à la maison, ou faisant d'excellentes agentes de liaison car elles étaient insoupçonnables avec une valise à la main ; et elles n'avaient pas reculé devant le recours aux armes. Mais tout le monde n'était pas prêt à l'écouter – la plupart des Parisiens étaient d'abord soucieux de reprendre une vie normale.

Alors que la fin de l'année approchait, les manifestations de joie étaient assombries par le froid, les pénuries de nourriture et de combustible ainsi que le souvenir des quelque trois millions d'hommes et de femmes morts, portés disparus ou encore détenus dans des camps de prisonniers de guerre. Dans la rafale de livres, de magazines et de brochures imprimés au moment de la Libération, une image se distingue : c'est une photographie prise depuis les toits de Paris, le jour de Noël 1944, au cours de l'un des hivers les plus froids du siècle, le ciel nuageux s'étend jusqu'à l'horizon. De toutes les cheminées, aucune ne laisse échapper un quelconque filet de fumée, rien n'arrête le regard[22].

8

1945 – LIBÉRÉES

Le 1ᵉʳ janvier 1945, le silence tomba sur l'usine de Torgau. Un jour de répit. Les femmes contraintes de fabriquer des munitions dans ce camp satellite de Ravensbrück se disaient parfois qu'elles avaient repoussé leurs limites au maximum. Jacqueline Marić sentait qu'elle touchait le fond.

> Nous avions si froid : il faisait – 20 °C dehors ! La neige recouvrait tous les alentours. Nous étions de plus en plus affreuses. Heureusement, nous n'avions aucun miroir pour nous voir. Mais je voyais maman ; sa maigreur me faisait mal. Ses jambes, réduites aux os, sortaient lamentablement de ses abominables galoches, si lourdes. Elle gardait, imperturbable, une incroyable sérénité, prodiguant son affection à nos jeunes compagnes. Elle était aussi très lucide et nous mettait en garde (elle qui avait tant de souvenirs de la guerre de 1914-1918) sur ce que serait la fin de la guerre, la période la plus dramatique que nous aurions peut-être à subir[1].

Janvier et février 1945 furent parmi les mois d'hiver les plus rigoureux du xxᵉ siècle en Europe, les tempêtes de neige firent descendre les températures jusqu'à – 25 degrés, et le froid mordant perdura jusqu'à la mi-mars. Même si la guerre touchait vraiment à sa fin, certaines détenues craignaient de ne pas pouvoir tenir un jour de plus. Elles étaient malades, affamées et accablées de maux, entre plaies non soignées, ampoules, engelures et gangrène. De temps à autre, on découvrait un cadavre qui avait gelé là où il était tombé. Un jour, Virginia d'Albert-Lake trouva une amie en train de sangloter, accroupie derrière un tas de déchets : « Je veux mourir. Je n'en peux plus. Je veux mourir[2]. » Les prisonnières françaises de Torgau furent prises de panique lorsque des hommes de la Gestapo firent leur apparition en janvier – ils cherchaient à comprendre pourquoi elles n'étaient pas plus efficaces. « Alors que le chaos s'installait en Allemagne. Nous étions rendues "presque" responsables de la fin de la Grande Allemagne par notre très mauvais rendement. »

Elles se retrouvèrent ensuite enfermées sans la moindre explication dans des wagons à bestiaux et envoyées dans un autre camp satellite. Pour Jacqueline et sa mère, ce fut Markkleeberg, près de Leipzig, leur quatrième camp, le plus dur de tous, où elles arrivèrent après un trajet éprouvant de plusieurs jours :

> Nous avons été « accueillies » par les coups et les vociférations habituelles d'un commandant qui nous parut encore plus fou que ceux que nous avions eu à supporter précédemment [...]. Nous (les deux cent cinquante Françaises) avons été parquées dans une misérable baraque glacée... Les autres baraques étaient occupées par mille trois cents Juives hongroises venues d'Auschwitz et de Bergen-Belsen. [...] Avec les Françaises, SS et kapos [des auxiliaires choisies parmi les détenues par les SS] étaient particulièrement féroces : dès l'aube, encore épuisées, titubantes, nous allions travailler, sous les coups, dans une carrière pour extraire des cailloux douze heures par jour sur une terre gelée très profondément. Parfois, nous étions attelées à un énorme rouleau que nous devions tirer sur des routes proches du camp. À d'autres moments, nous devions abattre des arbres dans la forêt ou, le plus épouvantable, décharger des wagons de charbon à longueur de journée. Pas de gants ni de bas, nous n'avions aucun vêtement de rechange, ni savon ! Nous étions toujours mouillées et nourries d'une maigre soupe de rutabagas avec un petit, tout petit, de plus en plus petit, morceau de pain ! Les journées nous paraissaient interminables et nous avions souvent l'impression que nous allions tomber, mortes, sur place. [...] Nous n'étions plus que des fantômes de femmes, si laides.

Le bombardement de Leipzig, dont elles virent les lueurs depuis le camp, leur fit comprendre que la fin approchait. « Nos

SS, atteints par les mauvaises nouvelles, étaient de plus en plus féroces, et notre vie "courante" était de plus en plus dure : le ravitaillement était presque inexistant, la nourriture ne contenait presque plus rien de solide. Comment tenir jusqu'à l'arrivée de nos libérateurs ? Notre univers était de plus en plus gris, misérable, et je n'osais plus regarder ma mère, voyant à travers elle le degré de dégradation physique qui était devenu le nôtre[3]. » Et pourtant, la rage de survivre, dans ce qui ressemblait parfois à une course sinistre avec ses geôliers, ne la quittait pas.

Dans les derniers jours de février 1945, Geneviève de Gaulle fut libérée, ce qui lui épargna ces mois terribles de la fin de la guerre. Un matin, subitement, elle fut conduite auprès d'un responsable de la Gestapo : il « me parle aussitôt de Paris où il a séjourné plusieurs mois et dont il a gardé un très bon souvenir ! ». De même, sa secrétaire confia à Geneviève à quel point elle aimait Paris et lui demanda d'écrire quelques lignes pour son album d'autographes – « Par exemple, le début d'une chanson de Lucienne Boyer que j'admire tant. »

Ensuite, on lui donna des vêtements dépareillés pour couvrir sa carcasse squelettique : une robe à manches courtes bleu marine, des souliers de toile et, de façon étonnante, son propre manteau, qu'elle avait dû abandonner en arrivant au camp. Elle rassembla les quelques souvenirs qu'elle voulait garder dans un morceau de tissu qui lui avait fait office de serviette puis, escortée par deux SS et une surveillante, tenant en silence la main d'une autre prisonnière, « une femme terriblement décharnée qui me semble très vieille. Sur sa tête rasée, quelques rares cheveux follets ont repoussé », elle franchit la porte du camp une dernière fois, s'efforçant d'ignorer la neige et le vent glacial. Leur petit groupe finit par arriver dans un camp de la Croix-Rouge à la frontière entre l'Allemagne et la Suisse, où Geneviève de Gaulle entama une longue convalescence dans un sanatorium.

Sa camarade, une femme qui ressemblait « à Gandhi dans les derniers moments de sa vie[4] », était Virginia d'Albert-Lake, relâchée en grande partie grâce à sa mère américaine, qui avait harcelé Eisenhower, commandant suprême des forces alliées, sans désemparer. La libération de Geneviève avait été demandée au plus haut niveau par son oncle, qui se trouvait désormais à la tête du gouvernement provisoire de la République française. C'est le père de Geneviève, Xavier de Gaulle, consul de France en Suisse, qui avait averti son frère de la situation.

Geneviève affirma à plusieurs reprises que le général de Gaulle n'était pour rien dans sa libération, et peut-être n'eut-elle en effet jamais connaissance de son intervention. Elle soutint toujours qu'il n'aurait en aucun cas usé de son influence pour favoriser un membre de sa propre famille. Il semble pourtant qu'on dispose désormais de preuves qui laissent penser qu'il fit part de ses préoccupations au CICR à Genève en septembre 1944, lequel contacta à son tour la Croix-Rouge allemande en réclamant que Geneviève fût envoyée en Suisse pour se rétablir[5].

Les derniers mois à Ravensbrück furent cauchemardesques pour les Parisiennes encore détenues. Elles perdaient leurs forces, étaient frigorifiées et tombaient malades. Les bombardements étaient fréquents, les gardes à cran et les rumeurs de l'avancée des Alliés se faisaient de plus en plus insistantes, d'autant qu'une radio de fortune avait été introduite en fraude dans le camp.

Vers la mi-janvier, alors que les Russes n'étaient qu'à 650 kilomètres, les massacres s'intensifièrent. Beaucoup de prisonnières moururent d'épuisement à force de travailler dans le froid glacial. Comme les fusillades prenaient trop de temps, le recours au gazage s'amplifia. À partir de janvier 1945 et la fermeture d'Auschwitz, un petit hangar près du crématorium fut utilisé comme chambre à gaz de fortune. Les femmes, cent cinquante à la fois, y étaient entassées avant que le contenu d'un bidon de Zyklon B fût versé à l'intérieur depuis le toit. D'après les témoins, il y avait des gémissements et des cris pendant deux à trois minutes, puis le silence.

Le hangar fut démonté dès avril 1945 et ensuite, d'après la comtesse Karolina Lanckarońska, une figure de la résistance polonaise détenue à Ravensbrück, « dans la forêt près du camp, peu de temps avant [...] notre départ, on a vu un véhicule qui ressemblait à un bus. C'était une chambre à gaz mobile, peinte en vert[6] ». Nouvel instrument de la machine de mort nazie, ces camionnettes transformées en chambres à gaz mobiles étaient peintes en vert afin qu'elles puissent se fondre dans la forêt.

En avril, lors d'un *Appell*, Anise Girard et Émilie Tillion échouèrent à se cacher et furent toutes les deux contraintes de se mettre en rang, mais cette fois c'est Émilie qui fut sélectionnée. Anise courut prévenir la fille d'Émilie, Germaine, qui avait réussi à se réfugier dans l'infirmerie. C'était trop tard. Émilie avait été amenée, pensaient-elles, dans le « camp de jeunes », un euphémisme pour désigner une annexe où les détenues étaient conduites avant d'être envoyées dans la chambre à gaz. Au cours des jours suivants, elles apprirent qu'Émilie avait été gazée. Anise ne cessa de s'en vouloir et se mettait à pleurer chaque fois qu'elle parlait de ce qui s'était passé. Jeannie Rousseau était persuadée que personne n'aurait rien pu faire. Émilie, racontait-elle, lui avait bien dit : « J'ai toujours regardé la vie en face. Je veux regarder la mort en face[7]. »

Si elle avait pu échapper à la sélection, elle aurait simplement été remplacée par une autre. Il y eut parmi les prisonnières un mouvement de compassion envers celles qui avaient fait de leur mieux pour protéger cette femme courageuse et digne. Mais toutes les détenues n'étaient pas d'accord. Certaines, comme Loulou Le Porz, considéraient que Germaine aurait dû rester avec sa mère jusqu'à la fin et l'en blâmèrent[1].

Au printemps, quelques Françaises, dont Odette Fabius et Jacqueline d'Alincourt, furent libérées de Ravensbrück grâce aux efforts du comte Folke Bernadotte, un membre éminent de la famille royale suédoise, vice-président de la Croix-Rouge de son pays. À la fin de février 1945, Hitler étant déterminé à exterminer tous les témoins de ce qui s'était passé dans les camps, Bernadotte se lança dans une opération risquée et négocia avec Himmler pour obtenir la libération d'un maximum de détenus. Ceux-ci devaient être acheminés dans des cars blancs jusqu'à Malmö, où ils pourraient se rétablir.

À l'origine, le plan ne devait concerner que les citoyens des pays scandinaves, mais il fut rapidement étendu pour sauver autant de victimes que possible. En fin de compte, plus de quinze

---

1. Il y eut d'autres exemples de réconfort et de soutien entre mère et fille. Suzanne Legrand, qui avait abrité des aviateurs, fut la plus audacieuse pour sauver sa mère de la chambre à gaz. Quand elle apprit que sa mère avait été sélectionnée, elle vola un uniforme et, tout en vociférant et en frappant la pauvre prisonnière, elle la traîna de force hors de la file sous le regard déconcerté des gardes. Toutes deux survécurent à la guerre (Caroline McAdam Clark, entretien avec l'auteure, 1er octobre 2014).

mille prisonniers furent ainsi relâchés. Le dernier car blanc partit le 25 avril. Ce jour-là, quatre mille autres femmes embarquèrent pour Hambourg dans un train suédois utilisé en renfort des cars blancs, qui tomba en panne près de Lübeck. Le temps d'ouvrir les wagons de marchandises, on trouva quatre mortes à l'intérieur.

Toquette Jackson, qui, à 56 ans, était gravement malade, fut elle aussi secourue par la Croix-Rouge suédoise. À Lübeck, elle embarqua à bord du *Lillie Matthiessen*, un navire suédois, avec près de deux cent vingt autres détenues de Ravensbrück. Une fois arrivée à Malmö, cherchant à tout prix à obtenir des nouvelles de Sumner et de Phillip, elle écrivit d'une écriture tremblante (elle pouvait à peine tenir un stylo) à sa sœur : « [J'ai] des plaies ouvertes sur trois doigts et perdu mes lunettes. [...] J'ai également une otite et mes oreilles coulent – je n'entends plus d'un côté, mes pieds sont enflés et je souffre d'une dysenterie atroce. Mais malgré tout, mon moral est bon[8]. »

Un responsable de la Croix-Rouge américaine rapporta le 29 avril 1945 que Mme Jackson souffrait de plaies ulcérées aux mains et aux jambes et qu'elle devait être hospitalisée d'urgence pour que ses oreilles soient drainées. « Ce n'est guère plus qu'un squelette[9] », ajouta-t-il. Elle avait été tellement dévorée par les poux que leurs morsures avaient criblé sa peau de trous.

Son moral était pourtant bon car elle pensait son mari et son fils encore en vie. En juin, toutefois, elle apprit la vérité. Sumner et Phillip avaient été évacués du camp de Neuengamme et entassés avec deux mille autres prisonniers dans la cale du bateau-prison de la SS, le *Thielbek*, qui fut bombardé par la Royal Air Force. Phillip survécut en se cramponnant à un morceau de bois, et essaya désespérément de retrouver son père, qui se noya dans la baie de Lübeck. En juillet, dans une lettre à sa belle-sœur, Toquette expliquait qu'elle chercherait du travail dès qu'elle en serait capable, et d'ajouter : « La vie est très chère en France et nos revenus ne nous suffisent pas pour vivre. Je veux que tu saches que j'ai toujours aimé Sumner, j'avais de l'admiration et du respect pour lui. Il avait tant de qualités[10]. »

Toquette fut l'une des « chanceuses ». En revanche, les perspectives étaient sombres pour les autres détenues puisque les Allemands entreprirent d'entraîner toutes les prisonnières encore capables de mettre un pied devant l'autre dans des marches forcées. Celles qui chancelaient étaient fusillées. Jacqueline Marié et sa mère furent de celles qui, par groupes de deux ou trois cents à la fois, se retrouvèrent contraintes de marcher vers l'ouest dans le cadre de l'évacuation des camps. Les Allemands espéraient d'une part que les prisonnières mourraient d'épuisement et d'autre part que les Alliés, quand ils atteindraient les camps, les trouveraient vides, afin que personne ne pût révéler les barbaries qui y avaient été commises.

À bout de forces, les déportées n'étaient pas du tout équipées pour une telle évacuation, des mois de sous-alimentation entraînaient chez elles une faim et une soif éprouvantes, et leurs vêtements ne les protégeaient guère du froid. Les pieds en sang, avançant comme des mortes vivantes, Jacqueline Marié et sa mère marchèrent du 13 avril au 9 mai. Là où elles le pouvaient, elles fouillaient dans la végétation pour trouver de la nourriture. De temps à autre, des prisonniers de guerre français, abandonnés par leurs gardiens et qui s'efforçaient de rentrer chez eux, leur donnaient quelques restes à manger. Ou alors elles suçaient de l'herbe et buvaient l'eau qu'elles trouvaient dans les flaques, des petites quantités à chaque fois qui, en fin de compte, les sauvèrent. Si elles en avaient bu davantage, leur estomac n'aurait pas pu le supporter.

Jacqueline sentait qu'elles allaient bientôt s'effondrer et elle savait qu'elles seraient alors battues à mort. Elles passèrent par Leipzig, puis Wurzen, Oschats et Meissen, avant d'arriver à Dresde, complètement détruite par les bombardements, sans pouvoir s'échapper. Au début du mois de mai, elles atteignirent la frontière avec la Tchécoslovaquie et virent des soldats de l'Armée rouge. Ils étaient leurs sauveurs mais, comme Jacqueline l'écrivit laconiquement, ils « se livrèrent à de multiples exactions [...] sur certaines de nos camarades qui furent violées[11] ». Elle eut la chance de ne pas compter parmi les milliers de créatures cadavériques brutalement agressées par les soldats de l'Armée rouge qui, au fur et à mesure de leur avancée, commirent des violences sexuelles hors de tout contrôle.

Après deux années de camp et certains jours où elle n'avait rien mangé, Micheline Maurel, ancienne institutrice et militante communiste, souffrait d'une dysenterie chronique et de la gale. Elle n'était, de son propre aveu, rien d'autre que de la peau couverte de plaies et tendue sur des os douloureux. Elle raconta sur un ton très réaliste le viol des survivantes de Ravensbrück par les soldats soviétiques qui les considéraient comme des objets sexuels. « Les Russes n'avaient aucune mauvaise intention, aucune hostilité envers nous. Bien au contraire, une immense cordialité, une affection débordante à manifester tout de suite. »

« Française ? Toi Française, moi Russe, c'est la même chose ! Tu es ma sœur, couche-toi là ! »

Micheline Maurel décrivit la manière dont ils baratinaient en un tournemain les femmes malades et émaciées avec « un bon rire fraternel[12] » et disparaissaient ensuite à travers champs. D'autres Russes arrivèrent et elles durent expliquer de nouveau que, même si elles aimaient beaucoup les Russes, elles étaient malades et fatiguées et qu'elles ne pouvaient ni ne voulaient « faire l'amour ». Seuls ses ulcères qui, insista-t-elle, étaient contagieux sauvèrent Micheline du viol.

Après la guerre, elle remarqua que la question qu'on lui posait le plus fréquemment était de savoir si elle avait été violée ou pas. « Finalement, je regrettais d'avoir évité cela. J'avais manqué par ma faute une partie de l'aventure, et cela décevait le public[13]. » Comme François Mauriac l'expliqua dans une préface à son témoignage : « L'espèce qui ici interroge est la même que celle qui là-bas torturait : des hommes et des femmes qui ont perdu le sens de la charité parce qu'ils ont oublié qu'ils ont une âme et que chaque créature humaine a une valeur absolue[14]. »

En 1945, délivrée de ses occupants, Paris offrait un visage très différent des années précédentes. Lorsque les survivantes des camps arrivèrent dans la capitale, cela faisait neuf mois que la ville avait été libérée et nombre de ses habitants étaient déterminés à reprendre le cours d'une vie normale. Ils préféraient ignorer ces silhouettes squelettiques surgissant brutalement dans leur quotidien qui leur rappelaient des souvenirs bien trop sinistres, ceux d'une guerre maintenant terminée. Les rescapées qui rentraient, la tête rasée et un matricule tatoué sur le bras, si terriblement maigres que leur famille pouvait à peine les reconnaître, durent affronter une ville qui ne voulait pas les voir.

Simone Rohner, une déportée politique libérée en avril, souffrit profondément d'être, en une hideuse symétrie, prise par erreur pour une tondue simplement parce qu'elle n'avait pas de cheveux, se retrouvant de nouveau réprouvée. « Les civils nous regardaient avec des airs méfiants, quelques huées furent lancées à notre adresse. Nous nous regardions surprises. Quoi ? La France ignorait-elle les déportés ? Nos costumes de bagnardes n'expliquaient donc rien ? [...] Nous eûmes à subir des paroles cinglantes, nous en pleurions de rage. [...] Nous recevions un accueil hostile, nous étions déroutées[15]. »

À l'heure du retour, la perspective de retrouver une vie « normale » avait rempli d'euphorie la plupart de ces femmes, mais à présent, désemparées et déçues, elles enrageaient de se voir accueillies sans la moindre marque d'empathie ni de compréhension. Henri Frenay, récemment nommé ministre des Prisonniers, Déportés et Réfugiés, avait demandé à son administration de limiter la propagation d'informations au sujet des déportés.

Frenay, un ancien résistant qui savait très bien le prix élevé auquel les femmes avaient payé leur engagement, fut chargé d'organiser et de superviser le retour des prisonniers peu de temps après que le gouvernement provisoire de De Gaulle se fut installé à Paris. Il estimait que les informations inexactes pouvaient entraîner des représailles sur les prisonniers et causer des angoisses inutiles à leur famille. Par ailleurs, Frenay insistait sur la nécessité pour les femmes de quitter leur travail salarié et de permettre aux hommes de reprendre leur statut de chef de famille afin que les anciens prisonniers de guerre retrouvent leur confiance en soi.

À quelques exceptions près, l'Histoire ne retint pas les expériences particulières des milliers de Françaises prisonnières politiques. Comme l'historienne Debra Workman l'a remarqué, le général de Gaulle, dans ses *Mémoires de guerre*, ignore le sort des femmes détenues en Allemagne :

> Rentrée en France des prisonniers de guerre, des déportés et des requis. Grand événement national, tout chargé d'émotions, de joies, mais aussi de larmes ! En quelques semaines, la patrie, les familles, les cités françaises, recouvrent deux millions et demi de leurs enfants [...]. Il n'est pas simple de transporter en France, puis de ramener jusqu'à leurs foyers, un aussi grand nombre *d'hommes* [...]. Or, comme la défaite du Reich libère d'un seul coup tous les

Français détenus en Allemagne, les questions qui les concernent doivent être réglées sur-le-champ[16].

En apparence, le gouvernement provisoire de De Gaulle supervisait le retour à la normalité. Le 29 avril, les Françaises votèrent pour la première fois lors des élections municipales, en vertu d'une ordonnance prise l'année précédente qui proclamait que « les femmes sont électrices et éligibles dans les mêmes conditions que les hommes ». La nourriture réapparaissait dans les magasins, y compris des bananes, un aliment exotique aux yeux de beaucoup d'enfants qui en voyaient pour la première fois ; toutefois, le rationnement, les queues et les chicanes dans les boutiques étaient toujours une réalité. Parfois, lors des repas de famille, les bonnes bouteilles étaient sorties des cachettes où elles avaient passé l'Occupation. Mais, le plus souvent, les êtres chers ne rentreraient pas, et il n'y avait rien à célébrer.

Presque immédiatement après la libération de Paris, les troupes alliées s'installèrent en ville, accompagnées d'armées de diplomates, de fonctionnaires et de journalistes. Beaucoup d'entre eux furent frappés par l'extravagance des tenues féminines. S'attendant à trouver une nation à genoux, ils croisèrent à la place des Parisiennes amaigries par la guerre vêtues de jupes très courtes, arborant des épaulettes démesurées, des turbans interminables (parfois remplis de vieux bas pour leur donner plus de volume), des étoffes aux couleurs criardes et des chaussures dotées d'énormes semelles en bois ou en liège.

Certains Américains étaient choqués devant cet étalage alors que les combats faisaient encore rage. C'était méconnaître l'état d'esprit des Parisiennes et leur conviction qu'il y allait de leur devoir patriotique de prendre soin de leur allure, c'était grâce à leurs tenues extravagantes qu'elles avaient pu tenir tête aux Allemands. Certaines allèrent jusqu'à parler de « résistance ». La mode était, pour les Françaises, même après quatre années d'occupation, loin d'être triviale. Dans leur esprit, l'élégance scintillait comme une lueur d'espoir.

Confectionner une robe à partir de vieux rideaux quand c'était possible ou s'approprier un costume d'homme si leur mari ne devait pas rentrer était une question d'amour-propre. « Beaucoup de Françaises essayèrent de s'affirmer pour défier l'ennemi ; elles s'attachèrent à suivre la mode autant que possible tout au long de la guerre afin d'entretenir leur amour-propre, de se remonter le moral et de rester fidèles à elles-mêmes, car la mode était une expression de leur identité[17]. »

Lucien Lelong, le président de la chambre syndicale, qui avait lutté pied à pied avec les Allemands au début de la guerre pour maintenir la haute couture à Paris, jugeait désormais nécessaire de défendre les extravagances des premiers défilés de mode : « Durant quatre ans, nous nous sommes battus pour garder en vie ce secteur industriel parce qu'il est de première importance pour Paris, mais aussi parce qu'il fallait sauver des emplois et empêcher que des ouvriers fussent obligés d'aller travailler en Allemagne, et enfin parce que nous voulions que la haute couture parisienne conservât la place qu'elle a toujours occupée aux yeux du monde[18]. »

C'est dans cette atmosphère qu'avec quelques collègues comme Robert Ricci, le fils de Nina Ricci, qui dirigeait les relations publiques de la chambre syndicale, il conçut le projet un peu fou d'un petit théâtre de la mode, reprenant une pratique du XVIIIe siècle qui consistait à présenter des créations vestimentaires au moyen de poupées habillées. Cent soixante-dix modèles miniatures, du tiers de la taille d'un adulte, faits de fil de fer et avec une tête en porcelaine, seraient habillés de vêtements dessinés par au moins cinquante des grandes maisons de couture parisiennes, dont Cristóbal, Balenciaga, Jacques Fath, Jean Patou et Elsa Schiaparelli, toutes bien décidées à retrouver leur fortune d'avant-guerre. Les mannequins, qui porteraient des vrais bijoux dessinés à l'échelle par Boucheron, Cartier ou Van Cleef, et de la lingerie délicatement cousue à même les silhouettes même si nul ne pouvait la voir, furent disposés dans des décors créés par des artistes comme Jean Cocteau et Christian Bérard. C'était une initiative exclusivement parisienne, une tentative assumée pour réaffirmer rapidement la supériorité de la créativité française.

L'exposition était soutenue par le tout nouveau ministère de la Reconstruction, car elle fournissait du travail aux centaines de couturières à domicile, brodeuses et artisans qui œuvraient pour l'industrie textile, alors que l'économie du pays était en ruine, mais aussi parce qu'elle rapporterait des dollars dont le pays avait tant besoin pour reconstruire sa base industrielle détruite.

Pendant des heures, des jours et des semaines, tous travaillèrent, sans chauffage par moments, avec juste un peu d'électricité et à peine de quoi se nourrir, pour confectionner les minuscules chaussures, sacs à main, ceintures, gants et autres accessoires méticuleusement façonnés – parfois, étant donné les pénuries de tissu, à partir de simples chutes. On fit appel aux meilleurs coiffeurs pour créer d'élégantes perruques, mélanges de cheveux humains et de fils de verre.

L'exposition débuta au pavillon de Marsan le 28 mars 1945 et fut un succès populaire, attirant plus de cent mille visiteurs et récoltant un million de francs pour l'effort de guerre. Une tournée internationale fut mise sur pied ; elle transporterait l'exposition à Londres au début du mois de décembre, puis à Leeds, New York et San Francisco, ainsi qu'à Copenhague, Stockholm et Vienne l'année suivante. Beaucoup d'Anglaises, dont les choix vestimentaires pendant la guerre avaient été dictés par le confort, la retenue et une sobriété délibérée, restaient perplexes devant une telle garde-robe, aussi malcommode que franchement affriolante.

Pendant ce temps, les procès continuaient. Dans les mois suivant la Libération et jusqu'au 1er juillet 1949, dans le cadre de l'épuration légale (par opposition à l'épuration sauvage), la Haute Cour rendit 108 verdicts, dont 18 condamnations à mort. En prenant en compte les autres juridictions, 6 760 personnes furent condamnées à mort (dont 3 910 par contumace) pour trahison et autres infractions. Seules 767 peines capitales furent exécutées puisque, en plus de ceux qui avaient fui, de nombreux condamnés étaient morts entre-temps et que de Gaulle en gracia un peu plus de 2 000. La majorité des prévenus furent reconnus coupables d'indignité nationale.

Le procès le plus en vue de tous fut celui de Robert Brasillach, romancier, poète et dramaturge, qui dura une journée. Autrefois admirateur d'Irène Némirovsky, Brasillach s'en était pris avec virulence aux républicains, aux communistes, aux Juifs et aux étrangers dans *Je suis partout*, le journal collaborationniste dont il était le rédacteur en chef. Pendant un temps, il fut l'écrivain à la fois le plus envié et le plus honni de France. Mais le 19 janvier 1945, jouant sa vie devant ses juges, il ne se repentit pas, convaincu que les scènes de brutalité à la Libération montraient « ce qu'aurait pu être l'Occupation pendant quatre ans, s'il n'y avait pas eu de calme, des collaborationnistes, un gouvernement de Vichy[19] ».

À la différence des autres journalistes et politiciens collaborationnistes, Brasillach n'essaya pas de fuir à l'étranger. Il décida de faire front, insistant sur le fait qu'il était un patriote, et avait été loyal au gouvernement constitutionnel de Vichy. Une de ses admiratrices, Marguerite Cravoisier, une femme originaire de Sens, dans l'Yonne, comme lui – elle était amoureuse depuis des années sans que le sentiment fût réciproque –, vint à sa rescousse. Comprenant les dangers qui menaçaient l'écrivain, elle avait préparé une planque à son intention dans une chambre de bonne d'un immeuble à côté du palais du Luxembourg.

Choyé là pendant un mois, Brasillach ne savait pas qu'un groupe de FFI avait arrêté sa mère et l'avait jetée en prison, où elle était détenue avec des prisonniers politiques et celles qui étaient accusées de collaboration horizontale. Quand il l'apprit, il se rendit immédiatement à la police. Son procès pour intelligence avec l'ennemi devant la cour de justice de Paris révéla une partie de l'hypocrisie à l'œuvre dans cette frénésie vengeresse. Le juge, qui avait servi Vichy, espérait peut-être se blanchir en condamnant l'écrivain. Après une délibération de vingt-cinq minutes, les jurés, tous d'anciens membres de cette Résistance que Brasillach avait si violemment dénoncée, réclamèrent la peine capitale.

Arlette Grebel, 20 ans, tout juste diplômée de son école de journalisme, fut de ces nouvelles plumes qui se firent un nom avec leurs reportages consacrés aux événements de la Libération. Elle eut la chance de sortir major de sa promotion à une époque prometteuse : les titres de la presse collaborationniste avaient été fermés et rien ne pouvait rivaliser en termes d'excitation avec ce qui se passait dans les rues. Arlette Grebel était si inexpérimentée que lorsque son journal, *France libre*, l'envoya couvrir le procès de Charles Maurras, elle ne savait même pas de qui il s'agissait.

À la Libération, tout était possible pour les jeunes femmes comme elle. Simone de Beauvoir, qui assista au procès de Brasillach auquel elle consacra un long article dans *Les Temps modernes* l'année suivante, résuma l'époque : « Avoir 20 ans ou 25 ans en septembre 1944, cela paraissait une énorme chance : tous les chemins s'ouvraient. Journalistes, écrivains, cinéastes en herbe, discutaient, projetaient, décidaient avec passion, comme si leur avenir n'eût dépendu que d'eux[20]. » Avec ses chaussettes blanches et ses jupes plissées, Grebel incarnait parfaitement l'idée, partagée par beaucoup, que la France avait la possibilité de repartir de zéro grâce à sa jeunesse et de construire un avenir où les rivalités de la guerre n'auraient plus cours.

Saisi d'une demande de grâce de l'écrivain, de Gaulle confirma la sentence, expliquant plus tard que « dans les lettres, comme en tout, le talent est un titre de responsabilité[21] ». Brasillach fut fusillé le 6 février 1945, il avait 35 ans. Simone de Beauvoir avait refusé de signer la pétition réclamant la clémence, expliquant qu'elle avait beau être opposée à la peine de mort par principe, dans ce cas elle était justifiée. Pourtant, l'attitude de Simone de Beauvoir elle-même durant l'Occupation avait été loin d'être simple, et il est tentant d'expliquer sa haine particulièrement intense envers les collaborateurs intellectuels comme Brasillach à la lumière d'une prise de conscience personnelle[22].

Antinazie convaincue, elle avait néanmoins pu manger à sa faim pendant la plus grande partie de la guerre car la mère de Jean-Paul Sartre se fournissait au marché noir tout en envoyant sa bonne faire la queue. À l'époque où elle travaillait pour Radio-Paris, alors contrôlée par les Allemands, Simone de Beauvoir avait elle aussi accès au marché noir, ce qui lui permettait de recevoir ses amis, dont Picasso et Dora Maar, autour de « bassines de haricots, de grands plats de bœuf mode et [elle s]'arrangeai[t] pour avoir du vin en abondance[23] ».

Tout comme Sartre, Simone de Beauvoir a pu exprimer son opposition à l'occupant et s'abstenir de fréquenter le salon de Florence Gould, placé sous la protection des Allemands, mais elle signa la déclaration imposée par Vichy attestant qu'elle n'était ni juive ni franc-maçonne de manière à pouvoir enseigner et elle continua à publier en se soumettant à la censure nazie (d'autres auteurs s'y refusèrent). Elle trouva donc le moyen de s'accommoder de la présence allemande à Paris. Sartre, quant à lui, en prenant la place d'Henri Dreyfus-Le Foyer, un enseignant juif (et petit-neveu du capitaine Dreyfus) qui avait été renvoyé de son poste au lycée Condorcet, profita dans une certaine mesure de la situation.

En mars, ce fut au tour de Florence Gould. Consciente de l'ambiguïté de son comportement, elle avait fait un don généreux aux FFI juste après la Libération et invitait désormais les Américains de passage à ses déjeuners du jeudi. Mais il lui restait encore à répondre à un magistrat instructeur français. En fait, elle ne fut pas interrogée sur ses relations amicales avec les Allemands, les questions portaient plutôt sur les raisons qui l'avaient poussée fin 1944 à investir dans la banque Charles, sise à Monaco et financée par les nazis.

Dans une déclaration sous serment, Gould soutint qu'elle avait été victime d'un chantage pour prendre des parts de la banque monégasque, affirmant qu'en cas de refus, les compagnies de son mari auraient eu à payer une somme encore plus forte à l'Aerobank, un établissement contrôlé par la Luftwaffe et entretenant des liens avec la banque Charles. Elle s'était comportée ainsi, dit-elle, car elle pensait que « M. Charles » pourrait éviter à son mari, âgé de 67 ans et de santé fragile, d'avoir à quitter sa demeure de Juan-les-Pins et d'être déporté en Allemagne en tant que ressortissant d'une puissance ennemie. Elle insista sur le fait que ses actions n'avaient en aucun cas été « contraires aux intérêts des Alliés ». Florence Gould ne fut pas inculpée et son salon perdura.

Toutefois, trois ans plus tard, le dossier fut rouvert et un nouveau rapport donna une explication plus plausible des objectifs de la banque : elle ne devait pas tant aider l'effort de guerre nazi qu'acheminer les avoirs allemands à l'étranger en prévision d'une défaite du IIIe Reich. À nouveau, Florence Gould échappa à l'inculpation, mais le rapport concluait que « cette Franco-Américaine semble avoir joui pendant l'Occupation de singulières protections, et s'il n'est pas sûr qu'elle ait commis le crime d'intelligence avec l'ennemi, il est certain que nous n'avions pas à la féliciter de son attitude[24] ». Elle eut beaucoup de chance[1].

La traque de ceux qui avaient ouvertement collaboré avec les nazis était une plus grande priorité. C'est ainsi que Pierre Laval fut emprisonné en avril 1945. Durant son séjour en prison, il écrivit son seul livre, un journal publié après sa mort en 1948 sous le titre *Laval parle*. Josée de Chambrun, déterminée à prouver l'innocence de son père, sortit clandestinement le manuscrit de prison, page après page. Laval était persuadé de pouvoir convaincre ses concitoyens qu'il avait constamment agi pour protéger leurs intérêts, un point de vue que Josée et sa mère défendirent avec passion. Sa famille « vivait dans un état de fièvre où l'angoisse se mêlait à l'espoir. [...] Elle multipliait les démarches, les visites, les coups de téléphone, faisait, au milieu d'une agitation émouvante [...], tout ce qu'une famille doit faire pour tenter de sauver un être cher en péril de mort[25] ».

Josée essaya de s'adjoindre François Mauriac : « Je n'oublierai jamais l'admirable fille de Pierre Laval, venant un soir chez moi, comme si j'eusse pu sauver son père... Hélas ! S'il y eut jamais cas désespéré, c'était bien celui-là, Pierre Laval ayant en quelque sorte assumé toutes les haines, y compris celles des partisans du Maréchal. Jamais bouc émissaire ne fut plus honni – moins à cause de ce qu'il avait fait qu'à cause de ce qu'il avait dit[26]. »

Josée fit de son mieux pour rassembler l'équipe d'avocats la plus expérimentée possible, tandis que René de Chambrun, qui avait passé l'essentiel de la guerre en Amérique, revint pour soutenir sa femme et son beau-père. Il assura à la presse qu'avec assez de temps pour réunir des documents et faire venir des témoins de l'étranger, Laval pourrait réfuter toutes les accusations. Le procès expéditif – que de nombreux historiens de Vichy s'accordent aujourd'hui pour considérer comme biaisé, à l'image de l'atmosphère politique qui régnait à l'époque – s'ouvrit le

---

I. Eugène Charles, l'homme d'affaires suisse derrière la banque Charles, se révéla être le comte Albrecht von Urach, qui travaillait alors à l'ambassade allemande de Berne. Il avait été impliqué dans l'envoi clandestin d'argent de la Suisse vers les États-Unis via la banque monégasque – il était un petit-cousin du prince Louis II, qui régnait alors sur le Rocher. Il fut interné en mai 1945 mais échappa à toute sanction.

5 octobre 1945 et ne dura qu'une semaine. Laval fut reconnu coupable et condamné à mort. Après une tentative de suicide – il avala du poison qui était trop ancien pour avoir de l'effet et il fut ranimé afin de subir un lavage d'estomac –, un peloton d'exécution le fusilla le 15 octobre.

En apprenant que l'exécution était programmée pour le lendemain, Josée fut, paraît-il, saisie par la peur. « Nature orgueilleuse et sauvage, elle s'enferma dans sa douleur de bête blessée, ses yeux vivants s'éteignirent et leur regard se porta, lourd et vague, au-delà des hommes et de la vie[27]. » Mais elle se rétablit rapidement. Sans enfants, elle consacra le reste de son existence à œuvrer pour la réhabilitation de son père et à s'occuper de ses chiens.

Dans le jardin de la demeure familiale à Châteldon, dans le Puy-de-Dôme, elle aménagea un cimetière pour chiens, semblable aux cimetières entourant les anciennes églises de village, et l'entretint soigneusement. Chaque animal, tous morts de causes naturelles, disposait de son propre monument funéraire. Il y avait Barye (mort en 1890), Pompée (1891), Madou (1908), Brutus (1909), enterrés avant sa naissance. Puis vint « Whisky, 1948-1962, Chien de Soko, ami fidèle de [son] père ».

La vue de la tombe d'un chien ayant appartenu à Pierre Laval, l'homme qui, pour se défendre, affirma avoir proposé la déportation des enfants de moins de 16 ans afin que les familles ne fussent pas séparées, marqua Philippe Grimbert. Lui dont les parents furent victimes de l'Holocauste, réalisa que « la blessure dont [il] n'avai[t] pas pu faire le deuil[28] » résultait du fait que son demi-frère et sa mère n'avaient jamais été honorés comme il se devait après leur mort. La pensée que même les chiens de Pierre Laval disposaient d'une sépulture l'indigna tellement qu'elle le poussa à écrire son roman autobiographique, *Un secret*.

Josée de Chambrun mourut en 1992, René de Chambrun confia alors ses archives à Yves Pourcher, son biographe. D'après Pourcher, la foi de Josée de Chambrun en son père était comme une religion : « Elle ne pouvait même pas accepter l'idée qu'il y ait un procès. Elle s'est battue jusqu'au bout pour essayer de sauver son père. [...] Josée avait une admiration sans limites pour son père[29]. »

Peu de gens, mis à part leurs filles et leurs épouses, étaient prêts à prendre la défense de ceux qui étaient jugés pour collaboration. Et parfois, les lignes de fracture traversaient une même famille. Agnès Humbert, résistante de la première heure engagée dans le réseau du musée de l'Homme, avait survécu à cinq ans d'esclavage dans la prison d'Anrath en Allemagne. Contrainte de travailler dans une usine de rayonne où les conditions étaient épouvantables – beaucoup de prisonniers étaient devenus aveugles –, elle survécut malgré tout et fut libérée par des soldats américains au début de 1945. Elle travailla ensuite aux côtés de ses libérateurs pendant deux mois, mettant en place des soupes populaires et des centres de secours pour les civils allemands, avant de retourner à Paris pendant l'été. Là, elle apprit que l'un de ses fils, Jean Sabbagh, un lieutenant de la marine, avait été mis aux arrêts pendant deux jours après la libération de Bordeaux pour s'être chargé de la police du port en 1944. Elle lui écrivit, en l'appelant « Monsieur » et en le vouvoyant, qu'il ne pouvait dès lors plus se considérer comme son fils[30]. Des mois plus tard, il y eut une vague réconciliation entre eux. Mais un mal irréparable avait frappé la famille.

Simone Signoret fut de celles qui osèrent aider un collaborateur, quand elle apprit que son amie d'enfance Corinne Luchaire et son père avaient été arrêtés en mai et qu'ils attendaient leur procès à Fresnes. En 1945, Simone était « actrice sans contrat, future fille-mère ». Le père de Simone, André Kaminker, était rentré avec les Français libres pour trouver, comme Simone l'écrivit, sa « belle enfant enceinte jusqu'aux dents des œuvres d'un metteur en scène qui n'avait encore rien tourné et qui, pour comble de malheur, était le frère cadet du colonel Allégret, son supérieur direct auprès du général de Gaulle ».

Lui rappelant à quel point son emploi au journal de Luchaire, *Les Nouveaux Temps*, avait été important pour éviter que la famille ne meure de faim, Simone demanda à son père de témoigner sans tarder en faveur de Jean Luchaire, « ce Luchaire grâce auquel, il faut bien le rappeler, sa petite famille avait pu subsister pendant quelque temps[31]… ».

Corinne et Jean Luchaire passèrent le reste de l'année dans différentes prisons. Corinne, qui souffrait de la tuberculose, avait essayé de se suicider. Elle ne comprenait toujours pas ce qu'impliquaient ses relations amicales avec les nazis, demandant sans cesse ce qu'elle avait fait de mal, ce que sa famille avait fait de mal. Elle se plaignait des mauvais traitements qu'elle recevait en prison, accusant les gardiens de ne pas lui parler correctement et de ne pas lui donner assez de lait pour son bébé, sans se rendre compte que tout au long de l'Occupation elle avait été indifférente à la manière dont les Allemands avaient traité leurs prisonnières. Mais à cette époque, ainsi que les déportés de retour allaient bientôt le comprendre, l'indifférence était la religion de beaucoup de Parisiens.

En juin 1945, parmi ceux qui revenaient des camps figuraient à la fois des Juifs et des déportés politiques, ainsi que des prisonniers de guerre. Ils arrivaient par trains entiers, pour l'essentiel à la gare de l'Est, où ils étaient accueillis par des femmes en uniforme des missions de rapatriement tout juste créées afin d'aider « les pauvres garçons », tandis qu'un haut-parleur diffusait *La Marseillaise*. Marguerite Duras attendait anxieusement des nouvelles de son mari, Robert Antelme, détenu à Dachau. Elle vit l'une de ces « dames » apostropher un soldat en désignant du doigt ses propres galons :

> « Alors mon ami ? on ne salue pas ? vous voyez bien que je suis capitaine ? » Le soldat l'a regardée : « Moi, les gonzesses je ne les salue pas, je les baise. » Un « ohohoh » prolongé a accueilli ces paroles. « Quel mal élevé ! » Dignement la dame s'est éloignée[32].

Dans ses écrits, Duras rend de façon saisissante l'angoisse fiévreuse, « les battements dans les tempes[33] » des femmes attendant leur mari, leur mère ou leur fils. Y aurait-il un coup de téléphone, un coup de sonnette, une lettre ? Un camarade de détention donnerait-il des nouvelles ? Ou peut-être téléphonerait-il directement, lui-même, sans prévenir ? Ne valait-il pas mieux rester à la maison, au cas où ?

Et enfin, un ami d'Antelme, François Mitterrand (qu'elle appelle par son pseudonyme dans la Résistance, Morland), lui donna des nouvelles :

> Je ne sais plus quel jour c'était, si c'était encore un jour d'avril, non c'était un jour de mai, un matin à onze heures le téléphone a sonné. Ça venait d'Allemagne, c'était François Morland. Il ne dit pas bonjour, il est presque brutal, clair comme toujours. « Écoutez-moi

bien. Robert est vivant. Calmez-vous. Oui. Il est à Dachau. Écoutez encore de toutes vos forces. Robert est très faible, à un point que vous ne pouvez pas imaginer. Je dois vous le dire : c'est une question d'heures. Il peut vivre encore trois jours, mais pas plus[34]. »

Dachau fut en fait libéré juste à temps pour que Robert Antelme, gravement malade, pût s'en sortir. Il survécut et arriva en France le 13 mai 1945. Sa sœur, Marie-Louise Antelme, elle, ne revint pas de Ravensbrück. Duras se souvint plus tard du « sourire de confusion[35] » de son mari lors de leurs retrouvailles : « Il s'excuse d'en être là, réduit à ce déchet. Et puis le sourire s'évanouit. Et il redevient un inconnu[36]. » À son retour à Paris, Antelme pesait « entre 37 et 38 kilos[37] » et balança entre la vie et la mort pendant trois semaines. Le texte « Pas mort en déportation » raconte l'attente atroce de Duras et donne le compte rendu presque aussi effroyable des soins apportés à son corps décharné et meurtri pour qu'il retrouve forme humaine. Pendant des mois, il n'avait mangé rien d'autre que de l'herbe et de la terre. « S'il avait mangé dès le retour du camp, son estomac se serait déchiré sous le poids de la nourriture[38]. »

Duras donne volontairement des détails crus des fonctions corporelles de son mari avant de lancer : « Ceux à qui ça soulève le cœur je les conchie, je leur souhaite de rencontrer sur leur pas, un jour, un homme dont le corps se viderait ainsi par son anus, et je souhaite que cet homme soit ce qu'ils ont de plus beau et de plus aimé et de plus désirable. Leur amant. Je leur souhaite du malheur de cette sorte[39]. »

Beaucoup de femmes, une fois libérées, se rendirent directement au Lutetia, le grand hôtel Art déco de la rive gauche à l'angle du boulevard Raspail et de la rue de Sèvres. En septembre 1939, l'établissement avait abrité de nombreux réfugiés, dont plusieurs artistes et musiciens qui s'étaient repliés à Paris devant l'avancée de la Wehrmacht. Mais quand la capitale tomba, les Allemands réquisitionnèrent le palace, et sa riche cave fit le plaisir des agents de l'Abwehr, qui y installa son quartier général parisien.

À la Libération, l'hôtel fut transformé dans la confusion en un centre d'accueil et de contrôle des déportés. Beaucoup d'entre eux n'avaient pas dormi dans des lits depuis des années et en étaient désormais incapables. Certains portaient toujours leur tenue rayée de prisonnier à leur arrivée. Les récits de leurs parents, qui venaient tous les jours, emplis d'espoir, pour déposer des avis de recherche ou éplucher les listes, comptent parmi les témoignages les plus atroces de la guerre et de l'Occupation. Leur ombre plana longtemps sur Paris.

Dans de nombreux cas, le désespoir, la maladie, le suicide ou la mort viendraient des années plus tard, au-delà des bornes chronologiques de ce livre. Quelques rares situations aboutirent toutefois à un dénouement heureux, ou tout au moins rapide, comme dans le cas de Marguerite Duras et de son mari. En 1942, ils avaient eu un enfant mort-né et, peu après cette tragédie, elle avait entamé une liaison avec un de leurs amis communs, Dionys Mascolo. Une liaison qui se poursuivit pendant la captivité d'Antelme. En 1945, Mascolo aida à soigner Antelme et à le remettre sur pied, mais Duras et Antelme divorcèrent en 1946, et l'année suivante elle eut un enfant avec Mascolo, Jean.

À leur retour, en plus d'avoir perdu les leurs, beaucoup voyaient leur chagrin alourdi par la disparition de tous leurs biens et, parfois, il n'y avait plus personne autour d'eux pour les aider. Le pillage des logements avait été une obsession des occupants, pas seulement pour s'approprier les œuvres d'art, mais aussi les objets du quotidien, surtout ceux appartenant à des Juifs. Si ces confiscations avaient pour but de déshumaniser ceux auxquels ces biens étaient volés, elles permettaient également d'améliorer l'ordinaire des citoyens allemands outre-Rhin et des soldats dans les territoires annexés de l'Est.

Pour les aider et mettre en place des procédures appropriées, les Allemands purent encore s'appuyer sur la collaboration volontaire du régime de Vichy et de certains Français. Il arriva que les concierges (et les amis, comme Jeanne Bucher dans le cas de Vieira da Silva) fissent en sorte de protéger les demeures juives inoccupées, mais souvent, quand elles étaient pillées, c'est la concierge qui était réquisitionnée pour servir de témoin à l'enlèvement des biens par des déménageurs parisiens, conférant ainsi une légitimité au vol. Il n'était pas rare d'ailleurs que celle-ci se fût servie auparavant. Entre juillet 1943 et août 1944, près de huit cents prisonniers furent affectés pour une durée pouvant aller de quelques semaines à un an, aux

« dépôts » où, soumis au travail forcé, ils durent pour l'essentiel trier les meubles et les objets saisis par les nazis[1].

À l'époque, au milieu du chaos général de la guerre, il était difficile de prendre conscience de l'ampleur du pillage ; des dizaines de milliers de logements avaient été dévalisés entre 1942 et 1944. Un rapport de Kurt von Behr, daté du 31 juillet 1944, mentionne un total de 69 619 domiciles vidés, dont 38 000 à Paris[40]. Lors de la retraite des Allemands à l'été 1944, d'innombrables biens furent simplement abandonnés dans ces dépôts, et c'est alors que le gouvernement provisoire débuta le long et douloureux processus de rétrocession à leurs propriétaires, enfin de retour, dont presque tous étaient des Juifs.

Rendre des objets était moins sensible que restituer un logement disputé, puisque cela ne demandait pas l'expropriation d'occupants, néanmoins, à une époque où les ressources et le personnel étaient rares, redonner tous ces biens à leurs propriétaires légitimes était une tâche aussi difficile que délicate. Certains jugèrent qu'il aurait été plus simple de distribuer tout bien abandonné à qui semblait en avoir le plus besoin, ce qui représentait des milliers de personnes, et, à partir de novembre 1944, des entrepôts furent ouverts à cette fin. Mais ça n'était jamais suffisant.

Quand Frida Wattenberg, 20 ans, revint à l'appartement familial en 1944, ce fut pour s'apercevoir que non seulement tout le mobilier et les objets personnels avaient disparu mais que même les interrupteurs avaient été démontés pour récupérer le cuivre. À la même époque, alors que le nouveau gouvernement, déterminé à reconstituer l'unité nationale, s'efforçait de mettre en application une ordonnance de novembre 1944 sur la restitution des biens spoliés, des dizaines d'associations se créèrent dans le but de défendre les intérêts des bénéficiaires des spoliations et de légitimer certaines acquisitions. L'Union confédérale des locataires de France adressa une pétition aux

---

1. Dès 1943, à Grenoble, Isaac Schneersohn avait commencé à mettre clandestinement sur pied ce qui allait devenir le Centre de documentation juive contemporaine (CDJC), se donnant pour objectif de documenter les saisies des biens juifs afin d'aider à leur restitution une fois la guerre terminée. Pour des explications plus détaillées, voir Jean-Marc Dreyfus, Sarah Gensburger, *Des camps dans Paris – Austerlitz, Lévitan, Bassano (juillet 1943-août 1944)*, Fayard, 2003.

autorités en août 1945, estimant que l'application de l'ordonnance par le gouvernement risquait de « renforcer le courant d'antisémitisme qui existait déjà dans le pays[41] ».

Toutefois, après de nombreux contretemps, parmi lesquels la vente d'environ 135 000 lots de biens volés avant que leurs propriétaires légitimes aient eu la possibilité de les réclamer, ne leur laissant d'autres choix que de racheter à l'État ce qui leur appartenait, une législation fut adoptée et un budget alloué au tout nouveau Service de restitution des biens spoliés (SRBS).

De plus, deux organisations créées pour empêcher toute restitution de biens juifs furent interdites par le gouvernement en avril 1945. Malgré cela, comme l'historienne Leora Auslander l'a clairement exposé : « Ces éléments de la vie quotidienne ne constituent que la partie émergée de l'iceberg : ils dissimulent les comptes en banque, les bibliothèques, les œuvres d'art, les commerces, les titres et valeurs ainsi que les domiciles des Juifs qui résidaient en France en 1940. L'évaluation des montants à restituer ou à compenser pour ces biens (sans parler de la réparation du traumatisme et des pertes humaines) reste à faire. »

Il est vrai qu'après la guerre la France ne fut pas le seul pays à être confronté au problème du logement et des spoliations, et que les Juifs ne furent pas les seuls à en souffrir. « Mais l'expérience des Juifs de retour des camps fut singulière car, si les non-Juifs furent dépossédés par une puissance étrangère, les Juifs s'étaient retrouvés exclus de ce qu'ils pensaient être leur maison par ceux qu'ils regardaient comme leurs concitoyens et qui, parfois, étaient leurs voisins [...]. Encore plus douloureuse pour les rescapés fut l'attitude des autres Parisiens devant leurs efforts pour reprendre leur place[42]. »

Face à la ferme opposition de ceux qui étaient résolus à garder le butin amassé pendant la guerre – souvent des femmes se glorifiant de ce qu'elles étaient parvenues à obtenir –, le processus de restitution exigeait des rescapés souhaitant réclamer leurs biens qu'ils fissent connaître leur situation par écrit, établissent un inventaire précis du contenu de leur domicile au moment de leur départ et fournissent une confirmation du concierge, du propriétaire ou du gestionnaire de l'immeuble qu'il y avait effectivement eu confiscation. À moins que le pillage ait eu lieu dans la phase finale de l'Occupation, c'est-à-dire après le printemps 1944, les requérants avaient conscience qu'ils ne pourraient certainement rien récupérer car la plupart des biens avaient été rapidement expédiés en Allemagne.

Comme l'explique Leora Auslander, parmi les dizaines de milliers de rescapés qui déposèrent des demandes de restitution entre l'automne 1944 et 1947 se trouvaient des hommes et des femmes, des Français et des étrangers, des riches et des pauvres, mais seuls quelques-uns d'entre eux récupérèrent les objets qui avaient été si méticuleusement rassemblés, apportés à Paris depuis d'autres pays ou bien hérités, leur conférant une profonde valeur sentimentale. Les historiens estiment qu'environ 20 % seulement du contenu des domiciles pillés fut récupéré[43].

Cette double dépossession touchait le fond même de ce qu'être français signifiait, de ce qui construisait l'identité, la manière d'exister : vivre entouré d'objets familiers. Bien que les auteurs des demandes de restitution fussent souvent des hommes, la création de l'espace domestique était (et il le demeure dans de nombreuses cultures) une activité essentiellement féminine. Lors du retour, le besoin de recréer à l'aide d'objets la vie d'avant était pressant. Tout au long de 1947, les demandes de restitution, toutes chargées d'émotion, continuèrent d'affluer, mais elles paraissaient de plus en plus désespérées... Beaucoup d'hommes et de femmes passèrent de l'espoir à la colère.

La plupart des rescapés des camps, qu'ils fussent juifs ou non, avaient rêvé du jour où ils retrouveraient Paris, mais c'est une grande déception qui les attendait. « Comme des milliers de déportés, nous étions convaincus qu'on nous avait oubliés et que, surtout, certaines personnes auraient souhaité ne plus jamais nous revoir, raconte Jacqueline Marié. Dans l'ensemble, il y avait un manque d'enthousiasme à voir revenir les déportés sans savoir lesquels parmi eux avaient collaboré et lesquels n'avaient rien fait. Nous sentions que nous revenions sur une autre planète. Nous n'avions que les haillons que nous portions, nous pesions 36 kilos et n'avions presque plus de peau sur les os. »

Les femmes avaient un air étrange – émaciées, les yeux exorbités, la tête rasée pour la plupart – et semblaient perdues. Beaucoup étaient malades et durent être soignées pendant des mois, voire des années. « Nous sommes arrivées à la gare de l'Est où on nous a donné 10 francs avant de nous emmener à l'hôtel Lutetia. Là, on nous a distribué des vêtements dépareillés et un ticket de métro. Nous avions chacune une chambre mais nous avons dû enlever le matelas du lit car il était trop mou. Nous avions l'habitude de dormir par terre. »

Quand Jacqueline et sa mère purent rentrer à Versailles, elles réalisèrent que l'appartement familial avait été pillé ; au moins avaient-elles toujours un toit. Le père de Jacqueline était là, encore en vie, mais il avait terriblement souffert et ne se remit jamais complètement. « Quand je racontais ce que nous avions vécu, personne ne me croyait. Ils pensaient que les camps avaient une cantine comme un mess pour les soldats, et qu'on nous donnait des steaks-frites. Il y avait un tel gouffre que j'ai arrêté de parler de ce qui nous était arrivé[44]. »

À son retour de Ravensbrück, Michèle Agniel pouvait à peine se tenir debout, elle obtint donc un permis pour ne pas avoir à faire la queue devant les magasins d'alimentation. « Un jour qu'elle passait devant la file d'attente, un homme se plaignit. "Je dis que je revenais d'un camp de concentration : 'Mais quand même, on sait faire la queue dans les camps, non ?' Je l'ai frappé[45]." » Certains tentèrent d'expliquer ce gouffre d'incompréhension. Ainsi de François Mauriac : « C'est une erreur de croire que si le public se détourne de récits [de déportés] c'est qu'il en a trop entendu. Le vrai est qu'il n'en a entendu aucun jusqu'au bout et qu'il exige qu'on ne lui en parle plus[46]. »

À son retour d'Auschwitz, Simone Veil apprit que son père, son frère et l'une de ses sœurs avaient été tués ; pour elle, être oubliée était comme une seconde mort. Marceline Loridan-Ivens se sentait bâillonnée de la même façon. « Ne leur raconte pas, ils ne comprennent rien[47] », lui dit-on quand elle revint. Elle avait tout juste 15 ans quand elle avait été arrêtée avec son père, un Polonais, et avait été témoin de plus d'horreurs qu'un enfant (ou même un adulte) ne peut en supporter, sans parler de cet oncle, qui avait tué un Allemand, et dont elle savait qu'il s'était jeté d'une fenêtre de la rue des Saussaies pour ne pas avoir à parler sous la torture. En dix-huit mois, elle avait survécu à trois camps : Auschwitz-Birkenau, Bergen-Belsen et enfin Theresienstadt.

« Je suis revenue en juillet-août 1945 par l'hôtel Lutetia […]. J'étais devenue une enfant sauvage […]. Nous étions durs comme de la pierre, voilà ce que nous étions. Il fallait retrouver l'humanité[48]. » De la même manière, une autre femme, qui avait survécu à la déportation, expliquait-elle, uniquement parce qu'elle avait appris à voler, n'oublia jamais à quel point sa tante avait été choquée d'apprendre que sa nièce si bien élevée était devenue une voleuse. Dans les camps, voler revenait tout simplement à prendre tout ce qu'il était possible de prendre pour survivre. On ne disait pas « voler » mais « organiser », et organiser une cuillère pouvait être une question de vie ou de mort.

Marceline ne put rompre le silence que bien plus tard, à l'âge de 86 ans, quand elle confessa à quel point, après les camps, il ne pouvait plus y avoir d'humanité en elle : elle avait tué la petite fille qu'elle avait été. Au moment de publier ses Mémoires, *Et tu n'es pas revenu* – un titre qui fait référence à son père adoré –, en 2015, elle expliqua qu'afin de continuer à vivre, il était nécessaire de détruire la mémoire. « Survivre vous rend insupportables les larmes des autres. On pourrait s'y noyer[49]. »

Dans les camps, elle avait dû accomplir le travail de la mort elle-même. Elle était devenue l'outil de la mort. Pendant des années, elle fut incapable de parler de la tâche à laquelle elle avait été contrainte : creuser des tranchées dans lesquelles les corps des femmes étaient brûlés. Elle racontait plutôt que les tranchées qu'elle avait creusées se situaient près des cuisines, et non des chambres à gaz. Ce n'est que récemment qu'elle a pu admettre ce qu'elle avait fait.

Marceline a évoqué avec émotion non seulement la culpabilité du survivant, mais aussi les raisons pour lesquelles les autres, y compris la famille proche, ne pouvaient pas comprendre. « Très vite, Maman m'a demandé à voix basse si j'avais été violée. Étais-je encore pure ? Bonne à marier ? C'était ça sa question. Cette fois je lui en ai voulu. Elle n'avait rien compris[50]. » Elle pensait que le désir, si vif après guerre, de reconstruire, de laisser la vie poursuivre son cours avec les mariages et les naissances, même quand nombre de ceux qui auraient dû participer aux fêtes étaient absents, était une folie juive. Deux ans après sa libération de Theresienstadt, l'année du mariage de son frère, Marceline se jeta dans la Seine. Sauvée par un étranger, elle souffrit plus tard de la tuberculose et fut envoyée dans un sanatorium en Suisse pour se soigner.

Marceline compta parmi les cent rescapés de son convoi de mille cinq cents déportés, une proportion qui apparaît comme une épine dans le pied de la France, si profondément enfoncée que personne n'a jamais vraiment su comment la retirer : l'inégalité face à la déportation en Allemagne. La moitié des déportés pour fait de résistance sont revenus, mais c'est le cas de seulement 3 % des Juifs (2 500 sur 76 000 déportés), un chiffre gênant pour les négationnistes.

Et pourtant l'attitude qui consiste à considérer les résistants comme des patriotes ayant mené un combat donnant droit à un plus haut niveau de compensation que les Juifs déportés, perçus comme des victimes, persista au moins jusqu'à la fin du XXe siècle dans certains cercles. Sans doute vient-elle du problème que l'historien Henry Rousso a plus tard identifié comme le « résistancialisme », ce mythe qui exagère l'engagement des Français dans la Résistance à l'Occupation et réduit l'importance de la collaboration. Elle se nourrit également de l'idée qu'il était noble d'avoir été déporté comme résistant, et honteux d'être une victime tombée entre les mains allemandes[1]. « Même les morts, coupables de leur passivité, n'étaient pas épargnés par cette honte, car ils s'étaient laissé faire comme du bétail en vertu de la législation antisémite[51]. »

Philippe de Rothschild se rendit lui aussi au Lutetia cet été-là pour avoir des nouvelles de sa femme.

> Un groupe de Françaises venait d'arriver de Ravensbrück. Elles donnaient l'impression d'être sorties de leur tombe. L'une d'entre elles me reconnut. Il me fallut un moment pour me rendre compte qu'il s'agissait de Tania, la comtesse de Fleurieu, une résistante courageuse. Elle qui avait été très belle avait toutes les dents brisées. Ils l'avaient frappée au visage. Elle savait ce qui était arrivé à Lili [Élisabeth], elle était dans le même block. Battue, humiliée et trop faible pour pouvoir bouger, Lili avait été traînée hors de son châlit par les cheveux et jetée vivante dans le four. Elle était morte parce qu'elle portait mon nom. Je n'ai aucun doute à ce sujet […]. Je n'ai pas cherché à en savoir

---

[1]. Annette Wieviorka a étudié les différences dans la manière dont les résistants et les victimes de l'Holocauste ont été commémorés, *cf.* Annette Wieviorka, *Déportation et génocide. Entre la mémoire et l'oubli*, Plon, 1992.

plus et, à ce jour, je n'ai toujours pas reçu de notification officielle de sa mort [...]. Pauvre ange, jusqu'à ce qu'ils viennent la chercher ce matin-là, sa vie avait été si facile, toute de soie et de roses⁵².

Lili fut la seule membre de la famille Rothschild à être victime de l'Holocauste. Après la guerre, Odette Fabius dîna avec la belle-sœur d'Élisabeth de Rothschild, qui lui demanda ce qui s'était passé dans le camp : « Je ne pus que lui répondre que nous avions toutes travaillé pendant deux ans, construit des routes, ramassé les excréments et les morts... "Enfin, me dit-elle, elle ne faisait jamais sa valise elle-même, comment aurait-elle pu tenir une pelle ?" Fallait-il sourire⁵³ ? »

Au moment de quitter les camps, beaucoup de prisonniers reçurent des vêtements incongrus, des tenues trouvées dans une réserve où étaient gardés les biens confisqués. Denise Dufournier, terriblement maigre et moralement brisée, comme tous les autres déportés, arriva ainsi au Lutetia via la Suisse en robe de bal. Plus tard, elle en plaisanterait avec cet humour noir dont elle se servait pour se protéger dans les années d'après-guerre, selon le témoignage de ses filles.

Avocate, Denise Dufournier avait déjà publié plusieurs romans et elle menait une vie indépendante au moment de son arrestation, ce qui lui permettait d'« analyser ce qui lui arrivait comme un médecin dissèque un cadavre ». Quelques mois après son retour, confrontée à l'incompréhension des autres Parisiennes, qui lui racontaient régulièrement « qu'elles en avaient bavé mais sans perdre le sourire », elle se réfugia dans la maison d'un de ses cousins en Anjou, où elle avait rédigé un roman avant la guerre. Là, elle se mit immédiatement à écrire sur Ravensbrück.

« Elle sentait qu'elle portait un fardeau et qu'il lui fallait s'en occuper avant que ses souvenirs ne se brouillent. Elle était déterminée à ne jamais oublier. » Son livre, *La Maison des mortes*, publié en 1945 par Hachette, fut l'un des premiers récits sur les camps et son propos était, de ce fait, aussi neuf qu'atroce, sans jamais cesser d'être grave et factuel grâce à la formation juridique et à la bonne mémoire de son auteure. Elle eut de la chance puisque bientôt les éditeurs n'accepteraient plus les témoignages de déportés, estimant que le public, muré dans son indifférence, n'était pas encore prêt à les lire ou même à les croire.

Le sort de celles qu'on appelait « les lapins » tenait particulièrement au cœur de Denise et elle tenait à décrire les traitements horribles qu'elles avaient subis. Ces jeunes Polonaises, auparavant en bonne santé, avaient été utilisées pour des expérimentations pseudo-médicales barbares qui les avaient laissées invalides, à l'instar d'Hella, dont une jambe était déformée par les bouts d'os qui en sortaient. Mais, une fois son livre terminé, Denise voulut reconstruire sa vie. « S'il y avait bien quelque chose dont elle rêvait, c'était une vie de famille normale[54] », et en 1946 elle épousa James McAdam Clark, un scientifique britannique devenu diplomate, qu'elle avait rencontré à Londres en 1939. Elle refusa même de participer en tant que témoin aux procès des gardiens de Ravensbrück qui commencèrent à la fin de 1946 à Hambourg. Elle resta proche d'Hella pendant des années ; d'ailleurs, à en croire ses filles, après la guerre tous ses plus proches amis remontaient à cette époque et étaient d'une manière ou d'une autre liés à ces expériences partagées.

Denise Dufournier à Monte-Carlo
lors de sa lune de miel en 1946.

De la même façon, Germaine de Renty ne voulait au début revoir aucun de ses amis « d'avant[55] ». Elle était de celles qui devaient leur sauvetage à l'intervention du comte Bernadotte et de la Croix-Rouge suédoise. On l'envoya à Malmö en mai 1945 afin qu'elle se rétablît mais, ensuite, elle se retrouva au Lutetia avec le ticket de métro réglementaire en guise d'indemnité. Une fois rentrée chez elle, pendant des mois Germaine de Renty fut incapable de parler des horreurs auxquelles elle avait assisté.

« Elle ne parlait pas et je n'osais la questionner, expliqua Claude, sa fille. Pendant plusieurs mois, je respectais ce silence. Elle couchait par terre à côté de son lit comme si elle ne pouvait se défaire de l'habitude de dormir à trois dans un châlit en bois de 75 centimètres » qu'elle avait partagé à Ravensbrück avec une jeune étudiante et une communiste qui, dans les premiers temps, furent ses plus proches amies d'après-guerre. « Chaque matin, elle retrouvait ses réflexes d'antan qui lui faisaient préparer notre petit déjeuner, s'habiller avec les vêtements restés dans sa penderie [...] et reprenait son habitude de s'intéresser aux autres, à sa famille, mes sœurs, leur mari, leur premier enfant, mon frère et ses conquêtes féminines[56]. » Elle devait être à la fois la mère et le père de la famille puisque son époux avait péri dans le camp de concentration d'Ellrich.

Elle confia à quel point il était douloureux pour tous les survivants de « retrouver un monde qui a vécu sans vous, des enfants qui ne vous reconnaissent pas. Des familles qui vous croyaient mortes[57] ». Celles qui l'avaient croisée à Ravensbrück se souvenaient que la conviction de devoir rentrer pour élever sa fille lui avait permis de tenir. Claude comprit qu'il leur fallait renouer les liens rompus pendant l'année que sa mère avait passée en déportation et elle réalisa également l'importance pour elle d'écouter celles et ceux qui avaient souffert à ses côtés de la même hantise de la faim et de la dysenterie, de cette peur et de ce désespoir qui ne les quittaient pas, afin d'essayer de retrouver une vie normale.

« Quiconque n'a pas vu cet enfer ne peut pas comprendre, son monde se réduisait à ceux qui l'avaient connu[58]. » Claude n'a jamais oublié le jour où elle entendit une jeune femme lancer que la vie à Ravensbrück « "n'était pas aussi terrible qu'on voulait bien le raconter". J'entends encore le ton glacé de la réponse de ma mère : "Chaque matin, il fallait enjamber les mortes de la nuit et les rats commençaient par les yeux.[59]" »

Le silence des femmes, qui, pour certaines, dura toute leur vie, tenait à une infinité de raisons. Il y avait celles qui ne pouvaient pas parler des camps parce qu'elles y avaient connu l'enfer et voulaient l'effacer de leur esprit ; celles qui éprouvaient des remords d'avoir survécu, la honte que l'on pût supposer qu'elles avaient été violées ou avaient concouru au fonctionnement des camps ; celles encore qui pouvaient estimer que, d'une certaine manière, elles étaient responsables de leur sort. Elles ne voulaient pas parler quand d'autres ne voulaient pas écouter.

Annette Wieviorka résuma les difficultés de la nation à évoquer la déportation dans les années qui suivirent la guerre en citant une formule que les déportés attribuèrent à plusieurs éditeurs : « Assez de cadavres ! Assez de suppliciés ! Assez de récits sur la Résistance ! On a besoin de rire maintenant[60]. »

En novembre 1945, lors de la première réunion de l'Association nationale des anciennes déportées et internées de la Résistance (Adir), issue en partie de l'Amicale des prisonnières de la Résistance, il fut rapidement convenu que l'organisation serait réservée aux femmes, et seulement à celles qui avaient été déportées en raison de leur engagement dans la Résistance, leur premier devoir étant de témoigner.

À une époque où la Résistance passait encore pour une histoire d'hommes sans que nul y trouvât rien à redire, les membres de l'Adir préféraient que l'association restât d'une taille modeste pour leur permettre d'approfondir les liens noués dans les camps, de fournir un soutien moral, médical et social aux rescapées et d'honorer la mémoire de leurs camarades décédées. Elles savaient que leur expérience avait été singulière et qu'elle ne pouvait être confondue avec celle des hommes ; si leurs souffrances avaient pu être tout aussi effroyables, elles étaient forcément différentes. Il ne s'agissait pas de mettre en avant leurs faits de résistance, au sujet desquels elles restaient modestes, mais de témoigner, sans relâche, au nom de celles qui n'étaient pas revenues[1].

I. C'était encore le cas à la fin du XXᵉ siècle face aux néonazis ou aux négationnistes. En 1984, quarante ans après leur déportation, Germaine

Les origines de l'Adir étaient doubles : d'un côté, elle était issue de l'Amicale des prisonnières de la Résistance (APR) qui réunissait un petit groupe de résistantes emprisonnées à Paris à l'été 1942 dont les proches avaient préparé des colis destinés aux femmes avec lesquelles elles avaient sympathisé en prison, particulièrement celles qui étaient seules et qui devaient être déportées. Par ailleurs, l'Adir reposait également sur l'expérience des déportées à Ravensbrück. Ayant présagé les difficultés auxquelles beaucoup d'entre elles, compte tenu de leur état physique et mental, seraient confrontées en reprenant une vie normale, elles avaient décidé de mettre en place une association aussi rapidement que possible pour fournir aide et soutien aux rescapées.

Geneviève de Gaulle témoignant
sur les camps en juin 1945.

Quelques semaines après son départ du sanatorium suisse où elle avait été envoyée pour se rétablir, Geneviève de Gaulle

---

Tillion et Anise Postel-Vinay témoignèrent par écrit qu'il y avait bien une chambre à gaz à Ravensbrück, au moins de la fin janvier ou du début février 1945 jusqu'à la fin du mois d'avril de la même année. Leur témoignage fut publié dans Eugen Kogon, Hermann Langbein, *Les Chambres à gaz, secret d'État*, Minuit, 1984.

entama une série de rencontres avec d'éminents citoyens helvètes pour susciter une prise de conscience de la situation critique des déportées et de la longue convalescence dont beaucoup auraient besoin. Au même moment, une autre ancienne déportée, Irène Delmas, qui avait été parmi les premières à être libérées, s'était déjà attelée à la distribution de colis. Toutes deux se rencontrèrent en Suisse et, réalisant leur communauté de vues, elles décidèrent de fusionner leurs groupes.

Les femmes de l'Adir ne se considéraient pas comme des agentes du changement ni comme des actrices politiques ; elles s'identifiaient plutôt individuellement et collectivement à des « patriotes » – épouses, mères et filles de France qui avaient volontairement pris les mêmes risques que les hommes pour défendre leur pays et avaient souffert des mêmes châtiments. Aujourd'hui, elles se regroupaient pour veiller les unes sur les autres et obtenir les droits et la reconnaissance qu'elles avaient légitimement mérités. Ce qu'elles avaient vécu pendant la guerre les transforma, si bien qu'après 1945, elles furent nombreuses à persister dans leur voie, à l'écart des rôles traditionnellement dévolus aux femmes en France.

Comme le relève très justement Philippe Mezzasalma, il est remarquable que ces militantes aient fondé,

> sans véritable soutien politique ou institutionnel au départ, et presque à contre-courant de la société de l'époque, une association spécifique de femmes résistantes [...]. [La] conviction que personne ne parlerait en leur nom si elles ne le faisaient pas elles-mêmes a déterminé la création de l'Adir, et est probablement une des principales raisons de la longévité de l'association. [...] La volonté de ces jeunes femmes de créer une structure d'entraide pour les résistantes internées et déportées, seule structure non mixte de l'époque, ne procède pas uniquement de revendications à caractère féministe, mais plutôt d'un constat pragmatique. [...] D'une part le désir de venir en aide à leurs camarades les plus démunies, mais aussi probablement le fait de vouloir continuer une aventure commencée ensemble quelques années auparavant[61].

L'Adir fit en sorte de combler le gouffre social entre ses membres, un gouffre qui avait déjà été réduit dans les camps où les comtesses et les ouvrières pouvaient partager un lit et se soutenaient les unes les autres de mille et une manières. Cette remarquable association devint le principal moyen pour les déportées politiques de reprendre pied après la guerre.

Il n'y avait pas que dans l'édition que l'on jugeait qu'il était temps de passer à autre chose, le monde des arts en général voulait croire que le renouveau permettrait le rétablissement. *Les Enfants du paradis* fut tourné pendant l'Occupation, pour l'essentiel à Nice, sous la direction de Marcel Carné, à partir d'un scénario de Jacques Prévert, avec Arletty et Jean-Louis Barrault dans les rôles principaux.

Le film put se faire grâce aux talents de nombreux Juifs contraints de travailler dans la clandestinité, notamment le décorateur Alexandre Trauner et le compositeur Joseph Kosma. Tous deux d'origine hongroise, ils œuvrèrent sous des noms d'emprunt. Sur environ mille huit cents figurants, beaucoup étaient des Juifs pour lesquels ce travail offrait un asile précieux pendant la journée. Le tournage de ce mélodrame sur le monde du théâtre parisien des années 1820 et 1830 prit des mois et alla de difficulté en difficulté – pratiques, bureaucratiques et financières – mais il fut terminé à la fin de 1944, nourrissant d'énormes attentes.

Du fait de la désorganisation générale, la première ne put avoir lieu avant le 9 mars 1945. Aucun film n'était sorti depuis la Libération et, avec la fin de la guerre qui se dessinait, *Les Enfants du paradis* aida à restaurer le prestige de la culture française ainsi que, par voie de conséquence, la fierté nationale. Cette superproduction devait démontrer la suprématie du cinéma français sur Hollywood.

Les spectateurs goûtèrent la symbolique du film, y voyant non seulement un hommage à l'amour mais surtout une démonstration de la liberté de Garance, le personnage principal joué par Arletty, une femme convoitée par quatre hommes, libre d'agir selon ses propres désirs et de choisir lequel aimer. Non sans ironie, au moment de la première, Arletty était assignée à résidence dans le château de la Houssaye en guise de punition pour sa liaison avec Soehring et elle ne put donc pas assister à la projection. Le film eut néanmoins un énorme succès, et resta à l'affiche du cinéma de la Madeleine pendant cinquante-quatre semaines consécutives. Il est aujourd'hui considéré comme un film culte.

Jeanne Bucher, qui avait tant fait pour soutenir courageusement l'art moderne français pendant l'Occupation, apprit au début de l'année que Pierre, son petit-fils tant aimé, avait été tué au feu – elle en fut éperdue de tristesse. Mais il fallait malgré tout continuer à vivre et elle se plongea dans le travail en renouant avec les expositions d'artistes que les nazis avaient interdits dans sa galerie de Montparnasse. Âgée de 73 ans à la fin de la guerre, Bucher reçut comme un viatique une invitation au Museum of Modern Art de New York en septembre 1945. Elle passa les sept mois suivants aux États-Unis, donnant de temps à autre des conférences sur l'art français durant l'Occupation et, d'une manière générale, assurant la promotion des artistes dont elle aimait le travail, comme Maria Helena Vieira da Silva, qui avait été exposée pour la première fois à Paris en 1933 dans sa galerie[I].

Huit mois après la libération de la ville, ce qui était apparu dans les premiers temps comme une avant-garde militaire se révéla être un bataillon de journalistes, d'espions, de diplomates, d'officiers et de personnel de soutien aussi bien britanniques qu'américains. Cet afflux d'étrangers, que leurs colis, débordant de nourriture et de bas fins, rendaient particulièrement attirants, contribua largement à alléger l'humeur générale, accréditant l'idée qu'un nouveau départ était à portée de main. Tout à coup, les bourgeoises parisiennes s'encanaillaient dans les dîners et les bals avec des hommes venus d'un autre monde.

Quand Élisabeth Meynard, l'institutrice tout juste diplômée qui avait emmené sa classe saluer de Gaulle sur les Champs-Élysées, rencontra un beau et grand sergent britannique dénommé Ivan Du Maurier, elle le décrivit « comme si un étrange personnage venait d'atterrir sur [sa] planète [...] puissant, séduisant à l'extrême, enjôleur, lançant des regards fulgurants qui tour à

I. Peu après son retour à Paris à l'été 1946, Jeanne Bucher apprit qu'elle souffrait d'un cancer de l'estomac incurable et elle mourut en octobre de la même année.

tour [la] faisaient fondre et [la] transperçaient[62] », comme dans *Les Visiteurs du soir*. Mlle Meynard avait été embauchée par le Paris Welcome Committee, l'une des nombreuses organisations mises en place, comme son nom l'indiquait, pour saluer l'arrivée en ville des officiers alliés et leur ouvrir la porte des foyers français. C'est dans le cadre de son travail pour le comité qu'Élisabeth rencontra le sergent Du Maurier. Six mois plus tard, le 14 mars 1945, ils étaient mariés. Monsieur avait fourni le tissu, en fait la soie d'un parachute, afin que Madame confectionnât sa robe de mariée.

C'est à ce moment-là qu'Élisabeth avait appris que son mari, lequel se faisait maintenant appeler Robert Maxwell, était en fait un Juif tchèque ayant abandonné toute foi religieuse après avoir perdu l'essentiel de sa famille dans les camps. Issue d'une longue lignée de protestants du côté de son père et ancienne élève du très libéral collège Sévigné dans le Marais, Élisabeth avait beaucoup d'amis juifs et n'était pas opposée à l'idée d'être unie à un homme dont les origines étaient si éloignées des siennes. De toute façon, elle était tombée amoureuse de cet aventurier charismatique, énergique

Élisabeth et Robert Maxwell lors de leur mariage, le 14 mars 1945.

et inclassable, avec lequel elle fonda une grande famille et bâtit une immense fortune[I]. À la fin de l'année, ils emménageraient en Angleterre.

Le besoin d'aller de l'avant et de tirer un trait sur la guerre était particulièrement fort après le 8 mai et les célébrations de la victoire. Les immeubles étaient criblés d'impacts de balles et des barricades en bois barraient toujours des rues, mais un policier militaire américain réglait dorénavant la circulation sur la place de la Concorde, des orchestres américains jouaient dans les caves et l'eau était de retour dans les fontaines du jardin des Tuileries.

Les Américains et les Britanniques étaient très visibles puisque, même si le métro fonctionnait, les bus et les voitures particulières ne circulaient toujours pas. Tandis que les Parisiennes enfourchaient leurs vélos, la plupart des Britanniques et des Américains se déplaçaient à pied, entre le quartier général de l'armée britannique dans le faubourg Saint-Honoré, les hôtels réquisitionnés pour les militaires comme l'hôtel Bedford rue de l'Arcade (qui coûtait seulement 5 francs la nuit), le mess américain de la place Saint-Augustin, les clubs pour soldats et les restaurants.

Misa Sert, une femme qui avait été très riche, « souriait d'un air entendu […] de la banalité de la France en train de s'américaniser[63] ». Ses plus belles années d'influence artistique, elle qui avait été la muse de nombreux génies, étaient certainement derrière elle, mais elle continuait à recevoir pour le thé ainsi qu'elle le faisait dans les années 1930. Comme elle avait des amis dans les deux camps, elle devait veiller à inviter les ex-collaborateurs et les anciens résistants à des jours différents, ce qui n'allait pas sans la contrarier, puisqu'elle s'efforçait de rapprocher les uns et les autres dans une paix précaire. Le gouffre qui les séparait était tout aussi béant et suivait les mêmes lignes que celui existant cinquante ans plus tôt entre les dreyfusards et leurs adversaires.

Le 14 décembre, Lucie Dreyfus s'éteignit. Cette femme admirable était la veuve du capitaine Alfred Dreyfus. Plus

---

I. Robert Maxwell devint l'un des plus puissants magnats de la presse. Il mourut noyé en 1991.

âgée de quelques mois que Misia Sert, elle avait d'abord passé l'Occupation à Vichy, puis avait erré dans le sud de la France jusqu'à ce que, devenue « Mme Duteil » (le nom d'épouse de sa sœur), elle fût contrainte de se cacher dans un couvent. En 1944, après la libération de la ville, elle retourna à Paris, déjà en mauvaise santé, et mourut un an plus tard, à l'âge de 76 ans. Elle est enterrée au cimetière du Montparnasse dans une tombe qu'elle partage avec son célèbre mari et sur laquelle est également inscrit le nom de leur petite fille bien-aimée, Madeleine Dreyfus-Lévy. Assistante sociale pour la Croix-Rouge, Madeleine avait rejoint le mouvement de résistance Combat et avait participé à l'évacuation de Juifs à l'étranger. Elle fut arrêtée en novembre 1943, envoyée à Drancy puis déportée à Auschwitz où elle fut assassinée à l'âge de 25 ans. Il est des ombres qui n'en finissent pas de planer...

9

1946 – PANSER LES PLAIES

Le 9 janvier 1946, par un froid glacial, Vera Atkins arriva à Bad Oeynhausen, dans la zone d'occupation britannique en Allemagne. Elle était décidée à obtenir justice pour un petit groupe de femmes qui avaient donné leur vie afin de permettre la libération de la France. Née en Roumanie en juin 1908 sous le nom de Vera Rosenberg, elle menait une enquête minutieuse sur le sort de « ses » agentes, dont treize avaient été portées disparues derrière les lignes ennemies sans espoir qu'on les revît jamais.

Grâce à des contacts noués avant guerre avec des diplomates de nombreux pays et un talent pour les langues, Atkins avait été recrutée en 1941, à l'âge de 33 ans, par la section F du SOE, parvenant à dissimuler qu'elle avait des origines juives et qu'elle ne disposait pas de la nationalité britannique. Le travail d'Atkins consistait à sélectionner et entraîner les recrues, à déterminer si elles disposaient des qualités requises et à leur fabriquer une couverture. Elle avait noué des liens particulièrement étroits avec beaucoup de ces jeunes femmes avant leur départ pour la France, et avait pris l'habitude de leur donner des objets très personnels en guise de porte-bonheur. Souvent, elle était la dernière personne qu'elles voyaient avant de monter dans l'avion.

Immédiatement après la libération de Paris en août 1944, elle et son chef, Maurice Buckmaster, avaient passé quelques jours dans la capitale. Ils étaient descendus à l'hôtel Cecil, un établissement quelconque de la rue Saint-Didier, où on les avait rapidement informés que de Gaulle, décidé à faire croire que la France s'était libérée par elle-même, entendait passer sous silence la contribution du SOE à la victoire. Dans une ambiance fétide de revanche, Vera avait réalisé que, la police française s'étant emparée des quelques archives allemandes demeurées intactes, elle ne pourrait sans doute pas accéder à la moindre information significative sur place et elle était rentrée à Londres pour constituer des dossiers sur les disparues.

Parmi les renseignements qu'elle reçut après son retour figurait l'adresse d'un camp au nord de Berlin transmise par Cecily Lefort, une agente du SOE dont le mauvais accent français avait toujours inquiété Vera. C'était la première fois que Vera entendait le nom de Ravensbrück. En fait, Cecily Lefort était tombée malade dès son arrivée au camp et avait été gazée en février 1945. Plus tard, Vera apprit de la bouche de témoins que, quelques jours avant sa mort, Cecily avait reçu une lettre de son époux français qui demandait le divorce. Et Vera se fit un devoir de bien faire comprendre au docteur Lefort ce qu'elle pensait de son comportement[1].

Au cours de l'année suivante, Atkins réunit des informations concernant plusieurs arrestations et transferts des agentes dans différentes prisons, qu'elle consigna méticuleusement, mais il lui manquait toujours la confirmation du sort des unes et des autres. Elle n'avait alors aucune certitude s'agissant de Noor Inayat Khan, dont le nom de code était parfois Madeleine, parfois Nora, ou même Nora Baker. Le SOE fut dissous à la fin de 1945 alors qu'Atkins avait à peine entamé ses propres recherches au sujet de ses protégées portées disparues.

« Je suis allée à leur recherche à titre privé, dit-elle à sa biographe des années plus tard. Je voulais savoir. J'ai toujours pensé que "disparu, probablement mort" était un verdict terrible[2]. » Une fois rattachée au War Crimes Investigation Unit, Atkins put commencer son enquête pour de bon. À ce poste, elle était autorisée à interroger des nazis suspectés de crimes de guerre et elle se porta témoin de l'accusation dans les procès qui s'ensuivirent. Mais les investigations sur ce qui était vraiment arrivé à « ses » filles restèrent pour elle une priorité absolue.

Juste avant de partir pour l'Allemagne en 1946, Atkins avait contacté Brian Stonehouse, un agent du SOE naturellement doué pour le dessin, un talent qui l'avait aidé à survivre à quatre camps différents après son arrestation en octobre 1941. En juin 1944, Stonehouse était prisonnier au camp de Natzweiler, au Struthof dans les Vosges, seul camp de concentration nazi sur le territoire français, qui abritait six mille prisonniers, tous des hommes.

Stonehouse raconta à Atkins sans pouvoir se souvenir de la date précise que, aux alentours de la tentative d'assassinat contre Hitler (qui eut lieu le 20 juillet 1944), quatre femmes, escortées d'officiers SS, étaient arrivées au camp, passant à pied juste devant l'endroit où il travaillait sur la clôture est. En fait, plusieurs personnes virent les prisonnières arriver cet après-midi-là et, si chaque témoin gardait en mémoire quelque chose de légèrement différent à leur sujet, ils précisèrent qu'elles étaient bien habillées, semblaient en bonne santé et que tout, dans leur comportement comme dans leur allure, semblait défier les gardes. Stonehouse dut en appeler à sa mémoire pour fournir à Vera des dessins et des descriptions des femmes qu'il avait vues dix-huit mois plus tôt.

L'une d'entre elles était facilement reconnaissable comme étant Diana Rowden en raison du nœud qu'elle portait toujours dans ses cheveux, et Noor pouvait avoir été l'une des trois autres ; « manifestement du continent – peut-être juive[3] », lui avait dit Stonehouse. Quand Vera transmit ses preuves au tribunal militaire chargé de juger les responsables du camp de Natzweiler, du 9 avril au 5 mai 1946, elle estimait que les quatre prisonnières devaient être Vera Leigh, Diana Rowden, Andrée Borrel et Noor Inayat Khan et qu'elles avaient toutes été droguées avant d'être brûlées vives.

Elle refusa cependant de dévoiler leurs noms aux journalistes britanniques en prétendant fallacieusement vouloir épargner aux familles un chagrin infondé. Plus probablement, alors que ces mêmes familles réclamaient avec insistance la reconnaissance par les autorités du courage inouï dont avaient fait preuve leurs enfants, Vera espérait-elle éviter les questions de la presse quant au recrutement et à l'entraînement des agentes du SOE.

Le seul fait établi est que quatre femmes furent amenées au Natzweiler le 6 juillet 1944 et qu'elles furent exécutées dans le four crématoire du camp le soir même. Dans une lettre au

War Office, Atkins précise que les quatre femmes moururent par injections létales, « sans doute de l'Evipan, un narcotique, et leurs dépouilles furent immédiatement incinérées. Elles étaient inconscientes mais probablement encore en vie quand elles furent jetées dans le four[4] ». Des détails pénibles sur leur mort furent donnés lors du procès. On leur ordonna de se déshabiller avant de recevoir l'injection et l'une demanda pourquoi. « Pour le typhus », lui fut-il répondu. Une autre voulut un oreiller. Plusieurs témoins rapportèrent avoir entendu des gémissements tandis qu'elles étaient traînées au sol vers la mort. Il est certain que, malgré les narcotiques, l'une d'entre elles se réveilla et se débattit jusqu'au bout pour ne pas être introduite dans le four, les pieds devant. Lors de son interrogatoire, le chef du block crématoire, Peter Straub, nia tout.

Mais le témoignage le plus choquant fut celui de Walter Schultz, qui travaillait comme interprète pour l'administration du camp. Le lendemain des exécutions, Straub, toujours ivre de la nuit précédente, lui avait raconté en détail ce qui s'était passé : la quatrième femme s'était ranimée alors qu'elle était jetée dans le four. Montrant du doigt des marques sur son visage, Straub expliqua à Schultz : « C'est elle qui m'a griffé […]. Tu te rends compte comment elle s'est défendue[5] ! » Lorsque Vera Atkins interrogea Straub, son visage portait toujours des cicatrices. Elle pensait que ces blessures devaient avoir été infligées par Vera Leigh, la plus âgée des quatre, mais sans en avoir la preuve.

Si Atkins accepta que, lors du procès, les quatre fussent décrites comme des « espionnes » – il n'y avait pas d'autre catégorie pour les militaires opérant en tenue civile dans les territoires occupés par l'ennemi –, elle tenait également à ce que les accusés ne fissent pas mention d'une exécution « légitime[6] ». Le procureur parvint à démontrer que, même si elles étaient des espionnes, ces femmes avaient été exécutées sans avoir eu de procès, en violation des conventions de Genève, ce qui constituait donc un crime de guerre.

Atkins était relativement satisfaite du verdict : le médecin et le commandant du camp furent condamnés à mort ; et si Straub s'en sortit avec une peine de treize ans de prison, il fut reconnu coupable quelques mois plus tard de crimes de guerre lors d'autres procès et fut pendu en octobre.

Les titres des journaux sur ces Anglaises brûlées vives déclenchèrent une onde de choc, en particulier parce que le public n'avait pas été informé que des femmes étaient envoyées sur le terrain pour des missions aussi dangereuses. Le 18 septembre 1946, Vera Leigh, l'ancienne modiste parisienne, reçut à titre posthume le King's Commendation for Brave Conduct. D'après le document lui décernant la décoration, elle était « une femme particulièrement brave. Elle était secrètement terrifiée à l'idée d'accomplir sa mission mais elle avait encore plus peur de montrer son angoisse à quiconque. Elle était très courageuse, résolue et inventive[7] ».

Comme Vera Atkins le nota plus tard, les femmes membres de la section F avaient des motivations différentes, mais elles avaient toutes la bravoure en commun. « Ça pourrait se trouver chez n'importe qui. Simplement on ne sait pas où chercher[8]. » Bernard de Gaulle, le neveu du général, qui épousa plus tard Sylvie, la plus jeune des filles Geoffroy-Dechaume, et qui connut de nombreuses résistantes, a son explication : « Ces femmes qui ont donné leur vie connaissaient la peur. L'une des raisons pour lesquelles le rôle des femmes n'a pas été reconnu pendant si longtemps – c'est un sujet compliqué – est que l'on vivait en permanence avec la peur, on tremblait de peur, mais personne ne veut parler de la peur. Après coup, les gens ont parlé de la guerre en général mais pas de "leur guerre". C'est irracontable. Ils ont honte d'avoir eu peur[9]. »

Atkins savait que sa mission n'était pas terminée et que, pour son enquête sur ce qui était arrivé à toutes ses protégées, elle aurait à suivre chaque piste sans attendre, interrogeant les gardiens de prison et les anciens prisonniers susceptibles de l'aider avant leur mort ou leur évasion. En octobre, son mandat fut étendu de sorte qu'elle pût rester plus longtemps en Allemagne afin d'assister le procureur lors des procès des responsables de Ravensbrück, qui commencèrent en décembre et durèrent jusqu'en 1948.

Le 20 janvier 1946, à la surprise de beaucoup, de Gaulle démissionna de la tête du gouvernement provisoire et se retira à la campagne soi-disant pour rédiger ses Mémoires. Sa principale tâche avait été d'assurer l'unité du pays et de lui redonner sa fierté malgré la défaite humiliante de 1940. Il avait fait tout son possible pour que la France fût traitée comme une nation victorieuse, s'opposant au Parti communiste qui était favorable à une poursuite des procès de l'épuration en traduisant devant les tribunaux quiconque pouvait être décrit comme collaborateur.

De Gaulle estimait que si les traîtres les plus notoires devaient être punis, en revanche les « collaborateurs économiques » (parfois des industriels, mais le plus souvent il s'agissait de fonctionnaires ou de responsables de la police) devaient être pardonnés quand c'était faisable, afin de permettre la continuité de l'État. Par ailleurs, en tant que chef de l'État, de Gaulle exerça son droit de grâce, notamment en commuant toutes les peines de mort frappant des femmes.

Les manœuvres politiques de la Libération, notamment entre de Gaulle et les communistes, expliquent en partie la précipitation dans l'organisation des procès des collaborateurs les plus éminents, qui se tinrent dans des délais que certains eussent espéré plus raisonnables. Le 22 février, le journaliste et patron de presse Jean Luchaire fut exécuté. Lors de son procès, le procureur entama son réquisitoire en expliquant : « Chez ceux qui ont trahi par la plume, la trahison a été souvent inspirée par le fascisme ; chez Luchaire, elle fut inspirée par la vénalité et la pourriture[10]. » Il ajouta qu'à la colère qu'il avait ressentie lors d'autres procès s'ajoutait dans ce cas le « dégoût ».

La fille de Luchaire, Corinne, désormais mère divorcée d'une petite Brigitte née en mai 1944 après une brève liaison avec un officier de la Luftwaffe, Wolrad Gerlach, se lamenta : « Tout n'était pas encore fini pour moi. Il y avait encore mon procès [...]. Je ne me souviens de rien, j'ai pleuré tout le temps. J'étais en deuil de mon père[11]. » Corinne, dont la jeunesse dorée – quand elle ne vivait que de champagne et de cigarettes – s'était depuis longtemps évanouie, n'avait pas tourné de film depuis 1940. Elle se battait toujours contre la tuberculose. Elle dut attendre son propre procès encore quatre longs mois. Quand il eut enfin lieu, *Combat* rendit compte de l'atmosphère des audiences :

> Ce n'est plus un interrogatoire, c'est un ciné-roman [...]. Corinne Luchaire écoute sans trop comprendre, approuve à petits coups de tête et tourne des regards désespérés vers son avocat. Il y a, il faut l'avouer, quelque chose de répugnant à voir fouiller la vie privée d'une femme, quelque discutable que son passé puisse être. Il flotte ici une atmosphère de sous-entendus et d'allusions grossières qui, naturellement, met la salle en joie, mais qui est parfaitement détestable [...]. L'accusation semble vouloir confondre Corinne Luchaire avec la France pour prouver qu'en se vendant elle-même, elle trahissait son pays[12].

Celle que le magazine *Life* qualifiait de « maîtresse des nazis » fut finalement condamnée à dix ans d'indignité nationale. Sa fille fut placée pendant un temps dans une famille d'accueil à Châtel, en Haute-Savoie. Elle allait à l'école du village et on la voyait de temps à autre sur les pistes de ski en hiver[13]. Ceux qui savaient qui elle était chuchotaient au sujet de sa mère, la Marilyn Monroe de son époque. Quelques-unes éprouvaient même de la compassion pour elle.

D'après Patrick Modiano, Corinne, ou « ma sœur Corinne », comme il l'appelle, en ayant en tête sans aucun doute sa propre enfance et son père de douteuse réputation, « dans un certain sens, [...] a été une victime de l'aventure dans laquelle s'était fourvoyé son père entre 1940 et 1944 – aventure qui n'avait rien à voir avec celle d'un Rebatet ou d'un Brasillach ». Modiano, dont plusieurs des personnages sont inspirés de Corinne, a fait remarquer que Luchaire venait de la gauche et comptait des Juifs dans sa famille proche : son beau-frère, Théodore Fraenkel, tout comme la troisième épouse de son père, Antonina Silberstein.

> Il s'était égaré dans la collaboration par une certaine faiblesse de caractère, goût de la vie facile et de la « *combinazione* », besoins d'argent pressants – argent dont il faisait surtout profiter les autres car il était généreux et prêt à intervenir auprès des Allemands pour sauver quelqu'un – légèreté du joueur qui mise tout sur une mauvaise carte... Les « fascistes » – comme Rebatet et Brasillach – le détestaient et lui reprochaient sa vie « dissolue » et le jugeaient « enjuivé ». Luchaire me semble tout à fait représentatif d'une

certaine atmosphère et d'un certain monde troubles du Paris de l'Occupation, lié d'ailleurs au « marché noir » et que mon père a connu malheureusement par la force des choses... Luchaire a payé sa légèreté – de sa vie[14].

Tandis que les procès tentaient de rendre justice au nom de ceux qui ne reviendraient pas, les rescapées avaient parfois besoin de plus. Au début de 1946, Jacqueline Marié, ancienne résistante qui avait survécu aux marches de la mort, épousa Guy Fleury, un camarade de résistance, et leur premier enfant naquit plus tard cette année-là. « Pour moi c'était non seulement une marque de vie mais aussi un camouflet adressé aux Allemands. De tout ce qu'ils ont fait, je ne pourrai jamais leur pardonner ce qu'ils ont fait aux enfants[15] », dit-elle.

Elle et son frère, Pierre Marié, eurent chacun cinq enfants, et aujourd'hui, ses petits-enfants et arrière-petits-enfants sont un motif de grande fierté ; ils l'ont grandement aidée à se reconstruire. « Quand je suis rentrée en 1945, personne ne voulait écouter nos histoires. Après avoir essayé de parler à trois reprises, j'ai arrêté. Mais ensuite je me suis mise à en parler à mon enfant quand il était encore tout petit et finalement (en 1961) j'ai commencé à aller dans les écoles et, depuis, je n'ai jamais arrêté de parler de ce qui s'est passé[16]. »

Ne jamais oublier et toujours témoigner, ces deux impératifs ont motivé nombre de celles qui, comme elle, se sont engagées dans l'Adir. Mais, ainsi que l'expliqua Jacqueline d'Alincourt, il était difficile pour la plupart d'entre elles de s'exprimer parce que c'était simplement « une expérience indicible » : « Nous n'avions pas de mots. Cependant, peu à peu, la muraille du silence qui nous enfermait se lézardait. Quelques-uns osèrent nous interroger. La nécessité de parler s'imposa. Il fallait tenter de conjurer l'oubli. J'entends le cri d'une camarade qu'un camion emmenait vers la chambre à gaz : "Dites-le au monde[17]." »

Geneviève de Gaulle se maria également en 1946 avec un homme qu'elle avait rencontré lors de sa convalescence à Genève : Bernard Anthonioz, un éditeur de Lyon, ami d'Aragon et de Malraux, lui aussi ancien résistant, avec lequel elle eut quatre enfants. Le général de Gaulle fut témoin à leur mariage en mai et un mois plus tard, en juin, l'Adir publia son premier bulletin,

Voix et visages, dans lequel Geneviève de Gaulle-Anthonioz, comme elle entendait dès lors se faire appeler, prit la plume pour exhorter les autres déportées à honorer « l'amitié virile, efficace, totale » qui les avait aidées à tenir dans les camps : « Nous avons besoin de la donner et de la recevoir pour être dignes de notre nouvelle tâche humaine[18]. » À l'origine, le bulletin devait servir d'organe de liaison entre les rescapées et honorer la mémoire de celles qui étaient tombées, mais au cours des mois et des années suivants, il tint la chronique exhaustive des droits et avantages auxquels les anciens résistants pouvaient prétendre.

Le contact humain était souvent bien plus important que le bulletin, et le siège de l'organisation, rue Guynemer, permettait à celles qui participaient aux thés du lundi après-midi de se retrouver pour discuter. L'organisation aidait ses membres à trouver du travail ou un logement et les assistait dans leurs relations avec l'administration pour toucher des allocations.

Elle fournissait également des soins médicaux d'urgence qui pouvaient être vitaux et pour lesquels l'État n'était pas équipé. Beaucoup de rescapées souffraient de plusieurs pathologies, parmi lesquelles la tuberculose (quand elle était diagnostiquée), le typhus, la gangrène, la dysenterie ainsi que diverses infections et affections digestives. Dix-sept médecins étaient gratuitement à la disposition des membres de l'Adir, qui fit l'acquisition d'équipements de dépistage de la tuberculose. Deux fois par semaine, le personnel médical de l'association offrait des consultations illimitées aux membres et, si nécessaire, les renvoyait vers des spécialistes. De plus, l'Adir subventionnait les convalescences dans des établissements spécialisés en France ou en Suisse. En janvier 1947, plus de cinq cents femmes avaient profité de ce programme.

Mais, pour certaines d'entre elles, il était trop tard. Parmi les quelque quarante mille déportées raciales et politiques à être rentrées des camps, environ trois mille succombèrent dans les mois qui suivirent leur libération. Et, en octobre 1954, près de dix ans plus tard, environ 35 % des déportées étaient mortes des suites de leurs blessures ou des mauvais traitements dont elles avaient été victimes.

Malka Reiman fut l'une d'entre elles. Arrêtée avec ses deux filles lors de la rafle du Vél' d'Hiv, elle fit preuve d'un courage extraordinaire et d'une ingéniosité qui leur permirent de s'échapper toutes les trois du camp de Beaune-la-Rolande. Après avoir caché ses adolescentes à Vendôme en 1942 dans une famille chrétienne démunie, les Philippeau, trouvée grâce à son facteur, Malka dut gagner de quoi les payer et elle retourna trois fois à Paris pour récupérer des bijoux et du linge qu'elle avait cachés. Pendant deux ans, elle alla de cachette en cachette, louant ses services de cuisinière et de couturière pour s'en sortir.

À la Libération, elle avait l'espoir que son mari, Abraham, reviendrait et elle ne cessa de se rendre à la gare de l'Est ainsi qu'au Lutetia pour compulser les listes, s'efforçant tout au long de l'année 1945 de découvrir quel avait été son sort. Elle témoigna en faveur du policier de Pithiviers qui avait fait preuve de tant d'humanité envers sa famille quand Abraham y était interné, lors du procès pour collaboration qu'il dut affronter.

Mais en janvier 1946, il ne faisait plus aucun doute qu'Abraham avait été assassiné à Auschwitz, et dès lors Malka perdit toute envie de vivre. Elle avait 39 ans. Elle cessa de parler, fut prise d'évanouissements dans la rue et souffrit de terribles migraines. L'avenir sans Abraham, son amour d'enfance, lui était insupportable. « Elle est morte d'avoir eu le cœur brisé, ainsi que le décrit une de ses filles. Je voulais qu'elle vive pour nous mais elle était trop malade. Ces derniers morts furent : "Je vais voir Papa. Demain, nous serons réunis[19]." » Ses deux filles étaient désormais orphelines : Madeleine, 15 ans, prit un travail tandis qu'Arlette, 13 ans, partit pour un pensionnat dans un village près du Mans, où elle recommença sa vie comme « la petite orpheline parisienne ».

À en croire Debra Workman, l'Adir comprit l'ampleur des pathologies liées à la déportation bien plus tôt que les autorités gouvernementales et médicales. « Ce n'est qu'en 1953, huit ans après leur retour, que le ministère des Anciens Combattants et Victimes de guerre a créé une commission spéciale pour étudier les pathologies dont souffraient les déportés afin de mettre sur pied à leur intention un système de soins complet et adapté[20]. »

En outre, l'expérience de celles et ceux qui avaient été déportés pour des raisons politiques et de celles et ceux qui l'avaient été parce qu'ils étaient juifs était très différente. Les responsables politiques n'eurent pas un mot pour les Juifs ni ne s'excusèrent pour le traitement qu'ils avaient enduré[1].

Manifestement, les Juifs déportés avaient eux aussi besoin de se regrouper au sein d'une association qui leur fût propre. Trois semaines après la libération de Paris, Jacqueline et André Mesnil-Amar créèrent un tel organisme d'information, le Service central des déportés israélites (SCDI). Jacqueline devint la rédactrice en chef de son bulletin mensuel, exploitant des rapports envoyés de Suisse, de Pologne et de Belgique afin d'essayer de réunir les familles que la guerre avait séparées.

La faim et la peur que Jacqueline avait ressenties pour André, alors engagé dans le mouvement de résistance Combat, puis le traumatisme de voir les survivants revenir brisés à la Libération la firent basculer, cas rare, d'une non-observance de la religion à un judaïsme profondément affirmé, ce fut « une prise de conscience très forte ». André – qui avait échappé de peu à la déportation en sautant d'un train – « disait toujours : [...] "J'ai bu à longs traits la culture française." [...] il était beaucoup plus familier des humanités latines et grecques que de l'hébreu[21] ». Avant guerre, ils avaient été des citoyens français « de confession israélite », désormais ils n'étaient que des « Juifs ». Soucieux de ne pas oublier le sort des Juifs étrangers, ils se consacrèrent totalement à la religion, au point, comme en témoigna plus tard leur fille Sylvie, qu'elle en vint à « commander le reste de leur vie ». Certains de leurs amis, qui trouvaient que les vues du couple tournaient à l'obsession, en furent troublés.

---

[1]. À ce titre, le témoignage qu'apporte Jean-Paul Sartre dans ses *Réflexions sur la question juive* sur la Libération est éclairant : « La France entière se réjouit ou fraternise dans les rues, les luttes sociales semblent provisoirement oubliées ; les journaux consacrent des colonnes entières aux prisonniers de guerre, aux déportés. Va-t-on parler des Juifs ? Va-t-on saluer le retour parmi nous des rescapés, va-t-on donner une pensée à ceux qui sont morts dans les chambres à gaz de Lublin ? Pas un mot. Pas une ligne dans les quotidiens. C'est qu'il ne faut pas irriter les antisémites. Plus que jamais la France a besoin d'union. Les journalistes bien intentionnés vous disent : "Dans l'intérêt même des Juifs il ne faut pas trop parler d'eux en ce moment." Pendant quatre ans, la société française a vécu sans eux, il convient de ne pas trop signaler leur réapparition. » Jean-Paul Sartre, *Réflexions sur la question juive*, Gallimard, 1954, p. 86-87.

Jacqueline Mesnil-Amar.

Mais ils n'étaient pas seuls. De nombreux rescapés juifs intériorisaient leur sort, ou alors, le trouvant trop douloureux pour pouvoir en parler, gardaient le silence. Ils pensaient protéger leurs enfants voire, pour reprendre la belle formule de Romain Gary, choisissaient de ne pas parler « pour ne pas compliquer les choses ».

Au cours de l'année qui suivit, une proche collègue de Jacqueline, Andrée Salomon, quitterait son travail au sein de l'OSE – l'Œuvre de secours aux enfants, dont le rôle a été si important pour sauver des enfants juifs en France durant l'Occupation – pour émigrer en Israël, où elle travaillerait sur les archives de l'OSE car elle s'inquiétait du sort de « ses » enfants désormais éparpillés de par le monde.

Les enfants survivants posaient un problème particulier. En France, environ 11 600 enfants juifs avaient été déportés, tous moururent dans les camps, mais beaucoup d'autres avaient été cachés. Vivette Samuel était la fille de deux Juifs ukrainiens instruits qui s'étaient installés à Paris pendant la Grande Guerre. D'après Vivette, qui a travaillé pour l'OSE à partir de 1940 quand elle avait 22 ans, 72 400 enfants de moins de 18 ans qui n'avaient pas été déportés survécurent. Environ 62 000 d'entre eux purent rester avec leurs parents ou furent directement confiés par ceux-ci à des institutions ou à des familles non juives, et les questions que posait leur retour à la vie normale étaient sans précédent. D'autant que dans le contexte d'après-guerre, sur un continent en ruine, la situation critique des Juifs n'était qu'un problème parmi d'autres.

Thérèse Bonney, la photojournaliste new-yorkaise qui avait été la première Américaine à obtenir une bourse pour étudier à la Sorbonne, se consacrait depuis des années à décrire les conditions de vie épouvantables des enfants affectés par la guerre. Déjà en 1943, son livre *Europe's Children* avait choqué. Lee Miller, qui avait déménagé de Paris en Allemagne, fut témoin d'horreurs similaires. Ses photographies d'enfants dans un hôpital viennois comptent parmi les plus difficiles à supporter et les plus importantes de toutes celles qu'elle prit pendant la guerre. Elle écrivit :

> Pendant une heure, j'ai regardé mourir un bébé. Il était bleu lorsque je l'ai vu. Ce même bleu sombre et terne qu'ont les nuits de Vienne, dégoulinantes de valses. De la même couleur que les oripeaux rayés des squelettes de Dachau. De ce bleu imaginaire du Danube de Strauss. Moi qui trouvais que tous les bébés se ressemblaient ! Mais c'étaient des bébés en bonne santé ; ceux qui meurent ont d'autres visages. C'était un bébé d'à peine deux mois, un gladiateur maigrichon. Il suffoquait, et combattait, et luttait pour la vie, et nous étions seulement là, à le regarder, un docteur, une infirmière et moi [...]. Il n'y avait rien d'autre à faire que de le regarder mourir. Découvrant ses gencives tranchantes et sans dents, il serrait les poings contre les attaques de la mort. Ce minuscule bébé se battait pour la seule chose qu'il possédait, la vie, comme si ça pouvait servir à quelque chose[22].

Après la guerre, le problème des enfants abandonnés, perdus ou sans famille revêtit une importance considérable, non seulement en France mais à travers toute l'Europe. Les dévastations avaient laissé derrière elles un continent d'orphelins déplacés et d'enfants sans abri : près de 5 000 en Tchécoslovaquie, 280 000 en Yougoslavie – des chiffres qui ne peuvent que difficilement traduire les drames individuels. En 1947, l'Administration des Nations unies pour le secours et la reconstruction (UNRRA) avait la charge d'environ 500 000 orphelins rien qu'en Allemagne, dont beaucoup avaient oublié qui ils étaient et d'où ils venaient, s'ils l'avaient même jamais su, trop jeunes pour se souvenir de quoi que ce fût de leur vie d'avant et parfois trop fragiles émotionnellement pour qu'on le leur dît.

À l'été 1945, des affiches avaient fait leur apparition sur les murs des gares et des bureaux de poste à travers l'Europe. Souvent réalisées par la Croix-Rouge, elles montraient des photos de bébés et de jeunes enfants avec l'inscription « Qui suis-je ? ». Mal nourris, craintifs, maladifs, décrits par un travailleur humanitaire comme « épuisés, blêmes, des vieillards brisés », ces enfants devinrent pour Jacqueline Mesnil-Amar les symboles du désarroi dans lequel étaient plongées la culture européenne et l'humanité. En France, alors que la guerre touchait à sa fin, l'OSE estimait qu'il y avait entre 5 000 et 6 000 orphelins juifs, qu'ils aient été cachés dans des foyers non juifs ou envoyés en Suisse ou en Espagne. Il fallait retrouver leur trace, leur rendre leur famille et leur histoire.

Pendant la guerre, des procédés ingénieux avaient été mis en œuvre pour sauver, non sans risque, des enfants, mais certains avaient des conséquences, comme on commençait à le constater alors. María Errázuriz, une cousine de Jacques Tartière qui était proche de Drue, sa veuve, avait coopéré avec l'abbé Henri-François Ménardais, le prêtre de la paroisse de Chalmaison, entre Paris et Troyes, pour sauver des Juifs. Il cacha des familles entières dans son presbytère, à l'orphelinat de Chalmaison et au château de Tachy, où des religieuses de la fondation Eugène-Napoléon s'étaient installées après que leur bâtiment parisien eut été réquisitionné par les Allemands.

Ménardais, qui rendait visite fréquemment aux malades de l'hôpital Rothschild, travaillait étroitement avec Claire Heymann, une assistante sociale. Ils se rencontraient clandestinement au Palais-Garnier car Ménardais était l'aumônier des petits rats de l'Opéra, ce qui s'avérait très utile. À ces occasions, le prêtre donnait à Heymann des dizaines de certificats de baptême signés qu'elle pouvait utiliser pour dissimuler les origines des enfants juifs. Il confia même des enfants à des orphelinats publics, où ils resteraient jusqu'à la fin de la guerre, estimant (à juste titre ainsi que l'Histoire allait le montrer) que personne ne penserait à chercher des enfants juifs parmi des orphelins non juifs. Ménardais sauva de la sorte plus de deux cents enfants pendant l'Occupation.

Mais que faire d'eux à présent ? Certains, comme Arlette

Reiman, avaient assisté régulièrement à la messe, mais ils avaient beau être profondément reconnaissants envers leurs sauveurs chrétiens, ils se sentaient toujours juifs. Les années à venir s'annonçaient plus compliquées pour d'autres, essentiellement de jeunes enfants que leurs parents, maintenant disparus, avaient fait baptiser pour les sauver, car les institutions chrétiennes estimaient que, si leurs mères avaient agi ainsi, c'était manifestement parce qu'elles voulaient qu'ils fussent élevés dans la foi chrétienne.

La baronne Édouard de Rothschild, née Germaine Halphen, savait comment s'occuper d'enfants privés de leurs parents. Juste après la guerre, elle plaça l'orphelinat Rothschild sous sa protection. Il fut transféré au château de la Guette, une propriété de la famille à Villeneuve-Saint-Denis, à l'est de Paris, où des fillettes et des garçonnets étaient hébergés depuis 1939.

En 1947, des enfants étaient encore remis à leur famille, une situation lourde de traumatismes étant donné les supplices que les survivants avaient endurés. Peu de professionnels étaient susceptibles d'apporter de l'aide dans ce contexte terrible et inédit ; personne ne savait quelle était la bonne manière de procéder. Beaucoup de parents s'enfermèrent dans un silence têtu, pensant que refouler leurs souvenirs était ce qu'il y avait de mieux à faire, d'autres voulaient que leurs enfants comprissent tout ce qu'ils avaient souffert.

L'une des tâches les plus difficiles que Vivette Samuel ait eu à accomplir pendant l'Occupation fut de demander aux parents internés en France dans des camps, comme celui de Gurs, des autorisations écrites pour leur enlever leurs enfants, car c'était selon elle leur seule chance de survie. Elle avait promis aux parents d'élever leur progéniture dans un foyer juif, que ce fût pendant la guerre ou, si les parents ne devaient pas survivre, après.

Mais cette promesse se révélait désormais difficile à tenir. Elle redoutait de provoquer ainsi de nouvelles séparations, « une nouvelle déchirure alors qu'ils viennent tout juste de retrouver une certaine sérénité. Avions-nous suffisamment la préoccupation de ne pas traumatiser une nouvelle fois les enfants, surtout les plus jeunes, placés dans des familles qu'ils ont affectivement adoptées et qui souhaitent les garder ? ». Là où c'était possible, on transigea en laissant les enfants dans la famille avec l'assurance que leur identité serait préservée. En revanche, le problème de ceux qui avaient été placés dans des couvents était plus complexe, puisque nombre d'entre eux avaient été baptisés et convertis. « Certes, ils ont été sauvés, et c'est l'essentiel. » Mais, confrontée à ce dilemme tragique, Vivette Samuel reconnut que les familles, même bien intentionnées, n'étaient pas forcément toujours le meilleur endroit pour des enfants traumatisés :

> Paradoxalement, les enfants élevés dans des institutions trouvent, grâce à l'entourage d'éducateurs d'obédiences politique ou religieuse diversifiées, grâce à la camaraderie de leurs pairs, grâce enfin aux efforts faits pour leur donner le maximum de chances sur les plans matériel, éducatif et moral, la possibilité d'identifications plus différenciées, souvent bénéfiques. Ils partagent avec les autres enfants de l'institution un même passé, ils s'intègrent mieux dans un tel environnement que dans des familles où d'autres sont accueillis[23].

Pour certains, la survie d'une partie de leur famille pouvait créer des difficultés en soi. Rosa Liwarrak, qui avait 13 ans quand elle revint à Paris en 1946, était une orpheline et toujours une enfant par maints aspects. Placée sous la responsabilité de sa belle-mère catholique, elle était également une jeune fille possédant une réelle indépendance d'esprit. Elle s'était rendue à plusieurs reprises au Lutetia pour attendre, en vain, son père. Désormais, elle devait poursuivre sa scolarité, payée par l'OSE. De son propre aveu, elle était une enfant agitée et agressive qui avait été renvoyée de deux écoles.

Elle se souvient qu'un jour une tante l'avait emmenée chez un rabbin dans l'intention de la ramener au judaïsme. « Mais quand il m'a dit tout ce que je ne pouvais pas faire, comme allumer la lumière pendant le sabbat parce que je pourrais offenser Dieu, je lui ai répondu : "J'ai perdu toute ma famille dans les chambres à gaz et vous me dites que je ne devrais pas allumer la lumière au cas où ça offenserait Dieu ?" J'ai enfoncé mon index dans son gros ventre et je suis partie en courant, il me dégoûtait[24]. » Aujourd'hui, tout en reconnaissant le rôle que le catholicisme et le judaïsme ont joué dans sa vie, Rosa Liwarrak se sent ambivalente envers toutes les religions.

Née en France juste après que ses parents furent arrivés d'Allemagne, Rosa se pensait française. Mais beaucoup des enfants perdus, ces filles et fils d'humbles tailleurs, mineurs ou rétameurs venus d'Europe de l'Est à la recherche d'un sanctuaire, n'avaient jamais été acceptés par la France et n'avaient connu que la peur, l'exil, la faim, les privations et en fin de compte l'abandon ou la mort. Comment, se demanda Jacqueline Mesnil-Amar dans ses Mémoires tourmentés, faire d'eux des enfants « normaux » ? Comment leur donner l'enfance qu'ils n'avaient jamais eue ? Comment faire en sorte qu'ils cessent de regarder les adultes comme des ennemis, puisque c'étaient des adultes qui avaient accablé leurs parents ?

« Ce n'est pas un cadeau, c'est une restitution, ce n'est pas de la charité, c'est de la justice. » D'après Jacqueline Mesnil-Amar, c'était le devoir des adultes de prendre soin d'eux de telle manière qu'ils pussent rejoindre à nouveau la famille humaine. « Nous leur rendrons l'espérance, car ils sont notre seul espoir dans ce monde où nous avons échoué[25]. »

Odette Fabius, qui était d'une élégance gracile avant d'être arrêtée, revint squelettique. En compagnie de Toquette Jackson, tout aussi malade et décharnée qu'elle, Odette avait été envoyée de Ravensbrück à Malmö, où elles demeurèrent jusqu'à ce qu'elles fussent toutes les deux suffisamment rétablies pour marcher. Odette guérit mais elle eut besoin de cannes pendant plusieurs mois.

Elle était impatiente de revoir sa fille Marie-Claude, et elle fut surprise de découvrir qu'en deux ans la fillette svelte qu'elle avait laissée en 1943 « avait doublé de volume. Tous ses proches s'étaient efforcés de la gâter, donc de la surnourrir, pour lui faire oublier l'absence de sa mère[26] ». À cette époque, rares étaient les mères à s'adresser aux médecins pour un enfant en surpoids, mais Odette n'hésita pas à emmener sa fille consulter le célèbre pédiatre parisien Robert Debré, une décision qui donne un aperçu de la volonté de fer d'une femme capable de survivre à Ravensbrück.

Odette se rendit également à la synagogue de la rue de la Victoire pour assister à un service en mémoire de sa tante et de son oncle assassinés, Antoinette et Raymond Berr, les parents d'Hélène, cette jeune fille si prometteuse qui avait été déportée d'abord à Auschwitz puis à Bergen-Belsen, où elle mourut en

1945. Odette fut consternée de découvrir une ambiance délétère parmi les rescapés ; certains médisaient au sujet de ceux qui avaient survécu grâce à leurs privilèges, tandis que d'autres colportaient des rumeurs sur ceux qui avaient tiré des bénéfices de l'Occupation. Dans ces conditions, impossible de commémorer convenablement la courte vie d'Hélène Berr.

Andrée Bardiau, la cuisinière de la famille au service des Berr depuis cinquante ans, avait pris soin du journal qu'Hélène lui remettait page après page pour qu'elle le gardât précieusement. Le 20 juin 1946, elle confia le manuscrit au frère d'Hélène. Celui-ci le saisit pour que les membres de la famille pussent le lire et remit l'original au fiancé d'Hélène, Jean Morawiecki, qui, rongé par la culpabilité de l'avoir abandonnée, le laissa de côté.

Odette et Robert reprirent leur vie commune pour le bien de leur fille, mais dans le cadre de ce qu'elle décrivait comme un *modus vivendi* affectueux, c'est-à-dire une totale liberté pour chacun de mener ses propres amitiés. Dès qu'elle le put, Odette alla à Marseille rejoindre Pierre Ferri-Pisani. N'ayant cessé de penser à lui pendant sa détention à Ravensbrück, elle avait essayé de se préparer à leurs retrouvailles, mais elle n'aurait jamais pu imaginer le déclin spectaculaire qu'il avait connu et son état de faiblesse.

Il avait perdu 20 kilos, était devenu partiellement sourd après avoir marché sur une mine, et semblait « comme vidé de son énergie, de son goût de la vie » – il n'avait parlé à personne pendant près d'un an. À la vue d'Odette, il ouvrit ses bras pour l'embrasser et s'évanouit. « Il ne comprenait pas que je puisse dire qu'ayant vécu une expérience abominable, j'avais essayé d'en dégager certains aspects positifs : la force de l'amitié, de la camaraderie. »

Leur liaison se poursuivit pendant encore quelques mois. Ferri-Pisani venait à Paris, officiellement pour des réunions politiques alors que la campagne électorale battait son plein, mais aussi pour voir Odette et raviver leurs amours de guerre. Il espérait trouver un travail stable qui lui permettrait de se rendre dans la capitale régulièrement, mais c'est alors que son épouse découvrit leur liaison et fit une tentative de suicide. Odette pensait que, sans les liens qui les unissaient lorsqu'ils combattaient ensemble un ennemi commun, leur relation était condamnée. La façon qu'avait Ferri-Pisani de mener sa vie après la guerre ne correspondait pas à ce qu'elle gardait en mémoire de 1943.

« Notre libération, paradoxalement, faisait naître entre nous des obstacles […]. Je ne me sentais pas capable de rompre avec tout un passé, qui, la guerre finie, se réveillait en moi. » Par ailleurs, elle avait des problèmes d'argent car l'affaire de son mari avait fait faillite et les finances familiales étaient précaires. Elle décida qu'elle devait mettre un terme à leur liaison et, à la mi-1946, un an après son retour des camps, Odette Fabius accepta un emploi aux Nations unies à New York. Elle ne revit jamais Pierre, « l'homme le plus brillant [qu'elle eût] jamais l'occasion de rencontrer[27] ».

Comme Geneviève de Gaulle et Jacqueline Marié, Jacqueline d'Alincourt se maria en 1946. Son mari était Pierre Péry, un survivant de Buchenwald, et le couple décida de s'installer à New York. Plusieurs amis lui avaient conseillé de rencontrer une certaine Caroline Ferriday, une femme remarquable, lui avait-on dit. « Je sais que vous allez vous comprendre l'une l'autre[28]. »

Caroline Ferriday, éternelle francophile, joua un rôle clé dans le rétablissement des « lapins » de Ravensbrück après guerre.

Enfant unique, née en 1902 dans une famille aussi riche que prestigieuse, Caroline Woolsey Ferriday était une superbe jeune femme, une francophile qui parlait un français parfait, intéressée tôt par la politique. Quand Hitler accéda au pouvoir, elle travaillait comme bénévole au consulat français de New York et, à partir de 1941, Caroline s'engagea activement dans le fonctionnement de France Forever, l'organisation américaine de soutien à la France libre dans laquelle Micheline Rosenberg, la fille de Paul et la mère d'Anne Sinclair, était également engagée.

Profondément préoccupée des souffrances du peuple français, et en particulier de celles des enfants, elle participa pendant toute la guerre aux levées de fonds destinées à aider les orphelins et, dès 1945, elle disposait de listes de femmes et d'enfants qui avaient désespérément besoin d'aide, notamment en nourriture et en vêtements. Comme elle l'écrivit dans un appel émouvant lancé au nom de France Forever peu après la guerre : « Les Allemands ont beau avoir enduré une terrible défaite militaire, à long terme l'Allemagne apparaîtra comme victorieuse sauf si la jeunesse de l'Europe libérée survit et profite des fruits de la victoire[29]. »

Caroline et Jacqueline devinrent des amies inséparables. Ainsi que Jacqueline le rappela, « Notre amitié se scella après qu'elle m'eut immédiatement demandé : "Qu'est-ce que je peux faire ?" lors de notre première rencontre. Elle devint comme une sœur pour moi[30] ». Caroline fonda le groupe des American Friends of Adir et ne cessa d'aider les victimes françaises de la guerre, par quelque moyen que ce fût.

Ceux qui redoutaient d'avoir affaire à une justice guère indulgente quittèrent Paris sans se faire prier. Chanel, en butte aux soupçons, passa l'essentiel de 1946 en Suisse, dont une partie avec Paul Morand, vichyste en exil, qui la connaissait bien et auquel elle demanda d'écrire pour elle ses Mémoires. Même si elle s'efforçait d'être plus discrète, elle n'avait pas renoncé à sa liaison avec Spatz, décrit par ceux qui le rencontrèrent à cette époque comme « un séducteur vieillissant et désargenté qui réussit à donner jusqu'au bout l'illusion de la richesse[31] ». Une mascarade que Chanel encouragea : même après que leur liaison eut tourné court avec le départ de son amant pour les Baléares, elle continua à lui verser une allocation mensuelle.

Chanel était à cette époque toujours pleine du « feu et [de] l'énergie qui continuaient à l'habiter, alors qu'elle était loin de la maison de couture qui avait façonné son existence[32] » ou, pour reprendre les mots de Paul Morand : « Chanel, volcan d'Auvergne que Paris avait tort de croire éteint[33]. » Plus déterminée que jamais, elle se battait également pour prendre le contrôle de l'entreprise de parfum qui portait son nom, recourant aux services de René de Chambrun, son conseiller juridique depuis le début des années 1930.

Chanel n'était ni la première ni la dernière des couturières à réaliser qu'elle pourrait gagner beaucoup d'argent en vendant des parfums sous sa marque, et ce sans avoir à imaginer de nouvelles créations chaque saison. À l'été 1920, elle avait rencontré Ernest Beaux, l'un des plus grands parfumeurs de son temps, qui disposait d'un laboratoire à Grasse. D'après Bettina Ballard, la puissante rédactrice en chef de *Vogue* après guerre, c'est là qu'elle concocta le Numéro 5 pour soigner son chagrin après la mort du capitaine Arthur Edward « Boy » Capel, un joueur de polo anglais avec lequel elle avait entretenu une liaison passionnée neuf années durant et qui avait financé ses premières boutiques.

Toutefois, la production du Numéro 5 ne commença pas à proprement parler avant 1924, quand Chanel fut présentée à Pierre Wertheimer, propriétaire, avec son frère Paul, de Bourjois, l'une des plus grandes entreprises françaises de cosmétiques. Les Wertheimer, des industriels issus d'une vieille famille juive, financèrent la compagnie Les Parfums Chanel afin de permettre aux produits de beauté créés par Gabrielle Chanel d'être fabriqués en quantité assez importante pour être commercialisés dans les grands magasins comme les Galeries Lafayette. Un investissement qui les rendrait immensément riches.

Mais, dès l'origine, il y eut des tensions entre les associés. À la fondation de la compagnie, Chanel reçut 10 % des parts, les Wertheimer 70 % et les 20 % restants allèrent à Théophile Bader, qui avait fait se rencontrer la créatrice et les industriels. Les parts de Bader furent par la suite rachetées par les Wertheimer. À plusieurs reprises, Chanel essaya d'obtenir un plus grand pourcentage, une revendication à laquelle Pierre Wertheimer résista à chaque fois. Les parfums eurent beau être si rentables que Chanel n'aurait plus à s'en faire jusqu'à la fin de ses jours, les 10 % continuaient à lui rester en travers de la gorge.

En 1940, les Wertheimer durent fuir Paris et, dans le cadre de l'aryanisation économique, confièrent la société à Félix Amiot, un homme d'affaires de leur connaissance, qui était à la tête d'une entreprise aéronautique dont les Wertheimer possédaient 50 % – qu'ils lui restituèrent d'ailleurs à cette occasion. L'opération mit Chanel en fureur puisqu'elle l'empêchait de prendre elle-même le contrôle de la société qui produisait ses parfums. Après la guerre, Amiot rendit immédiatement leurs biens aux Wertheimer[I], ce qui poussa Chanel à se lancer dans une bataille judiciaire, toujours pour obtenir une plus grande part de l'entreprise.

En 1946, elle entreprit de produire des échantillons de ses propres parfums en les dotant de noms comme Mademoiselle Chanel Numéro 1 et Numéro 2. Les Wertheimer ne pouvaient pas ignorer cette provocation et ils conclurent finalement un accord avec elle. À partir de mai 1947, la couturière reçut 2 % de royalties brutes sur les ventes de parfum dans le monde entier, ce qui représentait environ 1 million de dollars par an. Elle perçut également des royalties de manière rétroactive sur les flacons déjà vendus... Chanel devint ainsi, pour reprendre les termes de l'une de ses biographes, « suffisamment riche pour n'avoir plus jamais à travailler[34] ».

La restitution des entreprises juives à leur propriétaire légitime donna beaucoup de travail aux avocats. Dans le cadre du long processus de régularisation des affaires de Van Cleef & Arpels, le 3 juin 1946, la dépouille de Renée Puissant fut exhumée à la demande de sa mère, Estelle Van Cleef, après avoir reposé pendant quatre ans dans une tombe à Vichy, et transportée à Nice où elle fut enterrée dans le cimetière juif aux côtés de son père.

La maison reprit bientôt son activité depuis sa boutique historique de la place Vendôme, mais dorénavant elle était dirigée

---

I. Mais cela n'empêcha pas certains de le considérer comme un collaborateur des nazis, puisqu'il avait été forcé de travailler pour le fabricant allemand d'avions Junker, sans parler des flacons de parfums Chanel vendus aux Allemands. En fait, il avait fondé un réseau de résistance et avait même essayé de construire des avions pour la France libre, mais c'est sa transaction avec les Wertheimer qui lui a sans doute épargné des poursuites.

par plusieurs membres de la famille Arpels. Bien que le nom Van Cleef demeurât, la mort de Renée, qui n'avait pas d'enfant, entraîna l'extinction de cette branche. D'après certains historiens, la fausse aryanisation mise en place par Renée, qui traita avec le comte Paul de Léséluc, sauva la compagnie[35]. Sans cela, les Allemands l'auraient confisquée à leur profit.

Tandis que Chanel s'occupait de Spatz, Catsy, sa première épouse dont il avait divorcé à la suite des lois de Nuremberg, s'en sortait moins bien. Ayant survécu à plusieurs camps d'internement au début de la guerre, elle fut expulsée de France et rejoignit des cousins en Autriche. Vers la fin de la guerre, grâce à un nom d'emprunt, elle put retrouver son Paris bien-aimé mais fut finalement de nouveau arrêtée en 1944 pour collaboration[36]. Ayant vendu de la lingerie au marché noir, Catsy passa les deux années suivantes en prison, le prix à payer pour son mariage avec Günther von Dincklage ainsi que pour les relations qu'elle entretint par la suite avec d'autres officiers allemands.

« Elle a vécu des choses épouvantables », écrivit Allanah Harper, la fondatrice anglaise de la revue *Échanges*. Harper rendit visite à Catsy von Dincklage en septembre à Paris à la suite de sa libération, après presque deux ans passés dans une prison française. Elle raconta à la demi-sœur de Catsy : « Je l'ai emmenée dans un bar de la rue de la Paix, le seul endroit d'après elle où l'on trouvait du champagne vraiment bon. Nous avons bu trois coupes à 100 francs l'unité. » Elle ajouta que Catsy avait connu les pires conditions de crasse, avec rien d'autre que du pain et de l'eau pendant des mois.

> Comme à son habitude, au début ça l'a amusée d'être en prison avec des marquises et des comtesses qui avaient collaboré, mais au bout de quelques mois elles ont été libérées grâce à leurs relations et elle est restée avec « les femmes de ménage et les grues ». À l'en croire, elle a été arrêtée à cause de son mari, mais je pense que c'est parce qu'elle a fréquenté des officiers. De toute façon, ce n'est certainement pas parce qu'elle est juive puisqu'elle a été arrêtée après la Libération et qu'elle a été libérée il y a seulement quatre mois [...]. Je pense qu'elle se sent très seule [...]. Elle m'a dit qu'elle allait devoir travailler pour gagner de l'argent puisqu'elle n'a rien

pour vivre. À partir de la semaine prochaine, elle va travailler dans une boutique de chapeaux avec une amie[37].

À travers les activités du British Council, les Britanniques s'efforçaient de faire régner l'harmonie entre les anciens alliés. Mary Wallington, 32 ans, avait étudié le français et l'italien à Oxford avant de travailler dans l'édition, et à l'été 1946, elle décrocha un poste d'assistante musicale dans la branche parisienne du British Council, installée sur les Champs-Élysées. N'était-ce la pluie qui tomba sans interruption cet été-là, Mary aimait son travail, qui consistait pour l'essentiel à organiser des échanges entre orchestres et des concerts de gramophone, des « séances » comme elle les appelait, tout en promouvant la musique de Purcell, Vaughan Williams et Delius (le morceau de Delius *Paris : The Song of a Great City* était un choix qu'elle présumait populaire), ainsi que les chants traditionnels de marins, « qui apportent une touche de légèreté à la fin des séances[38] ».

Mary était bien placée pour voir comment les Parisiennes ordinaires, toujours préoccupées par la nourriture, s'approvisionnaient et cuisinaient en temps de paix. Bien qu'elle déplorât l'absence de marmelade, de serviettes hygiéniques et de cigarettes turques, elle confia à sa « famille adorée » que la nourriture était pour l'essentiel très bonne, avec beaucoup de viande mais guère de salade. Un soir qu'elle était invitée à dîner, elle fut choquée de voir son hôtesse ne pas lésiner sur le beurre dont elle jeta une grosse plaque dans une poêle à frire pour préparer du veau et qu'elle mit en plus grande quantité encore dans les pâtes.

L'anecdote illustre bien les inégalités criantes entre ceux qui à Paris avaient plus à manger qu'il n'en fallait (les Britanniques, les Américains et les riches Parisiens) et de nombreux autres qui criaient famine. Il y avait en effet beaucoup de viande – mais à un prix inaccessible, et les bouchers savaient comment en profiter – tandis que d'autres aliments de base manquaient.

Le 1er janvier 1946, le gouvernement dut réintroduire le rationnement du pain, ce qui déclencha des manifestations de protestation ainsi que de violentes disputes devant les boulangeries. Les femmes qui en sortaient avec plusieurs miches étaient parfois attaquées par celles qui faisaient la queue et qui craignaient qu'il n'en restât plus pour elles. À nouveau, le marché noir prospérait, partout où c'était possible, des biens – volés à l'occasion – et des services étaient troqués. Ces transactions échappaient à l'économie monétaire, ajoutant aux difficultés du gouvernement qui s'efforçait de collecter les impôts.

L'une des méthodes les plus répandues pour accroître sa ration était d'utiliser l'identité d'un parent décédé afin d'obtenir une carte de rationnement supplémentaire. Après quatre années d'Occupation, beaucoup de Parisiennes, issues de tous les niveaux de l'échelle sociale, étaient suffisamment aguerries à la falsification.

Janet Flanner, la journaliste américaine de retour dans la Ville lumière pour envoyer régulièrement sa « *letter from Paris* » au *New Yorker*, décrivit la joie d'une Parisienne férue de littérature « qui, alors qu'elle fouillait dans son grenier, trouva deux boîtes de cartouches au milieu de livres datant d'avant la guerre ». Pour vingt cartouches, un chasseur du voisinage lui donna en échange « deux faisans, un kilo de beurre maison et un rôti de veau[39] ».

Personne ne pouvait toutefois faire quoi que ce soit contre le froid extrême qui sévit à nouveau cet hiver-là, un froid particulièrement difficile à supporter en raison des graves pénuries de fuel domestique. La plupart des bâtiments publics, comme les théâtres, n'étaient pas chauffés. Mary eut la chance de pouvoir assister avant l'arrivée du froid à certains des grands événements de la saison d'automne, dont celui qu'elle qualifia de « grand événement théâtral du moment » : Jean-Louis Barrault en Hamlet dans une traduction d'André Gide au théâtre Marigny, une création qui consterna Janet Flanner qui la jugeait « athlétique, exubérante et bâclée », tout en ayant conscience que personne n'osait critiquer « le demi-dieu Gide[40] ».

Le 16 octobre, à son grand plaisir, Mary Wallington fut invitée à un spectacle de gala de Marjorie Lawrence, la rivale de Germaine Lubin dans les années 1930 qui, pendant la guerre, avait surmonté une attaque de polio paralysante. Le concert était donné au bénéfice de centres de recherche sur la pénicilline partout en France. Quant à Lubin, elle eut finalement droit à un procès en 1946, après avoir passé presque trois années en prison. Elle fut acquittée des accusations les plus sérieuses après que plusieurs témoignages eurent été produits par les personnes qu'elle avait aidées pendant la guerre. Mais sa carrière était terminée.

Elle se félicitait d'avoir pu se justifier au cours de son procès, notamment en mettant en avant les prisonniers qu'elle avait aidé à libérer et les invitations de Winifred Wagner à venir chanter en Allemagne qu'elle avait refusées. Elle fut néanmoins condamnée à une peine de dégradation nationale à vie (qui fut par la suite réduite à cinq ans), à laquelle s'ajoutèrent la confiscation de ses biens, dont un château à Tours, et une interdiction de séjour qui l'obligea à vivre en Italie avec des amis. Lubin ne reviendrait pas à Paris avant 1950, une époque où elle serait de plus en plus amère sur son sort, estimant qu'on lui avait volé dix ans de carrière.

En tout cas, elle aurait tiré une certaine satisfaction de la lecture du compte rendu que fit Mary Wallington à ses parents du gala de bienfaisance comme étant « des plus vulgaires, avec des photographes qu'on laissait s'avancer jusqu'au pied de la scène pour qu'ils fassent exploser leur flash au visage de Marjorie Lawrence, même quand elle était en train de chanter […]. Elle a certainement une des plus belles voix même si malheureusement elle souffrait de la gorge et, à la fin de la soirée, ne pouvait pas tenir les notes les plus aiguës[41] ».

Si tous les Parisiens ne durent pas rendre publiquement des comptes sur la manière dont ils avaient passé l'Occupation, Picasso fut l'un de ceux les plus fréquemment interrogés. Tout le monde savait que des soldats allemands étaient venus lui rendre visite et lui avaient même acheté des œuvres (ou s'étaient assurés qu'il disposait d'assez de fournitures) et qu'il n'avait jamais cessé de travailler dans son studio du 7, rue des Grands-Augustins, un immeuble aussi miteux que somptueux, dont ses proches trouvaient qu'il lui convenait très bien.

André Breton, ami à la fois de Picasso et d'Éluard, avait passé les années de guerre en Amérique. Quand il retrouva Picasso à l'été 1946, il lui reprocha ses prises de position politiques *depuis* l'Occupation, en particulier son adhésion au Parti communiste. D'après Françoise Gilot, qui fut témoin de ce triste échange, Picasso lui répondit : « Tu as décidé de ne pas rester en France avec nous pendant l'Occupation […], et tu n'as donc pas vécu les *événements* comme nous les avons vécus ici. Ma position est basée sur cette expérience. Je ne critique pas ta façon de voir, puisque ton interprétation des faits vient d'une optique différente de la mienne. [...] Je place l'amitié au-dessus des différences politiques[42]. »

La brouille ne fut jamais oubliée, mais Gilot était inébranlable dans la défense de son amant, persuadée que « Picasso faisait vraiment preuve de courage en restant là, étant donné la condamnation prononcée par Hitler contre son œuvre, et aussi l'attitude des autorités d'occupation à l'égard des intellectuels. Beaucoup d'artistes et d'écrivains [...] étaient partis pour l'Amérique avant l'arrivée des Allemands. Il avait dû paraître à beaucoup d'entre eux plus sage d'émigrer ».

Elle raconta comment, quand elle lui avait demandé tout de go pourquoi il avait pris le risque de rester, il avait répondu : « Oh ! je ne recherche pas le danger, mais je n'aime pas céder à la force. J'y suis, j'y reste. La seule force qui pourrait me faire partir serait le désir de partir. Rester n'est pas vraiment un acte de courage : c'est tout juste une forme d'inertie. Je pense que je préfère être ici. Alors j'y resterai quoi qu'il en coûte[43]. »

Le 27 octobre 1946, une nouvelle Constitution fut finalement promulguée, établissant dès son préambule que « la loi garantit à la femme, dans tous les domaines, des droits égaux à ceux de l'homme ». Déjà, au printemps 1945, les femmes avaient eu le droit de voter pour la première fois à la faveur des élections municipales. Au même moment, plusieurs magazines pressaient les femmes, dont beaucoup s'étaient retrouvées seules pour faire vivre leur famille et avaient dû occuper un emploi pendant la guerre, de retrouver leur innocence et leur féminité, de « cesser de prendre des décisions, de faire les comptes, d'être agressivement ponctuelles[44] ».

Toutefois, le sentiment dominant était que les femmes pouvaient se préoccuper de la mode, la beauté, la santé et la décoration tout en étant assez intelligentes pour avoir un travail intéressant. Le nouveau magazine *Elle* s'adressait à ces femmes, sa rédaction était dirigée par une brillante journaliste d'une trentaine d'années, une femme libre dotée d'une forte conscience sociale : Françoise Giroud.

Au printemps 1946, la loi fermant les maisons closes (qui étaient tolérées en France depuis 1804) fut adoptée, elle entra en vigueur en octobre sans pour autant interdire la prostitution. Comme il y avait sept mille prostituées enregistrées en France, on craignait à juste titre que la fermeture ne gonflât le nombre de celles qui travaillaient clandestinement dans la rue et que les maladies se répandissent. La promotrice de cette mesure, Marthe Richard, était aussi controversée que la loi qui portait son nom. Ancienne prostituée, elle avait peut-être été un agent double, et après des mois passés dans le marigot de Vichy elle était finalement retournée à Paris où la rumeur disait qu'elle recrutait des filles pour des soirées auxquelles participaient des Allemands. Elle trempa dans quelques affaires louches et finalement rejoignit la Résistance, juste à temps.

Élue conseillère municipale de Paris en 1945, Marthe Richard défendit la fermeture des maisons closes, mais ses motivations semblèrent douteuses à tous ceux qui virent la nouvelle loi comme une attaque contre la culture française. Certains commentateurs estimaient qu'à une époque où la France souffrait de multiples pénuries, depuis l'électricité jusqu'aux pommes de terre, il y avait d'autres priorités. La capitale mondiale du plaisir était-elle en train de succomber à la pruderie ?

Il y avait bien sûr d'autres raisons à cette loi. L'une était que le système réglementé qui existait auparavant laissait la porte ouverte aux abus de la police et à la corruption. De façon plus significative, les maisons closes avaient prospéré sous l'Occupation, comme Fabienne Jamet, propriétaire de la plus connue, le One Two Two, s'en souvenait : « J'ai presque honte de le dire, je ne m'étais jamais autant amusée de ma vie. Pourtant, c'est la vérité, ces nuits de l'Occupation ont été fantastiques [...]. Jamais, en France, les bordels n'ont été mieux tenus qu'en présence [des Allemands][45]. »

Ce n'était pas tant que les prostituées elles-mêmes ou les tenancières fussent pronazies ou des collaboratrices. Quelques-unes des maisons les plus connues avaient été réquisitionnées pour être réservées aux officiers allemands et les filles qui y travaillaient n'avaient donc aucun choix. Mais toute la profession était contaminée et une coalition hétéroclite de circonstances, allant des communistes au couple de Gaulle, souhaitait la fermeture des maisons closes. Même s'il n'était plus au pouvoir quand la loi fut adoptée, le général et plus particulièrement son épouse, Yvonne, avaient en horreur l'idée même que des maisons closes pussent fonctionner sous le contrôle de l'État dans la France d'après-guerre.

Manifestement, la fermeture des maisons closes n'avait pas pour but d'améliorer la condition féminine. Il s'agissait plutôt de rétablir un semblant de normalité à Paris ainsi que dans les autres villes, et d'empêcher les Américains d'imposer leur loi. À l'instar des Allemands avant eux, les soldats américains voyaient Paris comme un « gigantesque lupanar », pour citer un journaliste de *Life*, Joe Weston.

Il y avait néanmoins une différence majeure : les Allemands avaient contrôlé les maisons closes que fréquentaient leurs officiers, maintenant les prostituées sous une stricte supervision médicale à l'aide de consultations hebdomadaires pour s'assurer qu'à une époque où la pénicilline n'était pas encore répandue, leurs soldats ne seraient pas infectés par la syphilis. Dans le chaos qui suivit la Libération, le système se mit à battre de l'aile, les Français ne pouvaient recruter ni le personnel médical compétent, ni les forces de police suffisantes pour superviser ce que l'on appelait le « terrier d'argent », un aimant pour les soldats américains en permission qui s'en remettaient aux mains des filles venues de toute la France afin de gagner de quoi vivre.

D'après Mary Louise Roberts, l'auteure d'une étude sur la sexualité des soldats américains en France pendant la Seconde Guerre mondiale, les Français essayèrent bien d'introduire un rudiment de supervision sanitaire, mais les prostituées faisaient de leur mieux pour y couper. « Le traitement qui les attend est au mieux inefficace, au pire assimilable à de la torture. Les traitements sont pratiqués sous une mauvaise lumière et dans des conditions insalubres. Souvent aucun effort n'est fait pour désinfecter le spéculum entre deux examens vaginaux, ni d'ailleurs pour changer le linge ou le pot de vaseline. Les femmes les plus atteintes finissent dans des unités de soins fermées, livrées à des religieuses chargées de lutter contre l'alcool, le langage ordurier et les relations homosexuelles. »

Quand les autorités militaires américaines s'étaient installées au Petit-Palais en 1944, l'une des premières choses qu'elles firent fut d'apposer un grand panneau annonçant la distribution gratuite de préservatifs aux soldats américains. Il importait peu à l'armée américaine qu'un soldat ait des relations sexuelles avec une Française. Ce qui l'inquiétait énormément en revanche, c'était qu'un soldat pût contracter une maladie vénérienne.

Mais les soldats eux-mêmes, confrontés chaque jour à la mort violente, n'étaient pas facilement effrayés par la menace d'une infection bénigne. Puisque, à l'époque, les responsables militaires ne pouvaient ni interdire les maisons closes ni contrôler l'hygiène de chaque Française, ils essayèrent de maîtriser la situation en déversant un stock considérable de préservatifs sur le pays. Cependant, l'approvisionnement d'une armée en mouvement constant était difficile à organiser et les préservatifs manquaient régulièrement, sans compter que les produits fournis par l'armée suscitaient une litanie interminable de plaintes. Par ailleurs, des officiers américains en arrivèrent à la conclusion qu'essayer de contrôler la sexualité d'un soldat « "dans un pays comme la France", c'était vouloir le mettre à la diète devant la table d'un festin ».

« Dans la culture populaire américaine comme dans les hautes sphères diplomatiques et militaires, la putain incarne désormais l'essence de la France », explique Roberts, et vendre son corps était perçu comme un plus large asservissement à l'argent et à la puissance américains.

> L'agacement [des autorités américaines] devant le système réglementé et son incapacité à considérer les femmes françaises comme contaminées autant que contaminantes a également des répercussions importantes sur les relations franco-américaines. La « question » vénérienne a ainsi renforcé les préjugés des Américains sur la France, nation décadente ; elle leur a inspiré de la condescendance, elle les a incités à intervenir dans les affaires intérieures françaises et à considérer comme allant de soi le « droit » de l'armée à administrer la population civile[46].

La fermeture des maisons closes marqua la fin d'une époque, celle où les jeunes filles de province, généralement dans leur vingtaine, débarquaient à Paris à la recherche de la gloire et de la fortune, souvent abusées par un homme qui leur avait promis amour et richesse, pour finalement se rendre compte qu'il leur faudrait travailler afin de subvenir à leurs besoins. Une maison close, placée sous la coupe d'un souteneur ou d'une sous-maîtresse, constituait leur seul recours. Certaines jeunes filles, qu'un parrain fortuné avait fait monter à Paris, avaient pu se débrouiller, Coco Chanel et Jeanne Toussaint par exemple. Mais la plupart ne s'en sortaient pas, comme le montrent les registres de la Petite Roquette (une prison pour femmes où étaient incarcérées les prostituées) indiquant que moins de 20 % des détenues étaient nées à Paris ou dans sa proche banlieue.

Après l'adoption de la loi, les meubles Belle Époque alimentèrent les ventes aux enchères, les immeubles furent mis en vente et un « Merde pour Marthe Richard ! » fut même barbouillé sur la porte d'une célèbre maison close au moment de sa fermeture. Désormais, des jeunes femmes vêtues de tenues criardes se promenaient ostensiblement dans le quartier de la rue Saint-Denis, comme elles le faisaient dans d'autres villes, ce qui ne plaisait guère et menaçait de faire perdre son charme à Paris — tout au moins aux yeux des hommes.

L'Étoile de Kléber, l'une des maisons closes les plus connues, aurait dû fermer ses portes en 1946 mais, sans que l'on sût vraiment comment, elle perdura, plus ou moins légalement, comme « lieu de rendez-vous ». Pendant quelques mois, sous l'Occupation, Édith Piaf et ses amies s'y étaient d'ailleurs installées dans les étages. Piaf ne joua peut-être pas un grand rôle dans la Résistance et elle n'hésita pas à se produire dans de nombreuses maisons closes et des music-halls fréquentés par des Allemands ou des collaborateurs, voire les deux. Pourtant, lors de son passage devant un comité d'épuration, Andrée Bigard témoigna en sa faveur et elle fut blanchie.

« La vie en rose », bien qu'écrite en 1945, ne fut pas donnée en concert avant 1946, pour être immédiatement acclamée. Cette même année, parvenant à faire oublier son comportement bien plus douteux quand il s'était produit aux Folies-Bergère et à la Gaieté parisienne, les repaires favoris de la Wehrmacht, Charles Trenet enregistra quant à lui « La mer », qui rencontra également un énorme succès. Ces deux chansons saisirent l'humeur ambiante deux ans après la Libération : quelles que fussent les difficultés et la douleur de la guerre, il était temps d'avancer et d'oublier. Il faisait toujours bon vivre à Paris.

III
LA RECONSTRUCTION

10
1947 – LES HABITS NEUFS DE LA VILLE LUMIÈRE

En janvier 1947, Vera Atkins avait témoigné au cours de deux procès organisés par les Alliés pour juger les nazis de haut rang tenus pour responsables d'exécutions dans les camps qu'ils avaient réussi à capturer. Elle espérait à la fois savoir ce qui s'était passé et que justice serait rendue. Il y eut d'abord, en 1946, le procès d'officiers SS du camp de Natzweiler-Struthof où, pensait-elle, avaient été assassinées quatre de ses protégées – Vera Leigh, Diana Rowden, Andrée Borrel et Noor Inayat Khan – puis, au début de 1947, elle témoigna en faveur de l'accusation au premier procès des gardes et des employés de Ravensbrück qui avaient pris la vie de quatre autres agentes – Cecily Lefort, Violette Szabo, Denise Bloch et Lilian Rolfe.

D'autres agentes étaient toujours portées disparues. Elles s'étaient évanouies sans laisser de trace, ainsi que les Allemands l'escomptaient pour les détenus *Nacht und Nebel*. Néanmoins, deux années après la fin de la guerre, l'atmosphère avait notablement changé ; les puissances victorieuses préféraient consacrer leur énergie à la reconstruction et à la diplomatie plutôt qu'à punir les responsables de crimes de guerre.

Pour Vera, il ne s'agissait pas simplement de châtier les coupables. Découvrir la vérité était un devoir qu'elle devait aux disparues. Toutefois, ceux qui la connaissaient bien sentaient que sa féroce résolution était le reflet de son propre sentiment de culpabilité, certains agents ayant été envoyés dans des réseaux que les Allemands avaient infiltrés. Madeleine Damerment, parachutée dans la nuit du 29 février 1944, à 30 kilomètres à l'est de Chartres, avait été arrêtée dès qu'elle avait touché le sol : les Allemands avaient monté l'opération en utilisant le matériel récupéré lors de la capture de Noor pour envoyer de faux messages, ce qu'ils appelaient un *Funkspiel* (radio-jeu). Madeleine fut conduite à Fresnes, puis interrogée à la SiPo-SD de l'avenue Foch. En mai, elle fut transférée à la prison civile de Karlsruhe avec sept autres agentes.

Très vraisemblablement, la situation personnelle de Vera, passablement compliquée, et ses tourments – elle craignait que ses origines étrangères ne fussent révélées – expliquent en partie pourquoi elle ne prit pas la parole ni n'exigea que des investigations fussent menées plus tôt. Par ailleurs, elle était toujours d'une grande loyauté envers Maurice Buckmaster, le patron de la section F du SOE, avec lequel elle travaillait étroitement. Si elle pouvait découvrir la vérité, espérait-elle de tout cœur, il y avait une chance qu'elle obtînt une justice posthume pour ces valeureuses.

Aujourd'hui encore, la question de savoir si Londres devait continuer à envoyer des agents et des fonds en France alors même que d'aucuns s'inquiétaient d'une possible infiltration des réseaux par les Allemands demeure controversée. Certains historiens estiment que Buckmaster a tout simplement fait preuve de négligence en ignorant les failles de sécurité tant il était politiquement indispensable pour lui de conserver des agents de la section sur le terrain. D'autres en sont arrivés à la conclusion que les Britanniques étaient conscients des « radio-jeux » des Allemands mais s'en servaient pour les tromper à l'approche du Débarquement.

On dispose pourtant désormais de preuves que Sonia Olschanesky, née en Russie et recrutée en France afin de travailler sur place pour le SOE, avait averti Londres le 1er octobre 1943 de l'arrestation de Noor. Buckmaster s'inquiéta de la fiabilité de « Sonja » (*sic*) et ignora l'information. D'après Sarah Helm, « si l'on en avait tenu compte à temps, le "radio-jeu" du docteur Goetz aurait été dévoilé et probablement arrêté, sauvant ainsi de nombreuses vies du SOE[1] ».

Noreen Riols, qui, à partir de 1943, travailla quotidiennement avec Buckmaster au quartier général de la section F à Londres, fit toujours valoir que le SOE passait son temps à prendre des décisions sur des questions de vie ou de mort sans disposer de toutes les facilités de communication actuelles. D'après elle, « Buck », comme elle l'appelait, « toujours très profondément soucieux de ses agents, [...] était loin de se désintéresser de leur sort [...]. Ce que n'arrivent pas à comprendre [l]es critiques, c'est que le SOE était un tout nouveau-né. Non conventionnel, il était tout improvisation, qui n'avait ni antécédents, ni expériences, ni stratégies passées pour aider et guider ses chefs, ni non plus aucune carte, aucun rapport ou manuel pour instruire ses responsables. Obligés d'inventer les règles au fur et à mesure qu'ils avançaient, ses membres avaient besoin non seulement d'une grande flexibilité, mais encore de beaucoup d'imagination pour s'adapter aux problèmes et aux crises qui survenaient[2] ». Quoi qu'il en soit, des vies innocentes ont été gaspillées.

L'historien du SOE, Michael Foot, expliqua plus tard : « À la question de savoir pourquoi des gens si peu entraînés furent envoyés faire un travail aussi lourd, la seule réponse est : ce travail, il fallait le faire, et il n'y avait personne d'autre à envoyer[3]. »

Leo Marks, qui avait nourri quelques sentiments pour Noor au cours de sa formation, lui avait donné un code supplémentaire de sécurité auquel elle devait recourir au cas où elle serait capturée. Quand elle l'utilisa, il s'inquiéta donc particulièrement qu'elle fût tombée entre les mains de l'ennemi. « J'ai prié silencieusement pour que Noor ne soit pas en train de commettre une de ses bourdes, écrivit-il plus tard, mais je savais que c'était moi qui en commettais une en refusant d'accepter la réalité[4]. » Buckmaster insista pour que Londres continuât à lui répondre comme si de rien n'était et que les échanges avec elle ne fussent pas interrompus.

Si au début de 1947 Vera pensait qu'elle avait appris l'essentiel de ce qu'il y avait à savoir, elle n'était pas encore prête à refermer tous ses dossiers, en particulier parce qu'elle avait commencé à recevoir de nouvelles preuves de ce qui était réellement arrivé à Noor. Ce n'est qu'après le procès du camp de Natzweiler-Struthof qu'elle vit pour la première fois le nom de Sonia Olschanesky sur une liste de prisonniers. Mais s'il s'agissait de toute évidence d'une femme emprisonnée à Karlsruhe, « Olschanesky » était un nom qui ne lui disait rien et, supposa-t-elle, devait donc probablement être un des pseudonymes de Noor. Elles avaient toutes eu recours à ce genre de stratagèmes et, dans la mesure où Noor était née à Moscou, elle pouvait très bien avoir choisi « Olschanesky » comme nom d'emprunt, estima Vera[I].

Certains des renseignements les plus fiables qui l'aidèrent finalement à y voir clair dans les ultimes mois de la vie de Noor lui furent communiqués par le frère de cette dernière, Vilayat Inayat Khan, qui avait collecté deux témoignages de première main : celui d'une Française, Yolande Lagrave, ayant rencontré « Nora » quand toutes les deux étaient incarcérées à la prison de sécurité de Pforzheim, et non Karlsruhe, en septembre 1944, et celui d'une Allemande ayant travaillé dans la prison.

Yolande apprit à Vera que Noor avait eu les mains et les pieds constamment entravés, sans doute sur ordre de Berlin dans la mesure où elle était considérée comme une prisonnière particulièrement dangereuse. On lui donnait des rations alimentaires largement insuffisantes, elle était régulièrement battue et n'était que rarement autorisée à parler et à sortir en promenade. Petit à petit, en interrogeant d'autres gardes qui attendaient leur procès, Vera put rassembler des bribes d'information au sujet de la résistance de Noor face à l'adversité et de sa dignité devant les traitements cruels subis à Pforzheim.

En janvier 1947, Vera fit une découverte capitale en interrogeant Hans Kieffer, le chef adjoint de la SiPo-SD à Paris, dont la cavale avait finalement pris fin[II]. Elle savait qu'il avait interrogé ses protégées à Paris – c'est à cause de lui qu'elles avaient fini par être envoyées à Karlsruhe, sa ville natale. Mais seule Noor, qui présentait selon eux un risque particulier parce qu'elle avait essayé de s'évader à deux reprises, fut emprisonnée dans une cellule disciplinaire à Pforzheim où elle était enchaînée en permanence. En dépit de ce traitement barbare, elle avait refusé de révéler quoi que ce fût, un comportement qui, plus que toute autre chose, avait exaspéré ses geôliers.

Le 11 septembre 1944, on la conduisit de Pforzheim à Karlsruhe, où elle retrouva Éliane Plewman, Madeleine

---

I. Même si elle apprit plus tard que Sonia Olschanesky avait existé, Vera ne fit pas preuve de la même détermination à découvrir son histoire qu'à élucider les circonstances de la mort de Noor.

II. Il fut pendu en juin 1947, mais le sort des agents du SOE n'avait pas été abordé lors de son procès.

Noor Inayat Khan.

Damerment et Yolande Beekman. Elles furent toutes amenées à Dachau. Là, on les enferma dans des cellules séparées et elles furent exécutées au petit matin du 13 septembre, mais contrairement à la version officielle elles ne furent pas abattues chacune d'une balle dans la tête alors qu'elles se tenaient par la main.

Il existe différents récits de la façon précise dont Noor fut assassinée. D'après plusieurs sources que Vera semble avoir crues, même si les dossiers officiels sont muets à ce sujet, la nuit précédant sa mort, Noor subit « les pires tourments ». Un officier allemand, répétant ce que lui avaient raconté des responsables du camp, affirma au lieutenant-colonel H. J. Wickey, qui travaillait pour le renseignement canadien pendant la guerre, que « Noor fut torturée et violée dans sa cellule par les Allemands. Elle fut déshabillée, frappée à coups de pied et finalement laissée à même le sol meurtrie et couverte de bleus. Le lendemain, aux petites heures du matin elle fut abattue dans sa cellule[5] ».

Aucun procès ne put être organisé pour juger les coupables des exécutions de Madeleine, Yolande, Noor et Éliane à Dachau, en partie parce qu'il n'existait pas la moindre preuve de leur décès et que nul témoin n'était en mesure de décrire leurs derniers instants. Les responsables les plus probables de leur disparition étaient soit eux-mêmes morts, soit en passe d'être jugés pour d'autres crimes. Tout ce que Vera Atkins put faire, une fois qu'elle eut découvert ce qu'elle pensait finalement être la vérité sur le sort de Noor à Dachau, fut de se battre sans relâche pour qu'elle reçût à titre posthume la croix de George, la plus haute distinction britannique récompensant des actes de bravoure. Elle y parvint en 1949, insistant dans sa requête pour l'attribution de la médaille sur le fait que même Kieffer avait pleuré en lui faisant part du courage exceptionnel de la jeune femme.

Si Vera elle-même fut démobilisée en 1947, son histoire ne cesse de fasciner et d'alimenter les doutes. D'après sa biographe, des parents des agentes portées disparues la jugèrent froide et dépourvue d'émotions, comme insensible, en net contraste avec sa détermination à retrouver les disparues. Dans un dossier qui est conservé aux Archives nationales britanniques, une note de la mère de Yolande atteste que sa fille était enceinte quand elle fut envoyée en France, tandis que la mère de Diana Rowden ne savait pas que sa fille avait reçu la croix de guerre jusqu'à ce qu'une historienne le découvrît. La chercheuse réalisa également que le fiancé et la famille de Sonia Olschanesky, qui avait fait preuve d'un courage incroyable en continuant à travailler comme agente de liaison après que son réseau avait été démantelé, n'avaient jamais été tenus informés de son sort.

Tania Szabo, la jeune fille de Violette, trouva Atkins « froide et distante[6] », et Vilayat Inayat Khan dit à la biographe de Vera qu'elle avait du « sang-froid » : « Elle était ce type d'officier du renseignement qui voulait absolument découvrir ce qui s'était passé ; elle voulait éclaircir les choses, les comprendre, qu'aucun détail ne lui échappe[7] », dit-il. Mais il pensait que sa sœur avait été instrumentalisée. Yvonne Baseden, l'une de celles qui survécurent grâce à la Croix-Rouge suédoise, décrivit Vera, qu'elle rencontra à sa libération, comme « plutôt distante, presque froide tout d'abord. Soupçonneuse même. [...] Je crois qu'elle devait se demander pourquoi on m'avait relâchée. Qu'avais-je fait pour cela et pas les autres ? Je pense que c'est pourquoi elle se méfiait un peu de moi[8] ».

Les Français et leur gouvernement avaient beau être pressés de passer à autre chose, des crimes si atroces avaient été commis qu'ils ne pouvaient pas être pardonnés. Ceux d'Anne Spoerry, le « docteur Claude » qui, à Ravensbrück, avait procédé à plusieurs reprises à des injections létales pour exécuter des patientes, étaient du nombre. Après la Libération, Spoerry était retournée à Paris dans l'espoir de passer les derniers examens de médecine qui lui restaient à décrocher. Mais si elle refusa de se rendre à Hambourg pour assister au procès de Carmen Mory, la *blockova* sadique de Ravensbrück, en faveur de laquelle on lui avait demandé de témoigner, elle ne pouvait plus espérer demeurer anonyme.

Elle fut rapidement arrêtée pour actes de torture et meurtres avant, tout au long des années 1946 et 1947, d'être convoquée devant des tribunaux en Suisse aussi bien que devant une cour d'honneur des Forces françaises libres. Mory, lors de son procès, accusa Spoerry d'être l'assassin du Block 10. Les avocats de Spoerry persuadèrent toutefois le tribunal que rien ne l'établissait, la disculpant ainsi des charges les plus graves. Mory fut condamnée à la pendaison, mais en avril 1947, elle se suicida en s'ouvrant les veines avec une lame de rasoir une semaine avant l'exécution de la sentence.

Au cours de ses différents procès, Spoerry s'efforça de tout nier, pourtant elle dut admettre qu'elle avait été « ensorcelée » par Mory, un démon, disait-elle. La cour d'honneur la jugea coupable d'avoir usurpé la qualité de médecin, trahi ses compatriotes et fait honte à son pays par son comportement inhumain. Elle fut condamnée à un exil de vingt-cinq ans. Bien qu'elle disposât alors d'un diplôme de médecine tropicale, elle n'avait pas achevé ses études car la faculté de médecine l'en avait empêchée à la suite du verdict de la cour d'honneur.

Elle décida de se faire appeler « docteur Spoerry », embarqua à bord d'un cargo pour l'Afrique et, en 1949, s'installa au Kenya, où elle apprit seule à piloter un petit avion et devint un « docteur volant » très apprécié jusqu'à la fin de ses jours. Si quiconque mentionnait la période de la guerre devant elle, le « docteur Spoerry » entrait dans une rage folle. Son travail humanitaire en Afrique lui permit sans doute de connaître une sorte de rédemption, mais il est probable qu'elle ne put jamais oublier Ravensbrück.

Le 12 février 1947, la présentation de sa première collection de haute couture fit de Christian Dior le centre de toutes les conversations. Il avait beau faire 6 degrés en dessous de zéro, les Parisiennes empressées qui arrivèrent au 30, avenue Montaigne pour assister à son défilé ne craignaient pas le froid, emmitouflées dans leurs manteaux de vison. Marcel Boussac, le magnat du textile qui soutenait financièrement Dior, était persuadé que le défilé serait un succès, non pas à cause des magnifiques arrangements floraux que son poulain avait imaginés mais en raison de la rumeur qui avait précédé l'événement.

La maison Dior n'avait ouvert que quelques mois plus tôt, en octobre 1946, et elle semblait avoir capté l'air du temps, cette volonté d'avancer et d'oublier les années de guerre en s'habillant de la façon la plus extravagante possible. Assises au bord de leurs petites chaises dorées, les spectatrices enthousiastes ouvrirent de grands yeux devant les quatre-vingt-dix tenues fabuleuses. Alors que les mannequins, toutes de vivacité, de style et de féminité, tournoyaient et virevoltaient sur le podium, leurs jupes volumineuses faisaient s'envoler les cendres des cigarettes. Pour un public habitué aux jupes courtes et étroites, cette opulence sonnait comme une proclamation révolutionnaire. Il y eut une explosion de vivats à la fin du défilé, si forte que Dior lui-même dut se protéger les oreilles de ses mains.

Les deux grandes prêtresses de la mode de l'époque, la rédactrice en chef de *Harper's Bazaar* Carmel Snow et Bettina Ballard de *Vogue*, se rejoignirent dans leurs louanges extatiques de ces premiers pas d'un débutant au style certes radical mais enraciné dans les goûts de la Belle Époque.

Snow s'exclama avec délices : « Quelle révolution, mon cher, vos robes ont inauguré un "new look" ! », faisant ainsi, d'une formule, entrer dans l'histoire cette collection inaugurale. Ballard, qui n'était pas connue pour être exagérément généreuse de ses compliments, ajouta : « Nous avons été les témoins d'une révolution dans la mode en même temps que d'une révolution dans la façon de montrer la mode [...]. Jamais il n'y eut moment plus propice pour voir surgir un Napoléon, un Alexandre le Grand, un César de la couture. La mode attendait une reprise en main, un choc, une nouvelle direction. Il n'y eut jamais conquête plus facile et plus complète que celle de Christian Dior en 1947. » Carmel Snow le résuma assez simplement : « Dior a sauvé la couture comme la France l'a été par la bataille de la Marne[9]. »

Cependant, porter des tenues extravagantes n'était pas sans risque, y compris à Paris. « Les gens qui passent en camion vous crient des obscénités, écrivit une Anglaise à une amie en février 1947. Pour je ne sais quelle raison, cela éveille des sentiments de classe comme aucun manteau de zibeline n'y parviendrait[10]. »

Et quand, un mois plus tard, la maison Dior organisa une séance photo dans les rues de Montmartre, les mannequins furent attaquées par un groupe de passantes en colère qui essayèrent de frapper l'une d'entre elles, lui tirèrent les cheveux et déchirèrent ses vêtements, reprochant à la jeune femme de faire étalage d'une débauche excessive, bien loin des difficultés qu'elles avaient endurées au cours des dernières années et des restrictions alimentaires toujours en vigueur.

Il y eut une autre naissance avenue Montaigne en ce jour marquant de février 1947. Dans l'assistance, beaucoup furent frappés par les senteurs exotiques qui flottaient tout au long du défilé. Il s'agissait d'un nouveau parfum, Miss Dior, ainsi nommé en hommage à la jeune sœur du couturier, Catherine. Sans doute bien peu de spectateurs savaient-ils qui elle était et les missions dangereuses qu'elle avait accomplies pour la Résistance, de 1941 à sa capture trois ans plus tard.

Son histoire demeura méconnue jusqu'à l'interpellation en 2011 du directeur artistique de Dior, John Galliano, pour avoir tenu des propos antisémites lors d'une altercation dans un bar parisien. La maison Dior décida qu'il était temps de rappeler au public « les valeurs essentielles qui ont toujours été défendues par la Maison Christian Dior » en évoquant Catherine.

À sa mort en 2008, à l'âge de 91 ans, Catherine n'avait que rarement mentionné ses activités pendant la guerre. Elle avait rejoint un réseau de la zone sud dont la mission était de fournir des informations sur les mouvements des troupes allemandes, le trafic ferroviaire et la fabrication d'armement, des indications vitales pour mener des opérations de sabotage. Gitta Sereny, qui travaillait pour une organisation caritative à Paris en 1940, connaissait des membres de « cette organisation d'élite de plus de deux mille agents » qui « subit des pertes énormes, et fut ultérieurement créditée d'avoir animé quelques filières de renseignements parmi les plus dynamiques d'Europe. À la fin de 1942, la plupart de ses chefs avaient été tués par la Gestapo ».

Catherine rejoignit le réseau à la fin de 1941, à l'âge de 27 ans, entraînée par son camarade de résistance Hervé Papillaut des Charbonneries, qu'elle avait rencontré et dont elle était tombée amoureuse en se rendant dans un magasin pour y acheter une radio. Comme Hervé, membre fondateur du réseau, était déjà marié et avait trois jeunes enfants, leur aventure était condamnée à la clandestinité. Liliane (Lili) Dietlin, « l'archétype de la jeune Parisienne : menue, l'ossature fine, une élégance du verbe, du comportement et, bien sûr, de la tenue vestimentaire qu'aucune d'entre nous, Parisiennes d'adoption, n'aurait pu imiter[11] », à en croire Gitta Sereny, était une amie proche de Catherine au sein du réseau. Toutes deux étaient des agentes de liaison qui transmettaient énormément d'informations, parfois en les apprenant par cœur, d'un groupe à l'autre.

Quand elle se rendait à Paris, Catherine demeurait au 10, rue Royale, dans l'appartement qu'utilisaient son frère et ses amis. En juillet 1944, la Gestapo lui tendit un piège, elle fut arrêtée et torturée avant de partir dans le dernier convoi à quitter Paris pour Ravensbrück le 15 août. En Allemagne, elle dut travailler au sein d'une usine de munitions dans des conditions particulièrement atroces.

Catherine Dior peu après sa libération
de Ravensbrück en mai 1945.

Christian était probablement au courant des activités de résistante de sa sœur puisque immédiatement après son arrestation, il sollicita tous les contacts qu'il put pour essayer d'obtenir sa libération. Il travaillait alors pour la maison Lelong et comptait parmi ses clientes des épouses d'officiers allemands auxquelles il demanda de l'aide. Ses efforts restèrent infructueux et Catherine ne fut pas relâchée avant avril 1945. Quand elle revint à Paris un mois plus tard, après dix mois de sous-alimentation et de mauvais traitements, elle était squelettique et malade. Mais elle fut de celles qui eurent la chance de se rétablir relativement vite.

Dès lors, elle vécut avec Hervé des Charbonneries, qui ne divorça jamais de son épouse, et tous deux créèrent une affaire de fleurs coupées en provenance du sud de la France et des colonies. Ensemble, ils partaient à 4 heures du matin pour aller aux Halles acheter des stocks de fleurs fraîches puis les envoyaient partout dans le monde. C'était un travail et une vie qu'elle aimait, mais sans doute le couple qu'elle formait avec un homme marié était-il une raison supplémentaire de rester discrète au sujet de ses activités passées dans la Résistance.

Catherine fut décorée, chose rare, de la croix de guerre (normalement cette décoration était réservée aux membres des forces armées régulières), de la croix du combattant volontaire de la Résistance, de la croix du combattant et de la King's Medal for Courage in the Cause of Freedom (cette dernière décoration remise par le Royaume-Uni) et elle reçut également la Légion d'honneur. Peu de femmes furent autant décorées aussi rapidement après la fin de la guerre.

Il n'y eut pas que les Parisiennes dans le besoin pour réagir avec colère au New Look de Dior. S'il lui était bien égal que le style plantureux de Dior ignorât les souffrances des ménagères ordinaires, Chanel, qui, à ses débuts, était parvenue à débarrasser les femmes des corsets, nourrissait colère et jalousie d'être ainsi dépassée. « Je crée des vêtements dans lesquels les femmes peuvent vivre, respirer, se sentir jeune et à l'aise[12] », avait-elle déclaré à Bettina Ballard. Elle sentait que son apport à la mode commençait à être lentement oublié. Une riche cliente de Dior jugea ainsi que la tenue qu'elle venait d'acheter était « la robe la plus étonnante qu'[elle ait] jamais vue », ajoutant : « Je ne peux ni marcher, ni manger, ni m'asseoir[13]. »

Gabrielle Chanel, Elsa Schiaparelli et Jeanne Lanvin avaient eu énormément d'influence avant guerre mais désormais il semblait que leur heure de gloire était derrière elles. Les maisons de couture étaient maintenant presque exclusivement aux mains d'hommes. Pendant la guerre, Christian Dior et Pierre Balmain avaient fait leur apprentissage en travaillant pour Lucien Lelong. À la Libération, Balmain décida de se mettre à son compte et en 1947 il fit appel à une Anglaise pour occuper le poste de directrice de sa maison. Ginette Spanier était l'épouse d'un médecin français, Paul-Émile Seidmann, et, étant juive, elle avait passé l'essentiel de la guerre à fuir les nazis[1]. Tous deux se débrouillèrent pour éviter la déportation en changeant fréquemment de cachette quitte à parfois manquer d'argent ou de nourriture.

Après la Libération, Ginette trouva un travail comme traductrice pour l'armée américaine, elle participa notamment au procès de Nuremberg, tandis que Paul-Émile soignait des rescapés des camps à Paris. Tous deux furent décorés pour leur dévouement. Ginette jugea plus tard que sa personnalité avait été forgée par la guerre : c'est la guerre qui « [m'a] confirmée dans mes plus profondes convictions : l'amitié, l'affection et l'amour de la vie. Ensuite, elle m'a appris à craindre la cruauté, l'hypocrisie et le conformisme qui donnent aux médiocres un tel sentiment de sécurité et de supériorité [...]. La guerre [...] m'apprit à connaître mes propres limites[14] ».

Et pourtant cette femme qui aurait pu être tuée à n'importe quel moment, elle qui raccommodait ses vêtements élimés encore et encore, n'avait jamais considéré la mode comme quelque chose de trivial. Nul n'aurait eu cette idée à Paris.

En tant que directrice de Balmain, elle était responsable du personnel de la boutique et de l'atelier, et devait par exemple s'occuper des disputes entre vendeuses quand chacune réclamait de toucher une commission pour la vente d'une robe. Ginette Spanier jouait un rôle très important auprès des clientes, parmi lesquelles la duchesse de Windsor et Marlene Dietrich ainsi que

---

[1]. Elle se retrouva dans une cachette avec Rosemary Say, l'infirmière anglaise qui essayait de rentrer chez elle.

de nombreuses autres actrices et têtes couronnées. Elle prenait son travail très au sérieux et devint une légende.

Avec la mode qui profitait de la relance économique, Simone Bodin, 22 ans, fille d'un cheminot normand, partit comme de nombreux autres jeunes gens chercher fortune à Paris. Après que son père eut abandonné la famille, Simone et sa sœur furent élevées pendant la guerre par leur mère, une institutrice. Dès que Paris fut libérée, Simone s'installa dans la capitale afin de trouver un emploi, n'importe lequel, caressant l'espoir de devenir couturière. Elle fut présentée par hasard au couturier Jacques Costet qui l'embaucha comme mannequin ; il admirait son visage frais, ses airs de fille de la campagne et sa fine silhouette. Quand son affaire périclita, Simone alla travailler pour Lucien Lelong, ayant décliné une proposition de Christian Dior qui était encore un débutant. Toutefois, elle fut bientôt débauchée par Jacques Fath, qui avait prospéré pendant la guerre et qui lui promit de multiplier son salaire par cinq.

C'est Fath qui la rendit célèbre en la rebaptisant Bettina, dans l'idée d'insuffler un esprit moderne et américain au monde de la mode, il voulait forger une toute nouvelle attitude, reflet des idéaux d'après-guerre. Les mannequins ne travaillaient que pour le sur-mesure et pas pour le prêt-à-porter. Bettina elle-même, qui avait grandi dans une famille pauvre, était différente des mannequins parisiennes, ces grandes bourgeoises d'avant-guerre, à la fois dans son allure et dans ses aspirations.

L'histoire de Bettina illustre l'un des plus grands changements dans le monde de la mode d'après-guerre : l'émergence des mannequins professionnelles, qui pouvaient désormais mener une carrière en tant que telles. Les femmes de la haute société, qui avaient pu être à la fois les muses des créateurs et des icônes de leur temps, se retrouvaient mises sur la touche. Les cheveux courts et débarrassée de son chignon, Bettina devint le visage le plus photographié de France et la nouvelle incarnation du chic parisien, celui qu'adoptaient les jeunes femmes modernes amoureuses de la liberté.

Après un bref mariage à la fin des années 1940 avec le photographe Gilbert Graziani, Bettina multiplia les aventures, dont une avec Robert Capa. En 1960, elle devait épouser le prince Ali

Khan quand tous deux eurent un accident de voiture ; il mourut de ses blessures tandis qu'elle perdit l'enfant qu'elle portait.

Une autre voix fit entendre sa vague désapprobation devant la somptuosité des tenues dessinées par Christian Dior, celle de la couturière Carmen de Tommaso, qui se faisait appeler Marie-Louise Carven. Cette petite femme (elle mesurait 1,55 mètre) était connue pour avoir en aversion la sophistication parisienne à l'ancienne, ou ce qu'elle percevait comme la magnificence Belle Époque, avec ses froufrous de soie sur des coupes corsetées que les dames fortunées appréciaient et que Christian Dior avait remis au goût du jour. Carven dessinait des robes depuis son adolescence dans les années 1920 et, après avoir étudié l'architecture et la décoration intérieure aux Beaux-Arts, elle avait, non sans courage, ouvert sa propre maison de couture sur les Champs-Élysées en juillet 1945.

À l'époque, toute l'Europe était frappée par de graves pénuries de tissu, les matières premières n'étaient quasiment plus importées ou produites, les filatures et les usines étaient quant à elles abandonnées ou détruites. Les couturiers parisiens ne pouvaient organiser un défilé que s'ils disposaient d'une petite réserve de tissu constituée avant la guerre, ou bien s'ils avaient accès à des stocks, comme c'était le cas de Dior avec Marcel Boussac et son empire mondial d'usines de coton et d'imprimeries.

Marie-Louise Carven, elle, devait faire preuve d'ingéniosité pour dénicher le moindre bout de tissu. Pour son premier défilé, elle réussit à confectionner une robe printanière, sans manches, avec une grande jupe et une large ceinture, à partir d'un rouleau de tissu à rayures blanches et vertes qu'elle s'était procuré dans le grenier d'un château et qui avait sans doute été acheté avant la Grande Guerre pour faire des uniformes de domestique[I].

Ses robes semblaient jeunes, fraîches et décontractées aussi bien dans leur style que dans leurs couleurs, à l'opposé des robes structurées de l'époque qui n'allaient pas aux petits gabarits comme le sien. Mais, plus important, ses idées s'accordaient avec un nouvel

---

I. Les rayures blanches et vertes eurent tant de succès qu'elle en couvrit l'emballage de son parfum, Ma griffe, lancé en 1946 à l'aide d'un aéroplane qui, en survolant Paris, lâcha des centaines d'échantillons attachés à un parachute miniature.

état d'esprit qui faisait pénétrer la mode dans la vie quotidienne et ne la cantonnait plus seulement aux tenues de soirée. Le New Look de Dior faisait les gros titres, mais c'est sans doute Carven, l'une des premières couturières à lancer une collection de prêt-à-porter, qui influença le plus la manière de s'habiller des femmes.

La mode et le cinéma se sont toujours nourris l'un de l'autre et ils continuèrent à le faire dans le Paris d'après-guerre. Les tenues de Carven étaient très demandées par les vedettes qui, comme Édith Piaf (laquelle insistait pour que tous les parements fantaisistes soient enlevés de ses robes), Leslie Caron, Zizi Jeanmaire ou Simone Signoret, n'étaient pas très grandes. Après le succès remporté en 1946 par *Les Portes de la nuit*, Marcel Carné se lança dans un projet dont Arletty devait tenir le rôle principal. Le scénario de cette histoire d'enfants emprisonnés avant guerre dans d'horribles conditions reposait sur l'histoire vraie d'une évasion massive qui avait eu lieu à Belle-Île-en-Mer et de la chasse aux enfants qui s'était ensuivie.

Pour des raisons mystérieuses, le long-métrage, intitulé *La Fleur de l'âge*, ne fut jamais achevé. Il marqua toutefois le début de la carrière d'une des enfants qui jouaient dans le film. À 14 ans à peine, elle tint également un rôle dans *La Maison sous la mer* d'Henri Calef cette même année. Elle emprunta le prénom Anouk au personnage qu'elle interprétait ; Aimée vint plus tard.

Anouk Aimée était née à Paris sous le nom de Françoise Sorya Dreyfus en avril 1932 d'un couple de comédiens. Son père, Henry Dreyfus, était juif et travaillait sous le pseudonyme d'Henry Murray. Sa mère, Geneviève Sorya, était catholique. On sait peu de chose sur les racines juives de la famille (peut-être était-elle apparentée au capitaine Dreyfus) ou sur la façon dont elle survécut à la guerre ; seulement cette anecdote : pendant l'Occupation, Françoise rentrait à pied de l'école quand des camarades de classe crièrent : « Elle est juive, elle est juive ! », en croisant des soldats allemands. Heureusement, un « bon » soldat allemand la prit en pitié, lui dit d'enlever son étoile jaune et la ramena chez sa grand-mère. Elle partit ensuite pour le Sud avec sa mère, fut baptisée et entra en pension à Bandol.

Indubitablement, un peu de la tension de ces années demeura toujours en elle. Sa beauté aussi sublime que troublante n'en ferait pas seulement l'actrice idéale pour le film de Claude Lelouch

Un homme et une femme en 1966, elle lui permettrait aussi d'interpréter une Juive arrivée à la fin de sa vie et affrontant son passé à Birkenau, où elle avait été déportée adolescente, dans *La Petite Prairie aux bouleaux* (2003). Le film était inspiré de l'histoire vraie de l'écrivaine et réalisatrice Marceline Loridan-Ivens, née Rozenberg.

L'historienne du cinéma Ginette Vincendeau a écrit que les films d'Anouk Aimée « ont façonné une image de beauté éthérée, délicate et fragile portée sur les destinées tragiques ou les souffrances contenues[15] ». S'étant convertie au judaïsme à l'âge adulte, Anouk Aimée est parfois perçue comme une icône de la paix et de la réconciliation, mais elle n'est jamais revenue en détail sur sa propre enfance. À la faveur d'une projection du film consacré au camp de Birkenau en 2003, elle a simplement évoqué l'importance de raconter ce chapitre de l'histoire du judaïsme.

Lee Miller, qui aimait tant Paris, était rentrée en Angleterre. En septembre 1947, elle donna naissance à son premier et unique enfant, Antony, le fils de Roland Penrose ; elle abandonna pratiquement le journalisme et s'efforça d'entamer une nouvelle vie. Pour célébrer la naissance du garçonnet, Man Ray, qui avait été son amant lors de son premier séjour à Paris au cours duquel il lui avait enseigné la photographie, lui envoya un tirage original et signé d'un cliché de Nusch Éluard portant un ensemble (bracelet, bague et broche) de Suzanne Belperron. C'était un souvenir émouvant de leur vie commune d'avant la guerre quand la belle Nusch, muse et maîtresse d'Éluard et de Picasso, et l'une des plus proches amies de Lee, posait avec des bijoux.

Pendant la guerre, Nusch, une femme fragile, avait passé son temps à se démener pour trouver de quoi manger et n'avait pas eu un instant de répit : engagée avec Éluard dans la Résistance communiste, elle avait dû changer régulièrement de domicile afin d'échapper à la Gestapo. Le 28 novembre 1946, alors qu'elle était seule à Paris et que Paul se trouvait en Suisse, elle fut frappée par une hémorragie cérébrale juste après avoir parlé au téléphone avec Dora Maar afin de convenir d'un rendez-vous pour déjeuner. Pour tous, c'était une perte terrible, pour Paul bien sûr mais aussi pour Dora, qui avait l'impression que toutes les personnes auxquelles elle tenait disparaissaient au même moment. Pour Lee, une page de sa vie était en train de se tourner.

11

1948-1949 – PARIS L'AMÉRICAINE

Avec la mise en œuvre du plan Marshall, du beurre, du fromage, des œufs et d'autres denrées de première nécessité firent enfin leur réapparition sur les tables des foyers ordinaires tandis que les hôpitaux disposaient de fournitures médicales neuves. Chaque jour, environ cent cinquante cargos étaient déchargés dans les ports, apportant des marchandises à toute l'Europe.

Les bateaux débarquaient également une cargaison humaine constituée des bureaucrates nécessaires au bon fonctionnement de l'Administration de coopération économique, chargée de l'application du plan Marshall, dont le siège était à Paris. Presque trois mille Américains arrivèrent dans la capitale au printemps 1948, installant leurs bureaux dans des suites, des appartements et des hôtels particuliers, accompagnés de centaines de femmes, leurs secrétaires pour la plupart, mais certains avaient fait le voyage avec leurs épouses.

Après des hivers aussi rigoureux que ceux des années de guerre, sur fond de pénuries de charbon et de gaz qu'exacerbait régulièrement un brouillard si épais qu'« il [...] donnait l'impression de suffoquer[1] », d'un coup Paris reprit vie, riche d'espoirs et de biens matériels. Les cafés étaient animés : Sartre, Camus, Picasso ou André Breton étaient des habitués des établissements de la rive gauche, et des musiciens de jazz comme Charlie Parker ou Duke Ellington jouaient dans les caves de Saint-Germain.

Pourtant, en dépit de timides rayons de soleil, le tableau était contrasté. Outre le fait que, d'évidence, Paris n'avait pas retrouvé le statut de plaque tournante du marché de l'art qui était le sien avant guerre, une dévaluation majeure du franc en janvier 1948 fit croire aux Américains que les magasins parisiens débordaient de bonnes affaires. Il était cependant difficile de s'en rendre compte, car la plupart des commerces, y compris les enseignes de luxe de la place Vendôme, en étaient toujours à s'éclairer aux bougies un jour sur deux.

Même si personne n'en parlait, les fractures au sein de la société française étaient profondes, pas seulement entre les gaullistes, qui estimaient que la Résistance n'avait été que pur patriotisme reposant sur un sacrifice individuel au nom de l'intérêt commun, et les communistes pour lesquels la Résistance recelait l'idée d'une révolution sociale. Les divisions couraient également parmi les nombreux Français qui avaient souffert pendant la guerre, y compris les déportés raciaux et politiques, les Juifs qui s'étaient cachés pendant toute l'Occupation, les réfugiés, les travailleurs forcés, les étrangers qui ne pouvaient pas attester de leur nationalité française, les Tsiganes et tous ceux que Vichy avait considérés comme des indésirables.

À l'été 1948, des lois créèrent deux statuts différents pour les victimes des persécutions : le plus prestigieux était celui de déporté et interné de la Résistance, il était réservé aux résistants et entraînait de plus grands privilèges que le second, celui de déporté et interné politique, destiné aux victimes sans références résistantes. Cette distinction signifiait que les Juifs, les Tsiganes et les autres déportés raciaux passaient pour des martyrs tenus à l'écart du statut le plus élevé ; et que les femmes qui, par exemple, avaient abrité des pilotes d'avions abattus ou d'autres fugitifs, mais sans rejoindre l'une des formations militaires officiellement reconnues, ne pouvaient, elles non plus, y prétendre.

Par ailleurs se posait la question de ce qu'était un « combattant » – un mot auréolé de la gloire militaire de la Grande Guerre – puisque les résistants en mesure de prouver qu'ils avaient été combattants non seulement touchaient des indemnités plus élevées mais jouissaient également de certains privilèges, comme l'obtention de la très utile carte du combattant. C'est pour cette raison qu'une femme qui avait survécu à Auschwitz décrivit ses camarades survivants comme des « combattants sans armes[2] ». Elle soutenait que s'opposer à la déshumanisation nazie avait été une sorte de combat. Les activités de la plupart des femmes avaient beau avoir été tout aussi risquées et dangereuses que celles des hommes et, aux yeux des nazis, avoir mérité un châtiment tout aussi cruel, elles n'en étaient pas pour autant autorisées à se prévaloir du titre de « combattant »[3].

Ces lois, loin de résoudre les problèmes, les mirent plutôt de côté pendant un temps. Les divisions politiques furent elles aussi glissées sous le tapis plutôt qu'apaisées. Certains considéraient que les capitalistes avaient tiré parti du conflit, à l'exemple d'entreprises comme Renault qui avait participé à la machine de guerre nazie pour son plus grand profit, tandis que les communistes avaient, eux, résisté et souffert.

Ces derniers trouvèrent un soutien inattendu du côté de la droite antiaméricaine, qui n'avait peut-être pas fait étalage de son opposition à l'occupation allemande mais voyait les États-Unis comme une nouvelle puissance occupante. Paul Morand écrivit ainsi à Josée de Chambrun, au sujet d'un fastueux bal à Venise : « C'est rafraîchissant de voir des plaisirs magnifiques au milieu d'une Europe clocharde et n'ayant que Marshall pour souteneur. Et de prendre un divertissement splendide qui ne nous était offert ni par un couturier, ni par une tante, ni par un maquereau, ni par un espion, ni par Coca-Cola[4]. » Le quotidien *L'Humanité*, quant à lui, titrait le 8 novembre 1949 : « Serons-nous coca-colonisés ? »

Cette défiance ne parvint pas à déconsidérer les attraits de Paris aux yeux des Américains qui ne savaient jamais s'ils seraient les bienvenus, s'ils seraient jalousés ou bien méprisés, voire les trois à la fois. Ils étaient surtout désireux de profiter des charmes de la ville d'autant que leurs dollars leur permettaient de dépenser sans compter. Petit à petit, la Ville lumière s'imposait comme une destination à la mode pour les jeunes Américaines nanties désireuses de compléter leur éducation.

En ce début de 1948, Barbara Probst Salomon rêvait de devenir écrivaine. Elle était obsédée par une certaine idée de Paris qu'elle avait glanée dans les livres. Elle était d'une nature aventureuse et ne craignait pas les pénuries. Barbara avait grandi au sein d'une famille juive cosmopolite et privilégiée qui vivait dans une magnifique demeure de Westport, dans le Connecticut. Leur voisin était « Jay » Gatsby, ou tout au moins un homme qui, aux yeux de Barbara, aurait tout à fait pu être le modèle de Francis Scott Fitzgerald. Ses parents étaient des intellectuels érudits dont les vies avaient été amochées par la Grande Guerre, au cours de laquelle son père avait été grièvement gazé dans les tranchées près d'Amiens, ce qui lui avait valu de passer trois ans dans des hôpitaux. Le frère aîné de Barbara avait servi lors du récent conflit.

Malade et souvent alitée pendant son enfance, elle avait passé des heures à dévorer des albums sur Paris, en particulier les aventures de Madeleine de Ludwig Bemelmans, dont le premier volume parut en 1939, puis rapidement elle en était venue à Proust. À ses 17 ans, plutôt que d'aller dans une université américaine, elle voulut à tout prix se rendre à Paris ; ses parents finirent par accepter, à une condition : que sa mère un peu bohème l'accompagnât pour le voyage en bateau.

À bord du transatlantique, elles sympathisèrent avec une autre mère et sa fille, Fanny et Barbara Mailer, dont le fils et frère, Norman, qui ne s'était pas encore fait un nom comme écrivain, les attendait lorsqu'elles débarquèrent à Cherbourg. Avec son épouse Bea, ils s'étaient déjà installés à Paris, dans un appartement situé à proximité du jardin du Luxembourg, et c'est là que les deux Barbara rencontrèrent toutes sortes d'artistes et d'intellectuels plus intéressants les uns que les autres, dont beaucoup de dissidents espagnols. D'après Barbara Probst, ces exilés étaient des anarchistes et des socialistes en complet désaccord avec les communistes, et qui ne se sentaient donc ni à l'abri ni à leur place en France.

En quelques semaines, Norman persuada les adolescentes de se lancer dans une aventure périlleuse qui consistait à traverser la France en voiture jusqu'à l'Espagne afin de secourir deux jeunes étudiants retenus prisonniers dans l'un des camps de travail les plus durs du régime de Franco. Nicolás (fils de l'historien Claudio Sánchez-Albornoz, président de la République espagnole en exil) et Manuel Lamana étaient réduits en esclavage sur le chantier de la Valle de los Caídos (« la vallée de ceux qui sont tombés ») pour construire le gigantesque monument qui devait servir de tombeau à Franco. Les évasions étaient extrêmement rares et les pelotons d'exécution, toujours d'actualité, même si la guerre civile était terminée depuis longtemps. Étrangement, les jeunes filles, convaincues par Norman, acceptèrent de tenter de libérer les deux garçons. « Il nous avait dit qu'il avait une voiture et un plan pour l'évasion qui nécessitait que Barbara et moi y participions. Il pensait que deux filles passeraient plus facilement la frontière par les montagnes car nous semblions trop jeunes et trop américaines pour que l'on nous soupçonnât de quoi que ce soit. Nous étions juste des gamines américaines avides de découvrir le monde. »

Probst a gardé en mémoire de nombreux souvenirs du sauvetage. Avec elles, dans la voiture, se trouvait un jeune étudiant et activiste espagnol, Paco Benet, dont le père avait été abattu au début de la guerre civile. Il connaissait le pays et parlait aussi bien français qu'espagnol. « Nous étions convenus de retrouver Nicolás et Manuel à un endroit précis. Ils avaient été avertis de veiller à être les derniers de la file de prisonniers à la fin de la journée et qu'une voiture les attendrait. Heureusement, il n'y avait pas assez d'argent pour fournir des uniformes aux prisonniers et tous deux portaient des tenues "civiles" », se souvient-elle. Tandis que la police cherchait les deux fugitifs dans les environs immédiats, la petite troupe se dirigeait en voiture vers le nord pour quitter le pays.

Quand ils atteignirent Barcelone, Paco et Barbara étaient tombés amoureux l'un de l'autre, et le couple se sépara du reste du groupe. Ce qui transparaît clairement sur les photographies de l'époque, c'est que Barbara était aussi belle qu'intelligente et cultivée. Elle se souvient de Paco comme d'un homme grand, avec des cheveux blonds, des yeux d'un noir intense, et qui était « très cérébral ». Ils revinrent à Paris, où Barbara s'inscrivit à la Sorbonne et vécut avec Benet. Leur relation dura quatre ans.

Comme beaucoup d'Américains à Paris à l'époque, elle était choquée des privations dont elle était témoin, n'oubliant jamais le fossé entre sa vie de privilégiée et celle de ses camarades étudiants. Elle se sentait coupable des colis de nourriture que ses parents lui envoyaient régulièrement et pensait que c'était immoral pour une étrangère d'avoir accès aux produits de luxe inabordables pour la population locale, qui avait déjà tant souffert.

Parallèlement à ses études, elle essayait de se faire une place comme journaliste, harcelant les directeurs de journaux pour publier ses reportages. « Personne ne voulait entendre parler du combat des opposants à Franco après la fin de la Seconde Guerre mondiale. Il semblait que tout le monde en avait assez de la torture et des camps de concentration. Le drame espagnol était complètement ignoré. » Mais, alors qu'à Paris Barbara vivait entourée d'étudiants espagnols en exil, elle considérait que c'était sa mission de dire au monde ce qu'elle avait vu et entendu.

Si elle avait accepté de participer à l'évasion en Espagne, c'était en partie parce qu'elle avait pris conscience, dès son arrivée en France, que les Juifs n'avaient eu personne pour prendre soin d'eux. « Plusieurs membres de la famille de ma mère étaient morts à Auschwitz. Un seul, son cousin Leah, avait survécu en se cachant. Je ne voulais pas avoir à me reprocher plus tard de n'avoir pas été là pour les Espagnols. C'était très important pour moi. C'est la raison pour laquelle je ne pouvais pas refuser. »

Elle était viscéralement convaincue que les antifascistes espagnols étaient désormais eux aussi abandonnés à leur sort, une situation d'autant plus inacceptable que les débuts de la Résistance avaient vu l'engagement de nombreux dissidents espagnols, parfois, mais pas toujours, des communistes, dont le rôle dans la libération de la France était minimisé quand il n'était pas totalement ignoré.

À Paris, Benet et Probst lancèrent un petit journal clandestin. Intitulé *Peninsula*, il était passé en contrebande par les Pyrénées afin de combattre la propagande, qu'elle fût franquiste ou communiste. Sa devise était « Ni Franco, ni Staline ». Au bout de quatre années de vie commune, le couple se sépara et Probst retourna en Amérique[I], ses années à Paris forgèrent son identité et marquèrent le début de sa vie d'activiste. « C'est à Paris que j'ai appris à réagir aux horreurs du monde et à faire quelque chose contre elles. Ça a été déterminant pour le reste de ma carrière[5]. »

Tandis que Barbara Probst se sentait coupable de recevoir des colis de nourriture, Caroline Ferriday lançait en direction de tous les Américains un appel à devenir un « parent postal » pour les enfants français mal nourris. « Ils sont privés de lait car il n'y

---

[I]. Paco, devenu un brillant anthropologue, mourut en 1966 dans un accident de voiture dans le désert lors d'un chantier de fouille. Probst étudia à l'université Columbia, épousa un professeur de droit, Harold W. Solomon, et écrivit plusieurs romans, des essais ainsi que ses Mémoires. Mais la France lui resta toujours chère et, en 1987, elle couvrit pour la presse le procès de Klaus Barbie, le « boucher de Lyon ».

en a pas assez pour tout le monde, le riz est un mets inconnu, le beurre un luxe réservé aux très riches. » Elle racontait des histoires à briser le cœur d'enfants dont les parents avaient été tués et qui se retrouvaient avec presque rien. Ils avaient besoin de « gentillesse autant que de nourriture », dit-elle pour encourager ses concitoyens à lancer leur propre « plan Marshall personnel[6] ».

Mais il n'y avait pas que les Américains à affluer à Paris. En mai 1948, les jeunes mariés qu'étaient la princesse Elizabeth d'Angleterre et le prince Philip vinrent dans la capitale pour une visite officielle de trois jours, attirant une foule énorme sur les Champs-Élysées. À 22 ans, enceinte de Charles, Elizabeth mettait pour la première fois les pieds en France.

Des Parisiennes, qui se demandaient s'il fallait croire les rumeurs selon lesquelles les Anglaises étaient toujours vêtues de tweed, voulurent se rendre compte par elles-mêmes. Elles ne furent pas déçues. La garde-robe de la princesse avait été choisie avec beaucoup de soin et ses bijoux attirèrent eux aussi l'attention – l'année précédente, Philip avait offert un magnifique bracelet en diamants de chez Boucheron à sa fiancée, qu'elle portait sur le gant de la main avec laquelle elle saluait la foule.

Au cours de sa visite, la princesse Elizabeth déposa une gerbe sur la tombe du Soldat inconnu puis, inaugurant une exposition consacrée aux liens culturels entre la France et la Grande-Bretagne au fil des siècles, elle impressionna son auditoire en prononçant son discours dans un français parfait. Elle assista à un gala d'Édith Piaf, et le lendemain soir Béatrice Bretty lui fut présentée lors d'une réception à l'ambassade. Bretty, qui était désormais la coqueluche de la Comédie-Française, lui rappela qu'elles s'étaient déjà rencontrées à Londres avant la guerre et la princesse fut assez polie pour lui répondre qu'elle s'en souvenait.

La seule tension de la visite surgit quand Elizabeth émit le souhait d'assister à une représentation de la dernière pièce de Jean-Paul Sartre, *Les Mains sales*. Les diplomates qui l'accompagnaient firent mine d'ignorer sa demande, jugeant qu'une pièce aussi politique n'était pas un spectacle convenable pour l'héritière du trône.

« Qui peut résister au charme légendaire de Paris ? Paris et ses boulevards romantiques, ses immeubles, ses cafés, ses parcs et les ponts sur la Seine[7]... », s'exclama l'écrivaine

Emma Smith, qui décida de passer l'été 1948 dans un hôtel bon marché de la rive gauche, rue Saint-Sulpice, pour écrire son second roman. De temps à autre, elle se rendait au café de Flore ou aux Deux Magots, où elle se souvient avoir vu des filles élégantes, les cheveux coupés court dans de longues robes New Look. Cela contrastait avec les petites plaques du souvenir apparues sur les murs pour marquer les endroits où un résistant était tombé lors des combats pour la libération de Paris. Un bouquet de fleurs était souvent accroché sous la plaque. « Les fleurs étaient toujours fraîches mais personne ne voulait parler de la guerre. C'était comme un nouveau monde si enthousiasmant, il y avait plein de nouvelles choses à faire, et c'était un sentiment merveilleux. »

En août, la ville fut frappée par la canicule, et Smith adopta un rituel quotidien très simple pour supporter la chaleur. Tout de suite après son petit déjeuner, elle se rendait avec sa machine à écrire sur les quais de l'île de la Cité, « pour une journée entière de concentration et de travail » assise à même les pavés. C'est là qu'un jour un photographe en maraude la remarqua. Il s'appelait Robert Doisneau, et l'image de Smith avec sa machine à écrire posée sur les genoux parut dans la double page centrale de *Paris-Match* : une Parisienne en train de travailler. « Je ne l'ai jamais rencontré. J'aurais beaucoup aimé en avoir l'occasion car le cliché figure dans tous les livres qui lui sont consacrés. » Ce sur quoi elle aime aujourd'hui insister le plus, c'est qu'elle restait assise sur les pierres pendant presque toute la journée. « J'ai vérifié récemment sur la photo s'il y avait un coussin, dit-elle avec une pointe de triomphe dans la voix. Et il n'y en avait pas[8] ! »

Corinne Luchaire se mit à l'écriture elle aussi, mais pour se justifier. Ses Mémoires intitulés *Ma drôle de vie* dans un hommage évident au magazine de Jean Luchaire, *Toute la vie*, furent publiés en 1949. Le livre, qu'elle rédigea avec l'aide d'un journaliste, est une tentative guère subtile pour disculper son père bien-aimé. Elle y explique comment, aveuglée par le conte de fées de son succès, elle échoua totalement à comprendre la situation pendant la guerre et après la Libération. Elle fut « entraînée dans un tourbillon de vie facile et de plaisirs[9] » qui culmina lors de ses noces somptueuses avec le comte Guy de Voisins-Lavernière, mais le mariage devait mal finir[1].

Corinne Luchaire ne remit jamais en question l'adulation dont elle était l'objet et « devint l'agente d'un système politique soumis à la domination masculine qui savait comment tirer profit de tels comportements pour perpétuer son pouvoir[10] ». À une époque, ce destin d'une Parisienne ordinaire devenue comtesse aurait pu être remarquable, mais ce n'était plus le cas.

De plus en plus malade, Corinne Luchaire s'affaiblit tout au long de l'année 1949 avant de mourir le 22 janvier 1950 d'une manière à la fois pathétique et spectaculaire, après un dîner avec des amis au cours duquel elle ne put rien avaler et cracha du sang. Elle s'effondra dans un taxi avant d'arriver à la clinique où elle était soignée. Égarée jusqu'à la fin de sa propre vie, Corinne Luchaire avait 28 ans et laissait une petite orpheline.

Ce qui restait de sa famille n'avait pas pu l'aider. Sa tante, la sœur de feu son père, Ghita Luchaire, l'épouse de Théodore Fraenkel, connaissait quelques ennuis de son côté. Elle avait été menacée pendant l'Occupation du fait de son patronyme juif ; et maintenant, même si elle s'appelait Mme Fraenkel, on la méprisait à cause de son nom de jeune fille. Comme beaucoup de Parisiens, pour pouvoir boucler ses fins de mois, Ghita Fraenkel prit en pension des Américaines, qui étaient de plus en plus nombreuses à visiter la capitale. C'était l'un des rares moyens respectables de vivoter.

En lisant les récits de ces étudiantes, on se rend compte de la violence du choc culturel qu'elles subirent. Clairement, la ville dont Simone de Beauvoir avait chanté les louanges lors des conférences qu'elle avait données dans les universités américaines en 1947 n'était pas toujours à la hauteur de leurs espérances, en particulier en matière de toilettes publiques.

---

[1]. L'un des personnages du film de Louis Malle *Lacombe Lucien*, dont le scénario fut écrit par Patrick Modiano, s'appelle Jean-Bernard de Voisins. Cet aristocrate amoral travaille activement avec des collaborateurs pour tirer des bénéfices du marché noir aux côtés de sa maîtresse, une actrice manquée, qui n'est pas sans rappeler Corinne Luchaire.

Mais Beauvoir avait en tête des questions plus nobles ; son œuvre majeure consacrée à l'histoire de l'oppression des femmes, *Le Second Sexe* – un classique du féminisme pendant plusieurs décennies –, fut publiée en 1949. Elle encourageait les femmes à se lancer dans des vies qui ne seraient pas définies par leur genre, afin de remettre en question le mythe de l'éternel féminin, dominant jusque dans les années 1930 et que tant d'entre elles avaient superbement mis à bas pendant la guerre.

Ce n'était pas vraiment de l'oppression, mais certaines de ces étudiantes racontaient dans leurs lettres à leur famille leur horreur devant les toilettes à la turque des restaurants où, de surcroît, le papier toilette était rare. Même les appartements bourgeois pouvaient à l'époque ne disposer que d'un cabinet partagé par étage. Non seulement il y avait des pénuries alimentaires, mais la ville entière semblait miteuse et même les immeubles les plus majestueux étaient décrépis à l'extérieur et sombres à l'intérieur. Presque toutes les jeunes Américaines, quand elles ne mouraient pas de faim, ressentirent une profonde désillusion envers Paris en même temps qu'une certaine ivresse, tout en étant régulièrement confrontées au souvenir de la guerre.

D'après Henriette Nizan, une journaliste d'ascendance juive qui s'était exilée aux États-Unis pendant l'Occupation, la plupart des étudiantes américaines de la capitale s'efforçaient d'être plus françaises que les Françaises. Elles commandaient des Picon citron dans les cafés alors que les Parisiens buvaient du Coca-Cola. « Ce sont les jeunes filles américaines qui ont imposé aux jeunes filles françaises la mode des sandales lacées et des cheveux plats, oubliée depuis le Montparnasse des années 1900[11] », écrivit Nizan.

À 20 ans, Jacqueline Bouvier était très belle. La future Jackie Kennedy comptait parmi les Américaines qui furent accueillies par une famille française cette année-là. Elle faisait partie d'un groupe de trente-cinq étudiantes, dont plusieurs s'installèrent dans des foyers, mais la mère de Jacqueline, Mme Auchincloss, « d'un snobisme terrible[12] », fut ravie d'apprendre que, suivant les recommandations d'un ami commun, sa fille bénéficiait de l'hospitalité d'une comtesse. Germaine de Renty vivait dans un grand appartement de quatre chambres et une salle de bains avenue Mozart, dans le 16ᵉ arrondissement et, bien qu'à la même époque elle hébergeât deux autres étudiantes américaines, Jackie se vit attribuer la plus grande chambre.

Les Renty vivaient simplement et Claude, la plus jeune de leurs filles, devint l'une des meilleures amies de Jacqueline. De retour d'une année passée aux États-Unis, Claude parlait parfaitement anglais, mais la règle voulait toutefois que l'on ne s'exprime qu'en français à la maison. Claude était étudiante à Sciences Po et Jackie suivait des cours à la Sorbonne. Plusieurs de ses camarades étaient hébergées par des familles qui imposaient des consignes strictes en matière de couvre-feu et de garçons. Mais, sur ces deux sujets, Germaine de Renty était souple, peut-être en raison de ce qu'elle avait connu à Ravensbrück. Elle organisa des sorties avec Jackie un peu partout afin de lui montrer le meilleur de la culture française et lui permettre de s'en imprégner. Jackie resta à Paris jusqu'au début de 1950, perfectionnant sa maîtrise de la langue.

Germaine de Renty.

À la fin des années 1940, le monde des arts s'efforçait de retrouver la place qui avait été la sienne avant la guerre, mais l'argent était rare. La période de l'immédiat après-guerre fut difficile pour Lily Pastré, l'héritière de Noilly Prat qui avait abrité des musiciens juifs dans son château. Elle avait le sentiment de ne plus avoir de but dans la vie. En 1948, au souvenir de la soirée magique consacrée au *Songe d'une nuit d'été*, elle eut l'idée d'un festival de musique près de Marseille, considérant que les amateurs d'opéra ne devaient pas avoir à voyager jusqu'à Bayreuth ou Salzbourg où, d'après elle, les billets étaient bien trop chers.

Il fallut d'abord trouver le lieu idéal. Avec l'aide de Gabriel Dussurget, à la fois imprésario et pianiste, elle découvrit la cour de l'ancien palais de l'archevêché d'Aix-en-Provence, qui leur sembla parfaite. La première année, Lily se chargea de tout payer, dépensant sans compter et travaillant sans mesurer ses efforts afin de mener l'entreprise à bien. Elle voulut faire appel au maestro Hans Rosbaud et à l'orchestre symphonique du Südwestfunk, spécialistes de Mozart. « Mais les Aixois ont eu du mal à accepter que l'on ait embauché un chef [...] de langue allemande », se souvint son amie Edmonde Charles-Roux, elle aussi issue d'une famille de notables marseillais. En dépit du succès de son idée de génie, l'année suivante Lily Pastré quitta le comité de parrainage du festival à la suite de désaccords avec Dussurget et, dès lors, elle ne s'en occupa plus.

« Le festival n'était plus du tout ce qu'elle aurait souhaité qu'il fût [...]. Il était très bon. Mais ce n'était plus le festival qu'elle aimait[13]. » Dussurget devint le seul maître à bord et mit fin au mécénat de la comtesse. Il n'appréciait pas son amateurisme, ce même amateurisme – de l'enthousiasme pour certains – qui avait fait du château de Montredon un extraordinaire havre artistique pendant la guerre. Il tournait en ridicule l'esprit bon enfant qu'elle avait souhaité pour le festival et ne mâchait pas ses mots quand il parlait d'elle, comme ses Mémoires le révélèrent plus tard[14].

Déterminé à professionnaliser la manifestation, Dussurget obtint de l'argent de la part du casino local, et aujourd'hui le festival d'art lyrique d'Aix-en-Provence est considéré comme l'un des plus importants au monde. Les efforts du cofondateur sont commémorés par un prix Dussurget, une rue Dussurget à Aix et un bas-relief en marbre de son visage. Toutefois, s'il connut une réussite éclatante, le festival perdit un peu de son charme décalé et de l'esprit de Lily Pastré elle-même.

Dès lors, bien qu'elle continuât à venir chaque été, aux yeux de ceux qui ne la connaissaient pas, la comtesse passa pour impérieuse ou excentrique, voire comique en certaines occasions. Pour l'essentiel, son nom fut oublié, et jusque très récemment aucun de ses hauts faits ne fut publiquement célébré, même à l'échelle locale[1]. Ses dernières années furent difficiles et solitaires. Elle mourut en août 1974 et, soucieuse des autres jusqu'au bout, elle fit don à Emmaüs d'une parcelle de terrain située à proximité de son château.

Aujourd'hui figure controversée, Colette, qui était demeurée à Paris pendant toute l'Occupation pour continuer à écrire, fut élue en novembre 1949 présidente de l'académie Goncourt, devenant la première femme à recevoir cet honneur. À la création de *Chéri*, l'adaptation théâtrale de son roman à laquelle elle avait elle-même œuvré, elle fut saluée par une longue acclamation du public. « Rongée par l'âge, enfouie dans une loge dont ne dépassait que sa tête – le visage barré d'un sourire énigmatiquement ironique au milieu d'un halo de cheveux éclatants –, elle reçut les acclamations des derniers représentants de trois générations du Tout-Paris[15] », rapporta Janet Flanner.

En revanche, pour celles et ceux qui avaient été condamnés en raison de leur attitude pendant l'Occupation, il était toujours périlleux de remonter sur scène. Mary Marquet, qui n'avait pas été autorisée à réintégrer la Comédie-Française, eut du mal à trouver du travail. En fin de compte, en 1949, elle apparut sur les écrans dans une mauvaise comédie, mais par la suite on ne lui offrit rien d'autre que de petits rôles dans des séries télévisées de second ordre.

À l'inverse, sa collègue Béatrice Bretty était plus populaire que jamais. Elle restait l'une des comédiennes les plus expérimentées et les plus appréciées de la troupe et continua à y travailler jusqu'en 1959. En septembre 1949, la nouvelle lui parvint que le général de Gaulle devait prendre la parole lors de

---

1. En 2013 eut lieu une exposition consacrée à son travail, « Le Salon de Lily », à Aix-en-Provence.

l'inauguration d'un monument érigé à la mémoire de Georges Mandel, à Lesparre, au nord de Bordeaux. Cela la fit réagir. Elle coucha par écrit les sentiments qu'elle refoulait depuis cinq ans dans une lettre toute de colère à l'attention du député Émile Liquard, qui organisait la cérémonie. « Vous déterrez un mort pour faire de son cercueil un tremplin électoral », commençait-elle. Ce cri du cœur fut publié dans son intégralité par le journal local *Les Nouvelles de Bordeaux et du Sud-Ouest*.

> Je m'étonne que le général de Gaulle s'associe à vos projets, lui qui n'a pas cru devoir apporter d'Angleterre l'aide nécessaire à l'évasion de Georges Mandel, qui, de retour en France, n'a jamais en aucune circonstance prononcé le nom de ce martyr de la patrie, qui jamais en aucun cas n'a cru devoir aller s'incliner sur sa tombe, qui jamais en aucune façon ne s'est intéressé à son enfant de quatorze ans, devenue orpheline.
> Enfin qui par sa constance dans son attitude a nettement démontré une indifférence totale à la personne comme à la mémoire de Georges Mandel.
> D'ailleurs ne nous a-t-il pas déclaré d'Alger qu'il ne travaillait pas pour blanchir des sépulcres ?
> Eh bien justement, en voilà un qui n'a pas besoin de l'être[16].

Bretty, qui s'était battue pour aider Mandel pendant la guerre, se battait désormais non sans courage pour défendre sa mémoire. Pourtant, dans la biographie qu'il consacra en 1994 à Mandel, Nicolas Sarkozy reprocha à la comédienne de n'en avoir pas fait assez, ajoutant que, puisqu'elle n'était pas juive, elle n'avait jamais été en danger[17]. Qu'aurait-elle pu faire d'autre qu'abandonner sa carrière, supplier son amant de l'épouser tout en partageant son sort dans un camp de concentration, s'occuper de sa fille orpheline et enfin écrire aux journaux afin de souligner le peu d'efforts que de Gaulle avait consenti pour le secourir ? Rares sont les femmes à en avoir fait la moitié.

Vers la fin des années 1940, les conditions matérielles à Paris et dans le reste du pays s'étaient spectaculairement améliorées grâce au plan Marshall. D'après la journaliste américaine Anne O'Hare McCormick, « quiconque compare la situation aujourd'hui à celle de 1947 a du mal à croire que des progrès aussi spectaculaires ont été accomplis [...]. C'est un rétablissement miracle qui a eu lieu[18] ».

Son point de vue fait écho à celui de Joseph Wechsberg, journaliste au *New Yorker*, qui écrivit en 1949 sa satisfaction de voir pour la première fois depuis la fin de la guerre que ses « amis parisiens ont cessé de rouspéter contre le marché noir et le rationnement. Ils se sont remis à discuter passionnément et sans fin des mystères enivrants de la grande cuisine qui, avec les femmes, a toujours été leur sujet de conversation préféré[19] ». L'accès à la nourriture s'améliorait indéniablement pour les Parisiens. Parallèlement, la duchesse de Windsor et ses amis étaient de retour dans les bijouteries et les ateliers de haute couture.

En 1948, Wallis fit l'acquisition de la pièce maîtresse de la collection automne-hiver de Dior, une robe bleue en velours de soie dénommée Lahore en raison de ses lourdes broderies en perles inspirées des tenues traditionnelles du Pendjab. Chez Cartier, Jeanne Toussaint était occupée à faire des bijoux, certaine que la duchesse les porterait avec panache. Wallis acheta en effet une broche panthère en émeraude sertie d'or et d'émail noir. Il y aurait d'autres panthères dans la parure de Wallis, parmi lesquelles, un an plus tard, un félin perché sur un énorme cabochon de saphir. Pour Chanel, la période était plus difficile, puisqu'elle ne présenta pas de nouvelle collection avant son retour sur le devant de la scène en 1954.

Si l'on se nourrissait mieux et que les conditions matérielles ne cessaient de s'améliorer, il subsistait néanmoins comme un mauvais pressentiment dans la population, tant le débat sur l'héritage de la guerre était étouffé. Afin de préserver l'unité nationale et de maintenir le communisme à distance, les élites considéraient qu'il importait de présenter la France comme un pays où les résistants, pour reprendre les formules de De Gaulle, avaient été « l'immense majorité » et les collaborateurs, « une poignée de misérables et d'indignes[20] ».

Agnès Humbert, qui avait rejoint la Résistance dès la première heure et passé la guerre dans des camps allemands, reçut la croix de guerre en 1949. La même année, elle se rendit en Yougoslavie, d'où elle rapporta un journal, *Vu et entendu en Yougoslavie*, dans lequel elle faisait part de son admiration pour Tito, alors brouillé avec Moscou. Par voie de conséquence, elle fut à la fois exclue de l'organisation féminine dont elle avait été la présidente, Les Amies de la paix, et dénoncée dans *L'Humanité*.

Une fois les châtiments de la Libération derrière eux, Lisette et Johann, les deux amants aux amours interdites, s'efforcèrent de reconstruire leur vie dans la France d'après-guerre. Ils étaient toujours jeunes et pensaient, ainsi qu'ils l'écrivaient dans leurs lettres passionnées, qu'ils avaient été « choisis pour vivre, souffrir mais être heureux et mourir ensemble[21] ». Ils voulaient trouver le bonheur après tout ce qu'ils avaient traversé.

Lisette fut tondue puis brièvement envoyée à Drancy, mais elle fut relâchée quand elle expliqua aux autorités qu'elle avait également aidé la Résistance en fournissant des listes utiles. Johann, qui avait déserté en 1944, avait été remis aux Américains qui l'envoyèrent à Laon, où il fut retenu dans un camp de prisonniers de guerre pour soldats allemands avant d'être transféré dans un autre à Baden-Baden. Lisette ne supportait pas de rester seule à Paris, elle avait « le cœur plein de désespoir de cette séparation[22] », et elle le suivit d'abord à Laon avant, non sans audace, de postuler à un poste de secrétaire pour l'armée d'occupation à Baden-Baden et de l'obtenir.

Finalement, en février 1949, Johan parvint enfin à divorcer de sa femme pour épouser Lisette, et le couple s'installa en Allemagne, travaillant comme hôteliers pendant les trente années qui suivirent. Toutefois, les enfants de Johann ne voulurent plus le revoir ni rencontrer leur belle-mère française et, d'après leurs proches, tous deux menèrent une vie difficile, bien loin des rêves que nourrissait Lisette pendant la guerre.

Par maints aspects, l'histoire de Lisette et de Johann est emblématique de toutes ces connivences entre les Françaises et les Allemands pendant l'Occupation dans le seul but de survivre, et des désastres qui généralement en résultèrent. Que leurs proches, même au XXIe siècle, continuent de refuser que leurs véritables noms soient dévoilés montre à quel point les histoires comme la leur sont délicates.

Lisette et Johann n'eurent pas d'enfants mais, d'après certaines estimations, entre cent mille et deux cent mille bébés sont nés de mère française et de père allemand pendant la Seconde Guerre mondiale[23]. Nombreux furent ceux qui ne connurent jamais leur véritable identité, et pour ceux qui l'apprirent, leur origine allemande fut une source de honte. Certains commencèrent à demander la nationalité allemande et à chercher la trace de leur père à partir des années 2000 mais souvent il était déjà trop tard. D'après Fabrice Virgili, auteur de l'étude la plus récente sur le sujet, la plupart furent élevés dans la honte par leur mère isolée et ne surent jamais qui était leur père puisque, dans la grande majorité des cas, ces « amours de guerre » se terminèrent avec la Libération.

Il y eut encore quelques procès jusqu'à la fin de la décennie 1940, comme celui de Jacques Desoubrie, dont l'un des pseudonymes était Jean Masson, l'agent double qui avait trahi Denise Dufournier et permit la capture d'au moins cent soixante-huit aviateurs alliés. Il fut arrêté en Allemagne où il avait fui à la fin de la guerre, fut jugé rapidement et exécuté en décembre 1949.

Otto Abetz, le représentant d'Hitler à Paris, ce trentenaire qui avait décroché le poste d'ambassadeur en grande partie parce qu'il était un ardent admirateur de la France, fut condamné en 1949 à vingt ans de prison pour crimes de guerre, en particulier en raison de son rôle dans l'organisation de la déportation des Juifs français vers les camps de la mort. Il fut libéré en 1954, mais lui et sa femme Suzanne perdirent la vie quatre ans plus tard lors d'un accident de voiture en Allemagne, que certains considèrent comme un assassinat commis par d'anciens résistants.

Les raisons pour lesquelles Jacqueline Bouvier voulut visiter Dachau à Noël 1949 ne sont pas claires. Elle s'y rendit avec l'une de ses amies mais sans son hôtesse, la comtesse de Renty. Pourtant, sa décision avait peut-être quelque chose à voir avec la conviction de la famille Renty qu'il était nécessaire de rapprocher les deux ennemis ancestraux. Fait inhabituel pour des survivants des camps, Claude et sa mère s'étaient déjà rendues en Allemagne en 1946, profitant de ce qu'un cousin travaillant pour l'armée les y avait invitées.

En dépit de toutes ses souffrances, Germaine de Renty avait un avis tranché sur cette question, en ces débuts du plan Marshall : « Nous devions nous reconstruire avec l'Allemagne à nos côtés grâce à l'aide de l'Amérique. Ma mère a toujours dit que c'était ce qu'il fallait faire. Les Allemands ont souffert eux aussi. Même à Ravensbrück, il y avait des Allemandes qui souffraient[24] ». De toute façon, Dachau en 1949 n'était pas encore un musée, ni même un mémorial, une partie du camp était utilisée pour abriter des réfugiés tchèques, et des controverses régnaient sur ce qu'il convenait de faire du lieu.

La manière dont on se souviendrait de la guerre devenait une question sensible. Alors que les années 1950 approchaient, l'atmosphère était clairement en train de changer du tout au tout. La colombe de Picasso apparut pour la première fois sur des affiches pour le congrès mondial des partisans de la paix organisé à Paris en 1949 par le Parti communiste. Elle est demeurée un symbole d'espoir et de paix tout au long des décennies suivantes et jusqu'à nos jours. Et pourtant la paix – tant espérée par nombre de ceux qui s'étaient engagés dans la guerre – était loin d'être assurée, car la guerre froide se profilait.

Même si les combats armés étaient terminés, en 1949, la bataille pour les réputations était loin d'être close. Et elle pouvait durer longtemps. En 1857, *Les Fleurs du mal* de Charles Baudelaire avait été accueilli avec indignation. Baudelaire et son éditeur avaient été poursuivis pour outrage à la morale publique et aux bonnes mœurs. Six poèmes subversifs avaient été supprimés de l'ouvrage tandis que l'auteur et l'éditeur avaient été condamnés à une amende de 300 francs. En 1949, l'interdiction de publication fut levée et *Les Fleurs du mal* enfin publié en France, pour la première fois, dans sa version intégrale.

ÉPILOGUE

PARIS EN PAIX

Picasso, encore lui. Picasso, l'artiste de génie qui, pendant l'Occupation, produisit entre trois cents et quatre cents peintures, sans compter un grand nombre de dessins, de gravures et de sculptures, mais ne put pas exposer son travail. Picasso, l'artiste dont le comportement pendant l'Occupation continue à susciter des questions.

Lee Miller le défendit farouchement :

> Pour ce qui est de l'art à Paris, Picasso y a énormément contribué en restant ici sous l'Occupation et en inspirant d'autres artistes. Il n'a pas abandonné le navire mais poursuivi ses activités sans bruit, discrètement, en se montrant peu en public, sauf dans le voisinage immédiat de l'atelier. Il a peint prodigieusement pendant ces quatre années, n'acceptant jamais rien des Allemands et souvent ravi de devoir faire appel à son ingéniosité pour utiliser de nouveaux matériaux imposés par les nécessités du moment[1].

Picasso aimait les femmes, elles alimentaient sa force de vie. Mais il était cruel avec elles, surtout avec Dora Maar qu'il ne cessa d'humilier. Son art passait toujours en premier. À en croire Françoise Gilot, cela remontait à son enfance, après qu'il eut fait à Dieu la promesse de ne plus peindre, dans l'espoir que sa petite sœur adorée, Conchita, guérirait de la diphtérie. Pablo rompit son serment peu de temps après l'avoir prêté, et la fillette mourut. Il ne racontait cette histoire qu'aux femmes de sa vie, comme une mise en garde : elles aussi seraient sacrifiées, à l'instar de Conchita, sur l'autel de l'art. Un sort qu'elles connaîtraient toutes, sauf Françoise Gilot.

J'ai repensé à cette façon qu'avait Picasso de faire primer l'art sur les êtres qui l'entouraient en visitant le musée qui lui est consacré à Paris. Comment ne pas être éblouie par la sérénité qui transparaît du portrait de Mme Rosenberg, la femme du marchand et ami de Picasso, Paul, et de leur bébé, Micheline, qu'il peignit en 1918 ? En 1940, la famille Rosenberg fuit Paris et *Portrait de Mme Rosenberg et sa fille* fut l'un des premiers tableaux qu'elle récupéra après la guerre ; quand on le retrouva dans un petit musée à Paris, Göring avait changé son titre en « Mère et enfant ».

Ce cadeau de Picasso à son marchand avait sans doute été peint peu de temps après que Rosenberg eut été mis au courant de la liaison entre sa femme et son associé, Georges Wildenstein – une histoire émouvante que raconte la petite-fille de Rosenberg, Anne Sinclair, dans *21, rue La Boétie*. La découverte de l'infidélité de son épouse manqua de briser Rosenberg. Dans son récit tout en sensibilité, Anne Sinclair décrit la manière dont ses grands-parents continuèrent néanmoins à vivre ensemble, précisant qu'elle comprenait mieux maintenant pourquoi son grand-père semblait toujours accablé. Il y a tant d'histoire(s) dans ce tableau[1].

Françoise Gilot, une femme aussi belle et talentueuse que vive d'esprit, fut la maîtresse de Picasso pendant dix ans à partir de 1943, mais leur vie commune ne commença qu'en 1946. Pour Picasso, ainsi qu'il le répétait souvent, une femme se devait d'être mère et, en 1947, Françoise donna naissance à Claude, puis à Paloma en 1949, l'année de la Colombe. Si l'indépendance d'esprit de sa compagne était stimulante pour Picasso, elle n'allait pas sans lui causer quelques tracas. Quand, au milieu des années 1960, elle leva le voile sur leur vie à Paris pendant la guerre dans un livre enlevé, Picasso, furieux, essaya d'en empêcher la publication. Il n'y parvint pas mais refusa par la suite de revoir Claude ou Paloma.

---

1. En 2012, à la suite de la publication du livre d'Anne Sinclair, le propriétaire du 21, rue La Boétie fit poser une plaque de marbre sur la façade de l'immeuble pour rendre hommage à Paul Rosenberg et aux artistes qu'il avait exposés dans sa galerie (Anne Sinclair, entretien avec l'auteure, 28 octobre 2013).

La manière dont les Allemands tentèrent d'imposer leur suprématie culturelle aussi bien que militaire, tout en s'abreuvant d'art et de littérature, est au cœur de ce livre. La scène artistique parisienne prospéra pendant la guerre tandis que les Français, tout compte fait, ne résistèrent que mollement à l'aryanisation du monde artistique. Pour pouvoir exposer au Salon d'automne, par exemple, les artistes devaient se contenter de signer un registre assurant qu'ils n'étaient pas juifs. Si de nombreux négociants en art juifs furent contraints de fuir tandis que leurs collections étaient dispersées, leur remplacement ne posa aucun problème tant étaient nombreux les candidats, notamment Martin Fabiani, un Corse réputé pour revendre les œuvres d'art pillées par les nazis.

À la fin de septembre 1949, la Commission de récupération artistique (CRA), dans laquelle Rose Valland avait joué un rôle crucial, fut démantelée. Elle avait localisé près de soixante mille œuvres, dont quarante-cinq mille furent rendues à leur propriétaire légitime (à l'heure où ces lignes sont écrites, plusieurs milliers d'entre elles sont toujours manquantes).

De retour à Paris près dix ans passés à Berlin, Valland devint, enfin, conservatrice des Musées nationaux. En 1948, les États-Unis lui remirent la médaille de la Liberté et le gouvernement français la médaille de la Résistance ainsi que la Légion d'honneur, elle fut également faite chevalier de l'ordre des Arts et des Lettres.

Mais cette résistante discrète, dont les actions contribuèrent à sauver de nombreux trésors de la culture française, ne fut pas autant célébrée que d'autres. À quoi est-ce dû ? Pour certains, le fait qu'elle n'ait pas eu d'enfants peut être une explication. Pour d'autres, cette absence de reconnaissance est surtout liée au fait qu'elle est toujours restée très discrète sur sa vie privée, ce qui n'était pas facile à accepter à une époque où les héros de la Résistance étaient glorifiés – Rose Valland vivait avec une femme, Joyce Heer, née à Liverpool en 1917, qui travaillait comme interprète à l'ambassade des États-Unis.

Il semble en tout cas que l'Histoire fasse davantage de cas du sauvetage des êtres humains que de la préservation des biens matériels. De plus, en raison de ses compétences professionnelles,

Rose Valland en 1946.

de son excellente connaissance du monde de l'art et de sa forte personnalité, Rose Valland gênait manifestement certains négociants et pouvait irriter les responsables de musées. Mentionner son nom suffisait à créer la polémique dans le monde de l'art car elle était en mesure de remettre en question la présence de certaines œuvres de valeur dans les collections nationales. « La postérité a gardé de Rose Valland l'image d'une "employée timide, effacée", bien qu'elle ait inlassablement œuvré à la restitution des œuvres pillées par les nazis. Elle savait passer inaperçue quand il le fallait sans pour autant s'en laisser imposer[2]. »

Pour ce qui était de l'opéra, les Allemands considéraient que leur suprématie culturelle était déjà établie, en particulier quand il s'agissait de Wagner. Mais il en coûta à Germaine Lubin de s'être prêtée à leurs attentes : la cantatrice ne revint pas à Paris avant 1950, lorsqu'elle entreprit de reprendre le fil de sa carrière. Bien qu'elle suscitât de la compassion et donnât quelques récitals, son retour fut difficile, et après que son fils se fut donné la mort en 1953, elle cessa totalement de paraître en public. Elle termina ses jours en donnant des cours de chant chez elle, quai Voltaire. La grande soprano Régine Crespin fut parmi ses élèves les plus notables. À sa mort solitaire en 1979, à l'âge de 89 ans, elle faisait triste figure.

Les femmes qui étaient montées sur scène pendant l'Occupation eurent le plus grand mal à retrouver du travail, à l'exception de celles que le public appréciait et voulait revoir. Même si Arletty fut pardonnée, sa liaison avec un Allemand resta dans les mémoires et elle ne tourna pas de film avant 1949. Quand elle revit Hans-Jürgen Soehring à Paris pour la dernière fois cette année-là, elle comprit que leur histoire d'amour était terminée. Il était désormais marié à une Allemande avec laquelle il avait eu deux fils, et menait une carrière prometteuse au sein du service diplomatique ouest-allemand.

En 1960, il fut nommé ambassadeur dans la toute nouvelle République du Congo. Peu après son arrivée dans le pays, lors d'une excursion familiale au bord du fleuve Congo à un endroit réputé sûr, il alla nager avec son fils aîné et disparut dans des circonstances mystérieuses ; sans doute se noya-t-il. On ne retrouva jamais son corps. Arletty, très affectée, rendit visite à sa veuve et à ses enfants à Bad Godesberg. Peu à peu sa santé se détériora. Souffrant depuis longtemps de problèmes de vue, elle était aveugle à sa mort, à l'âge de 94 ans, en 1992. Elle avait survécu trente-deux ans à son ancien amant.

Bien qu'en 1947, Sadie Rigal fût autorisée à rester en France, elle quitta Paris peu après et commença une nouvelle vie aux États-Unis. Elle et Frédéric, qui n'était plus simplement son partenaire de danse mais l'homme qui lui avait sauvé la vie, firent une tournée outre-Atlantique en 1948 sous le nom de « Florence et Frederic » (pour l'occasion, il abandonna les accents de son prénom). Des retrouvailles émouvantes furent organisées avec les deux sœurs qu'elle avait aidées à fuir Paris pour Marseille et ensuite New York, et qui tenaient à la remercier.

Alors qu'elle répétait au Copacabana Club de New York, Sadie Rigal rencontra un jeune acteur et metteur en scène, Stanley Waren, dont elle tomba amoureuse. Elle monta un nouveau numéro où « Florence » était seule en scène, s'installa à New York et épousa Stanley en 1949. Ce n'est qu'en 1996 qu'elle se rendit pour la première fois sur la tombe de ses parents à Johannesburg. Elle fut toujours réticente à évoquer ses débuts de danseuse à Paris ainsi que ses activités courageuses pendant l'Occupation.

En 2003, son fils, Mark Waren, réalisa un documentaire remarqué sur sa mère, *Dancing Lessons*, dévoilant quelle avait été sa vie sous l'Occupation, quand elle dansait pour satisfaire les Allemands sans avoir conscience de ses racines juives. Elle aurait pu rentrer chez elle et mener une vie paisible en Afrique du Sud, comme son père l'avait pressée de le faire, mais elle préféra s'engager dans la Résistance active. À en croire son fils, elle était souvent « terrifiée » : « Mais je ne pense pas qu'elle y accordait beaucoup d'importance. Elle faisait simplement ce qu'elle devait faire[3]. » Elle mourut en 2012, à l'âge de 95 ans.

Édith Piaf, quant à elle, devint un monument national tant elle incarnait Paris, ou tout au moins une certaine partie de Paris. En 1961, Janet Flanner décrivit comment, lors de l'un de ses derniers concerts à l'Olympia, « la môme » se traîna avec difficulté sur scène (de santé fragile, elle avait eu plusieurs accidents), habillée d'une petite robe noire qui lui donnait des airs de vagabonde flétrie. « Quand le tonnerre d'applaudissements l'accueillit, elle donna l'impression de ne pas l'entendre[4]. »

Sa chanson « Non, je ne regrette rien » était sortie seulement l'année précédente, en 1960, mais beaucoup de Français s'y étaient immédiatement reconnus, c'était « leur » chanson : ils avaient fait ce qu'il fallait pour assurer leur survie. Piaf ne précisa jamais le nombre de fausses cartes d'identité qu'elle avait emportées avec elle lors de ses tournées en Allemagne, pas plus qu'elle n'évoqua ses relations avec les officiers de la Wehrmacht qu'elle fréquentait lorsqu'elle vivait au-dessus de L'Étoile de Kléber. Elle s'éteignit d'un cancer du foie à 47 ans, en 1963, précédant dans la mort son ami Jean Cocteau d'une journée. Enterrée au Père-Lachaise, elle repose aux côtés de sa fille.

De nombreux films, pièces de théâtre et biographies ont beau avoir été consacrés à Piaf ainsi qu'à Chanel, leurs vies baroques demeurent mystérieuses. Ni l'une ni l'autre ne fut totalement bonne ou totalement mauvaise, toutes deux s'accommodèrent de la vérité. Leurs existences reflètent la dualité du Minotaure, cet être mythique, mi-homme, mi-bête, qui obsédait Picasso, le symbole de l'humanité et de la bestialité du comportement humain. Pourtant, ces deux Parisiennes continuent de fasciner encore et encore. Régulièrement, on essaie de déterminer quel était leur camp pendant l'Occupation (alors qu'elles ne se battirent jamais que pour elles-mêmes).

Les collusions sexuelles et artistiques avec l'occupant ont toujours été davantage disséquées que la collaboration économique ; les femmes qui se produisaient sur scène devant des Allemands étaient particulièrement en vue et elles furent donc des cibles faciles, tandis que la collaboration économique s'avéra plus difficile à prouver. Aucun gouvernement de l'après-guerre n'a voulu détruire les germes de la reconstruction en punissant ses responsables, ce qui aurait pu avoir des conséquences potentiellement dangereuses.

Au cours de mes recherches pour écrire ce livre, j'ai interviewé des descendants de familles juives (ou partiellement juives) qui ont probablement été sauvés parce qu'elles possédaient des entreprises de construction ou parce qu'elles produisaient des produits tréfilés, dont du fil de fer barbelé – des secteurs cruciaux pour les Allemands. Mais à quoi bon évoquer ce qui, à l'époque, permit de sauver des vies, quel que soit le regard que l'on peut porter aujourd'hui sur ce comportement ? Mieux vaut garder le silence.

Par contraste, un injuste silence a régné sur le rôle des femmes ordinaires qui résistèrent aux occupants de maintes façons – comme cette jeune fille qui, convaincue par son curé, arpentait Paris à vélo pour distribuer des tracts anti-allemands, ce qui aurait pu l'envoyer en prison si elle avait été prise. Une activité pourtant indispensable pour faire savoir à ses semblables qu'ils n'étaient pas seuls à résister. Cette tâche la marqua tant qu'elle garda des exemplaires des tracts pendant soixante-dix ans et me montra, alors qu'elle avait dépassé les 90 ans, ces fragiles feuilles de papier brun décolorées.

Il s'agit des premiers numéros des *Cahiers du témoignage chrétien*[1]. Sur l'un de ceux qu'elle m'a montrés, on peut lire :

---

[1]. *Les Cahiers du témoignage chrétien* fut fondé en 1941 par Pierre Chailler, un moine jésuite formé en Autriche et à Rome qui était choqué de l'indifférence de la plupart des Français, y compris de nombreux catholiques, au second statut des Juifs.

« La France désarmée est momentanément réduite à l'impuissance, mais elle ne consentira pas à se laisser entraîner insensiblement sur la voie des capitulations successives, jusqu'à renier ses traditions, son espérance, son honneur et son âme[5]. » Ces documents sont représentatifs d'une forme de résistance spirituelle et patriotique contre le nazisme. Et pourtant, cette femme qui risqua sa vie pour les distribuer me demande de ne pas mentionner son nom.

« Pourquoi ? ai-je voulu savoir.

– Eh bien, je n'ai pas fait grand-chose », a-t-elle lâché en haussant les épaules.

Les noms des multiples concierges qui, dans un élan tout aussi noble, envoyèrent promener la police quand ils ou elles savaient qu'il y avait des Juifs, des résistants ou des fugitifs cachés dans leur immeuble n'entreront jamais dans l'Histoire. L'une d'elles s'appelait Nana, pendant l'Occupation, elle tenait également une échoppe de savons où, derrière les étagères, elle cacha des dizaines d'hommes et de femmes recherchés. Elle fit l'impossible pour eux et, avec l'aide d'un aumônier, de religieuses et de l'une ou l'autre de ses « vieilles tantes » ou « cousines », elle promit d'envoyer des colis aux résistants emprisonnés, comme André Amar, le mari de Jacqueline Mesnil-Amar. Au moins la postérité connaît-elle leur existence.

En 1999, j'ai rencontré Geneviève de Gaulle-Anthonioz qui venait tout juste de publier les Mémoires de guerre qu'on lui réclamait depuis des années. Ce qui ressortait clairement du temps passé en sa compagnie, une impression confortée depuis par les nombreuses résistantes que j'ai rencontrées, c'est que son expérience de la guerre a défini le reste de son existence. Je ne veux pas dire par là que Geneviève de Gaulle comme les autres résistantes n'ont pas pu passer à autre chose, ni que leur cercle amical se réduisait aux personnes qu'elles avaient rencontrées alors, mais cette expérience a influencé la manière dont elles ont vécu et ce qu'elles ont fait par la suite. Dans tous ses engagements, que ce fût pour les déportées au sein de l'Adir ou aux côtés des sans-abri dans les rues de Paris, Geneviève de Gaulle s'est raccrochée à la réalité de ce qui lui avait fait supporter la vie dans les camps : plusieurs marques d'amitié synonymes de survie et d'espoir.

Au cours de notre rencontre, une Geneviève de Gaulle toujours alerte s'est levée pour aller prendre une grande boîte dorée qui avait contenu des chocolats. « Mes petits souvenirs, a-t-elle dit avec un sourire amusé. Je ne les montre pas à grand monde. » Ses mains tremblaient légèrement – la maladie de Parkinson, m'avait-elle dit – pendant qu'elle ouvrait lentement la boîte et en sortait une par une les affaires qu'elle contenait.

Il y avait des fausses cartes d'identité et de rationnement ; une lettre de son père, Xavier de Gaulle, la seule qu'elle ait reçue pendant sa détention ; et des objets devant lesquels il était difficile de contenir ses émotions : une poupée vêtue d'une robe rose et d'un fichu de dentelle beige que son amie Jacqueline Péry d'Alincourt s'était débrouillée pour lui faire passer à Ravensbrück, un porte-aiguilles fabriqué à partir d'une pièce de cuir récupérée sur le béret d'un officier de char allemand, de petites cartes à jouer qu'elle avait faites elle-même et le sac d'étoffe dans lequel elle gardait sa ration de pain.

Geneviève endura le travail forcé, les coups et la faim pendant l'année qu'elle passa à Ravensbrück, ce qu'elle vit là-bas la hanterait le reste de ses jours. Une surveillante allemande trancha sous ses yeux la gorge d'une prisonnière avec une bêche tout en hurlant des injures. Au moment de sa libération en 1945, Geneviève de Gaulle était bien décidée à se battre pour améliorer le monde d'après-guerre. Elle renonça à une carrière politique en dépit de son nom qui lui aurait de toute évidence facilité les choses. « C'est même plutôt le contraire, je voulais dépasser les divisions politiques. Pour moi, le plus important dans la vie, c'est de combattre la misère et l'exclusion[6]. »

En 1957, elle rencontra le père Joseph Wresinski, un prêtre engagé auprès des sans-abri et des marginaux dans les bidonvilles autour de Paris. Elle expliqua avoir retrouvé dans les yeux de ces exclus le regard des détenues de Ravensbrück qui la hantait depuis son départ du camp, et elle n'eut d'autre choix que de leur consacrer sa vie, bâtissant ce qui allait devenir ATD-Quart monde.

L'histoire de Jeannie Rousseau devait elle aussi être racontée. Elle resta discrète sur ses hauts faits pendant la guerre jusqu'à ce que le journaliste du *Washington Post* David Ignatius fît sa connaissance lors d'une soirée et la persuadât de lui donner une interview qui nourrit un article publié en décembre 1998. Réalisant à quel point le récit de Jeannie était extraordinaire, il fit don de la captation vidéo de son interview au Washington International Spy Museum.

Mais pourquoi attendre près de cinquante ans après les événements pour les raconter ? Ce silence s'expliquait-il par un sens de la réserve, la volonté de passer à autre chose, ou l'âge venant, la prise de conscience que son héroïsme borné avait coûté la vie à plusieurs de ses coreligionnaires à Torgau ? À l'en croire, son refus d'envisager la mort et de se résigner s'explique en partie par sa jeunesse lorsqu'elle commença à résister. Ils furent nombreux dans ce cas. Quand elle a finalement accepté de parler, la question l'a fait rire : « Je l'ai fait, c'est tout […]. Ce n'était pas un choix. Il fallait le faire. À cette époque, nous étions tous persuadés que nous allions mourir. » David Ignatius l'a bien compris : « Elle fait partie de ceux pour lesquels l'héroïsme n'est pas une question de choix mais un réflexe. Ceux-là n'écoutent pas leur conscience mais suivent leur instinct[7]. » Jeannie Rousseau de Clarens s'est éteinte en août 2017, à l'âge de 98 ans.

Beaucoup de résistantes insistèrent sur le fait que leur engagement n'avait rien à voir avec la politique mais relevait plutôt d'une réaction viscérale. La politique passait au second plan, comme le soutenait Geneviève de Gaulle. « Ma mère, Andrée Bès, qui fut déportée à Ravensbrück, m'a toujours dit qu'ils n'étaient qu'une poignée à avoir été antifascistes avant la guerre, explique aujourd'hui Marie-Odile Tuloup. Elle ne pouvait pas accepter de rester à ne rien faire alors que son pays était occupé et que des Juifs étaient raflés et envoyés à la mort[8]. » En d'autres termes, c'était un choix naturel qui reposait sur des valeurs morales.

L'attitude de Jeannie Rousseau à Ravensbrück donne un aperçu de la profonde complexité des différentes manières de réagir face au mal, si altruistes que soient les personnes concernées. Les autres Parisiennes détenues dans le camp n'étaient pas toutes aussi convaincues du comportement à adopter face à leurs geôliers, et même s'il y eut de nombreux exemples de soutien sororal et des chaînes de solidarité qui permirent la survie, certaines se laissèrent aller à l'oppression, au mensonge, au vol et à la cruauté.

ÉPILOGUE

Dans un système où règne la perversion, la noblesse d'âme n'est pas toujours possible. L'histoire d'Anne Spoerry, l'étudiante en médecine qui voulait sauver des vies et avait rejoint la Résistance au début de la guerre, est particulièrement intéressante – et horrifiante – puisqu'elle révèle à quel point les meilleures dispositions peuvent, dans des circonstances extrêmes, être bien trop facilement perverties.

Les camps placèrent de nombreuses Parisiennes dans des conditions si terribles qu'elles mirent à l'épreuve leurs réflexes moraux. L'auteure d'une récente histoire de Ravensbrück, Sarah Helm, considère que le camp a trop longtemps été négligé par les historiens de la guerre, « or c'est précisément parce que c'était un camp de femmes que Ravensbrück aurait dû secouer la conscience du monde. [...] Ravensbrück montre ce que [l'humanité] a été capable d'infliger aux femmes[9] ». Il montre également ce que des femmes ont été capables de faire les unes pour les autres.

La guerre, comme toujours, fut un catalyseur pour certaines Parisiennes, telles Lily Pastré et Odette Fabius. Elle donna un sens à leur vie qu'elles ne retrouvèrent pas toujours dans les années qui suivirent, parfois avec des conséquences désastreuses.

C'est grâce à la guerre que les deux mondes d'Odette Fabius et de Pierre Ferri-Pisani, aux antipodes l'un de l'autre, purent se rencontrer, et c'est le goût du risque qui alimenta leur liaison passionnée. En 1956, Odette divorça de son mari et sept ans plus tard, en 1963, Pierre plaça un revolver dans sa bouche pour se donner la mort. Comme beaucoup de ceux qui étaient revenus des camps, il fut incapable de survivre dans ce monde d'après-guerre – qu'il fût rongé par la culpabilité, l'humiliation ou l'impuissance.

Une Odette bouleversée se rendit immédiatement à Marseille où Charles, le fils de Pierre, lui expliqua que plusieurs épreuves avaient précipité le déclin de son père et sa mort : en premier lieu, sans le moindre doute, il y avait leur rupture, venaient ensuite des échecs syndicaux et politiques. Pierre avait tâché de retrouver sa position de chef syndicaliste tout-puissant mais, confronté à l'opposition d'une plus jeune génération, il avait perdu les élections et s'était retrouvé mêlé aux tentatives de la CIA – qui voyait en lui un gangster corse de bas étage – pour contrôler les dockers afin de contrer le communisme. Odette, qui ne connaissait pas cette partie de sa vie, écrivit en guise d'épitaphe : « Je perdais non pas seulement un amour ancien, mais le meilleur ami que j'aurais jamais sur cette terre[10]. »

On considère généralement que le taux de suicide parmi les rescapés de l'Holocauste fut trois fois plus élevé que dans le reste de la population[I]. Alors qu'aujourd'hui encore nous nous efforçons de comprendre les meurtres de masse qui jalonnèrent le XXe siècle, il semble aller de soi que personne n'a jamais pu « dépasser » l'expérience des camps. Pour beaucoup de survivants, cela a signifié concrètement qu'ils avaient atteint un point de non-retour.

« Continuellement nous corrigeons et nous nous corrigeons nous-mêmes sans le moindre ménagement parce qu'à chaque instant nous apercevons que ce que nous avons accompli (écrit, fait, pensé) a été faux, [...] que tout jusqu'à ce moment présent est une falsification, aussi corrigeons-nous cette falsification et la correction de cette falsification nous la corrigeons de nouveau et le résultat de cette correction de correction nous le corrigeons et ainsi de suite[11]. » C'est ainsi que Thomas Bernhard tente d'expliquer « la correction essentielle » que constitua le suicide pour les déportés et leurs proches.

Des rescapés se débrouillèrent pour survivre, fondant une famille, écrivant des livres ou enseignant en guise de réponse à l'expérience concentrationnaire. Si, pendant des décennies, nul ne sembla s'intéresser à eux, la situation évolua sensiblement dans les années 1980. Il était temps de les écouter avant que la génération qui avait traversé ces horreurs ne s'éteignît. En 1980, l'un des derniers films de François Truffaut – et l'un de ses plus grands succès commerciaux et critiques – fut *Le Dernier Métro*, qui raconte l'histoire vraie de Marcel Leibovici et Margaret Kelly, dont la compagnie de danse avait rencontré un grand succès dans le Paris d'après-guerre. Parmi les scénaristes du film figurait Jean-Claude Grumberg qui, dans son enfance, connut lui aussi la peur de ceux qui doivent se cacher pour échapper à la mort.

I. Et parfois, ce sont les proches des rescapés qui choisirent de se donner la mort, comme le jeune frère de Marceline Rozenberg, qui ne put jamais se remettre de l'assassinat de leur père et se suicida à 43 ans.

ÉPILOGUE

Alors que le souvenir de la Seconde Guerre mondiale s'éteignait petit à petit, des réputations se firent et se défirent, mais pour certains la gloire vint trop tard. En juillet 1942, au moment de son arrestation, Irène Némirovsky était un écrivain à succès. Deux mois plus tard, son mari, Michel Epstein, fut lui aussi arrêté, tandis que leurs deux petites filles, Denise, 13 ans, et Élisabeth, 5 ans, furent relâchées grâce à un officier allemand qui leur trouva une ressemblance avec sa propre fille. « Il s'est adressé à Julie, notre gouvernante : "Nous n'allons pas emmener les enfants dès ce soir. Rentrez chez vous. Nous viendrons les chercher demain matin." Notre gouvernante a compris. Elle avait un frère dans la Résistance et elle a alerté le maquis. On nous a cachées à Bordeaux dans un couvent de religieuses. Puis dans une cave[12]. »

Miraculeusement, elles prirent avec elles une petite valise contenant des vêtements et des objets personnels, dont quelques cahiers couverts d'une écriture minuscule. Mais les fillettes ne se préoccupèrent pas du contenu de la valise et ne lurent pas les manuscrits. Toutes deux survécurent au cours des années suivantes grâce au soutien courageux d'un instituteur, d'amis de la famille et de Julie, qui se débrouilla pour qu'elles fussent cachées jusqu'à la fin de la guerre – ce n'est qu'à ce moment qu'elles comprirent que leurs parents avaient été assassinés.

En 1992, la cadette, Élisabeth, publia une « biographie imaginaire » de sa mère intitulée *Le Mirador*, pour laquelle elle utilisa certaines des lettres trouvées dans la valise. L'histoire de la manière dont les deux sœurs prirent conscience de ce qu'était le manuscrit a été racontée à plusieurs reprises. Denise s'en ouvrit à Myriam Anissimov, une biographe de Romain Gary dont la vie n'était pas sans parallèle avec celle d'Irène Némirovsky ; elle fut la première à voir les cahiers et, découvrant qu'ils contenaient un roman incomplet, en proposa la publication[13]. À sa sortie, le livre fut acclamé.

Le destin poignant et tragique de Némirovsky, ainsi que l'histoire du manuscrit inachevé oublié pendant des décennies dans une valise, contribua certes à sa renommée, mais *Suite française* fut avant tout salué comme un chef-d'œuvre et a été depuis traduit dans de nombreuses langues. Soudainement,

Irène Némirovsky fut perçue comme un écrivain de premier plan, on la compara même à Balzac et à Tolstoï, au point d'être couronnée par le prix Renaudot en 2004, remis pour la première fois à titre posthume.

Le roman fit également naître des discussions sur le long aveuglement dont aurait fait preuve Némirovsky à l'égard de l'antisémitisme en France ; avec en toile de fond la question de l'attitude des Juifs établis de longue date à Paris vis-à-vis des immigrés juifs (les « étrangers », pour reprendre le vocabulaire de l'époque) qu'ils auraient sacrifiés pour leur propre survie – un débat déconcertant qui peut amener à oublier les véritables persécuteurs.

Quiconque se promène à Paris aujourd'hui ne peut manquer les mémoriaux honorant les résistants tombés sous le feu ennemi, ainsi que les nombreuses plaques qui rappellent que l'État français lui-même envoya des enfants juifs à la mort. L'une de ces plaques, parmi les premières, fut dévoilée le 16 juillet 1995 à la gare d'Austerlitz, en mémoire des Juifs arrêtés lors de la rafle du Vél' d'Hiv, le jour même où le président Chirac, dans un discours historique, reconnaissait la responsabilité de l'État dans leur déportation. Des rues de la capitale sont nommées en l'honneur de celles et ceux qui furent victimes de la barbarie nazie : l'avenue Georges-Mandel et la rue Danielle-Casanova ne sont que deux exemples parmi tant d'autres.

En 2008, plus de soixante ans après sa mort, le journal d'Hélène Berr fut enfin publié. C'est un document important, non seulement parce qu'il constitue tout ce qui nous reste de cette talentueuse jeune femme, si prometteuse en matière musicale et littéraire, mais aussi parce que Berr y fait preuve d'une grande clairvoyance quant à la nature des choix à faire et de la catastrophe inévitable qui ne tarderait pas à frapper l'Union générale des israélites de France, l'Ugif. Cet organisme équivoque, ni instrument de la collaboration ni le bouclier qu'il avait pu espérer être, était, comme Michel Laffitte l'a subtilement expliqué, une « organisation polymorphe [...], plurielle dans l'espace et le temps[14] ». Une sorte de Minotaure.

La découverte par le public du *Journal* d'Hélène Berr est largement due à la détermination de sa nièce, Mariette Job, qui

ÉPILOGUE

savait qu'en 1946 la cuisinière de la famille l'avait remis au frère d'Hélène, lequel l'avait confié ensuite à Jean Morawiecki. Dans les années 1990, Mariette se mit sérieusement à la recherche de Morawiecki et finit par le retrouver, septuagénaire et diplomate à la retraite, vivant toujours à Paris.

« En 1994, il m'a remis le manuscrit du journal, qui dormait depuis près de cinquante ans dans le haut d'une armoire, en précisant qu'il s'agissait là d'"un don matériel et spirituel". Autrement dit, qu'il me faudrait porter le journal comme il l'avait fait[15] », expliqua Mariette. Avec l'accord de Jean Morawiecki, elle en supervisa la publication qui était, après tout, ce qu'Hélène avait souhaité, et confia dans une postface : « Dans ce "cloaque d'iniquité", elle n'avait pas renoncé à l'avenir. Elle gardait la force de lutter contre l'abjection ambiante. Elle préservait son âme et aidait ses compagnes à préserver la leur [...]. Que ce *Journal*, acte de survie, se transmette au fil du temps et nourrisse la mémoire de tous ceux dont les mots ont été anéantis[16]. »

L'une des amies d'Hélène, Jacqueline Mesnil-Amar, qui avait également tenu son journal, se demanda comment elle-même avait pu continuer à vivre quand tant de ses amis avaient été tués.

> Il arrive qu'on se demande soudain quel est cet envers de l'angoisse, cette terrible « élection » de l'épreuve, et comment on parvient, malgré tout, à la supporter, peut-être à l'accepter, et quelle est cette région très obscure de soi-même qui peut quelquefois même y consentir ? De quel remords inconnu, traîné sous la trame d'une vie presque heureuse, est-ce là le prix, l'espèce de châtiment ?
>
> Ou bien est-ce simplement vivre qui m'étonne, respirer, manger, sortir. Vivre. Trahir[17].

Finalement, Jacqueline trouva une consolation dans le travail, aidant les déportés juifs moins chanceux qu'elle, et se tournant vers la religion.

Dans les années 1990, Lise London, qui avait survécu d'abord à la guerre d'Espagne, puis à dix mois de prison en France, suivis par presque trois ans à Ravensbrück et les marches de la mort de 1945, écrivit finalement ses Mémoires intitulés *La Mégère de la rue Daguerre*, le surnom que lui donna Fernand de Brinon, l'ambassadeur de Vichy auprès des autorités d'occupation, après qu'elle eut organisé une émeute de la faim dans cette rue. Elle confia que le communisme lui avait donné la foi et la force de survivre à la prison et à la torture. « Être communiste, c'était plus que simplement appartenir à un parti : c'était une question de foi. Il y avait une dimension religieuse dans notre appartenance. Nous voulions répandre la révolution. Quand vous perdez la foi, tout s'écroule[18]. »

Après la guerre, elle alla vivre en Tchécoslovaquie, là où Artur London, avec lequel elle avait tant partagé au cours de la décennie précédente, était né de parents juifs. Ayant survécu à Mauthausen, il voulait revenir dans son pays natal. Politicien brillant, Artur London fut nommé dans le gouvernement prosoviétique, mais tomba en disgrâce et fut arrêté en 1951 avant de devoir affronter un procès stalinien au cours duquel il fut accusé d'être un « traître sioniste ». Finalement libéré et « réhabilité » en 1956, à la suite de la mort de Staline, il revint avec sa famille à Paris, où Lise fut de tous les combats de la gauche.

En 1970, le récit d'Artur, *L'Aveu*, fut adapté au cinéma avec, dans le rôle de Lise, Simone Signoret et, dans celui de son mari, Yves Montand qui avait dû perdre près de 15 kilos afin de ressembler au détenu affamé. Le livre reposait sur les notes que Lise avait réussi à faire sortir en cachette de la prison. Épouse courageuse et loyale, elle ne cessa de se battre contre les injustices et resta une insoumise jusqu'à son dernier souffle.

D'après son fils, Michel, elle parlait rarement des camps nazis. Mais en 2005, bien après la mort d'Artur, elle emmena sa famille à Mauthausen. « Elle était très émue mais elle n'a pas perdu son sang-froid. Elle a montré à ses petits-enfants les baraques, les fours et les uniformes rayés comme si c'étaient les choses les plus naturelles du monde[19]. » Dans sa dernière interview, elle dit qu'elle était toujours une communiste « mais plus au sens politique. J'ai déchiré ma carte. Je demeure une communiste par fidélité à tous les camarades avec lesquels nous avons partagé des rêves et qui sont morts pour la liberté[20] ».

Parmi la pléthore d'ouvrages publiés ces dernières années, tous n'ont pas des allures de mausolée. Bernard Ullmann, le fils que Lisette Franck avait eu d'un premier lit, attendit 2004 et ses 82 ans pour faire paraître un livre dérangeant sur sa mère, une Juive qui avait survécu à la guerre en étant mariée à Fernand de Brinon, un fervent antisémite. Lisette, qui était née dans une grande famille de la bourgeoisie juive assimilée, devint une figure aussi éclatante que superficielle du Tout-Paris d'avant-guerre, et se convertit au catholicisme peu de temps après avoir divorcé de son premier mari, Claude Ullmann. L'antisémitisme avait beau exister en France, pensait-elle, « il ne pouvait atteindre des gens de notre sorte[21] ».

Ullmann se souvient distinctement qu'en 1942, la veille de son départ pour l'Afrique du Nord, caché dans le coffre de la voiture de sa mère – un stratagème organisé en partie par Fernand de Brinon lui-même –, il avait assisté à une projection du *Juif Süss*, un film de propagande antisémite, et dîné ensuite avec son beau-père à La Tour d'argent. Personnage important du régime de Vichy, Fernand de Brinon protégea Lisette et ses deux fils aussi longtemps qu'ils demeurèrent discrets, mais Ullmann ne cessa d'avoir honte de sa protection : il regretta que ses bonnes manières l'eussent empêché d'affronter celui qui était le mari de sa mère et s'en voulut de devoir la vie à cet homme.

En 1947, Ullmann alla de bonne grâce lui rendre visite en prison, alors qu'il se préparait à son procès pour trahison, quelques jours avant d'être fusillé. Lisette, qui avait elle-même été brièvement détenue à Fresnes, est restée fidèle à la mémoire de son mari. Elle continua à porter le titre de marquise de Brinon tout en fréquentant ses vieux amis de Vichy jusqu'à sa mort, désargentée, dans une maison de retraite de la région parisienne en 1982.

En 1992, une nouvelle édition du livre de Denise Dufournier, *La Maison des mortes*, parut avec une « réflexion » de l'auteure, motivée en partie par le nombre de lettres reçues des mères des pilotes qu'elle avait aidés à s'échapper, des jeunes hommes qui avaient parfois trouvé la mort lors de leur sortie suivante. Ces femmes voulaient la remercier de s'être occupée de leurs fils quand ils avaient eu besoin d'aide. Mais Denise Dufournier entendait également lever l'incompréhension qu'elle percevait sur ce qu'elle et ses semblables avaient fait pendant l'Occupation. Comme beaucoup d'autres résistantes, Denise Dufournier dut attendre longtemps la reconnaissance officielle des risques qu'elle avait pris. Pour ce qui la concernait, son mariage avec un diplomate britannique l'empêchait de recevoir une décoration étrangère jusqu'à la retraite de son époux, après quoi elle fut faite officier de la Légion d'honneur.

De toutes les controverses auxquelles je me suis heurtée au cours de la rédaction de ce livre, la plus pénible fut celle qui distinguait les Parisiennes déportées pour fait de résistance, et qui furent par conséquent décorées à leur retour, et les Parisiennes déportées parce qu'elles étaient juives, des victimes en somme. Vivette Samuel s'engagea comme bénévole auprès de l'Œuvre de secours aux enfants pendant la guerre et ensuite auprès de l'Adir, l'association d'anciennes déportées. Dans ses Mémoires, elle évoque avec sensibilité l'affection et l'admiration qu'elle ressentait envers les femmes qu'elle rencontra à l'Adir, mais aussi les malentendus dont elle fut le témoin : « Je les entends parler avec mépris des "déportés raciaux", elles qui avaient lutté dans les réseaux de Résistance. J'en ai des cauchemars la nuit [...]. Au bout de la période d'essai de trois mois [à l'Adir], je décide de rester[22]. »

Ainsi que mes interlocutrices me l'ont rappelé, tout était « très compliqué », et parfois les fractures passaient au sein d'une même famille, comme ce fut le cas pour les Jacob. Denise, Vernay de son nom d'épouse, s'était engagée dans la Résistance et fut déportée à Ravensbrück ; mais Simone, Veil de son nom d'épouse, fut envoyée à Auschwitz-Birkenau avec sa mère et son autre sœur, Madeleine, car elles étaient juives. Mme Jacob mourut du typhus en mars 1945, après avoir survécu aux marches de la mort, tandis que Madeleine revint des camps avant de décéder lors d'un accident de voiture dans les années 1950. Denise Vernay, à son retour de Ravensbrück, fut décorée de la Légion d'honneur et reçut plusieurs autres décorations, dont la grand-croix de l'Ordre national du mérite, la croix de guerre 1939-1945 avec palmes et la médaille de la Résistance avec rosette.

En dépit de son brillant parcours politique, Simone Veil, toutefois, ne reçut la Légion d'honneur qu'en 2008, mais accéda directement à la dignité de grand officier. « Nous n'étions que des victimes, non des héros, constata-t-elle en 1993. Peu importe ce que nous avions vécu. D'ailleurs on ne manquait pas de nous le rappeler brutalement, même dans les associations d'anciens déportés résistants[23]. »

Alors que les historiens s'efforcent de mesurer avec exactitude ce dont la France est responsable, il faut garder à l'esprit que si le gouvernement de Vichy organisa la déportation d'un nombre choquant de Juifs installés dans le pays – 76 000 sur une population de 330 000 personnes[1] –, la part de Juifs déportés rapportée à la population juive totale – un peu moins de 25 % – fut bien moindre qu'en Belgique, en Norvège ou aux Pays-Bas, où la proportion se monte à 73 %. Cette singularité française est parfois mise en avant pour défendre le régime de Vichy et les Français, dont une infime minorité permit le sauvetage de milliers de Juifs. Mais cela revient à négliger l'essentiel : sans l'aide apportée par le régime de Vichy, son administration, sa police et sa gendarmerie, des dizaines de milliers de Juifs n'auraient pas pu être envoyés à la mort, en particulier en 1942, quand les Allemands ne disposaient pas des ressources suffisantes pour s'en charger seuls.

La guerre, bien sûr, n'est ni une simple question de chiffres ni un théâtre des réputations. La guerre détruit des vies. Toquette Jackson ne se remit jamais totalement après Ravensbrück et elle demeura dans la maison familiale d'Enghien-les-Bains jusqu'à sa mort en 1968 à l'hôpital américain, auquel son mari Sumner s'était entièrement dévoué. Sa mauvaise santé ne lui permettait pas de reprendre son travail d'infirmière ou toute autre activité, même si elle avait envisagé de trouver quelque chose à faire à Paris pour pouvoir s'installer en ville. Elle se battit en gardant à la fois sa dignité et son courage et reçut de nombreuses décorations, dont la croix de guerre, la croix du combattant volontaire et, en 1946, la Légion d'honneur, dont elle fut faite chevalier avant d'être promue officier en 1964.

Aucune médaille ne pouvait toutefois compenser sa solitude. Certains jours, elle écrivait dans son journal : « Personne n'est venu me voir[24]... » Phillip, son fils, s'occupait d'elle. Lui aussi

---

1. D'après le Mémorial de la Shoah, ces chiffres sont une synthèse des dernières estimations faites par les historiens de Yad Vashem à Jérusalem et de l'Holocaust Memorial Museum à Washington.

reçut de nombreuses décorations, il témoigna lors du procès de Ravensbrück à Hambourg en mai 1946, fit des études pour devenir ingénieur, se maria et fonda une famille. Au moment où ses lignes sont écrites, il est un pensionnaire des Invalides, où nous nous sommes rencontrés pour parler de sa mère.

Tout comme les hommes, beaucoup de bâtiments à Paris et aux alentours se parèrent sans tarder de nouveaux atours. La prison de Fresnes fut utilisée en 1945 pour incarcérer des collaborateurs dans l'attente de leur procès, parfois dans les cellules où des résistants avaient été enfermés. De même, Drancy continua de fonctionner dans l'immédiat après-guerre, mais avec de nouveaux occupants. Puis, petit à petit, alors que le pays était confronté à une pénurie de logements, les bâtiments du camp retournèrent à l'usage pour lequel ils avaient été construits : l'habitation.

Depuis 1976, à l'entrée de la cité de La Muette, un impressionnant monument créé par Shelomo Selinger, un ancien déporté juif d'origine polonaise, rend hommage aux prisonniers de Drancy. À quelques mètres de là, on peut voir un wagon de marchandises du même type que ceux qui furent utilisés pour transporter les déportés vers leur mort. Visiter Drancy, que l'on reconnaît sans difficulté sur les photographies de l'époque où l'endroit était un bourbier d'inhumanité, est une expérience profondément troublante. Quand j'ai demandé à un résident comment il pouvait vivre dans un lieu tellement marqué par le chagrin et la douleur, il m'a regardée d'un air étrange avant de me répondre : « Mais l'Histoire est partout dans Paris. C'est là que se trouvent la plupart des lieux où les Allemands vivaient. C'est peut-être mieux qu'ici ? »

Loin d'être terminées, certaines batailles ne faisaient que commencer à la fin des années 1940 et se dérouleraient pendant des décennies. Caroline Ferriday ne se maria jamais et consacra sa vie à aider celles et ceux qui avaient souffert en France et à lutter pour obtenir l'indemnisation des « lapins », ces jeunes Polonaises qui firent l'objet d'expériences abjectes à Ravensbrück, devenues des adultes difformes.

Informée de leur sort par Jacqueline Péry d'Alincourt, qui avait sympathisé avec un certain nombre d'entre elles lors de sa détention, Caroline Ferriday fut horrifiée de découvrir que les femmes vivant dans la Pologne communiste, avec laquelle le gouvernement ouest-allemand n'entretenait pas de relations diplomatiques, n'étaient pas éligibles aux indemnisations que les victimes du nazisme commencèrent à toucher en 1952. Elles furent abandonnées et ignorées après guerre, alors que beaucoup d'entre elles avaient besoin de traitements médicaux constants pour un ensemble de pathologies chroniques dont des maladies cardiaques, des hépatites, des cystites, sans parler de leurs besoins financiers. Et pourtant, en dépit de ces arguments convaincants, Ferriday ne parvint pas à faire changer de position le gouvernement de Bonn.

Pendant une quinzaine d'années, elle se battit, écrivant des articles sur elles et les invitant à séjourner dans sa belle demeure familiale du Connecticut. En 1959, trente-cinq de ces femmes vinrent aux États-Unis pour suivre un traitement médical, Ferriday avait joué un rôle crucial pour les convaincre de voyager ainsi que pour lever les fonds nécessaires à l'opération. Au début des années 1960, à la suite d'une série d'articles dans les journaux américains orchestrée par Ferriday, l'Allemagne de l'Ouest s'inclina devant la pression internationale et des indemnités intégrales furent finalement accordées à cent trente-six des rescapées les plus handicapées, tandis que les autres reçurent des compensations partielles.

La vie sous l'oppression, que ce fût à Ravensbrück, à Vichy ou à Paris, révéla ce dont les femmes étaient capables en dernière instance. « L'indignation est une chose qui peut soulever une montagne. C'est le sentiment le plus fort, quand devant le crime, devant la cruauté absolue, quelque chose en vous se gonfle et se soulève, c'est ce que l'on peut appeler l'indignation. C'est à la fois la révolte et la colère, mais c'est en même temps le sentiment que la justice est de votre côté et que celui qui est en face de vous représente le mal », déclara Germaine Tillion. « L'état de la France en juin 1940 était inimaginable. Il n'y avait plus d'hommes, ce sont les femmes qui ont démarré la Résistance [...]. Les femmes ne votaient pas, la plupart n'avaient pas de compte en banque et n'avaient pas de métier[25]. » Jeannie Rousseau s'engagea dans la Résistance, Élisabeth de Rothschild choisit une autre voie, Renée Puissant une troisième.

Et pourtant, seules quelques personnes à l'époque considéraient qu'elles avaient le choix ou pouvaient prendre librement des décisions. Était-ce le cas des résistants, des commerçants qui devaient être payés pour pouvoir vivre, des trafiquants du marché noir, qui voyaient des opportunités n'attendant que d'être saisies, des mères juives qui confièrent leurs enfants à des inconnus ; des dames du tout-Paris qui se retrouvaient pour déjeuner et courir les magasins ; des chanteurs, des danseurs et des prostituées qui continuèrent à travailler ?

Beaucoup de ces dernières affirmèrent que même si les Français avaient refusé tout contact avec les Allemands durant l'Occupation, la situation n'aurait guère été différente, et sans doute le quotidien de la population aurait-il été plus dur encore. La vie devait continuer. Étouffer Paris de la sorte risquait de punir davantage les Parisiens que les Allemands, pensaient-elles. Elles essayèrent juste de s'en sortir comme elles pouvaient.

Toutefois, ce qui semble clair aujourd'hui, c'est qu'il y avait des choix à faire. Les écrivains, les artistes et les chanteurs devaient soumettre leurs œuvres aux officiels allemands pour obtenir la permission de les jouer ou de les publier. Inévitablement, cela impliquait de faire des compromis et de collaborer à différents degrés. Le silence ou la fuite fut une option pour certains, jouer mais refuser de se mêler aux Allemands après les spectacles en était une autre. Dans ce contexte, détourner le regard de ceux dont le comportement était condamnable demeurait la solution la plus simple.

Pour certaines femmes, le choix revenait à décider de porter un chapeau outrageux ou de sortir au restaurant. Pour d'autres, il était de faire affaire ou de consentir une faveur sexuelle. Les plus courageuses allèrent jusqu'à risquer leur vie en transportant des armes, en abritant des fugitifs, en espionnant ou même en tuant. Afin de survivre dans le Paris occupé, beaucoup de femmes durent prendre des décisions et statuer sur la manière dont elle pouvait s'accommoder de la présence des Allemands. Ce n'est pas à nous de les juger, au moins, avec un peu d'imagination, peut-on essayer de comprendre les choix que nous aurions pu faire, tout en rendant hommage à celles qui ont refusé le moindre accommodement.

NOTES

Prologue
QUI SONT LES PARISIENNES ?

1. Cécile Rol-Tanguy, entretien avec l'auteure, 20 janvier 2014.
2. « Les perspectives nouvelles de l'orientation professionnelle », *Éducation*, février 1941 cité dans Francine Muel-Dreyfus, *Vichy et l'éternel féminin. Contribution à une sociologie politique de l'ordre des corps*, Le Seuil, 1996, p. 271.
3. Michael R. D. Foot, J. M. Langley, *MI9 – Escape and Evasion, 1939-1945*, Little, Brown, 1980.
4. Jean-Claude Grumberg, entretien avec l'auteure, 9 novembre 2013.
5. Jeannie Rousseau de Clarens, entretien avec David Ignatius, captation vidéo conservée à l'International Spy Museum, Washington.
6. Cécile Jouan, *Comète, histoire d'une ligne d'évasion*, Éditions du Beffroi, 1948, p. 3.

Partie I : LA GUERRE

Chapitre 1
1939 – DANSER AU BORD DE L'ABÎME

1. Cité dans Ruth Franklin, « A Life in Good Taste : The Fashions and Follies of Elsie de Wolfe », *The New Yorker*, 27 septembre 2004.
2. Elsa Schiaparelli, *Shocking*, Denoël, 1954, p. 130.
3. http://vb.com/dior/aimeedeheeren
4. Marjorie Lawrence, *Interrupted Melody : An Autobiography*, Invincible Press, 1949, p. 123.
5. Colette, *Paysages et portraits*, « Colette vous parle », Flammarion, 1958, p. 237.
6. Janet Flanner, *Chroniques d'une Américaine à Paris 1925-1939*, Tallandier, 2011, p. 294.

7. Elsa Schiaparelli, *op. cit.*, p. 128.
8. Janet Flanner, *op. cit.*, p. 300.
9. Crane Brinton, « The Bastille Tradition », *The Nation*, 15 juillet 1939.
10. Lettre de Noël Coward à Gladys Calthrop, 15 septembre 1939, citée dans Barry Day (éd.), *The Letters of Noël Coward*, Bloomsbury, 2007, p. 378.
11. Justine Picardie, *Chanel, sa vie*, Steidl, 2010, p. 291.
12. Archives départementales du Var, 15 W 848.
13. Lettre de Noël Coward à Gladys Calthrop, 25 octobre 1939, citée dans Barry Day (éd.), *op. cit.*, p. 379.
14. Cité dans Raymond Ruffin, *La Diablesse Violette Morris*, Le Cherche-Midi, 2004, p. 117.
15. Archives de la famille Stanton consultées avec l'aimable autorisation du professeur Lawrence Goldman.
16. Jacqueline Péry d'Alincourt, « Dites-le au monde ! », dans François Berriot, *Témoignages sur la Résistance et la déportation. Autour de Jacqueline Péry d'Alincourt*, L'Harmattan, 2007, p. 109.
17. Robert Brasillach, « Éditorial », *Je suis partout*, 15 avril 1938.
18. Jeanine Delpech, « Chez Irène Némirovsky, ou la Russie boulevard des Invalides », *Les Nouvelles littéraires*, 4 juin 1938.
19. Claire Chevrillon, *Une résistance ordinaire, septembre 1939-août 1944*, Le Félin, 1999, p. 17.
20. Louis Linÿer, *Le Devoir des femmes. Revue mensuelle de la section féminine de la Fédération républicaine de France*, mars-avril 1940, p. 1.
21. *Melbourne Argus*, 6 décembre 1939.
22. Janet Teissier du Cros, *Le Chardon et le Bleuet. Une Écossaise dans la France occupée*, Le Rouergue, 2017, p. 61-64.
23. *Votre beauté*, septembre 1939, cité dans Dominique Veillon, *La Mode sous l'Occupation*, Payot, 2014, p. 22.
24. *Le Jardin des modes*, novembre 1939.
25. *Fourrures magazine*, novembre 1939, cité dans Dominique Veillon, *op. cit.*, p. 274.
26. Drue Tartière, *The House near Paris – An American Woman's Story of Traffic in Patriots*, Simon & Schuster, 1946, p. 13.

Chapitre 2
1940 – PARIS, VILLE OUVERTE

1. Odette Fabius, *Un lever de soleil sur le Mecklembourg*, Albin Michel, 1986, p. 18.
2. *Ibid.*, p. 55.
3. Wallis of Windsor, *Les Mémoires de la duchesse de Windsor*, Del Duca, 1956, p. 420.

4. Irène Némirovsky, *Suite française*, Denoël, 2004, p. 51.
5. Simone de Beauvoir, *La Force de l'âge*, Gallimard, 1960, p. 451.
6. Patrick Buisson, *1940-1945, années érotiques*, Albin Michel, 2008, vol. 1, p. 51.
7. Georges Sadoul, *Journal de guerre – 2 septembre 1939-20 juillet 1940*, Les Éditeurs français réunis, 1977, p. 320.
8. Anne Jacques, *Journal d'une Française*, Le Seuil, 1946, p. 38.
9. Violette Leduc, *La Bâtarde*, Gallimard, 1964, p. 299-300.
10. Jacqueline Mesnil-Amar, *Ceux qui ne dormaient pas*, Le Livre de poche, 2010, p. 46.
11. Patrick Buisson, *op. cit.*, p. 50.
12. Irène Némirovsky, *op. cit.*, p. 44.
13. Edward Spears, *Témoignage sur une catastrophe*, Presses de la Cité, 1964, vol. 2, p. 272.
14. Margaret Collins Weitz, *Les Combattantes de l'ombre. Histoire des femmes dans la Résistance, 1940-1945*, Albin Michel, 1996, p. 20.
15. Edward Spears, *op. cit.*, p. 279.
16. *Ibid.*, p. 359-361.
17. Vivou Chevrillon, entretien avec l'auteure, 23 janvier 2015.
18. Edward Spears, *op. cit.*, p. 361.
19. Robert Murphy, *Un diplomate parmi les guerriers*, Robert Laffont, 1964, p. 58.
20. William L. Shirer, *La Chute de la IIIe République – une enquête sur la défaite de 1940*, Hachette Pluriel, 1990, p. 840.
21. Marc Ferro, *Pétain*, Fayard, 1987, p. 23.
22. Corinne Luchaire, *Ma drôle de vie*, Sun, 1949, p. 135.
23. *Ibid.*, p. 127.
24. Youki Desnos, *Les Confidences de Youki*, Fayard, 1999, p. 285-286.
25. Informations personnelles communiquées par Tom Bower dont la mère était enfant à Vienne avec Gitta Sereny et fut le témoin de son expulsion de l'école parce qu'elle était juive.
26. Gitta Sereny, *Dans l'ombre du Reich*, Plein Jour, 2016, p. 10.
27. Lettre de Helmuth James von Moltke à Freya von Moltke, 13 août 1940, dans Helmuth James von Moltke, *Briefe an Freya 1939-1945*, C. H. Beck, 2006, p. 181.
28. Simone Signoret, *La nostalgie n'est plus ce qu'elle était*, Le Seuil, 2010, p. 42.
29. *Ibid.*, p. 45.
30. *Ibid.*, p. 48.
31. *Ibid.*, p. 54.
32. Ian Ousby, *Occupation – The Ordeal of France, 1940-1944*, John Murray, 1997, p. 116.
33. Janet Teissier du Cros, *op. cit.*, p. 328.
34. Rosemary Say et Noel Holland, *Rosie's War – An Englishwoman's Escape from Occupied France*, Michael O'Mara Books, 2011, p. 53.

35. Jean Guéhenno, *Journal des années noires, 1940-1944*, Gallimard, 1947, p. 37.
36. Cécile Rol-Tanguy, entretien.
37. Nicole Alby, entretien avec l'auteure, 17 juillet 2015.
38. Rosemary Say et Noel Holland, *op. cit.*, p. 70.
39. *Ibid.*, p. 83.
40. Agnès Humbert, *Notre guerre, journal de résistance (1940-1945)*, Le Seuil, Points, 2010, p. 68.
41. Mark Kidel, *Paris Brothel*, film documentaire, 2008.
42. Freddie Knoller, entretien avec l'auteure, 18 mars 2015.
43. Violette Leduc, « Paris se refait », *Pour elle*, 21 août 1940, cité dans Dominique Veillon, *op. cit.*, p. 52.
44. *L'Officiel de la couture et de la mode*, février 1941, p. 13, cité dans Dominique Veillon, *op. cit.*, p. 52.
45. Corinne Luchaire, *op. cit.*, p. 139-140.

Chapitre 3
1941 – À CHACUN SON CAMP

1. Léontine Zanta, « La femme française d'aujourd'hui », *Voix françaises*, 12 septembre 1941.
2. Témoignage de Jacqueline Delubac dans *Toute la vie*, 7 août 1941.
3. Robert Cardinne-Petit, « Si l'on parlait d'autre chose ! », *La Gerbe*, 17 juillet 1941, p. 3.
4. Agnès Humbert, *op. cit.*, p. 41.
5. *Ibid.*, p. 59-60.
6. Claire Chevrillon, *op. cit.*, p. 193-194.
7. Agnès Humbert, *op. cit.*, p. 130.
8. *Ibid.*, p. 64.
9. Martin Jungius, *Un vol organisé*, Tallandier, 2012, p. 13.
10. Robert Paxton, *La France de Vichy, 1940-1944*, Le Seuil, 1974, p. 173.
11. Rose Valland, *Le Front de l'art*, Plon, 1961, p. 57.
12. *Ibid.*, p. 82.
13. Emmanuelle Polack, Philippe Dagen (éd.), *Les Carnets de Rose Valland. Le pillage des collections privées d'œuvres d'art en France durant la Seconde Guerre mondiale*, Fage, 2011, p. 80.
14. Lettre de Jeanne Bucher à Sibylle Cournand, 7 décembre 1934, citée dans Muriel Jaër, « Jeanne Bucher grande prêtresse de l'art d'avant-garde », *Supérieur inconnu*, octobre 2000, 19, p. 31-66.
15. Muriel Jaër, art. cit.
16. Alan Riding, *Et la fête continue. La vie culturelle à Paris sous l'Occupation*, Plon, 2012, p. 208.

17. Henri Goetz, « Ma vie, mes amies », *Cahiers du Musée national d'art moderne*, 1982, 10, p. 391.
18. Jeannie Rousseau de Clarens, entretien.
19. *Id.*
20. Claude du Granrut, entretien avec l'auteure, 8 septembre 2014.
21. Claude du Granrut, *Le Piano et le Violoncelle*, Éditions du Rocher, 2013, p. 65.
22. Claude du Granrut, entretien.
23. Claude Singer, *Vichy, l'université et les Juifs*, Les Belles Lettres, 1992, p. 73-74.
24. Julian Jackson, *La France sous l'Occupation*, Flammarion, 2004, p. 423.
25. Cité dans Pnina Rosenberg, *L'Art des indésirables. L'art dans les camps d'internement français, 1939-1944*, L'Harmattan, 2003, p. 11.
26. Marie-Pierre de Cossé-Brissac, *Mémoires d'automne*, Fayard, 2009, p. 106.
27. Anne Sinclair, *21, rue La Boétie*, Grasset, 2012, p. 48.
28. Archives de la famille Stanton.
29. The Nizkor Project : http://www.nizkor.org/ftp.cgi/imt/nca/ftp.cgi?imt/nca/nca-06/nca-06-3766-ps
30. Auguste Renoir, *Irène Cahen d'Anvers*, huile sur toile, fondation Bührle, Zurich.
31. Ernest Chassagnol, « Le Salon de 1881 », *Gil Blas*, 10 juin 1881.
32. Cité dans Edmund de Waal, *Le Lièvre aux yeux d'ambre*, Flammarion Champs, 2015, p. 119.
33. Danielle Darrieux, entretien avec Alan Riding, 22 janvier 2009.
34. Marcel Jouhandeau, *Journal sous l'Occupation* suivi de *La Courbe de nos angoisses*, Gallimard, 1980, p. 83-84.
35. Jean Guéhenno, *op. cit.*, p. 59.
36. William Stevenson, *Nom de code : Intrepid*, L'Étincelle, 1979, p. 393-394.
37. Charles Glass, *Les Américains à Paris. Vie et mort sous l'occupation nazie*, CNRS Éditions, 2012, p. 146.
38. The Nizkor project : http://www.nizkor.org/ftp.cgi/imt/nca/ftp.cgi?imt/nca/nca-06/nca-06-3766-ps
39. David Pryce-Jones, *Paris in the Third Reich – a History of the German Occupation, 1940-1944*, Holt, Rinehart, and Winston, 1981, p. 262.
40. Cité dans Nicole Casanova, *Isolde 39 – Germaine Lubin*, Flammarion, 1974, p. 175.
41. *Id.*
42. Corinne Luchaire, *op. cit.*, p. 111.
43. Colette, *Lettres à Hélène Picard*, Flammarion, 1958, p. 204.

Chapitre 4
1942 – L'ANNÉE NOIRE

1. Martin Childs, « Coconspirator in the plot to assassinate Hitler », *The Independent*, 11 janvier 2010.
2. Gisèle Casadesus, entretien avec l'auteure, 22 janvier 2015.
3. Rosemarie Killius, *Frauen für die Front*, Militzke Verlag, 2003, p. 163.
4. Madeleine Chapsal, *La Chair de la robe*, Fayard, 1989, p. 116, cité dans Dominique Veillon, *op. cit.*, p. 229.
5. Ixchel Delaporte, « Lise London : "On voulait montrer que nous n'avions pas peur" », *L'Humanité*, 1er août 2007.
6. *Id.*
7. Lise London, *La Mégère de la rue Daguerre. Souvenirs de résistance*, Le Seuil, 1995, p. 159.
8. Rosemarie Killius, *op. cit.*, p. 165.
9. Ina Seidel et Hanns Grosser, *Dienende Herzen – Kriegsbriefe von Nachrichtenhelferinnen des Heeres*, Wilhelm Limpert, 1942.
10. David Pryce-Jones, *op. cit.*, p. 244.
11. Simone de Beauvoir, *op. cit.*, p. 588.
12. Lynn H. Nicholas, *Le Pillage de l'Europe. Les œuvres d'art volées par les nazis*, Le Seuil, 1995, p. 215-216.
13. Jean-Claude Grumberg, entretien.
14. Gisèle Casadesus, entretien.
15. Micheline Bood, *Les Années doubles. Journal d'une lycéenne sous l'Occupation*, Robert Laffont, 1974, p. 105.
16. *Ibid.*, p. 125.
17. *Ibid.*, p. 141.
18. Lettre de Johan à Lisette, « jeudi soir, 21 heures ».
19. Hélène Berr, *Journal*, Le Seuil, Points, 2009, p. 64-65.
20. *Ibid.*, p. 59.
21. Claire Chevrillon, *op. cit.*, p. 97-98.
22. Cité dans David Rousset, *Le pitre ne rit pas*, Christian Bourgeois Éditeur, 1979, p. 39.
23. Hélène Berr, *op. cit.*, p. 54.
24. *Ibid.*, p. 86.
25. *Ibid.*, p. 92.
26. *Ibid.*, p. 76-81.
27. Rachel Erlbaum, entretien avec l'auteure, 16 juillet 2015.
28. Arlette Reiman, entretien avec l'auteure, 18 juillet 2015.
29. Jonathan Weiss, *Irène Némirovsky*, Le Félin, 2005, p. 192.
30. Olivier Philipponnat, Patrick Lienhardt, *La Vie d'Irène Némirovsky*, Grasset/Denoël, 2007, p. 415.
31. *Ibid.*, p. 347.
32. *Ibid.*, p. 417.

33. Jonathan Weiss, *op. cit.*, p. 205.
34. Renée Fenby, entretien avec l'auteure, 2 octobre 2013.
35. Gerhard Heller, *Un Allemand à Paris, 1940-1944*, Le Seuil, 1981, p. 197.
36. Bernard Edinger, « Une jeune héroïne », *Jerusalem Post*, 21 janvier 2014.
37. Anonyme, entretien avec l'auteure, 9 septembre 2014.
38. Tara Kelly, « Cécile Widerman Kaufer, Holocaust Survivor Recounts 1942 Vel d'Hiv Roundup In Paris Stadium », *Huffington Post*, édition américaine, 17 juillet 2012.
39. Arlette Reiman, entretien.
40. Élisabeth Maxwell-Meynard, *Tout soleil est amer*, Fixot, 1994, p. 145.
41. Dominique Veillon, *op. cit.*, p. 194.
42. Entretien d'Edmonde Charles-Roux avec Laure Adler dans *Festival d'Aix, 1948-2008*, Actes Sud, 2008, p. 19.
43. Hélène Berr, *op. cit.*, p. 105-106.
44. Thomas Fontaine, « Chronologie : Répression et persécution en France occupée, 1940-1944 », Violence de masse et Résistance (http://www.sciencespo.fr/mass-violence-war-massacre-resistance/fr/document/chronologie-ra-pression-et-persa-cution-en-france-occupa-e-1940-1944#title1) à partir de Serge Klarsfeld, *La Shoah en France*, Fayard, 2001.
45. Odette Fabius, *op. cit.*, p. 76.
46. *Ibid.*, p. 60.
47. *Ibid.*, p. 82.
48. *Ibid.*, p. 84.
49. Marie-Claude Hayman, entretien avec l'auteure, 17 novembre 2014.
50. Odette Fabius, *op. cit.*, p. 88-89.
51. Arlette Scali, *Une vie pas comme une autre*, Michel Lafon, 2003, p. 146.
52. 1684 WM, commissariat de police de Vichy.
53. Drue Leyton, *op. cit.*, p. 93.
54. Centre de documentation juive contemporaine (CDJC), XLV1-485, rapport du 24 mars 1943.
55. Sylvie Raulet, Olivier Baroin, *Suzanne Belperron*, La Bibliothèque des arts, 2011, p. 48.

Chapitre 5
1943 – PARIS A PEUR

1. Arlette Scali, *op. cit.*, p. 74.
2. Violette Leduc, *La Bâtarde*, Gallimard, 1964, p. 375-376.

3. André Halimi, *La Délation sous l'Occupation*, Le Cherche-Midi, 2010, p. 16-17.
4. Lettre de Bernard Herz à Suzanne Belperron, 21 février, reproduite dans Sylvie Raulet, Olivier Baroin, *op. cit.*, p. 49.
5. Claire Chevrillon, *op. cit.*, p. 162.
6. Jacqueline Péry d'Alincourt, « Dites-le au monde ! », dans François Berriot, *op. cit.*, p. 119.
7. *Ibid.*, p. 112-116.
8. Claire Chevrillon, *op. cit.*, p. 171.
9. Bernard de Gaulle, entretien avec l'auteure, 28 mars 2014.
10. *Cf.* Colonel Rémy, *La Maison d'Alphonse*, Perrin, 1968, p. 305-311, pour un compte rendu de ces activités.
11. Reginald Victor Jones, *The Wizard War – British Scientific Intelligence, 1939–1945*, Coward, McCann & Geoghegan, p. xiii.
12. Caroline McAdam Clark, entretien avec l'auteure, 1er octobre 2014.
13. Jean Guéhenno, *op. cit.*, p. 286.
14. The National Archives, Kew, HS 9/9/10/3.
15. Sarah Helm, *Vera Atkins, une femme de l'ombre. La résistance anglaise en France*, Le Seuil, 2011, p. 34.
16. Roderick Bailey, *Forgotten Voices of the Secret War, An Inside History of Special Operations During the Second World War*, Ebury Press, 2008, p. 39.
17. *Id.*
18. Noreen Riols, *Ma vie dans les services secrets, 1943-1945*, Calmann-Lévy, 2014, p. 54.
19. Jean Overton Fuller, *Madeleine – l'histoire de Noor Inayat Khan*, Corrêa, 1953, p. 89.
20. Shrabani Basu, *Spy Princess – The Life of Noor Inayat Kahn*, The History Press, 2008, p. 95.
21. Michael R. D. Foot, *Des Anglais dans la Résistance*, Tallandier, 2001, p. 462.
22. Leo Marks, *Between Silk and Cyanide – A Code Maker's War, 1941-45*, The History Press, 2008, p. 329.
23. Jean Overton Fuller, *op. cit.*, p. 25.
24. Cité dans Marie-Josèphe Bonnet, *Violette Morris, histoire d'une scandaleuse*, Perrin, 2011, p. 330.
25. Jacqueline Marié-Fleury, entretien avec l'auteure, 28 mars 2014.
26. Geneviève de Gaulle-Anthonioz, entretien avec l'auteure, 19 décembre 1999.
27. Claude-Catherine Kiejman, entretien avec l'auteure, 18 février 2014.
28. Odette Fabius, *op. cit.*, p. 116-117.
29. *Ibid.*, p. 128.
30. *Ibid.*, p. 136-137.
31. Marie-Claude Hayman, entretien.

32. Franz Rodens, « Paris 1943 : Eindrücke dieses Sommers », *Das Reich*, 1ᵉʳ août 1943.

33. George Perry, *Miss Bluebell – Margaret Kelly, la véritable histoire de l'héroïne du « Dernier Métro »*, Atelier Fol'fer, 2015, p. 139.

34. *Ibid.*, p. 152.

35. Béatrice Bretty, *La Comédie-Française à l'envers*, Fayard, 1957, p. 91.

36. Hervé Le Boterf, *La Vie parisienne sous l'Occupation, 1940-1944*, vol. 1, France-Empire, 1974, p. 192.

37. Discours de Léon Blum, 7 juillet 1948, cité dans Bertrand Favreau, *Georges Mandel ou la passion de la République*, Fayard, 1996, p. 469.

38. Corinne Bouchoux, *Rose Valland, la résistance au musée*, La Crèche, 2006, p. 39.

39. Lettre de Céline à Thorwald Mikkelsen (novembre 1946), citée dans François Gibault, *Céline*, Mercure de France, 1985, p. 234-235.

40. Gerhard Heller, *op. cit.*, p. 64.

41. Arletty, *La Défense*, La Table ronde, 1970, p. 154-155.

42. Rose Livarec, entretien avec l'auteure, 29 mai 2015.

43. *Vermerk* [« note »] sur Léon Reinach, Paris, section IVB de la Gestapo, 24 mars 1943 Paris, mémorial de la Shoah – CDJC, inv. fonds Gestapo-France, XLVI-485, cité dans Anne-Hélène Hoog, *La Splendeur des Camondo – de Constantinople à Paris, 1806-1945*, MAHJ-Skira Flammarion, 2009, p. 155.

44. Drue Tartière, *op. cit.*, p. 224.

45. Colette, *L'Étoile Vesper*, Éditions du Milieu, 1946, p. 23.

Chapitre 6
1944 – RAVENSBRÜCK-PARIS

1. Hélène Berr, *op. cit.*, p. 289.

2. Sarah Helm, *Si c'est une femme. Vie et mort à Ravensbrück*, Calmann-Lévy, 2016, p. 424.

3. Geneviève de Gaulle-Anthonioz, *La Traversée de la nuit*, Le Seuil, Points, p. 67.

4. Denise Dufournier, *La Maison des mortes – Ravensbrück*, Julliard, 1992, p. 23.

5. Sarah Helm, *Si c'est une femme, op. cit.*, p. 427.

6. Judy Barrett Litoff (éd.), *An American Heroine in the French Resistance – The Diary and Memoir of Virginia d'Albert-Lake*, Fordham University Press, 2006, p. 189.

7. Geneviève de Gaulle-Anthonioz, *op. cit.*, p. 22.

8. *Ibid.*, p. 22-23.

9. *Ibid.*, p. 52.

10. Jacqueline Péry d'Alincourt, « Témoignage de Jacqueline Péry

d'Alincourt déportée à Ravensbrück en avril 1944 » dans Évelyne Morin-Rotureau (dir.), *Combats de femmes, 1939-1945*, Autrement, 2001, p. 157-158.

11. *Ibid.*, p. 159.
12. Odette Fabius, *op. cit.*, p. 149.
13. *Ibid.*, p. 189.
14. Courrier électronique de Georgina Hayman, petite-fille d'Odette Fabius, à l'auteure, 19 novembre 2014.
15. Jacqueline Marié-Fleury, entretien.
16. John Heminway, « A Legendary Flying Doctor's Dark Secret », *The Financial Times*, 21 mai 2010.
17. Denise Dufournier, *op. cit.*, p. 97-98.
18. Joan Littlewood (éd.), *Milady Vine. The Autobiography of Philippe de Rothschild*, Century Hutchinson, 1985, p. 119.
19. *Ibid.*, p. 18.
20. *Ibid.*, p. 182.
21. Odette Fabius, *op. cit.*, p. 73.
22. Sarah Helm, *Si c'est une femme, op. cit.*, p. 457.
23. Témoignage de Maguy Saunier cité dans Anne-Marie Pavillard, « Les archives de l'Association nationale des déportées et internées de la Résistance (ADIR) à la BDIC », *Histoire@Politique*, 5, mai-août 2008.
24. Sarah Helm, *Si c'est une femme, op. cit.*, p. 458.
25. Jim Calio, « Afterword », dans Judy Barrett Litoff, *op. cit.*, p. 242-246.
26. Micheline Maurel, *Un camp très ordinaire*, Éditions de Minuit, 2016, p. 127-128.
27. Judy Barrett Litoff, *op. cit.*, p. 170.
28. *Ibid.*, p. 252.
29. Ces rapports ont été publiés dans *The Wizard War* de Reginald Victor Jones, qui dirigeait les opérations de renseignement scientifique britannique pendant la guerre.
30. Reginald Victor Jones, *op. cit.*, p. xiv.
31. Sarah Helm, *Si c'est une femme, op. cit.*, p. 510.
32. Anne-Marie Pavillard, art. cit.
33. Sarah Helm, *Si c'est une femme, op. cit.*, p. 511.
34. Sophie MacCarthy, entretien avec l'auteure, 14 octobre 2015.
35. Violette Wassem, « L'histoire de Violette. La vie sous l'Occupation à Paris », timewitnesses.org, juillet 1997.
36. Janet Teissier du Cros, *op. cit.*, p. 313.
37. *Ibid.*, p. 327.
38. Violette Wassem, art. cit.

Partie II : La Libération

Chapitre 7
1944 – LES TONDUES

1. Cécile Rol-Tanguy, entretien.
2. Élisabeth Maxwell-Meynard, *op. cit.*, p. 162.
3. Madeleine Riffaud, entretien avec l'auteure, 21 mars 2016.
4. Entretien de Frida Wattenberg avec Antoine Vitkine, Grands entretiens INA – Fondation pour la mémoire de la Shoah.
5. Lettre de Lee Miller à Audrey Withers, 26-27 août 1944, citée dans Antony Penrose (dir.), *Lee Miller photographe et correspondante de guerre, 1944-1945*, Du May, 1994, p. 65.
6. Matthew Cobb, *Eleven Days in August*, Simon & Schuster, 2013, p. 352.
7. Janet Teissier du Cros, *op. cit.*, p. 307.
8. Andrée Doucet, entretien avec l'auteure, 30 janvier 2014.
9. Margaret Collins Weitz, *op. cit.*, p. 350.
10. Nicole Casanova, *op. cit.*, p. 197-198.
11. *Ibid.*, p. 201-202.
12. Arthur Gold, Robert Fizdale, *Misia – la vie de Misia Sert*, Gallimard, Folio, 1984, p. 357.
13. *Ibid.*, p. 347.
14. Malcolm Muggeridge, *The Infernal Grove*, Fontana, 1975, p. 267-269.
15. Courrier électronique de Jean-Jacques Richard à l'auteure, 22 août 2015.
16. Jean-Pierre Thibaudat, « Le jour où Copeau a exclu les acteurs juifs du Français », *Libération*, 2 janvier 1995.
17. Béatrice Bretty, *op. cit.*, p. 97-98.
18. Lettre de Lee Miller à Audrey Withers, 26-27 août 1944, citée dans Antony Penrose (dir.), *op. cit.*, p. 65.
19. Lee Miller, « Saint Malo », *Vogue*, octobre 1944, p. 51, cité dans Anthony Penrose, *Les Vies de Lee Miller*, Arléa-Le Seuil, 1994, p. 128.
20. Sylvia Beach, *Shakespeare and Company*, Mercure de France, 1960, p. 240.
21. Antony Penrose (dir.), *Lee Miller photographe et correspondante de guerre, 1944-1945*, *op. cit.*, p. 68-71.
22. Photographie reproduite dans Jean-Louis Babelay, *Un an*, Éditions Raymond Schall, 1946, p. 104-105.

Chapitre 8
1945 – LIBÉRÉES

1. Jacqueline Fleury, « Témoignage de Jacqueline Fleury, née Marié, déportée à Ravensbrück le 15 août 1944 » dans Évelyne Morin-Rotureau (dir.), *op. cit.*, p. 152.
2. Sarah Helm, *Si c'est une femme*, *op. cit.*, p. 623.
3. Jacqueline Fleury, « Témoignage de Jacqueline Fleury, née Marié, déportée à Ravensbrück le 15 août 1944 » dans Évelyne Morin-Rotureau (dir.), *op. cit.*, p. 152-153.
4. Geneviève de Gaulle-Anthonioz, *op. cit.*, p. 77-81.
5. Sarah Helm, *Si c'est une femme*, *op. cit.*, p. 636.
6. *Ibid.*, p. 682.
7. *Ibid.*, p. 655.
8. Hal Vaughan, *Doctor to the Resistance*, Potomac Book, 2004, p. 143.
9. *Ibid.*, p. 195.
10. *Ibid.*, p. 160.
11. Jacqueline Fleury, « Témoignage de Jacqueline Fleury, née Marié, déportée à Ravensbrück le 15 août 1944 » dans Évelyne Morin-Rotureau (dir.), *op. cit.*, p. 155.
12. Micheline Maurel, *op. cit.*, p. 174.
13. *Ibid.*, p. 192-193.
14. François Mauriac, « Préface » dans Micheline Maurel, *op. cit.*, p. 10.
15. Témoignage de Simone Rohner, fonds Germaine Tillion, musée de la Résistance et de la Déportation, Besançon.
16. Charles de Gaulle, *Mémoires de guerre*, Gallimard, Bibliothèque de la Pléiade, 2000, p. 829, c'est nous qui soulignons.
17. Katell Le Bourhis, « Vive la différence », *Connoisseur*, janvier 1997, p. 76-79, et entretien avec l'auteure, 16 janvier 2014.
18. Édition américaine de *Vogue*, 15 décembre 1944, cité dans Valérie Steele, *Se vêtir au XXe siècle*, Adam Biro, 1998, p. 13-14.
19. Lettre de Brasillach à sa mère, 6-14 septembre 1944, citée dans Alice Kaplan, *Intelligence avec l'ennemi. Le procès Brasillach*, Gallimard, 2001, p. 88.
20. Simone de Beauvoir, *La Force des choses*, Gallimard, Folio, 1963, p. 21.
21. Charles de Gaulle, *op. cit.*, p. 701.
22. Sonia Kruks, *Simone de Beauvoir and the Politics of Ambiguity*, Oxford University Press, 2012, p. 158.
23. Simone de Beauvoir, *La Force de l'âge*, *op. cit.*, p. 576.
24. Archives nationales, Paris, 20 septembre 1948, parquet de la cour de justice du département de la Seine, information suivie contre Banque Charles, 511 409.

25. Yves-Frédéric Jaffré, *Les Derniers Propos de Pierre Laval recueillis par son avocat*, Éditions André Borne, 1953, p. 277-278.
26. François Mauriac, *Bloc-Notes*, T. IV 1965-1967, Le Seuil, 1993, p. 436.
27. Albert Naud, *Pourquoi je n'ai pas défendu Pierre Laval*, Fayard, 1948, p. 274.
28. Philippe Grimbert, *Un secret*, Grasset, 2004, pp. 185-187.
29. Camille Tenneson, « Yves Pourcher : "Josée, la fille unique de Laval, avait une admiration sans limites pour son père" », *Le Nouvel Observateur*, 9 janvier 2009.
30. Antoine Sabbagh, « Sir, you will no longer consider yourself my son », *The Guardian*, 11 juillet 2009.
31. Simone Signoret, *op. cit.*, p. 101.
32. Marguerite Duras, *Cahiers de la guerre et autres textes*, P.O.L., 2006, p. 186.
33. *Ibid.*, p. 177.
34. Marguerite Duras, *La Douleur*, P.O.L., 1985, p. 61.
35. *Ibid.*, p. 65.
36. *Id.*
37. *Ibid.*, p. 68.
38. *Ibid.*, p. 67.
39. Marguerite Duras, *Cahiers de la guerre et autres textes*, *op. cit.*, p. 289.
40. Isabelle Le Masne de Chermont, Laurence Sigal-Klagsbald, *À qui appartenaient ces tableaux ? La politique française de recherche de provenance, de garde et de restitution des œuvres d'art pillées durant la Seconde Guerre mondiale*, Réunion des musées nationaux, 2008.
41. Danièle Voldman, « Crise du logement et intervention de l'État : l'ordonnance du 11 octobre 1945 », *Les Cahiers du groupement pour la recherche sur les mouvements familiaux*, 7, 1993, p. 28-29.
42. Leora Auslander, « Coming Home ? Jews in Postwar Paris », *Journal of Contemporary History*, 40, 2005, p. 237-259.
43. *Ibid.*, p. 248.
44. Jacqueline Marié-Fleury, entretien.
45. Sarah Helm, *Si c'est une femme*, *op. cit.*, p. 762.
46. François Mauriac, « Préface » dans Micheline Maurel, *op. cit.*, p. 10.
47. Marceline Loridan-Ivens, *Et tu n'es pas revenu*, Le Livre de poche, 2016, p. 35.
48. Yves Jeuland, *Comme un Juif en France*, film documentaire, 2006.
49. Marceline Loridan-Ivens, *op. cit.*, p. 35.
50. *Id.*
51. Caroline Moorehead, « preface » dans Jacqueline Mesnil-Amar, *Maman, What Are We Called Now ?*, Persephone Books, 2015, p. xiv.
52. Philippe de Rothschild, *op. cit.* p. 189.
53. Odette Fabius, *op. cit.*, p. 73.

54. Caroline McAdam Clark, entretien.
55. Claude du Granrut, *op. cit.*, p. 19.
56. *Ibid.*, p. 15.
57. *Ibid.*, p. 19.
58. Claude du Granrut, entretien.
59. Claude du Granrut, *op. cit.*, p. 20.
60. Maurice Delfieu, *Récit d'un revenant. Mauthausen-Ebensee, 1944-1945*, cité dans Annette Wieviorka, *Déportation et génocide. Entre la mémoire et l'oubli*, Plon, 1992, p. 173.
61. Philippe Mezzasalma, « L'Adir, ou une certaine histoire de la déportation des femmes de France », *Matériaux pour l'histoire de notre temps*, janvier-mars 2003, 69, p. 49-50.
62. Élisabeth Maxwell-Meynard, *op. cit.*, p. 174.
63. Arthur Gold, Robert Fizdale, *op. cit.*, p. 357.

Chapitre 9
1946 – PANSER LES PLAIES

1. Sarah Helm, *Vera Atkins, une femme de l'ombre*, op. cit., p. 299.
2. *Ibid.*, p. 18.
3. *Ibid.*, p. 232.
4. Lettre de Vera Atkins au War Office depuis le quartier général de l'armée britannique du Rhin, 15 avril 1946, The National Archives, Kew, HS 9/910/3.
5. Rita Kramer, *Flames in the Field – The Story of Four SOE Agents in Occupied France*, Michael Joseph, 1995, p. 119. Straub, le chef du block crématoire, est parfois appelé « Strauss », vraisemblablement parce que le double *s* allemand, le *ß*, ressemble à un *B*. *Cf.* également The National Archives, Kew, WO 235/336.
6. Sarah Helm, *Vera Atkins, une femme de l'ombre*, op. cit., p. 270.
7. The National Archives, Kew, HS9/910/3.
8. Sarah Helm, *Vera Atkins, une femme de l'ombre*, op. cit., p. 17.
9. Bernard de Gaulle, entretien.
10. Maurice Garçon (dir.), *Les Procès de la collaboration. Fernand de Brinon, Joseph Darnand, Jean Luchaire, compte rendu sténographique*, Albin Michel, 1948, p. 526.
11. Corinne Luchaire, *op. cit.*, p. 242.
12. Cité dans Carole Wrona, *Corinne Luchaire, un colibri dans la tempête*, La Tour verte, 2001, p. 143.
13. Anonyme, entretien avec l'auteure, 20 avril 2015.
14. Patrick Modiano cité dans Thierry Laurent, *L'Œuvre de Patrick Modiano, une autofiction*, Presses universitaires de Lyon, p. 6.
15. Jacqueline Marié-Fleury, entretien.
16. *Id.*

17. Jacqueline Péry d'Alincourt, « Dites-le au monde ! », dans François Berriot, *op. cit.*, p. 119.
18. Geneviève de Gaulle, « Le Retour », *Voix et Visages*, 1, juin 1949, p. 1.
19. Arlette Reiman, entretien.
20. Debra Workman, « Engendering the Repatriation : The Return of Female Political Deportees to France Following the Second World War », *Journal of the Western Society for French History*, 35, 2007.
21. Sylvie Jessua-Amar, propos tenus lors d'une table ronde au mémorial de la Shoah, 11 février 2016.
22. Antony Penrose, *Les Vies de Lee Miller*, Thames & Hudson, 2007, p. 153-154.
23. Vivette Samuel, *Sauver les enfants*, Liana Levi, 1995, p. 163-165.
24. Lady Rosa Lipworth, entretien.
25. Jacqueline Mesnil-Amar, *op. cit.*, p. 217-218.
26. Odette Fabius, *op. cit.*, p. 220.
27. *Ibid.*, p. 227-231.
28. Jacqueline Péry d'Alincourt, oraison funèbre de Caroline Woolsey Ferriday, 24 avril 1990.
29. « SOS from Caroline Ferriday at France Forever », s.d., Archives de Caroline Ferriday et des amis américains de l'ADIR (1940-1983), F°delta rés 797/I, BDIC.
30. Jacqueline Péry d'Alincourt, oraison funèbre de Caroline Woolsey Ferriday, 24 avril 1990.
31. Justine Picardie, *op. cit.*, p. 318.
32. *Ibid.*, p. 322.
33. Paul Morand, *L'Allure de Chanel*, Hermann, 1976, p. 8.
34. Justine Picardie, *op. cit.*, p. 318.
35. Dossier FreCaran AJ/38/2, Archives nationales, Pierrefitte-sur-Seine.
36. Courrier de Sally Gordon Mark à l'auteure, 28 août 2014.
37. Lettre d'Allanah Harper à Sybille Bedford, 19 septembre 1946 ; merci au Harry Ransom Center de l'université du Texas à Austin.
38. Lettre de Mary Wallington à sa famille, 16 août 1946, collection privée.
39. Janet Flanner, *Paris Journal – 1944-1955*, Harcourt Brace Jovanovich, 1965, p. 48.
40. *Ibid.*, p. 72.
41. Lettre de Mary Wallington à sa famille, 21 octobre 1946.
42. Françoise Gilot, Carlton Lake, *Vivre avec Picasso*, 10/18, 2006, p. 141-142.
43. *Ibid.*, p. 39.
44. Cité dans Katell Le Bourhis, art. cit.
45. Fabienne Jamet, *One Two Two*, Olivier Orban, 1975, p. 114-118.
46. Mary Louise Roberts, *Des GI's et des femmes*, Le Seuil, 2014, p. 205-208.

Partie III : LA RECONSTRUCTION

Chapitre 10
1947 – LES HABITS NEUFS DE LA VILLE LUMIÈRE

1. Sarah Helm, *Vera Atkins, une femme de l'ombre, op. cit.*, p. 327.
2. Noreen Riols, *Ma vie dans les services secrets*, Calmann-Lévy, 2014, p. 100, et entretien avec l'auteure, 29 mai 2014.
3. Michael R. D. Foot, *Des Anglais dans la Résistance, op. cit.*, p. 474.
4. Leo Marks, *op. cit.*, p. 406, *cf.* également The National Archives, Kew, HS 9/836/5.
5. Shrabani Basu, *op. cit.*, p. 221.
6. Sarah Helm, *Vera Atkins une femme de l'ombre, op. cit.*, p. 442.
7. *Ibid.*, p. 454.
8. *Ibid.*, p. 124.
9. Cité dans Marie-France Pochna, *Christian Dior*, Flammarion, 1994, p. 171-172.
10. Charlotte Mosley (éd.), *Love from Nancy – The Letters of Nancy Mitford*, Hodder & Stoughton, 1993, p. 196.
11. Gitta Sereny, *op. cit.*, p. 42.
12. Justine Picardie, *op. cit.*, p. 324.
13. Marie-France Pochna, *op. cit.*, p. 210.
14. Ginette Spanier, *La Vérité en manteau de vison*, Julliard, 1961, p. 149.
15. Cité dans Sandy Flitterman-Lewis, « Anouk Aimée », Jewish Women's Archive, jwa.org, 2009.

Chapitre 11
1948-1949 – PARIS L'AMÉRICAINE

1. Julia Child, *My Life in France*, Knopf, 2006, p. 24.
2. Regula Ludi, *Reparations for Nazi Victims in Postwar Europe*, Cambridge University Press, 2012, p. 52.
3. Louise Alcan, *Sans armes et sans bagages*, Les Imprimés d'art, 1946.
4. Lettre de Paul Morand à Josée de Chambrun, 6 septembre 1951, citée dans Yves Boucher, *Pierre Laval vu par sa fille*, Le Cherche-Midi, 2002, p. 456.
5. Barbara Probst Solomon, entretien avec l'auteure, 19 mai 2014.
6. Lettre de Caroline Ferriday à M. Viret, 1er mars 1948.
7. Emma Smith, *As Green as Grass – Growing Up Before, During and After the Second World War*, Bloomsbury, 2014, p. 273.
8. Emma Smith, entretien avec l'auteure, 17 septembre 2014.
9. Corinne Luchaire, *op. cit.*, p. 21.
10. Martine Guyot-Bender, « Seducing Corinne : The Official Popular

Press during the Occupation », dans Melanie Hawthorne, Richard J. Golsan (dir.), *Gender and Fascism in Modern France*, University Press of New England, 1997, p. 82.

11. Henriette Nizan, « Quand la jeunesse américaine vient respirer l'air de Paris », *Rapports France-États-Unis*, Service d'information de la mission spéciale en France de l'ECA, 1950, p. 45-50, cité dans Alice Kaplan, *Trois Américaines à Paris – Jacqueline Bouvier Kennedy, Susan Sontag, Angela Davis*, Gallimard, 2012, p. 67-68.

12. Claude du Granrut, entretien.

13. Entretien d'Edmonde Charles-Roux avec Laure Adler dans *op. cit.*, p. 25.

14. Gabriel Dussurget, *Le Magicien d'Aix – mémoires intimes*, Actes Sud, 2011.

15. Janet Flanner, *Paris Journal – 1944-1955, op. cit.*, p. 110.

16. *Les Nouvelles de Bordeaux et du Sud-Ouest*, 23 septembre 1949, cité dans Bertrand Favreau, *op. cit.*, p. 542.

17. Nicolas Sarkozy, *Georges Mandel, le moine de la politique*, Grasset, 1994, p. 303.

18. Cité dans une allocution de Paul Gray Hoffman devant l'Association of American Colleges, 10 janvier 1950.

19. Joseph Wechsberg, « A Reporter in France : The Finest Butter and Lots of Time », *New Yorker*, 3 septembre 1949.

20. Allocution radiodiffusée du 14 octobre 1944.

21. Lettre de Lisette à Johan, « samedi soir ».

22. Lettre de Lisette à Johan, 24 décembre 1946.

23. Fabrice Virgili, *Naître ennemi. Les enfants de couples franco-allemands nés pendant la Seconde Guerre mondiale*, Payot, 2009, p. 150-155.

24. Claude du Granrut, entretien.

Épilogue
PARIS EN PAIX

1. Antony Penrose (dir.), *Lee Miller, photographe et correspondante de guerre, 1944-1945, op. cit.*, p. 73-74.

2. Robert Edsel, *Monuments Men – Rose Valland et le commando d'experts à la recherche du plus grand trésor nazi*, Lattès, 2010, p. 405.

3. Denise Grady, « Florence Waren, Jewish Dancer Who Resisted Nazis, Dies at 95 », *The New York Times*, 4 août 2012.

4. Janet Flanner, *Paris Journal, 1956-1964, op. cit.*, p. 170.

5. « Notre combat », *Cahiers du Témoignage chrétien*, II et III, décembre 1941-janvier 1942, p. 1.

6. Geneviève de Gaulle-Anthonioz, entretien.

7. David Ignatius, « After Five Decades, a Spy Tells her Tale », *The Washington Post*, 28 décembre 1998.

8. Propos tenus par Marie-Odile Tuloup lors d'un hommage à Geneviève de Gaulle-Anthonioz et à Germaine Tillion organisé par la Société des familles et amis des anciennes déportées et internées de la Résistance (SFAADIR), palais du Luxembourg, 24 janvier 2015.
9. Sarah Helm, *Si c'est une femme, op. cit.*, p. 771.
10. Odette Fabius, *op. cit.*, p. 231.
11. Thomas Bernhard, *Corrections*, Gallimard, 1978, p. 288.
12. Élisabeth Gille, *Le Mirador*, Stock, 2000, p. 420.
13. Susan Rubin Suleiman, *La Question Némirovsky. Vie, mort et héritage d'une écrivaine juive dans la France du xxe siècle*, Albin Michel, 2017, p. 379.
14. Michel Laffitte, *Juif dans la France allemande. Institutions, dirigeants et communautés au temps de la Shoah*, Tallandier, 2006.
15. François Ekchajzer, « Histoire du manuscrit d'"Hélène Berr, une jeune fille dans Paris occupé" », *Télérama*, 28 novembre 2013.
16. Hélène Berr, *op. cit.*, p. 306.
17. Jacqueline Mesnil-Amar, *op. cit.*, p. 112.
18. « Veteran communist Lise London dies at age 96 », *El País*, 9 avril 2012.
19. Jesús Rodríguez, « The Last Female Veteran », *El País*, 20 décembre 2011.
20. « Veteran communist Lise London dies at age 96 », art. cit.
21. Bernard Ullmann, *Lisette de Brinon, ma mère – une Juive dans la tourmente de la collaboration*, Éditions Complexe, 2004, p. 65.
22. Vivette Samuel, *op. cit.*, p. 175.
23. Simone Veil, « Réflexions d'un témoin », *Annales ESC*, mai-juin 1993, 3, p. 698.
24. Hal Vaughan, *op. cit.*, p. 166.
25. Maia Wechsler, *Quatre sœurs en résistance*, film documentaire, 2000.

REMERCIEMENTS

Mes premiers remerciements vont bien sûr à toutes celles et à tous ceux qui ont vécu les événements dont il est question dans ce livre. J'ai eu la chance de rencontrer plusieurs femmes qui, enfants ou adolescentes pendant les années de guerre, en ont gardé des souvenirs très nets. Ces souvenirs sont extrêmement précieux pour quiconque s'efforce de recréer ce que ce fut de vivre ces années qui, par maints aspects, dépassent l'imagination. Pouvoir échanger avec chacune de ces femmes aura été un privilège. Outre ces quelques survivantes, beaucoup ont écrit à propos de ce qu'elles avaient vécu à cette époque et j'ai eu l'occasion de rencontrer les enfants et les petits-enfants de certaines d'entre elles.

Je souhaiterais également remercier plusieurs institutions, ainsi que les personnes qui y travaillent, pour leur aide, aussi bien en France qu'en Angleterre. À Paris, le Mémorial de la Shoah, où j'ai commencé mes recherches en fixant le nom d'Anna Rubinstein, ce nom qui était le mien lorsque j'étais enfant, sur le Mur des noms. Je me suis également rendue aux Archives nationales à Pierrefitte-sur-Seine, à la Bibliothèque nationale de France, au musée des Arts décoratifs, au musée de la Résistance nationale à Champigny-sur-Marne, au musée d'Art et d'Histoire du judaïsme. Christine Levisse-Touzé, directrice du mémorial du général Leclerc de Hauteclocque et de la Libération de Paris – musée Jean-Moulin, Camille Guédon et Anne-Marie Pavaillard de la Bibliothèque de documentation internationale contemporaine (BDIC) méritent une mention spéciale, tout comme Sophie Le Tarnec au musée Nissim-de-Camondo. À Lyon, la visite du centre d'histoire de la Résistance et de la Déportation a été captivante au point d'en avoir froid dans le dos. En Angleterre, les National Archives à Kew, l'Imperial War Museum, la British Library, la bibliothèque et le cinéma de l'Institut français ainsi que le Churchill Archives Centre de Cambridge m'ont aidée à mettre la main sur des documents précis. Le personnel de la British Library en particulier s'est donné beaucoup de mal, comme toujours, pour trouver en un rien de temps les articles et les livres dont j'avais besoin pour travailler à loisir chez moi, et je ne peux m'imaginer accomplir tout cela sans leur aide.

Je suis spécialement redevable à Natasha Lehrer qui, depuis Paris, a rassemblé de la documentation et m'a accompagnée dans mes recherches, traduisant, dépouillant et me donnant de précieux conseils quant aux voies à explorer ; à Nicola et Christopher Beauman qui m'ont encouragée à approfondir mon idée depuis le début ; tout comme l'a fait Jennie McCahey, qui se souvenait avoir écouté les aventures de sa mère dans le Paris des années 1940 quand elle avait des dollars cousus dans la doublure de son manteau, au cas où.

Je voudrais également remercier les personnes suivantes pour leur aide et leur contribution : Nicole Alby, Michel Aliaga (de la maison Cartier), Vicki Anstey, Melanie Aspey (aux Rothschild Archives), David Barrie, Patrick Bade, Sally Bedell Smith, Roderick Bailey, Son Excellence Sylvie Bermann, Vivou de Boysson, Ruth Brandon, Tom Bower, Lorna Bown, Tim Buckmaster, Caroline Brothers, William Banks-Blaney, Georges Bensoussan (au Mémorial de la Shoah), Robert Bensoussan, Euan Cameron, Catherine Cariou (de la maison Van Cleef & Arpels), Gisèle Casadesus, sir Charles Chadwyck-Healey et la Chadwyck-Healey Liberation Collection de la bibliothèque de l'université de Cambridge, Joan Chapman, Hilary Cartmel, Karin Demorest, Andrée Doucet, Davina Eastwood, Dorothea Elkon (de la part de Françoise Gilot), Rachel Erlbaum, Jamie Fontaine (au Connecticut Landmark Trust), Henrietta Foster, James Fox, Moris Farhi, Nicole Farhi, Jonathan et Renée Fenby, Sophie Faudel, Jonathan Fryer, Claude Fillet, Andrew Franklin, le professeur Lawrence Goldman, Sally Gordon Mark, Claude du Granrut, Bernard de Gaulle, feu Geneviève de Gaulle-Anthonioz, Lucienne Hamon, Emmanuel Hamon, Janie Hampton, Kristin Havill, lady Selina Hastings, Georgina Hayman, Marie-Claude

Hayman, Sarah Helm, Lisa Hilton, Vincent Houghton (au Washington Spy Museum), David Ignatius, Julian Jackson, Phillip Jackson, Véronique Jaeger (de la galerie Jeanne Bucher Jaeger), John Jammes, Sylvie Jessua-Amar, Gabriel Josipovici, Mark Kidel, Claude-Catherine Kiejman, Freddy Knoller, Sarah Lawson, Katell Le Bourhis, Lawrence Lever, Jeremy Lewison, lady (Rosa) Lipworth, Caroline McAdam Clark, Giles MacDonogh, Jennie McCahey, Sophie MacCarthy, Aliette Martin, Hedwige Morris-Gillet, Caroline Moorehead, Anne-Élisabeth Moutet, Anne-Solange Noble, Julian Nundy, Turlach O'Broin, Laurent Papillault, Antony Penrose, Justine Picardie, Diana Pinto, Munro Price, David Pryce-Jones, Évelyne Possémé, Pierre Rainero, Jean-Jacques Richard, Alan Riding, Madeleine Riffaud, Noreen Riols, John Rogister, le docteur Martin Roth, Cécile Rol-Tanguy, Tatiana de Rosnay, le baron Éric de Rothschild, Nicola Russell, Beatrice Saalburg, Claudine Sablier (de la maison Boucheron), Agathe Sanjuan, Claudine Seroussi, Nicholas Shakespeare, Anne Sinclair, Zhivka Slavova, Emma Smith, Barbara Probst Solomon, Nicola Solomon, Andy Smith, Sarah Sheridan, Mica Schlosser, Mark Sullivan, Carolyn Sumberg, Arlette et Charles Testyler, Phil Tomaselli, Robert Tombs, Olav Van Cleef, Marc Vellay, Ginette Vincendeau, Edmund de Waal, Jeanne Wilkins, Sarah Wilson, Stanislas de Quercize et Françoise Xénakis. Je suis reconnaissante au Harry Ransom Center de l'université du Texas à Austin de m'avoir autorisée à citer une lettre écrite par Allanah Harper à Sybille Bedford.

Plusieurs personnes sont intervenues sur le livre pour l'améliorer et je leur en suis extrêmement redevable. Je souhaiterais remercier Peter James, éditeur incomparable, Christopher Phipps pour avoir réalisé un index exemplaire [dans l'édition britannique, *N.d.É.*], le docteur Jean-Marc Dreyfus, qui a relu le manuscrit et a corrigé plusieurs erreurs, Lucinda McNeile, Simon Wright et Elizabeth Allen, ainsi que tous ceux qui, chez l'éditeur [de l'édition britannique, *N.d.É.*], se sont consacrés à différents aspects du livre. Mais, avant même que le manuscrit n'arrive entre leurs mains, j'ai pu profiter du soutien inconditionnel et des conseils stimulants de trois personnes : Alan Samson à Londres, Charlie Spicer à New York, et mon agent,

Clare Alexander. Je les remercie tous les trois du fond du cœur.

Et, pour finir, un bouquet à l'intention de ma famille. Adam, Amy et Imogen m'ont donné des conseils techniques et m'ont apporté leur appui de multiples façons au cours de mes recherches et de l'écriture de ce livre, et je leur en sais gré, tout particulièrement à ma fille Imogen qui m'a aiguillonnée de ses suggestions et m'a soulagée par son aide technique pour la relecture d'épreuves et d'autres tâches ; et Mark, mon époux bien-aimé, qui a été à mes côtés au cours de bien des voyages, tant métaphoriques que réels – dans l'angoisse à Ravensbrück, l'incompréhension à Vichy et, parfois, le plaisir à Paris, la ville où il a vécu avant de me rencontrer.

Si des erreurs devaient subsister, elles seraient bien sûr de mon fait.

BIBLIOGRAPHIE

Ouvrages :

Festival d'Aix, 1948-2008, Actes Sud, 2008.
Louise Alcan, *Sans armes et sans bagages*, Les Imprimés d'art, 1947.
Arletty, *La Défense*, La Table ronde, 1970.
Jean-Louis Babelay, *Un an*, Éditions Raymond Schall, 1946.
Roderick Bailey, *Forgotten Voices of the Secret War, An Inside History of Special Operations During the Second World War*, Ebury Press, 2008.
Judy Barrett Litoff (éd.), *An American Heroine in the French Resistance – The Diary and Memoir of Virginia d'Albert-Lake*, Fordham University Press, 2006.
Shrabani Basu, *Spy Princess – The Life of Noor Inayat Khan*, The History Press, 2008.
Sylvia Beach, *Shakespeare and Company*, Mercure de France, 1960.
Simone de Beauvoir, *La Force de l'âge*, Gallimard, 1960.
Simone de Beauvoir, *La Force des choses*, Gallimard, Folio, 1963.
Hélène Berr, *Journal*, Le Seuil, Points, 2009.
François Berriot, *Témoignages sur la Résistance et la déportation. Autour de Jacqueline Péry d'Alincourt*, L'Harmattan, 2007.
Marie-Josèphe Bonnet, *Violette Morris, histoire d'une scandaleuse*, Perrin, 2011.
Micheline Bood, *Les Années doubles. Journal d'une lycéenne sous l'Occupation*, Robert Laffont, 1974.
Yves Boucher, *Pierre Laval vu par sa fille*, Le Cherche-Midi, 2002.
Corinne Bouchoux, *Rose Valland. La Résistance au musée*, La Crèche, 2006.
Béatrice Bretty, *La Comédie-Française à l'envers*, Fayard, 1957.
Patrick Buisson, *1940-1945, années érotiques*, Albin Michel, 2008.
Nicole Casanova, *Isolde 39. Germaine Lubin*, Flammarion, 1974.
Madeleine Chapsal, *La Chair de la robe*, Fayard, 1989.
Claire Chevrillon, *Une Résistance ordinaire, septembre 1939-août 1944*, Le Félin, 1999.
Julia Child, *My Life in France*, Knopf, 2006.
Matthew Cobb, *Eleven Days in August*, Simon & Schuster, 2013.
Colette, *Paysages et portraits*, « Colette vous parle », Flammarion, 1958.
Colette, *Lettres à Hélène Picard*, Flammarion, 1958.

Colette, *L'Étoile Vesper*, Éditions du Milieu, 1946.
Margaret Collins Weitz, *Les Combattantes de l'ombre. Histoire des femmes dans la Résistance, 1940-1945*, Albin Michel, 1996.
Marie-Pierre de Cossé-Brissac, *Mémoires d'automne*, Fayard, 2009.
Barry Day (éd.), *The Letters of Noël Coward*, Bloomsbury, 2007.
Youki Desnos, *Les Confidences de Youki*, Fayard, 1999.
Denise Dufournier, *La Maison des mortes. Ravensbrück*, Julliard, 1992.
Marguerite Duras, *Cahiers de la guerre et autres textes*, P.O.L., 2006.
Marguerite Duras, *La Douleur*, P.O.L., 1985.
Gabriel Dussurget, *Le Magicien d'Aix. Mémoires intimes*, Actes Sud, 2011.
Robert Edsel, *Monuments Men. Rose Valland et le commando d'experts à la recherche du plus grand trésor nazi*, J.-C. Lattès, 2010.
Odette Fabius, *Un lever de soleil sur le Mecklembourg*, Albin Michel, 1986.
Bertrand Favreau, *Georges Mandel ou la Passion de la République*, Fayard, 1996.
Marc Ferro, *Pétain*, Fayard, 1987.
Janet Flanner, *Chroniques d'une Américaine à Paris, 1925-1939*, Tallandier, 2011.
Janet Flanner, *Paris. Journal, 1944-1955*, Harcourt Brace Jovanovich, 1965.
Michael R. D. Foot, *Des Anglais dans la Résistance*, Tallandier, 2001.
Michael R. D. Foot, J. M. Langley, *MI9 – Escape and Evasion, 1939-1945*, Little, Brown, 1980.
Maurice Garçon (dir.), *Les Procès de la collaboration : Fernand de Brinon, Joseph Darnand, Jean Luchaire. Compte rendu sténographique*, Albin Michel, 1948.
Charles de Gaulle, *Mémoires de guerre*, Gallimard, Bibliothèque de la Pléiade, 2000.
Geneviève de Gaulle-Anthonioz, *La Traversée de la nuit*, Le Seuil, Points, 2001.
François Gibault, *Céline*, Mercure de France, 1985.
Élisabeth Gille, *Le Mirador*, Stock, 2000.
Françoise Gilot, Carlton Lake, *Vivre avec Picasso*, 10/18, 2006.
Charles Glass, *Les Américains à Paris. Vie et mort sous l'Occupation nazie*, CNRS Éditions, 2012.
Arthur Gold, Robert Fizdale, *Misia. La vie de Misia Sert*, Gallimard, Folio, 1984.
Jean Guéhenno, *Journal des années noires, 1940-1944*, Gallimard, 1947.
Claude du Granrut, *Le Piano et le Violoncelle*, Éditions du Rocher, 2013.
Philippe Grimbert, *Un secret*, Grasset, 2004.
André Halimi, *La Délation sous l'Occupation*, Le Cherche-Midi, 2010.
Melanie Hawthorne, Richard J. Golsan (dir.), *Gender and Fascism in Modern France*, University Press of New England, 1997.
Gerhard Heller, *Un Allemand à Paris, 1940-1944*, Le Seuil, 1981.
Sarah Helm, *Vera Atkins, une femme de l'ombre. La Résistance anglaise en France*, Le Seuil, 2011.

Sarah Helm, *Si c'est une femme. Vie et mort à Ravensbrück*, Calmann-Lévy, 2016.
Anne-Hélène Hoog, *La Splendeur des Camondo. De Constantinople à Paris, 1806-1945*, MAHJ/Skira Flammarion, 2009.
Agnès Humbert, *Notre guerre, journal de résistance (1940-1945)*, Le Seuil, Points, 2010.
Julian Jackson, *La France sous l'Occupation*, Flammarion, 2004.
Anne Jacques, *Journal d'une Française*, Le Seuil, 1946.
Yves-Frédéric Jaffré, *Les Derniers Propos de Pierre Laval recueillis par son avocat*, Éditions André Borne, 1953.
Fabienne Jamet, *One Two Two*, Olivier Orban, 1975.
Reginald Victor Jones, *The Wizard War – British Scientific Intelligence, 1939-1945*, Coward, McCann & Geoghegan, 1978.
Cécile Jouan, *Comète, histoire d'une ligne d'évasion*, Éditions du Beffroi, 1948.
Marcel Jouhandeau, *Journal sous l'Occupation* suivi de *La Courbe de nos angoisses*, Gallimard, 1980.
Martin Jungius, *Un vol organisé*, Tallandier, 2012.
Alice Kaplan, *Intelligence avec l'ennemi. Le procès Brasillach*, Gallimard, 2001.
Alice Kaplan, *Trois Américaines à Paris. Jacqueline Bouvier Kennedy, Susan Sontag, Angela Davis*, Gallimard, 2012.
Rosemarie Killius, *Frauen für die Front*, Militzke Verlag, 2003.
Serge Klarsfeld, *La Shoah en France*, Fayard, 2001.
Rita Kramer, *Flames in the Field – The Story of Four SOE Agents in Occupied France*, Michael Joseph, 1995.
Sonia Kruks, *Simone de Beauvoir and the Politics of Ambiguity*, Oxford University Press, 2012.
Michel Laffitte, *Juif dans la France allemande. Institutions, dirigeants et communautés au temps de la Shoah*, Tallandier, 2006.
Thierry Laurent, *L'Œuvre de Patrick Modiano, une autofiction*, Presses universitaires de Lyon, 1997.
Marjorie Lawrence, *Interrupted Melody – An Autobiography*, Invincible Press, 1949.
Hervé Le Boterf, *La Vie parisienne sous l'Occupation, 1940-1944*, vol. 1, France-Empire, 1974.
Jean Lebrun, *Notre Chanel*, Hachette, Pluriel, 2016.
Isabelle Le Masne de Chermont, Laurence Sigal-Klagsbald, *À qui appartenaient ces tableaux ? La politique française de recherche de provenance, de garde et de restitution des œuvres d'art pillées durant la Seconde Guerre mondiale*, Réunion des musées nationaux, 2008.
Violette Leduc, *La Bâtarde*, Gallimard, 1964.
Joan Littlewood (éd.), *Milady Vine. The Autobiography of Philippe de Rothschild*, Century Hutchinson, 1985.
Lise London, *La Mégère de la rue Daguerre. Souvenirs de résistance*, Le Seuil, 1995.

Marceline Loridan-Ivens, *Et tu n'es pas revenu*, Le Livre de poche, 2016.
Corinne Luchaire, *Ma drôle de vie*, Sun, 1949.
Regula Ludi, *Reparations for Nazi Victims in Postwar Europe*, Cambridge University Press, 2012.
Leo Marks, *Between Silk and Cyanide – A Code Maker's War, 1941-45*, The History Press, 2008.
Élisabeth Maxwell-Meynard, *Tout soleil est amer*, Fixot, 1994.
Micheline Maurel, *Un camp très ordinaire*, Éditions de Minuit, 2016.
François Mauriac, *Bloc-notes*, t. IV, 1965-1967, Le Seuil, 1993.
Jacqueline Mesnil-Amar, *Ceux qui ne dormaient pas*, Le Livre de poche, 2010.
Jacqueline Mesnil-Amar, *Maman, What Are We Called Now ?*, Persephone Books, 2015.
Helmuth James von Moltke, *Briefe an Freya 1939-1945*, C. H. Beck, 2006.
Paul Morand, *L'Allure de Chanel*, Hermann, 1976.
Évelyne Morin-Rotureau (dir.), *Combats de femmes, 1939-1945*, Autrement, 2001.
Charlotte Mosley (éd.), *Love from Nancy – The Letters of Nancy Mitford*, Hodder & Stoughton, 1993.
Francine Muel-Dreyfus, *Vichy et l'éternel féminin. Contribution à une sociologie politique de l'ordre des corps*, Le Seuil, 1996.
Malcolm Muggeridge, *The Infernal Grove*, Fontana, 1975.
Laure Murat, *Passage de l'Odéon. Sylvia Beach, Adrienne Monnier et la vie littéraire à Paris dans l'entre-deux-guerres*, Fayard, 2003.
Robert Murphy, *Un diplomate parmi les guerriers*, Robert Laffont, 1964.
Albert Naud, *Pourquoi je n'ai pas défendu Pierre Laval*, Fayard 1948.
Irène Némirovsky, *Suite française*, Denoël, 2004.
Lynn H. Nicholas, *Le Pillage de l'Europe. Les œuvres d'art volées par les nazis*, Le Seuil, 1995.
Ian Ousby, *Occupation – The Ordeal of France, 1940-1944*, John Murray, 1997.
Jean Overton Fuller, *Madeleine. L'histoire de Noor Inayat Khan*, Corrêa, 1953.
Robert Paxton, *La France de Vichy, 1940-1944*, Le Seuil, 1974.
Antony Penrose (dir.) *Lee Miller photographe et correspondante de guerre, 1944-1945*, Du May, 1994.
Antony Penrose, *Les Vies de Lee Miller*, Arléa/Le Seuil, 1994.
Antony Penrose, *Les Vies de Lee Miller*, Thames & Hudson, 2007.
George Perry, *Miss Bluebell. Margaret Kelly, la véritable histoire de l'héroïne du « Dernier Métro »*, Atelier Fol'fer, 2015.
Olivier Philipponnat, Patrick Lienhardt, *La Vie d'Irène Némirovsky*, Grasset/Denoël, 2007.
Justine Picardie, *Chanel, sa vie*, Steidl, 2010.
Marie-France Pochna, *Christian Dior*, Flammarion, 1994.
Emmanuelle Polack, Philippe Dagen (éd.), *Les Carnets de Rose Valland*,

Le pillage des collections privées d'œuvres d'art en France durant la Seconde Guerre mondiale, Fage, 2011.

Renée Poznanski, *Les Juifs en France pendant la Seconde Guerre mondiale*, Hachette, Pluriel, 2012.

Renée Poznanski, Denis Peschanski, Benoît Pouvreau, *Drancy, un camp en France*, Fayard, 2015.

David Pryce-Jones, *Paris in the Third Reich – a History of the German Occupation, 1940-1944*, Holt, Rinehart, and Winston, 1981.

Sylvie Raulet, Olivier Baroin, *Suzanne Belperron*, La Bibliothèque des arts, 2011.

Colonel Rémy, *La Maison d'Alphonse*, Perrin, 1968.

Alan Riding, *Et la fête continue. La vie culturelle à Paris sous l'Occupation*, Plon, 2012.

Noreen Riols, *Ma vie dans les services secrets, 1943-1945*, Calmann-Lévy, 2014.

Mary Louise Roberts, *Des GI's et des femmes*, Le Seuil, 2014.

Pnina Rosenberg, *L'Art des indésirables. L'art dans les camps d'internement français, 1939-1944*, L'Harmattan, 2003.

David Rousset, *Le pitre ne rit pas*, Christian Bourgois Éditeur, 1979.

Susan Rubin Suleiman, *La Question Némirovsky. Vie, mort et héritage d'une écrivaine juive dans la France du XXe siècle*, Albin Michel, 2017.

Raymond Ruffin, *La Diablesse Violette Morris*, Le Cherche-Midi, 2004.

Georges Sadoul, *Journal de guerre – 2 septembre 1939-20 juillet 1940*, Les Éditeurs français réunis, 1977.

Vivette Samuel, *Sauver les enfants*, Liana Levi, 1995.

Gisèle Sapiro, *La Guerre des écrivains, 1940-1953*, Fayard, 1990.

Rosemary Say et Noel Holland, *Rosie's War – An Englishwoman's Escape from Occupied France*, Michael O'Mara Books, 2011.

Arlette Scali, *Une vie pas comme une autre*, Michel Lafon, 2003.

Elsa Schiaparelli, *Shocking*, Denoël, 1954.

Ina Seidel et Hanns Grosser, *Dienende Herzen – Kriegsbriefe von Nachrichtenhelferinnen des Heeres*, Wilhelm Limpert, s.d.

Gitta Sereny, *Dans l'ombre du Reich*, Plein Jour, 2016.

William L. Shirer, *La Chute de la IIIe République. Une enquête sur la défaite de 1940*, Hachette, Pluriel, 1990.

Simone Signoret, *La nostalgie n'est plus ce qu'elle était*, Le Seuil, 2010.

Anne Sinclair, *21, rue La Boétie*, Grasset, 2012.

Claude Singer, *Vichy, l'université et les Juifs*, Les Belles Lettres, 1992.

Emma Smith, *As Green as Grass – Growing Up Before, During and After the Second World War*, Bloomsbury, 2014.

Ginette Spanier, *La Vérité en manteau de vison*, Julliard, 1961.

Edward Spears, *Témoignage sur une catastrophe*, Presses de la Cité, 1964.

William Stevenson, *Nom de code : Intrepid*, L'Étincelle, 1979.

Drue Tartière, *The House near Paris – An American Woman's Story of Traffic in Patriots*, Simon & Schuster, 1946.

Janet Teissier du Cros, *Le Chardon et le Bleuet. Une Écossaise dans la France occupée*, Le Rouergue, 2017.

Bernard Ullmann, *Lisette de Brinon, ma mère. Une Juive dans la tourmente de la collaboration*, Éditions Complexe, 2004.
Rose Valland, *Le Front de l'art*, Plon, 1961.
Hal Vaughan, *Doctor to the Resistance*, Potomac Book, 2004.
Dominique Veillon, *La Mode sous l'Occupation*, Payot, 2014.
Fabrice Virgili, *Naître ennemi. Les enfants de couples franco-allemands nés pendant la Seconde Guerre mondiale*, Payot, 2009.
Edmund de Waal, *Le Lièvre aux yeux d'ambre*, Flammarion, Champs, 2015.
Jonathan Weiss, *Irène Némirovsky*, Le Félin, 2005.
Annette Wieviorka, *Déportation et génocide, entre la mémoire et l'oubli*, Plon, 1992.
Wallis of Windsor, *Les Mémoires de la duchesse de Windsor*, Del Duca, 1956.
Carole Wrona, *Corinne Luchaire, un colibri dans la tempête*, La Tour verte, 2001.

Articles :

Leora Auslander, « Coming Home ? Jews in Postwar Paris », *Journal of Contemporary History*, 2005, 40, p. 237-259.
Henri Goetz, « Ma vie, mes amies », *Cahiers du Musée national d'art moderne*, 1982, 10, p. 391.
Muriel Jaër, « Jeanne Bucher grande prêtresse de l'art d'avant-garde », *Supérieur inconnu*, octobre 2000, 19, p. 31-66.
Katell Le Bourhis, « Vive la différence », *Connoisseur*, janvier 1997.
Philippe Mezzasalma, « L'Adir, ou une certaine histoire de la déportation des femmes de France », *Matériaux pour l'histoire de notre temps*, janvier-mars 2003, 69, p. 49-50.
Anne-Marie Pavillard, « Les archives de l'Association nationale des déportées et internées de la Résistance (ADIR) à la BDIC », *Histoire@Politique*, mai-août 2008, 5.
Simone Veil, « Réflexions d'un témoin », *Annales ESC*, mai-juin 1993, 3, p. 691-701.
Danièle Voldman, « Crise du logement et intervention de l'État : l'ordonnance du 11 octobre 1945 », *Les Cahiers du groupement pour la recherche sur les mouvements familiaux*, 1993, 7, p. 23-32.
Debra Workman, « Engendering the Repatriation : The Return of Female Political Deportees to France Following the Second World War », *Journal of the Western Society for French History*, 2007, 35.

CRÉDITS PHOTOGRAPHIQUES

p. 33 : © William Vandivert/The LIFE Picture Collection/Getty Images
p. 40 : © Granger/Bridgeman Images
p. 53 : © Collection Gregoire/Bridgeman Images
p. 71 : © Mémorial de la Shoah
p. 81 : © Studio Lipnitzki/Roger-Viollet
p. 128 : © PVDE/Bridgeman Images
p. 132 : © Albert Harlingue/Roger-Viollet
p. 141 : © ullstein bild/ullstein bild via Getty Images
p. 157 : © Mémorial de la Shoah
p. 209 : © Roger-Viollet
p. 219 : © United States Holocaust Memorial Museum, courtesy of Sadie Rigal-Waren
p. 229 : © Mémorial de la Shoah
p. 247 : © Keystone/Getty Images
p. 314 : © Rue des Archives/AGIP
p. 339 : © avec l'aimable autorisation de Connecticut Landmarks
p. 359 : © TopFoto/Roger-Viollet
p. 392 : © Rue des Archives/Everett
p. 44, p. 66, p. 115, p. 184, p. 267, p. 311, p. 318, p. 332, p. 364, p. 381 : © DR

TABLE

Personnages 9
Prologue – Qui sont les Parisiennes ? 17

I. La guerre 29
   1. 1939 – Danser au bord de l'abîme 31
   2. 1940 – Paris ville ouverte 64
   3. 1941 – À chacun son camp 102
   4. 1942 – L'année noire 146
   5. 1943 – Paris a peur 189
   6. 1944 – Ravensbrück-Paris 231

II. La Libération 261
   7. 1944 – Les tondues 263
   8. 1945 – Libérées 283
   9. 1946 – Panser les plaies 321

III. La reconstruction 353
   10. 1947 – Les habits neufs de la Ville lumière 355
   11. 1948-1949 – Paris l'Américaine 371

Épilogue – Paris en paix 389

Notes 411
Remerciements 429
Bibliographie 433
Crédits photographiques 439

pca
cmb
édition pré-presse
livres numériques

44400 Rezé

Achevé d'imprimer en avril 2018
sur les presses de la Nouvelle Imprimerie Laballery
58500 Clamecy
Dépôt légal : avril 2018
N° d'impression : 804033
N° d'édition : 2017-1762

Imprimé en France

La Nouvelle Imprimerie Laballery est titulaire de la marque Imprim'Vert®